本书由
中央高校建设世界一流大学（学科）
和特色发展引导专项资金
资助

中南财经政法大学"双一流"建设文库

创 | 新 | 治 | 理 | 系 | 列

侵权责任法研究

唐义虎 著

长江出版传媒

湖北人民出版社

图书在版编目(CIP)数据

侵权责任法研究/唐义虎著.

武汉:湖北人民出版社,2019.12

ISBN 978 - 7 - 216 - 09916 - 5

Ⅰ.侵… Ⅱ.唐… Ⅲ.侵权行为—民法—研究—中国 Ⅳ.D923.04

中国版本图书馆 CIP 数据核字(2019)第 284716 号

责任编辑:黄　沙

封面设计:陈宇琰

　　　　　张　弦

责任校对:范承勇

责任印制:王铁兵

侵权责任法研究　QINQUAN ZEREN FA YANJIU　　　　　　　　唐义虎 著

出版发行:湖北人民出版社	**地址**:武汉市雄楚大道 268 号
印刷:武汉科源印刷设计有限公司	**邮编**:430070
开本:787 毫米×1092 毫米 1/16	**印张**:21
字数:351 千字	**插页**:2
版次:2021 年 6 月第 1 版	**印次**:2021 年 6 月第 1 次印刷
书号:ISBN 978 - 7 - 216 - 09916 - 5	**定价**:84.00 元

本社网址:http://www.hbpp.com.cn

本社旗舰店:http://hbrmcbs.tmall.com

读者服务部电话:027 - 87679656

投诉举报电话:027 - 87679757

(图书如出现印装质量问题,由本社负责调换)

总　序

　　"中南财经政法大学'双一流'建设文库"是中南财经政法大学组织出版的系列学术图书，是学校"双一流"建设的特色项目和重要学术成果的展现。

　　中南财经政法大学源起于1948年以邓小平为第一书记的中共中央中原局在挺进中原、解放全中国的革命烽烟中创建的中原大学。1953年，以中原大学财经学院、政法学院为基础，荟萃中南地区多所高等院校的财经、政法系科与学术精英，成立中南财经学院和中南政法学院。之后学校历经湖北大学、湖北财经专科学校、湖北财经学院、复建中南政法学院、中南财经大学的发展时期。2000年5月26日，同根同源的中南财经大学与中南政法学院合并组建"中南财经政法大学"，成为一所财经、政法"强强联合"的人文社科类高校。2005年，学校入选国家"211工程"重点建设高校；2011年，学校入选国家"985工程优势学科创新平台"项目重点建设高校；2017年，学校入选世界一流大学和一流学科（简称"双一流"）建设高校。70年来，中南财经政法大学与新中国同呼吸、共命运，奋勇投身于中华民族从自强独立走向民主富强的复兴征程，参与缔造了新中国高等财经、政法教育从创立到繁荣的学科历史。

　　"板凳要坐十年冷，文章不写一句空。"作为一所传承红色基因的人文社科大学，中南财经政法大学将范文澜和潘梓年等前贤们坚守的马克思主义革命学风和严谨务实的学术品格内化为学术文化基因。学校继承优良学术传统，深入推进师德师风建设，改革完善人才引育机制，营造风清气正的学术氛围，为人才辈出提供良好的学术环境。入选"双一流"建设高校，是党和国家对学校70年办学历史、办学成就和办学特色的充分认可。"中南大"人不忘初心、牢记使命，以立德树人为根本，以"中国特色、世界一流"为核心，坚持内涵发展，"双一流"建设取得显著进步：学科体系不断健全，人才体系初步成型，师资队伍不断壮大，研究水平和创新能力不断提高，现代大学治理体系不断完善，国际交流合作优化升级，综合实力和核心竞争力显著提升，为在2048年建校百年时，实现主干学科跻身世界一流学科行列的发展愿景打下了坚实根基。

　　习近平总书记指出："当代中国正经历着我国历史上最为广泛而深刻的社会变革，也正在进行着人类历史上最为宏大而独特的实践创新。……这是一个需要理论而且一定能够产生理论的时代，这是一个需要思想而且一定能够产生思想的时代。"①坚持和发展中国特色社会主义，统筹推进"五位一体"总体布局和协调推进"四个全面"战略布局，实现"两个一百年"奋斗目标、实现中华民族伟大复兴的中国梦，需要构建中国特色哲学社会科学体系。市场经济就是法治经济，法学和经济学是哲学社会科学的重要支撑学科，是新时代构建中国特色哲学社会科学体系的着力点、着重点。法学与经济学交叉融合成为哲学社会科学创新发展的重要动力，也为塑造中国学术自主性提供了重大机遇。学校坚持财经政法融通的办学定位和学科学术发展战略，"双一流"建设以来，以"法与经济学科群"为引领，以构建中国特色法学和经济学学科、学术、话语体系为己任，立足新时代中国特色社会主义伟大实践，发掘中国传统经济思想、法律文化智慧，提炼中国经济发展与法治实践经验，推动马克思主义法学和经济学中国化、现代化、国际化，产出了一批高质量的研究成果，"中南财经政法大学'双一流'建设文库"即为其中部分学术成果的展现。

文库首批遴选、出版两百余册专著，以区域发展、长江经济带、"一带一路"、创新治理、中国经济发展、贸易冲突、全球治理、数字经济、文化传承、生态文明等十个主题系列呈现，通过问题导向、概念共享，探寻中华文明生生不息的内在复杂性与合理性，阐释新时代中国经济、法治成就与自信，展望人类命运共同体构建过程中所呈现的新生态体系，为解决全球经济、法治问题提供创新性思路和方案，进一步促进财经政法融合发展、范式更新。本文库的著者有德高望重的学科开拓者、奠基人，有风华正茂的学术带头人和领军人物，亦有崭露头角的青年一代，老中青学者秉持家国情怀、述学立论、建言献策，彰显"中南大"经世济民的学术底蕴和薪火相传的人才体系。放眼未来、走向世界，我们正以习近平新时代中国特色社会主义思想为指导，砥砺前行，凝心聚力推进"双一流"加快建设、特色建设、高质量建设，开创"中南学派"，以中国理论、中国实践引领法学和经济学研究的国际前沿，为世界经济发展、法治建设做出卓越贡献。为此，我们将积极回应社会发展出现的新问题、新趋势，不断推出新的主题系列，以增强文库的开放性和丰富性。

"中南财经政法大学'双一流'建设文库"的出版工作是一个系统工程，它的推进得到相关学院和出版单位的鼎力支持，学者们精益求精、数易其稿，付出极大辛劳。在此，我们向所有作者以及参与编纂出版工作的同志们致以诚挚的谢意！

因时间所囿，不妥之处还恳请广大读者和同行包涵、指正！

中南财经政法大学校长

---

① 习近平：《在哲学社会科学工作座谈会上的讲话》，2016 年 5 月 17 日。

摘　要

随着经济发展和社会全面进步，我国侵权责任法也在逐步完善。

2009年《中华人民共和国侵权责任法》（以下简称《侵权责任法》）一般条款有两个层次：第一层次主要由第2条、第5条和第15条组成，规定侵权责任法保护对象、法律渊源形式及责任承担方式等；第二层次就是第6条和第7条规定，应当解释为侵权赔偿责任的归责原则，这是核心；未来民法典侵权责任编应在此基础上补充完善。虽然英美法系侵权法有同时规定停止侵害、排除妨碍、消除危险等的法律传统，欧陆一些国家学者目前也强调预防性侵权责任方式的重要性，但是，为突出重点，强化逻辑，并便于理解、解释和法律适用，本书建议突出《侵权责任法》第6条第1款的地位和作用，将停止侵害、排除妨碍、消除危险等有关规定主要交由人格权、物权、知识产权的法律予以规定。

因果关系非常重要，侵权责任法应当着力表述。因果关系要件立法，应当与损害、过错（或非法性）等要件立法相互区别；否则，因果关系要件的判断就解决侵权责任构成与否的全部问题了。笔者认为，就因果关系立法，宏观上应当主要就必要条件（"无之则不然"）规则和充分条件进行规定；充分条件就是限定性条件或者说充分性，对其立法是进行公平正义价值判断和公共政策取舍的制度安排。在立法的文字表述方面应当充分吸收目前的立法和司法解释的经验。而在立法对于司法的具体指引方面，不必要求先判断事实上因果关系而后判断法律上因果关系的这种严格的阶段性操作。

笔者认为，2015年《最高人民法院关于审理环境侵权责任纠纷案件适用法律若干问题的解释》第3条第3款无疑具有开创性，而且其原理具有普适性，因此，建议将这一款进一步提升抽象为与因果关系有关的一个法律规则而予以明确规定："二人以上分别实施侵权行为造成同一损害，部分行为人的行为足以造成全部损害，部分行为人的行为只造成部分损害的，足以造成全部损害的行为人与其他行为人就共同造成的损害部分承担连带责任，并对全部损害承担责任。"

一般侵权赔偿责任的"三要件说"和"四要件说"各有其理论与实践依据。"三要件说"的问题在于"故意""过失""过错"等文字表述本义属于心理状态范畴，而"四要件说"的"软肋"包括法人或其他组织"过错"的明显拟制痕迹。当然，相关立法的关键，还是在于完善关于侵权构成的具体判断标准的规范。

笔者认为，一般侵权赔偿责任构成的"四要件说"确有很多道理。首先，"过错"在很多场合被理解为侵权责任构成的"主观要件"，如此看来，"过错"不能代替违法行为这一"客观要件"。如此理解的"过错"是行为人的主观心理状态，体现了行为人主观上的应受非难性。如此理解的话，在判断侵权与否时，先考察客观情形，后判断主观要件。其次，认为过错吸收违法或者违法吸收过错，并没有从根本上否定行为违法性与行为人主观过错的区分。更重要的是，"四要件说"被最高人民法院的司法解释所采用，用以指导全国的审判实践。例如就侵害名誉权责任应如何认定的具体问题，1993年《最高人民法院关于审理名誉权案件若干问题的解答》有明确的回答："是否构成侵害名誉权的责任，应当根据受害人确有名誉被损害的事实、行为人行为违法、违法行为与损害后果之间有因果关系、行为人主观上有过错来认定。"

然而，首先，《侵权责任法》第6条和第7条毕竟没有明确规定"违法"或"违法性"作为一切一般侵权责任的必备构成条件，也没有在其他条文明示"违法"或"违法性"是侵权构成要件。其次，关于名誉侵权的司法解释坚持"四要件说"只是特例，一些案例对于"四要件说"的采用或者对于"主观过错"的单独判断也只是司法实践的一部分，更多的司法实践和具体案件则表明法院是就违法性和过错一并分析判断或者只判断过错而不分析违法性。再次，在社会节奏加快的背景下，在具体规范完善的前提下，对于作为一般侵权的两面一体的违法性和过错一并分析判断，有利于提高纠纷解决的效率，避免无谓的概念纷争。更重要的是，当就公司、企业、机关、事业单位等法人或"其他组织"的过错进行判断时，即使法律文书表述为"主观过错"，其实也都是客观过错，这种"过错"有十分明显的拟制的痕迹；即使过错与违法性被单独分别判断，也只是抽象的区分判断或者是重复判断。总之，法人或其他组织的过错就是违法，根本不存在什么真正意义上的"心理活动状态"。

所以，"三要件说"和"四要件说"都有道理，也都有局限。立法技术有可选择性，法律解释方法也有很多。在我国，就法律现状和文义解释方法而言，"三要件说"似乎更贴近立法和司法实践。若采"三要件说"，则"过错""行为违法性""违反法定义务"应当具有相同涵义。

当然，"三要件说"和"四要件说"都是就一般侵权赔偿责任的一般构成要件的高度抽象。就侵权立法而言，除了要规定一般构成要件，还要就各种具体侵权构成要件进行规定；而就司法而言，须就每个具体案件的侵权构成的具体要件进行判定。

鉴于侵权构成要件和抗辩事由的内在逻辑关系，也为了行文简洁和便于理解解释，笔者赞同将"不承担责任和减轻责任的情形"放在侵权构成规定之后、责任承担之前进行规定，而不单独设置专章规定。同时认为，《民法总则》规定了的，侵权责任编就不再规定，而且主张补充规定"自助""受损害人同意""自冒风险（自愿承担风险）"等。

就"自助"，本书建议民法典侵权责任编予以规定：

第　条　当合法权益受到不法侵害，来不及请求国家机关保护时，如果不采取措施，以后就难以维护合法权益的，权利人可以采取扣留侵害人的财产等合理措施，但是采取自助措施以后应当立即请求有关国家机关处理。错误实施自助行为或者采取自助措施不当造成损害的，应当承担侵权责任。

笔者认为，被采取自助措施的人不局限于侵权人，因此可以被称为"侵害人"。

笔者认为，广义上的"受损害人同意"包括"自冒风险"（"自甘冒险"）。"自冒风险"的本义，是指受损害人预见损害可能发生，而又甘冒损害发生的危险，结果损害却真的不幸发生了。"自冒风险"与通常所说的"受害人故意"造成损害不同，"自冒风险"的人不是希望，也不是放任损害发生，而是对损害的发生存在侥幸心理而愿意冒险；"自冒风险"不是自信损害不会发生，也不是疏忽大意而没有预见损害发生的可能，而是预见到损害发生的危险而心存侥幸，所以与通常所说的受损害人"过失"造成损害也不同。总之，"自冒风险"与"受害人过错"不同，不宜按"与有过错"规则处理。

就"受损害人同意"及"自冒风险（自愿承担风险）"，笔者建议民法典侵权责任编分别予以明确规定：

第　条　受损害人事前明确作出自愿承担某种损害结果的意思表示，而且不违反公共利益和公序良俗的，行为人不承担责任。

第　条　受损害人原可预见损害的可能发生，而又甘冒损害发生的危险，最后损害结果真的不幸发生的，受损害人不得请求他人承担侵权责任，但是他人对损害的发生有故意或者重大过失的除外。

就侵权责任法上"与有过失"（"与有过错"）制度，本书建议，将2009年《侵权责任法》第26条和第27条合并为一条：

第　条　被侵权人对损害的发生有原因力或者过错的，可以减轻侵权人的责任。损害完全是受损害人自己造成的，行为人不承担责任。

修订理由是：（1）"也"字的存在，易使人误以为"与有过失规则"只适用于过错侵权责任案件，其实我国目前的法律中"与有过失规则"也适用于无过错侵权责任案件，故第26条"也"字应予删除。（2）在侵权判断中，最基本的还是要考虑因果关系，所以第26条当中应加上被侵权人原因力方面的规定。（3）第26条、第27条合起来才是完整的"与有过失"（"与有过错"）规则，故合并。（4）现行第27条最根本的还是应该考虑因果关系。实际上，只要损害完全是受损害人自己造成的，行为人就不承担责任。"受害人故意造成"只是其中一种最典型的被告抗辩事由。（5）"受害人"是刑法上概念，民法上宜称为"受损害人"。与此类似，在合同法中，一般也用"受损害人"，而不是用"受害人"概念。

笔者认为，根据法律和实践，劳务派遣所涉及的三方当事人关系中，劳务派遣单位和接受劳务派遣的单位都是实质意义的用人单位（"雇主"），而由用人单位（劳务派遣单位）与用工单位（接受劳务派遣的单位）对受到被派遣工作人员损害的人承担无过错的连带责任，有利于充分救济受害人，有利于预防损害发生，有利于实现用人单位与用工单位的利益平衡，也有利于规范劳务派遣行业的健康发展。

本书建议我国民法典侵权责任编规定："个人之间形成劳务关系，提供劳务一方因劳务造成他人损害的，由接受劳务一方承担侵权责任，故意造成他人损害的提供劳务的一方负连带责任。接受劳务的一方承担侵权责任后，可以向有故意或者重大过失的提供劳务的一方追偿。"这一条包括有偿劳务和无偿劳务两种情形，即同时包括了被帮工人就无偿提供劳务的帮工人在从事帮工活动中致人损害时承担赔偿责任情形以及有故意侵害行为的帮工人的连带责任。

就产品责任制度完善，本书建议：第一，建议删除第42条。《侵权责任法》第42条第1款所规定的所谓"过错责任原则"只是销售者在生产者和销售者之间内部承担终局责任的归责原则。而这个内部关系中的销售者的过错责任其实在《侵权责任法》第43条第2款和第3款中也有明确的规定。因此，《侵权责任法》第42条第1款可予以删除。《侵权责任法》第42条第2款也是生产者和销售者（涉及两个以上销售者）内部关系中终局责任的规定，该款既是常理，也只是再次表明销售者对外（缺陷产品受损害人）承担无过错责任，对此第43条第1款内容足以涵盖，因此第42条第2款也可以删除。将整个第42条予以删除，还可以避免误认销售者对缺陷产品受损害人承担过错责任。所以，本书建议删除《侵权责任法》第42条。第二，第43条第2款和第3款是对生产者与销售者内容追偿的规定，两款合起来与第43条第1款对缺陷产品受损害人承担无过错、不真正连带责任的规定相匹配，故建议第43条第2款和第3款合并为第2款。

值得一提的是，《侵权责任法》中规定，机动车交通事故责任主体是机动车一方当事人，通常情况下被侵权人是对方车辆（包括机动车、非机动车）当事人或者行人。至于本车车上当事人受到损害的，按照侵权法一般侵权规则或者合同法或者其他法律予以处理。例如，《合同法》第302条规定："承运人应当对运输过程中旅客的伤亡承担损害赔偿责任，但伤亡是旅客自身健康原因造成的或者承运人证明伤亡是旅客故意、重大过失造成的除外。　前款规定适用于按照规定免票、持优待票或者经承运人许可搭乘的无票旅客。"其中"经承运人许可搭乘的无票旅客"即属于无偿客运合同的乘客或者暂时无票而有待付款补票的搭乘人。《合同法》规定的客运合同的承运人是从事公共运输的承运人，车辆是营运机动车，一般情况下，客运合同是有偿合同，旅客不交付票款的，承运人依法可以拒绝运输，但是也不排除特殊情况下个别乘客与承运人之间的无偿客运合同。如果是"好意同乘"，或者说当事人双方或一方没有缔结客运合同意思表示，那么此时因无合同存在，根本无法适用《合同法》。就是说，好意同乘不适用《合同法》。理论上认为好意同乘属于情谊行为，而情谊行为只是说其当事人没有订立合同的法效意思，但绝不意味着情谊行为不受法律管辖。即使是情谊行为，如果符合侵权法上一般侵权构成要件，即构成侵权，有关行为人应当承担侵权责任。当然，毕竟无偿搭乘人自愿无偿搭乘，应知机动车运输有一定风险，同时考虑到公序良俗原则，令无偿搭乘人所乘坐机动车一方承担全部侵权责任有失公平，因此赞同民法典侵权责任编规定："非营运机动车发生交通事故造成无偿搭乘人损害，属于该机动车一方责任的，应当减轻或者免除其赔偿责任，但是机动车使用人有故意或者重大过失的除外。"

《侵权责任法》第79条和第80条的立法初衷无疑应当获得肯定。然而，从文义解释来看，第79条和第80条规定都是没有必要设置的。从这两条文字表达来看，它们只像宣示性规定。很多学者都认为第79条和第80条应予以删除。而且，饲养人、管理人违反管理规定、未对动物采取安全措施或者饲养禁止饲养的危险动物的，还应当受到行政处罚。《侵权责任法》第78条足以解决第79条和第80条所要解决的问题。

比较法上，《瑞士债法典》第56条规定动物饲养人（管理人）承担过错推定的责任，《奥地利民法典》第1320条规定动物饲养人（动物保有人）的责任是客观过失的责任（过错推定的责任）。就动物致害责任，根据各自法律，比利时法院一直使用"推定的过错"术语，法国法院使用"推定的责任"术语，意大利法院则将《意大利民法典》第2052条规定的责任表述为"不可反证的推定的过错"责任。就饲养动物统一规定致人损害的过错推定责任倒是可行，问题是我国《侵权责任法》第81条规定采用过错推定规则，使得饲养动物侵权责任的统一的无过错责任原则受到破坏，给法院适用法律带来困扰，例如有的法院一方面认为动物园根据侵权法承担无过错责任，另一方面在具体案件中根据动物园过错情况判决动物园承担过错责任。第81条规定也使得实践中有的案件久拖不决、有的案件得不到公平处理。其实，对于动物园的利益的保护和维护，可以通过提高门票售价、社会捐助、财政补贴、强制保险、商业保险等予以进行。

我国《侵权责任法》第85条和第86条是由《民法通则》第126条演变修订而来的，就是说，立法机关就建筑物、其他设施因质量缺陷致人损害和因维护不足致人损害分别规定了不同的侵权责任，《建筑法》以及其他有关法律也专门就保障建设工程质量进行了一系列规定，立法目的就是加强建筑质量管理，避免建筑质量缺陷致人损害。从实践中"楼歪歪""楼脆脆"及一些豆腐渣工程的实际危害以及立法回应和对策来看，《侵权责任法》第86条是要规定建筑物、其他设施致人损害的严格责任，进而言之，第86条第1款规定建设单位与施工单位对有质量缺陷的建筑物、其他设施致人损害承担无过错连带责任，第86条第2款规定"其他责任人"承担过错推定的责任。所以，本书建议将第86条第1款第1句修改为："建筑物、构筑物或者其他设施倒塌造成他人损害的，由建设单位与施工单位承担连带责任，但是建设单位或者施工单位能够证明不存在质量缺陷的除外。"经此修改后，第86条更能明确立法目的，有利于法律适用。

值得关注的是，《最高人民法院关于审理道路交通事故损害赔偿案件适用法律若干问题的解释》第10条和第11条规定有很重要的实践作用，而且在法理上有更广泛的参考意义。笔者建议将该司法解释第10条和第11条规定加以修订后纳入民法典侵权责任编建筑物、其他设施、物件损害责任一章（不限于交通事故侵权责任案件的适用）。具体方案是，将2009年《侵权责任法》第89条修改为："在道路上堆放、倾倒、遗撒妨碍通行的物品造成他人损害的，由行为人承担侵权责任。道路管理者不能证明已按照法律、法规、规章、国家标准、行业标准或者地方标准尽到清理、防护、警示等义务的，应当承担相应的责任。"紧随第89条之后，增加一条规定："未按照法律、法规、规章或者国家标准、行业标准、地方标准的强制性规定设计、施工，致使道路存在缺陷并造成他人损害的，建设单位与施工单位应当承担相应的责任。建设单位、施工单位赔偿后，有其他责任人的，有权向其他责任人追偿。"

为了激励创新创造，强化知识产权保护，民法典侵权责任编"损害赔偿"一章有必要规定，侵权人故意侵害知识产权的，根据侵权行为的情节、规模、损害结果等因素，知识产权人有权请求相应的惩罚性赔偿。这是一般性规定。另由专利法、商标法、著作权法、商业秘密法等单行法规定具体细节。

侵权责任法作为民事权利保障法，随着社会发展和民商法法典化、现代化而与时俱进、不断发展。民商法法典化、现代化是创新国家治理和国家治理法治化的重要部分。

目　录

第一章
侵权责任法的宏观体系
及进入民法典的思考

2009 年《中华人民共和国侵权责任法》（以下简称《侵权责任法》）一般条款有两个层次：第一层次主要由第 2 条、第 5 条和第 15 条组成，规定侵权责任法保护对象、法律渊源形式及责任承担方式等；第二层次就是第 6 条和第 7 条规定，应当解释为侵权赔偿责任的归责原则，这是核心。民事侵权责任主要是赔偿责任。

使用人是用人单位的，"使用人责任"是无过错责任、替代责任（当然还有立法技术因素在发挥作用）。使用人责任是无过错责任，是指使用人承担责任不以选人、用人、指示、指挥的过错为要件，即不论"用人"本身有无过错，与所谓产品侵权、危险责任、环境侵权赔偿等适用的无过错责任原则在含义上不同；就是说，在判断使用人作为侵害人有无责任时，当可以同时适用其他各章及其他法律中的无过错责任规定时，才无须考虑使用人有无过错。由此在《侵权责任法》第四章有关部分和其他各章及其他法律有关规定之间形成了一个特殊的双重结构，因此第四章有关规定应该属于总则，这是编纂民法典要考虑的。

法律列举性规定各种侵权，应当是针对特殊归责事由的侵权。

第一节　《侵权责任法》的法律文本体系

共计 92 个条文的《侵权责任法》充分体现了中华人民共和国成立以来尤其是 1986 年《民法通则》通过以来，理论、实践以及立法关于"侵权的民事责任"的法律传统。在中国，侵权责任法的条文很多，也很集中，并形成了体系；侵权责任不仅包括赔偿责任，还包括停止侵害、返还财产、消除影响、排除妨碍等责任，这与欧洲大陆一些国家的民法典中的侵权法规定有很大差距；当然，其中高度凝练和概括的关于侵权的一般条款以及侵权赔偿责任的归责原则无疑借鉴了大陆法系国家民法典的侵权法立法模式。而中国侵权责任法对于侵权行为的类型化规定也适当借鉴了英美法系侵权法的理论与实践。

从 1986 年《民法通则》"侵权的民事责任"的规定，到 2009 年《侵权责任法》的体系，充分反映了中国法律思想当中的"责任"意识和"责任"观念，凸显了民法本来就存在的内在逻辑。① "权利、义务、责任"是民法的基石范畴，起表征作用、居于主导地位的是"权利"，起衬托作用、处于伴随地位的是"义务"，义务法是从另一角度对权利法的重述，责任是违反义务或者侵害权利时才发生的强制性法律后果（是保护权利的最终依托）。②

《侵权责任法》共 12 章 92 条，理论上分为总则和分则。第一章至第三章属于总则，分别是"一般规定""责任构成和责任方式""不承担责任和减轻责任的情形"。从结构和法理上看，总则部分设置了两个层次的一般性条款。第一个层次的一般条款由第 2 条、第 5 条和第 15 条组成。其中第 2 条规定："侵害民事权益，应当依照本法承担侵权责任。　　本法所称民事权益，包括生命权、健康权、姓名权、名誉权、荣誉权、肖像权、隐私权、婚姻自主权、监护权、所有权、用益物权、担保物权、著作权、专利权、商标专用权、发现权、股权、继承权等人身、财产权益。"该条以概括加例示性列举方式规定了侵权行为的客体，即侵权责任法保护对象：民事权益的主要类型。第 5 条规定："其他法律对侵权责任另有特别规定的，依照其规定。"第 15 条则规定："承担侵权责任的方式主要有：（一）停止侵害；（二）排除妨碍；（三）消除危险；（四）返还财产；（五）恢复原状；（六）赔偿损失；（七）赔礼道歉；（八）消除影响、恢复名誉。

以上承担侵权责任的方式，可以单独适用，也可以合并适用。"这种集中性的规定，更多考虑的是法律适用的方便，就是说，这种集中性规定更好地解决了司法实践中合并适用的问题。该第 15 条规定了侵害民事权益承担侵权责任的主要方式。第二个层次的一般条款就是第 6 条和第 7 条的规定。其中第 6 条规定："行为人因过错侵害他人民事权益，应当承担侵权责任。"

"根据法律规定推定行为人有过错，行为人不能证明自己没有过错的，应当承担侵权责任。"其中"因过错侵害"这种文本表述反映了"因果关系"、"过错"（甚至还有"违法行为"）这些侵权构成要件之间区分的相对性。第 7 条规定："行为人损害他人民事权益，不论行为人有无过错，法律规定应当承担侵权责任的，依照其规定。"这里"行为人损害他人民事权益"这种表述则反映了"损害结果"、"侵害行为"（或者说"违法行为"）、"因果关系"这些侵权构成

---

① 各国民法都包括民事责任，只是民法理论特别强调权利的视角，其实责任制度是权利的制度保障。
② 参见张平华《侵权法的宏观视界》，法律出版社 2014 年版，第 29 页。

要件区分的相对性或者这些构成要件之间的紧密联系。

《侵权责任法》第四章"关于责任主体的特殊规定"非常特别,因为这一章虽然是"特殊规定",但是其中有些关于责任主体的规定,尤其是第34条规定的用人单位责任,广泛适用于《侵权责任法》第五至十一章规定的各种案型,可以认为是侵权责任法总则的一部分。

《侵权责任法》分则包括第五章至第十一章,对侵权责任进行了列举式(即类型化)规定。第五章及其以下各章分别规定了产品责任、机动车交通事故责任、医疗损害责任、环境污染责任、高度危险责任、饲养动物损害责任、物件损害责任等。第七章"医疗损害责任"规定的主要是过错赔偿责任,其中第58条规定遇三种情形之一时采用"过错推定"的方法。除第七章以外的各章所规定的责任,主要是无过错赔偿责任以及过错推定的赔偿责任。其中,机动车与机动车之间的侵权赔偿责任采过错责任原则,机动车对行人、非机动车侵权赔偿责任采无过错责任原则。值得反思的是,动物园里动物侵权赔偿责任,责任人承担过错推定的责任(这是《侵权责任法》新规定),近年来的一些相关案件暴露出一些问题,本来在制定《侵权责任法》的过程中就曾有不同意见;其他情形下饲养人或管理人承担无过错的赔偿责任。第十一章"物件损害责任"第86条第1款规定:"建筑物、构筑物或者其他设施倒塌造成他人损害的,由建设单位与施工单位承担连带责任。建设单位、施工单位赔偿后,有其他责任人的,有权向其他责任人追偿。"这规定的是建设单位与施工单位无过错连带赔偿责任,其延续并完善了1999年《合同法》第282条无过错赔偿责任的相关规定①,强化了建筑物质量责任。而第11章第85条第1款、第88条、第90条、第91条第2款等,明确规定了过错推定的侵权责任。

第二节　我国侵权责任法的宏观体系分析

作为裁判规则体系,我国2009年《侵权责任法》就解决侵权责任纠纷的共

---

① 《合同法》第282条规定:"因承包人的原因致使建设工程在合理使用期限内造成人身和财产损害的,承包人应当承担损害赔偿责任。"该条规定兼有合同法和侵权责任法双重属性。

同规则、各种典型的侵权纠纷案件中的一般规则和特殊规则作出了规定，另有很多单行法律文件就有关的侵权责任作出了特别规定，从而在我国形成了一个由一般法规定和特别法规定组成的关于侵权责任法的庞大法律体系。

一、《侵权责任法》与关于侵权的其他法律的关系

（一）与《民法通则》《民法总则》的关系[①]

《民法通则》包括民法总则内容，也包括民法分则内容，但不是民法典，也不是纯粹的民法总则或分则。2017年《民法总则》实施后，《民法通则》与《民法总则》相冲突的部分失去效力。就《民法通则》与《侵权责任法》的关系而言，《侵权责任法》生效后，《民法通则》当中与《侵权责任法》处于同一位阶并与《侵权责任法》相冲突的相应内容失去效力。但是，《民法通则》中相当于民法总则的部分依然有效。如《民法通则》第18条第3款仍有效，继续适用，其规定："监护人不履行监护职责或者侵害被监护人的合法权益的，应当承担责任；给被监护人造成财产损失的，应当赔偿损失。"[②]就《民法总则》与《侵权责任法》的关系而言，《侵权责任法》与《民法总则》相冲突的部分失去效力。

（二）与侵权责任法的特别法的关系

侵权责任法的特别法，是指全国人大或者全国人大常委会制定的对侵权责任作出特别安排的法律，即使它们所在的法律文本本身与《侵权责任法》处于同一位阶，这些法律文本内的侵权责任法也属于侵权责任特别法，对此，《侵权责任法》在第5条规定："其他法律对侵权责任另有特别规定的，依照其规定。"

除2009年《侵权责任法》文件以外，我国关于处理侵权纠纷的法律规范还散布在很多法律文件当中。例如2007年《物权法》规定了侵害物权的责任。[③]又如产品质量法、食品安全法、药品管理法、疫苗管理法等规定产品侵权责任；道路交通安全法规定了机动车侵权责任；民用航空法、铁路法、电力法等也有侵权

[①]　《民法总则》实施以后，在民法典编纂完成以前，《民法通则》暂不废止。

[②]　《民法总则》第34条第3款规定："监护人不履行监护职责或者侵害被监护人合法权益的，应当承担法律责任。"这一规定的外延比《民法通则》第18条第3款规定要宽。

[③]　最主要的是《物权法》第37条规定："侵害物权，造成权利人损害的，权利人可以请求损害赔偿，也可以请求承担其他民事责任。"

责任法规定；传染病防治法、献血法等也规定了相关侵权责任。比较特别的是，2003 年《放射性污染防治法》第 59 条规定："因放射性污染造成他人损害的，应当依法承担民事责任。"该条规定涉及的侵权既可以当作高度危险作业侵权，也可以当作污染环境侵权。比较突出的是，环境保护法、水污染防治法、大气污染防治法、固体废物污染环境防治法、环境噪声污染防治法、海洋环境保护法等众多法律规定了污染环境的侵权责任。再如，专利法、商标法、著作权法等规定了侵害知识产权的侵权责任；证券法等则规定了商事侵权责任。

此外，1993 年通过、2009 年和 2013 年修订的《消费者权益保护法》也有相当多的很重要的侵权责任法规范。

编纂民法典时，应考虑将最典型的或者是有高度概括性的侵权责任特别法规范编进侵权责任法编。

另外，1994 年通过、2010 年和 2012 年修订的《国家赔偿法》规定了行政赔偿和刑事赔偿，就国家机关和国家机关工作人员行使职权侵犯公民、法人或者其他组织合法权益造成损害的，受害人依法取得国家赔偿的权利进行了规定。

1. 与《侵权责任法》实施前的特别法的关系

若《侵权责任法》修改了其颁布之前的特别法，则不应适用该特别法。就是说，《侵权责任法》第 5 条中"另有特别规定"应当解释为该法没有明确地修改其他法律"特别规定"的规定，或者没有修改的意思。[1]《侵权责任法》通过之前制定的侵权责任特别法，尤其是在非民法性质的法律文件中规定的侵权责任特别法，有些规定囿于各种因素，不尽合理，所以在司法实践中，如果侵权责任特别法规定与《侵权责任法》规定的同类侵权的具体规定相冲突，那么应当按照"新法优于旧法"的原则直接适用《侵权责任法》的规定。这种情形会越来越少，直至消失。

2. 与《侵权责任法》实施后的特别法的关系

除了第一层次和第二层次一般条款以外，《侵权责任法》第 65 条对污染环境侵权责任、第 69 条对高度危险作业侵权责任等又设定了适用于这些类型特殊侵权纠纷的一般条款，使《侵权责任法》本身成为一个宏大的开放性的立法架构，也给侵权责任特别法的发展预留了广阔空间。而且根据"特别法优于一般法""新法优于旧法"的法律渊源的规则和《侵权责任法》第 5 条的规定，《侵权责任

---

① 周友军：《侵权责任认定：争点与案例》，法律出版社 2010 年版，第 25 页。

法》实施以后制定的侵权责任特别法，应当优先适用。民法典编纂完成后制定的侵权责任法编以外的侵权责任特别法，依法理也应当优先适用。

《侵权责任法》实施前已由全国人大及其常委会通过并已经实施的特别法，与《侵权责任法》规定不一致，而在《侵权责任法》实施后又进行了修订，但是只修改了其他内容，与《侵权责任法》不一致的侵权法规定维持不变的，则应当归为"《侵权责任法》实施后的特别法"，应当优先适用。

（三）与其他规范性文件及渊源形式法律的关系

《侵权责任法》第 5 条规定："其他法律对侵权责任另有特别规定的，依照其规定。"有学者认为特别法的范围不限于全国人大及其常委会制定的法律，认为如果特别法的范围限定得如此狭窄，那么不仅与法律的定义不相一致，而且会导致很多事项缺乏法律规定，从而使法律出现空白。[①]也有学者指出，法理上，这里的"其他法律"应当仅指法律，而不包括司法解释、行政法规等其他社会规范。[②]笔者认为，根据文义解释方法，《侵权责任法》第 5 条所规定的"法律"应当限于全国人大及其常委会制定的法律。而且，根据 2000 年全国人大通过并经 2015 年全国人大修订的《立法法》第 7 条的规定，民事的"基本法律"由全国人大制定和修改；根据第 8 条规定，"民事基本制度"只能由全国人大及其常委会制定"法律"。侵权责任法律制度只能被认为是民事"基本法律"的一部分或者"民事基本制度"，所以在通常情况下，行政法规、地方性法规、行政规章等，都无权对侵权责任作出规定，也都不能作为处理侵权责任纠纷的依据。

当然，法律具有稳定性和滞后性，有些侵权责任规则可能没有办法及时得到立法确认，然而现实的侵权纠纷又需要法院裁判，所以在客观上要求一些行政法规从行政管理角度对某些侵权行为的查处予以规定或者就某些侵权纠纷的调解进行规定。也有一些法律明文就某些具体制度授权国务院作出规定，如《道路交通安全法》第 17 条规定："国家实行机动车第三者责任强制保险制度，设立道路交通事故社会救助基金。具体办法由国务院规定。"《立法法》第 9 条也规定："本法第八条规定的事项尚未制定法律的，全国人民代表大会及其常务委员会有权作出决定，授权国务院可以根据实际需要，对其中的部分事项先制定行

[①]　周友军：《侵权责任认定：争点与案例》，法律出版社 2010 年版，第 25 页。

[②]　高圣平主编：《〈中华人民共和国侵权责任法〉立法争点、立法例及经典案例》，北京大学出版社 2010 年版，第 62～63 页。

政法规，但是有关犯罪和刑罚、对公民政治权利的剥夺和限制人身自由的强制措施和处罚、司法制度等事项除外。"

法律文本局限性的存在，决定了法律解释包括司法解释对于法律实施的必要性和重要性。在中国特殊的体制架构下，司法解释往往尤为重要，甚至有时具有创设法律规则的功能，比如《侵权责任法》安全保障义务人侵权责任的规则就是首先由司法解释予以确立的。当然，随着侵权责任法的完善以及民法典的编纂完成，司法解释的地位应当受到适当的约束。

二、《侵权责任法》当中的一般规定和特别规定

特别规定优于一般规定而被适用。不过，《侵权责任法》设置了多个层次的总分构造：《侵权责任法》有总则和分则之分；总则设置了适用于全部侵权类型的一般规定和只适用于侵权赔偿责任的一般规定（两个层次的一般条款）；分则对过错侵权赔偿责任中的一些特殊情况和无过错侵权赔偿责任以及过错推定的赔偿责任的各种情形作了明确规定；《侵权责任法》分则内容相对于《侵权责任法》总则而言是特别规定，而相对于其他法律文件中的侵权责任特别法而言却是一般规定。

三、《侵权责任法》的一般条款及其运用

（一）《侵权责任法》第一层次一般条款的作用

《侵权责任法》第2条、第5条和第15条结合在一起，明确了《侵权责任法》的保护范围，规定了侵权责任法的渊源形式，并规定了承担侵权责任的各种方式，从而界定了"何为侵权"，划定了侵权责任法的边界，因此构成第一个层次的一般性条款。值得一提的是，2008年侵权责任法草案第2条只设计了一款："侵害民事权益，应当承担侵权责任。"该第2条太宽泛，只有价值宣示作用，故受到广泛批评。2009年侵权责任法征求意见稿第2条拟定为："侵害民事权益，应当依照本法承担侵权责任。　本法所称民事权益，包括生命权、健康权、姓名权、名誉权、肖像权、隐私权、监护权、所有权、用益物权、担保物

权、著作权、专利权、商标专用权、股权、继承权等人身、财产权益。"征求意见稿不仅增列一款划定侵权责任法保护范围，而且第 1 款增加"依照本法"字样，使第 1 款由仅有"价值宣示"意义转变成为具有"法律渊源"的性质。2009年通过的《侵权责任法》第 2 条与征求意见稿一致，但是第 2 款增列了"荣誉权""婚姻自主权""发现权"。可以认为，《侵权责任法》第 2 条规定了法律渊源，并对其所保护的"民事权益"进行了不完全列举①，表明《侵权责任法》的保护范围是开放性的，今后有些民事"利益"可能随着社会的发展变化而被法律纳入侵权责任法保护范围。《侵权责任法》第 5 条是引致性规定，是就侵权责任法的"法律渊源"进行补充、兜底和特别的规定："其他法律对侵权责任另有特别规定的，依照其规定。"《侵权责任法》第 15 条规定"承担侵权责任的方式"不限于赔偿，还包括停止侵害、排除妨碍、消除危险等其他责任方式。

值得关注的是，停止侵害、排除妨碍、消除危险等绝对权请求权纳入侵权责任法，是我国兼采两大法系侵权法模式的结果，也在我国形成了侵权法传统。在我国一些学者呼吁纯化侵权责任为侵权赔偿责任的时候，大陆法系一些国家却出现了赞同和支持停止侵害、排除妨碍、消除危险等预防性责任进入侵权法的理论趋势。

这些绝对权请求权或者说预防性责任不以权利人实际损失和侵害人过错为构成要件，在某种意义上可以说是法律和法理的共识。

有经济学分析指出，对于单方事故，严格责任归责原则是可以发挥有效预防激励的责任标准，而停止侵害、排除妨碍、消除危险等适用于侵害人单方预防的事故，因此应当确立严格责任为预防性侵权责任的归责原则。②若将归责原则的过错责任原则也规定为可适用于停止侵害、排除妨碍等，则是立法技术的选择问题，而且一旦权利人向对方主张停止侵害、排除妨碍、消除危险而对方不予理睬，瞬间即可认定对方有过错，就是说，法律规定过错责任原则适用于预防性侵权责任对于被侵害人的不利不是很大，但是毕竟往往需要被侵害人另外再主张绝对权请求权以救济已经发生的侵害。

当然，为了满足法律文本表述的逻辑性要求以及文字简洁、流畅的标准，并为了容易理解，也为了更容易得到合理和合乎逻辑的解释，立法上民法典侵权责任编理应以侵权赔偿责任为核心，而停止侵害、排除妨碍、消除危险等规定主

---

① 该第二款规定的重要意义包括将"隐私权"等明确列为保护对象，不足之处是没有将"人身自由权"予以明确列举。

② 参见李婧《侵权法的经济学分析》，知识产权出版社 2016 年版，第 161 页。

要交由人格权法、物权法、知识产权法等加以具体规定。

（二）侵权赔偿归责原则：第二层次一般条款的统率

通常情况下，侵权归责原则的适用，对各方当事人的利害关系影响极大。在实践中，应当按照"先特别后一般"的原则检索法律，准确判断侵权纠纷的性质，选择恰当的归责原则予以适用。

我国《侵权责任法》将侵权划分为适用过错责任原则的一般侵权、适用过错推定方法的特殊侵权和适用无过错责任原则的特殊侵权。严格说来，传统民法及其理论上的这种归责原则体系以及对于侵权的这些划分，限于侵权赔偿责任领域。[①]

根据《侵权责任法》第 6 条第 2 款和第 7 条规定，过错推定和无过错责任原则的适用须有法律的明文规定。而《侵权责任法》对过错责任原则系采一般化立法方式，第 6 条第 1 款在规定过错责任的一般条款时没有将过错责任的适用范围限定于法律的特别规定，分则仅对医疗损害责任和少数与特殊侵权有关联的过错责任作出了规定，就是说这些少数规定是不完全列举性质的规定，是为了划定某些无过错责任和过错推定责任适用的边界范围而作出的规定，因此，只要符合第 6 条第 1 款的规定，任何具体案件均可适用过错责任原则的相关规定。

从法律传统和全部的法律文本来说，第二层次一般条款是《侵权责任法》一般条款的核心，传统理论的绝对权请求权内容包括停止侵害、排除妨碍、消除危险等规定在侵权责任相关法律（尤其是《侵权责任法》）文本数量上不多。

1. 无过错责任原则的适用

《侵权责任法》第五章规定的产品责任中生产者的责任、第八章规定的环境污染责任、第九章规定的高度危险责任、第十章规定的饲养动物损害责任等都是无过错赔偿责任。无过错责任原则，是指责任不以过错为要件，只要法律有特别规定；但是法律又往往对无过错责任设有赔偿限额的规定。一般认为，为了公平起见，法律同时设计为凡可以适用无过错责任原则的侵权案件，允许被侵权人选择按过错侵权案件追究侵权人赔偿责任。

[①] 有学者直接将侵权行为法一般条款设计为："给他人造成的损害由法律上可归责的人承担赔偿责任。""法律上可归责的人包括但不限于下列情形：（1）因自己的过错行为造成他人损害的人；（2）因从事高度危险活动或保有高度危险物造成他人损害的人；（3）因使用他人而造成损害的人。"这里直接将侵权赔偿责任的归责因素规定为一般条款的核心。参见于敏、李昊等《中国民法典侵权行为编规则》，社会科学文献出版社 2012 年版，第 88 页。

2. "过错推定"的运用

《侵权责任法》第 38 条规定的教育机构对无民事行为能力人受到人身损害的责任、第 58 条就医疗侵权规定的三种情形的推定过错责任、第 75 条规定的高度危险物所有人、管理人就其与非法占有人所承担的连带责任、第 81 条规定的动物园动物损害责任、第十一章规定的建筑物、其他设施、物件损害责任（第十一章第 86 条规定的建筑物质量缺陷责任除外），是过错推定责任。

3. 一般过错责任原则的涵盖范围

《侵权责任法》第七章"医疗损害责任"除第 58 条（过错推定）及第 59 条（无过错责任）外，第 54 条、第 55 条、第 57 条规定的医疗单位承担的医疗损害责任都是一般过错责任。 第 68 条规定的第三人导致污染环境造成损害的责任、第 74 条规定的所有人对交由他人管理的高度危险物所承担的连带责任、第 83 条规定的第三人过错致使动物致他人损害的责任等，是过错责任。

过错推定规则及无过错责任原则的适用，不能只援引《侵权责任法》第 6 条第 2 款、第 7 条，还必须根据具体案情援引其他法律条文有关过错推定规则或者无过错责任原则的特别规定，而《侵权责任法》第 6 条第 1 款根据具体案情是可以直接予以援引适用的。而且，只要符合《侵权责任法》第 6 条第 1 款规定的关于过错赔偿责任的条件，就应当作为一般侵权赔偿责任予以处理，而不能以《侵权责任法》分则和单行法等法律对过错责任没有明文规定为由不予适用。即使遇到有法律特别规定可以适用无过错责任原则的特殊侵权案件，也要考虑被侵权人的选择，如果被侵权人按照过错责任原则的要求，证明行为人有过错，要求按照过错责任原则赔偿全部损失，法院就应当予以支持。在某种意义上可以说《侵权责任法》第 6 条第 1 款在一般条款中居于核心，甚至有学者认为侵权责任一般条款就是第 6 条第 1 款。

在司法实践中，在众多法律规定可以适用无过错责任原则的案件中，大多数案件的当事人依然是可以证明侵害人过错的，事实上很多法院在可以适用无过错责任原则的案件中还是认定了侵权人过错。所以，强化过错责任原则，提升《侵权责任法》第 6 条第 1 款的地位，是对于民事活动及司法实践的适当反映。

4. "分担损失"规则的体系解释与逻辑分析

《侵权责任法》第 24 条规定："受害人和行为人对损害的发生都没有过错的，可以根据实际情况，由双方分担损失。"这一条是双方均无过错时损失分担机制的规定①，它是由《民法通则》第 132 条演变而来的。曾经有很多学者认为侵权法有公平责任原则，但是，目前大多数学者认为"分担损失"不是侵权归责原则。②从《侵权责任法》的全部条文体系来看，第二层次的一般条款集中于第6 条、第 7 条，第 24 条与它们相距较远，故该条不是侵权赔偿归责原则。从逻辑上看，若行为人有过错，则依据《侵权责任法》第 6 条以及其他相关条文来判断行为是否构成侵权并由行为人承担责任；若行为人没有过错，则依据《侵权责任法》第 7 条以及其他相关条文来判断行为是否构成侵权并由行为人承担责任。因此，当行为人没有过错，先看有无法律特别规定行为人也要承担侵权责任。行为人要么有过错，要么没有过错，就只有这两种可能，所以第 6 条、第 7 条就解决了全部的侵权赔偿责任的归责的主观问题，如此判断的话，第 24 条就只能适用于无过错侵权赔偿责任案件中。从第 24 条规定在《侵权责任法》的全部条文体系中所处的位置来看，它在第二章"责任构成和责任方式"当中，当然就应当优先解释为该条适用情形以"构成责任"为前提，既然是要解决"分担损失"问题，还应解释为适用以构成赔偿责任为前提。这一章的第 16 条一直到第 20 条，都是规定侵权赔偿问题的，第 21 条规定侵权人承担停止侵害、排除妨碍、消除危险等侵权责任的情形，第 22 条规定精神损害赔偿问题。在第 24 条之后，第25 条规定："损害发生后，当事人可以协商赔偿费用的支付方式。协商不一致的，赔偿费用应当一次性支付；一次性支付确有困难的，可以分期支付，但应当提供相应的担保。"这一条还是要解决侵权赔偿问题。 该条虽然在这一章的最后，但是民法奉行意思自治原则，只要不违背公共秩序和善良风俗，侵权纠纷案件的当事人都可以协商解决问题，因此，第 25 条在司法实践中经常被适用。

但是，《侵权责任法》第二章第 23 条规定："因防止、制止他人民事权益被侵害而使自己受到损害的，由侵权人承担责任。侵权人逃逸或者无力承担责任，被侵权人请求补偿的，受益人应当给予适当补偿。"在"因防止、制止他人民事权益被侵害而使自己受到损害的"情形下，正当防卫人也是被侵权人，其"损害"是侵权人侵权损害结果的一部分，由侵权人承担侵权赔偿责任是理所当然的。问题是"侵权人逃逸或者无力承担责任"时，不能让英雄"流血又流泪"，

---

① 参见高圣平主编《〈中华人民共和国侵权责任法〉立法争点、立法例及经典案例》，北京大学出版社 2010 年版，第 302、306 页。

② 参见张新宝《侵权责任法》（第二版），中国人民大学出版社 2010 年版，第 23~24 页；江平、费安玲主编《中国侵权责任法教程》，知识产权出版社 2010 年版，第 158~160 页；周友军《侵权责任认定：争点与案例》，法律出版社 2010 年版，第 39 页。

故应当启动"无因管理"的民法机制，规定"受益人应当给予适当补偿"，这是特殊的"无因管理"规定。[1]而且，第23条的重点就是规定一种特殊的无因管理[2]；如此看来，第24条也可以是规定与侵权有关的不构成侵权的事项，顺着这个思路解释的话，第24条被解释为适用于不构成侵权的情形就也合乎逻辑。

再从《侵权责任法》第三章"不承担责任和减轻责任的情形"规定的内容来看，该章适用于不构成侵权而"不承担责任"以及构成侵权而"减轻责任"的情形，那么，在第三章之前的第24条是否适用于构成侵权情形的问题就无法从第三章得到全部答案。

综上所述，只运用体系解释和逻辑分析的方法，可以初步判断第24条的性质，但是还不能完全判断该条的性质和作用。

目前，根据立法、实践以及民法理论的演变趋势来看，第24条规定就是一个模糊的弹性条款，应在具体案件中严格根据侵权责任法的立法宗旨予以适用。一般认为，该条适用于行为人和受损害人的"利害关系"严重失衡的个别情形；但是，无论如何，损害与行为人的行为之间有因果关系时[3]，才能适用第24条，因为不相关的损害也要由被告"分担损失"，缺乏形式逻辑的根据，更违背民法保障自由的立法精神，也不符合"公平原则"本身。

5. 第四章与其他各章及其他法律相关规定的关系

《侵权责任法》第四章标题是"关于责任主体的特殊规定"。其中这一章所规定的监护人对被监护人侵权承担的责任是无过错责任，用人单位、接受劳务派遣的用工单位、个人劳务关系接受人的替代责任都是无过错责任。[4]须指出，这里所说的使用人责任是无过错责任，是指使用人承担责任不以选人、用人、指示、指挥的过错为要件，与所谓产品侵权责任、高度危险责任、环境侵权责任赔偿等适用无过错责任原则的表述在含义上不同。就是说，在确定侵害人的责任时，只有可以同时适用其他各章及其他法律中的无过错侵权责任规定时才无须

---

[1]　有不同观点，参见高圣平主编《〈中华人民共和国侵权责任法〉立法争点、立法例及经典案例》，北京大学出版社2010年版，第295~300页。

[2]　为激励见义勇为，应当采取其他法律和公共政策来改善这种无因管理的见义勇为之人待遇反而低于其他无因管理的管理人待遇的尴尬处境。见义勇为之人的这种尴尬境遇与这种无因管理的被管理人也是被侵权人有关。为此，应当在民法外寻求对策，故建议采取行政法、社会法和公共政策的对策。

[3]　也有观点认为，分担损失的情况包括：具体加害人不明，由可能加害的人分担损失（《侵权责任法》第87条所规定的情形），这只是存在可能的因果关系。参见全国人大常委会法制工作委员会民法室编《〈中华人民共和国侵权责任法〉条文说明、立法理由及相关规定》，北京大学出版社2010年版，第91页；高圣平主编《〈中华人民共和国侵权责任法〉立法争点、立法例及经典案例》，北京大学出版社2010年版，第306页。

[4]　《民法总则》第62条第1款规定："法定代表人因执行职务造成他人损害的，由法人承担民事责任。"目前看来，它是对法人自身责任的一个规定，这一规定不同于《侵权责任法》第34条的规定（对此当然也有不同的观点）。

考虑行为人有无过错。由此在第四章有关部分和其他各章以及其他法律有关规定之间形成了一个特殊的双重结构，就是说，这些场合下，须同时适用第四章和有关各章及其他法律有关规定。在公司、法人或其他单位因其工作人员执行工作任务而构成一般侵权或者产品侵权、环境侵权、高度危险作业侵权等特殊侵权的案件中，法院在援引法律条文时，既要援引一般侵权规定的条文或特殊侵权规定的条文，也要同时援引《侵权责任法》第 34 条关于单位使用人责任的规定。

此外，第 36 条规定的网络服务提供者侵权责任，第 37 条规定的安全保障义务人承担的侵权责任，第 38 条、第 39 条及第 40 条规定的教育机构对无民事行为能力人、限制行为能力人所受到的校园伤害的责任等是过错责任，其中第 38 条规定的是过错推定责任。

第三节　侵权责任法编入民法典的宏观思考

民法典是大陆法系各国民法体系化的普遍形式，中国近代以来就民法典编纂也取得了一定的经验教训，并于民国时期制定实施了民法典。而《侵权责任法》单独作为一个法律文件通过，这还是中国特色，该法律应当作为一个整体（单独一编）并以前述两个层次一般条款为中心且以第二层次一般条款为核心纳入民法典（其中过错责任原则是重中之重）。就是说，中国民法典的框架内，侵权责任法应当独立成编；侵权责任法编内含侵权赔偿这种法定之债，也应当包括停止侵害、排除妨碍、消除危险、返还财产等请求权内容，但是赔偿责任是重点（以人格权法、物权法、知识产权法规定停止侵害、排除妨碍、消除危险等请求权为主）。

第一，侵权责任法在民法的整个宏大体系内已经成为相对独立的部门，这种相对独立性因侵权责任法保护民事权益的功能和作用而得到巩固。"责任"意识和观念扎根在中国传统思想、伦理、政治和法律的深层，其实这与近代以来各国民法的"权利"本位是可以兼容、契合的。各国合同法都是从义务角度规定合同规范的，中国民法凸显侵权责任当然也无可厚非，甚至可以说，侵权责任在民法中的可见度增加，强化了权利保护，使得民法不只是民事权利"宣言"，更是成为保护民事权利的行为规范和裁判规范。总之，侵权责任法的相对独立有比较重要的积极意义。

当然，侵权责任法只有以保护民事权益为己任，才不至于沦为漠视"民事权利"的工具或借口。

第二，在中国的民法典侵权责任法编中，应当将前述两个层次的一般条款各自集中系统规定，即将现行《侵权责任法》第2条、第5条、第15条以及相关的内容规定于连续编排的几个条文当中，将现行《侵权责任法》第6条、第7条以及就侵权赔偿进行高度抽象的一般性规定以几个连续编排的条文予以规定。在两个层次的一般条款中，都要突出因果关系要件，使实践中的侵权判定更有可操作性，使侵权判断标准更加客观，减少不确定性。民法典侵权责任法编应当注意侵权赔偿责任构成要件的局限性，即应当考虑到侵权赔偿责任构成要件的"损害""过错""因果关系"等的相对区分，也就是说，民法典侵权责任法应当考虑到：在判断"损害"时难免要考虑"过错"或"因果关系"，在判断"因果关系"时也难免要考虑"损害"或"过错"。

第三，应当将现行《侵权责任法》第四章"关于责任主体的特殊规定"改造为总则的一部分，即剔除不能统率分则的有关条文。被剔除的这些条文内容，即第36条规定的网络服务提供者侵权责任，第37条规定的安全保障义务人承担的侵权责任，第38条、第39条及第40条规定的教育机构对无民事行为能力人、限制行为能力人所受到的校园伤害的责任等，纳入民法典侵权法分则。在编纂民法典侵权责任法编时还应当增添其他法律、法规和规章的有关内容，形成侵权责任法编分则的几个独立章节。

第四，在民法典侵权责任法编中，尤其需要明确侵权赔偿责任与停止侵害、排除妨碍、消除危险等责任的内在关系以及这两类责任的区别；还要特别明确侵权赔偿责任与债权债务关系的联系，以及停止侵害、排除妨碍、消除危险等责任与绝对权请求权的关系。

第五，在与《民法总则》的协调方面，总则第八章"民事责任"涵盖"侵权责任"，而又不仅仅只针对侵权责任。其中第181条规定了正当防卫，第182条规定了紧急避险，第183条包含了《侵权责任法》第二章第23条的内容（形成较为完整的见义勇为人补偿请求权），第184条规定自愿实施紧急救助行为造成受助人损害的救助人不承担民事责任，第187条涵盖了《侵权责任法》第4条规定，因此，民法典侵权责任法编就不必再规定正当防卫、紧急避险等内容。

第二章
一般侵权赔偿责任构成要件的
立法选择

通过比较法和实证分析研究，聚焦一般侵权赔偿责任的构成要件，就损害、因果关系、行为违法性以及过错要件问题进行分析、区别、归纳和总结，意义重大。因果关系要件立法，应与损害、过错（或非法性）等要件立法相互区别；否则，因果关系要件的判断就解决侵权责任构成与否的全部问题了。笔者认为，就因果关系立法，宏观上应当主要就必要条件（"无之则不然"）规则和充分条件进行规定；充分条件就是限定性条件或者说充分性，对其立法是进行公平正义价值判断和公共政策取舍的制度安排。在立法的文字表述方面应当充分吸收目前的立法和司法解释的经验。而在立法对于司法的具体指引方面，不必要求先判断事实上因果关系而后判断法律上因果关系的这种严格的阶段性操作。"三要件说"和"四要件说"各有其理论与实践依据。"三要件说"的问题在于"故意""过失""过错"等文字表述本义属于心理状态范畴，而"四要件说"的"软肋"包括法人或其他组织"过错"的明显拟制痕迹。当然，相关立法的关键，还是在于完善关于侵权构成的具体判断标准的规范。

第一节　一般侵权赔偿责任构成要件立法的意义及表述

现代社会是风险社会，生产生活节奏加快，科学技术迅猛发展，而且经济全球化进一步加快，法律在保持稳定性的同时应当如何应对经济社会发展和保障保护民事权益，始终是重要课题。其中，侵权赔偿责任构成相关规定，在充分发挥侵权法的应有作用方面起着关键作用。侵权赔偿责任构成要件立法对于民事损害后果的分担、受损害人的权益保护和行为人行为自由保障以及社会秩序维护、社会公共利益实现都有十分重大的意义。

侵权赔偿责任是侵权责任法的核心，大陆法系传统法上的侵权责任指的就是侵权赔偿责任。从立法技术角度看，侵权赔偿责任构成要件的规定是区别侵权赔偿责任与违约责任以及其他法律责任的具体标准。在司法实践中,当事人对侵权赔偿纠纷的争议主要围绕侵权赔偿责任构成要件而发生。因此,在审理侵权案件时,主要关注点也应当集中在侵权赔偿责任的构成要件上。就侵权诉讼的原告(受损害人)来说,侵权赔偿责任构成是原告请求权的基础;而从侵权诉讼的被告角度观察,不构成侵权赔偿责任是被告的抗辩目标。所以,民事法律妥善设计侵权责任赔偿构成要件,有利于实现权益保护与行为自由的平衡,有利于维护法律的正义、秩序和效率价值。

而且,与民法总则、公司法、合同法等相互呼应与协调,侵权责任法科学地规定一般赔偿责任构成要件,也有利于通过概括性法律条款(一般条款)应对社会民事生活的多样性和变动性,以不变(或少变)应万变,节约立法和司法成本。侵权纠纷复杂多变,而各国民法典侵权法条文大多寥寥,除了侵权责任特别法的作用以外,侵权赔偿责任构成要件的有关规定起了非常关键的积极作用。

当然,侵权赔偿责任构成要件要与侵权法具体规范合理分工、相互配合;只有这样,才能应对现实、实现侵权责任法的救济功能。侵权赔偿责任构成要件是侵权责任法的枢纽,侵权责任法具体规范应围绕赔偿责任构成要件进行设计、布局和展开。甚至也可以说,相关的社会保险法、商业保险法也应与侵权赔偿责任构成要件相匹配。

侵权赔偿责任构成要件在侵权责任法中如何设计、如何表现,是一个技术性很强的立法问题。在立法实践中,侵权责任法全部文本都应体现侵权责任构成的立法布局,尤其值得重点考虑的是,侵权赔偿责任构成要件是否应当通过"一般条款"表现出来。如果侵权赔偿责任构成要件应当通过"一般条款"表现出来,那么应当如何表现出来?

所谓"一般条款",见仁见智。有观点认为,侵权行为法一般条款就是规定一般侵权行为的条款。[1]也有观点认为,一般条款是一个国家民法典调整的侵权行为的全部请求权的请求基础。[2]它是侵权责任法中有关责任规定的一个统率性条款,它是有关过错责任的全部构成要件的概括规定的条款,它也包容无过错责任。[3]如此说来,虽然人们对于"一般条款"的认识有差异,但是可以认为,人们所说的"一般条款"应该确定侵权责任构成要件或者其核心要素,也就

---

[1] 参见杨立新《侵权行为法专论》,高等教育出版社 2005 年版,第 32 页;杨立新《侵权责任法》,法律出版社 2010 年版,第 10 页。
[2] 参见张新宝《侵权责任法立法研究》,中国人民大学出版社 2009 年版,第 136 页。
[3] 参见张新宝《侵权责任一般条款的理解与适用》,《法律适用》2012 年第 10 期。

是说,侵权责任的一般构成要件是通过或者主要通过"一般条款"予以表述的。从比较法角度看,一些学者认为"一般条款"立法模式主要指的是法国、奥地利、日本等国就侵权赔偿进行抽象概括规定的立法模式,而德国就相关问题采取类型化(递进列举式)的立法模式。不过,也有不同观点,有学者认为德国民法典第 823 条和第 826 条也有"一般条款"功能。有学者指出,在侵权法中设置一般条款由法国民法典首创,该法典第 1382 条规定了故意侵权,第 1382 条和第 1383 条共同构成关于侵权责任法的一般条款。①德国民法典起草委员会担忧法国式一般条款可能带来的不确定性,力图通过详细列举侵权法的保护范围来克服此种不确定性,为法官提供一套相对客观的裁判标准。这种折中路线的最终结果表现为将一个大的一般条款改为三个小的一般条款,由第 823 条第 1 款、第 2 款和第 826 条三个"小一般条款"构成一组规范,即在第 823 条第 1 款规定故意或者过失侵害他人绝对权和其他权利的情况下,应承担赔偿责任;在第 2 款和第 826 条分别规定,在违反保护他人的法律和故意违反善良风俗损害他人的情况下,也需承担侵权责任。②

我国 1986 年《民法通则》已经就两大法系关于侵权问题的立法模式兼收并蓄,就侵权赔偿和停止侵害、排除妨碍、消除危险等责任一并规定,赔偿、停止侵害、排除妨碍、消除危险等请求权均运用于绝对权和法益的保护,增强了法律保护力度。这体现了立法机关驾驭法律文本的能力,也给司法人员解释法律和适用法律带来挑战,给法院在司法实践中实现公平正义提出了更高的要求。我国 2009 年《侵权责任法》的"一般条款"主要由第 2 条、第 5 条、第 6 条、第 7 条和第 15 条组成,规定侵权责任法保护对象、法律渊源形式、归责原则及责任承担方式等。其中第 6 条和第 7 条规定是核心。第 6 条规定:"行为人因过错侵害他人民事权益,应当承担侵权责任。   根据法律规定推定行为人有过错,行为人不能证明自己没有过错的,应当承担侵权责任。"第 6 条第 1 款未规定"造成损害"。第 7 条规定:"行为人损害他人民事权益,不论行为人有无过错,法律规定应当承担侵权责任的,依照其规定。"这两条相比较,第 6 条第 1 款规定"行为人因过错侵害……"似乎可以解释为,过错责任可发生于一切"行为人因过错侵害"案件,而不以实际损害发生为前提,这实际上是主张过错责任原则也适用于停止侵害、排除妨碍、消除危险的案件,这在实践中倒也可以很容易地操

①② 参见王利明《侵权法一般条款的保护范围》,《法学家》2009 年第 3 期。

作为具有无过错责任（绝对权请求权）相同或近似的实际效果：被侵害人直接要求侵害人停止侵害、排除妨碍或者消除危险，而侵害人不予理睬就瞬间转化为有过错；但是依然有很多学者解释为过错责任就是过错赔偿责任，这实际上考虑了法律和法理传统以及形式逻辑。第 7 条规定"行为人损害……"可以解释为，无过错责任原则只适用于有法律特别规定的场合，而且必须以"损害"（文义上似应理解为狭义"损害"）为要件。《侵权责任法》的这两条规定格外突出了行为人有无"过错"的关键意义，就因果关系的规定则十分简约，而且没有明示"行为违法性"要件。

如果按照传统民法理论"过错责任就是过错赔偿责任"的观点，我国《侵权责任法》的"一般条款"就有两个层次：第一层次一般条款主要由第 2 条、第 5 条和第 15 条组成，规定侵权责任法保护对象、法律渊源形式及责任承担方式等；第二层次一般条款主要就是第 6 条和第 7 条规定，依传统民法理论解释为侵权赔偿责任的归责原则。

笔者认为，在一个条文或连续的少数几个条文集中规定侵权责任构成要件，并通过一般条款形式予以表述，有利于节约立法和司法成本，便于找法和解释法律，有利于快捷并精准解决侵权纠纷。当然，在一般条款立法模式下，为了准确适用法律，也需要在立法上就一般侵权和特殊侵权进行列举式的规定。

第二节　表述问题：侵权行为的构成抑或
侵权责任的构成？

学术上的表达与对话，应当有相同的基础和前提，各说各话则意义不大。立法上的规范表达，应当遵循基本的逻辑规律。对于侵权问题的讨论和立法，也是如此。

在侵权赔偿构成要件的表达方面，法学理论上有侵权行为构成说、侵权责任构成说、侵权责任构成和侵权行为构成区别说、侵权责任构成和侵权行为构成等同说等。①其中，"区别说"认为，侵权行为的构成并不等于侵权责任的构成，同时，侵权行为的构成条件也并不能等同于侵权责任的构成要件。构成侵权行为的，可能因为行为人有正当理由或者行为与结果之间的因果联系过于遥远而不承担责任，从而不构成侵权行为责任。②有的学者甚至主张在实践中将对侵权行为的认定与对侵权责任的认定分别对待，并分两阶段分别进行。而持"等同说"的学者就指出，"侵权责任构成"，也有称为"侵权行为构成"的，"侵权责任的要件就是侵权行为的要件"。③这其实与人们对"侵权行为""侵权责任""构成要件"等这些概念的理解有关。

从立法背景和用语环境来看，我国民国时期制定的民法典和大陆法系很多国家一样，将侵权行为作为债的一种发生根据予以规定，理论上一般探讨"侵权行为构成"。《民法通则》则创造性地将违约责任、侵权责任以及其他民事责任统一纳入"民事责任"一章专门规定。自此以后，我国学者则多称"侵权责任的构成"。但是，也有主张继续使用"侵权行为构成"概念的。在法学研究领域，"侵权"与"侵权责任"常常作为同义语，而且一般也把侵权责任的构成要件简称为"侵权的构成要件"。

第三节　逻辑起点：损害事实（即损害结果）

就一般侵权赔偿的一般构成要件的"四要件说"而言，有学者采"行为违法性"→"损害事实"→"因果关系"→"主观过错"的表述思路。④也有学者认为认定被告行为与原告损害之间存在因果关系后，被告的行为才能称为"加害行为"，然后才能进一步考察和认定被告之加害行为是否具有违法性，因此，他们认为应当采取的分析路径是"损害事实"→"因果关系"→"加害行为的违法性"……⑤有学者则采取"损害事实"→"行为违法性"→"因果关系"→"行

① 参见江平、费安玲主编《中国侵权责任法教程》，知识产权出版社 2010 年版，第 162~164 页。
② 参见王利明《侵权行为法归责原则研究》，中国政法大学出版社 1992 年版，第 356~357 页。
③ 参见杨立新《侵权法论》（上册），吉林人民出版社 1998 年版，第 169~170 页。
④ 参见郑立、王作堂主编《民法学》（第二版），北京大学出版社 1994 年版，第 565 页。
⑤ 参见李开国《侵权责任构成理论研究——一种新的分析框架和路径的提出》，《中国法学》2008 年第 2 期。

为人过错"的分析路径。①笔者认为，逻辑上，就一般侵权的一般构成要件，若采"四要件说"，损害事实是首先就应该予以判断的。侵权责任法的首要功能就是填补损害，若无损害，即无侵权可言。其次应判断行为（包括作为或不作为）的违法性问题，如行为人行为阻却违法，行为人即不构成侵权。再次是判断因果关系。断定行为违法后才有必要进一步考察因果关系。断定行为违法，而且认定违法的行为与损害结果之间存在因果关系，才可能构成侵权，行为人才可能承担侵权责任。最后才是考虑主观过错问题。一方面，过错这种心理状态须通过客观表现予以判断；另一方面，只有断定了客观性的一些要件后才有必要考察主观要件。若采用"三要件说"，则分析判断路径应当是"损害事实"→"因果关系"→"行为人过错（或加害行为的违法性）"。个别司法解释和部分司法实践的表述思路是"损害事实"→"行为违法性"→"因果关系"→"行为人过错"，然而就整个司法实践的状况来说，由于案件事实和诉讼程序以及被告抗辩等因素的存在，法院往往根据双方讼争的焦点进行分析判断，并无一成不变的顺序。

损害是什么呢？在普通法中，所谓"损害"始终就是一个需要在个案中加以具体化的概念。②有比较法研究报告指出，损害的概念可以界定，但这个界定若要适用于所有情形，就必然是宽泛的，甚至是几乎没有意义的，即损害是受害人受法律保护领域内的不利变化。这就必然会遭到质疑：这种普遍概念有没有必要？有没有作用？……除奥地利外，欧洲法域的其他成文法都没有界定什么是损害。③奥地利民法典第 1293 条规定，损害是指某人的财产、权利或人身遭受的一切不利。某人按照事物的通常发展可期待的利润的损失并非损害。德国法理论就损害采"差额说"，瑞士法通说称"差额理论"。值得注意的是，就界定"损害"概念的新趋势而言，一些学者将日常经济交易和往来上的判断纳入法律适用中，即在财产损失概念中加入了经济因素。依此"损害"概念，商业化的享受与利益（例如观看戏剧、度假等）也具备财产属性。依据法律的经济分析理论，对机动车、山地车等用益载体暂时的使用权能的剥夺，也构成损害。④就纯粹财产损失（纯粹经济损失），只有致害行为具有违法性（或有法律特别规定）时，

---

① 参见《法学研究》编辑部编著《新中国民法学研究综述》，中国社会科学出版社 1990 年版，第 489~494 页。

② 参见王利明主编《〈中华人民共和国侵权责任法〉释义》，中国法制出版社 2010 年版，第 27 页。

③ 参见[德] U. 马格努斯主编《侵权法的统一：损害与损害赔偿》，谢鸿飞译，法律出版社 2009 年版，第 277 页。

④ 参见[瑞士]海因茨·雷伊《瑞士侵权责任法》（第四版），中国政法大学出版社 2015 年版，贺栩栩译，第 48~58 页。

受损害人才可以请求损害赔偿，因为被侵害的是法益（而不是绝对权）。①就污染环境或破坏生态环境的损害来说，这种损害是对于公共利益的损害（因而有公法上的特点），这种损害进一步作用于各民事主体的人身或财产才发生其人身或财产的损害结果（侵权法上的损害），就是说，就环境损害而言，有环境公共利益的损害和民事主体的人身、财产损害之分。

从广义上理解，损害是指侵害行为造成的不利益状态，包括了对各种权利或利益的侵害所造成的后果。而且，广义上，损害包括财产损害和非财产损害。

在起草《侵权责任法》的过程中，就侵权责任法的归责原则究竟是所有的侵权责任的归责原则，还是侵权损害赔偿责任的归责原则，存在争论。当时的争论集中在侵权责任法草案第 6 条和第 7 条所规定的"损害"究竟是大损害还是小损害。有专家认为，这里的损害不是小损害，而是广义上的损害，包括妨碍、威胁甚至是危险，相对应的是草案第 15 条规定的所有 8 种侵权责任方式，并不只是针对侵权损害赔偿责任。另有一些学者认为《侵权责任法》规定的归责原则，应当是侵权损害赔偿责任的归责原则，确定其他侵权责任方式并不须具有过错的要求。②正式通过的《侵权责任法》第 7 条保留了"损害"二字，第 6 条第 1 款删除了"损害"的表述。似乎可以认为，过错责任原则适用于各种侵权责任方式的侵权案件，不限于损害赔偿的侵权案件，无过错责任原则则只适用于侵权损害赔偿的案件。但是依然有学者坚持认为，所谓过错责任原则以及无过错责任原则只适用于侵权赔偿责任。③其实所谓归责原则在我国大陆法系国家只针对侵权赔偿责任，这是法律传统。在法律语境中，归责原则只针对赔偿责任也已成为一种学术交流习惯。

为保障法律实际效果的可期待性并为了防止诉讼泛滥，法理上认为法律上的损害具有可补救性，而且一些学者认为可补救的损害并不仅仅指能够产生损害赔偿责任的损害。行为人的行为对他人权利的行使构成妨碍，即使未形成实际的财产损失，也仍然可能构成损害。④"采用广义的损害概念是合理的"⑤。值得注意的是，对于人身权、物权以及知识产权等领域的即发侵权场合，此种构成对权利人行使权利的妨碍、危险或者威胁，也应当认定为是一种损害。

① 参见[瑞士]海因茨·雷伊《瑞士侵权责任法》（第四版），中国政法大学出版社 2015 年版，贺栩栩译，第 96 页。
② 参见杨立新《侵权责任法》，法律出版社 2010 年版，第 53~54 页。
③ 参见杨立新《侵权责任法》，法律出版社 2010 年版，第 54 页。
④ 参见王利明《侵权行为法归责原则研究》，中国政法大学出版社 1992 年版，第 362~363 页。
⑤ 参见王利明《侵权行为法归责原则研究》，中国政法大学出版社 1992 年版，第 360~362 页。

对人身权有侵害，但尚未造成人格、身份权益的实际损害，人身权人有权要求停止侵害等。对物权有侵害行为，给物权行使造成妨害、威胁或危险，但还没有造成实际损失，物权人可以要求停止侵害、排除妨碍、消除危险。在知识产权领域中，对于"即发侵权"行为，尚未对权利人造成现实损害，仅是对知识产权造成威胁或妨害，知识产权人有权要求停止侵害、排除妨碍等。所有这些权利人的人身权请求权、物权请求权或知识产权请求权，理论上经常被称为绝对权的保全请求权或不作为请求权。而《民法通则》第 134 条规定停止侵害、排除妨碍、消除危险等是承担民事责任的具体方式，尤其是《侵权责任法》第 15 条规定停止侵害、排除妨碍、消除危险等是承担侵权责任的具体方式。可以看出，《侵权责任法》吸收了人身权、物权和知识产权的部分请求权制度，将其规定为侵权责任制度。可以进一步推论：《侵权责任法》采广义"损害"概念。

但是，就赔偿责任而言，无实际损害的，就不发生责任。对于财产损害的存在，一般应由原告举证证明。而对于某些非财产损害的存在，可由人民法院直接推定或认定。例如在侵害名誉权、隐私权、姓名权、肖像权、人格尊严或人身自由等人格利益的案件中，有侵害行为，法院就可以认定损害存在，无须原告举证证明，但是对重大精神损害和财产损失则仍需原告举证证明。此外，特别法对某些侵权损害赔偿（如空难事故赔偿）有具体规定的，原告也无须对特定的损害举证证明。

第四节　因果关系：毋庸置疑但是并非显而易见

在哲学、史学和法学等众多领域，"因果关系"问题都不是简单的问题。究其原因，是在众多领域，对于"原因"的判断，并非都是纯粹事实或者纯粹物理学的判断。例如，"在多数火灾案件中，法律人、历史学家，以及普通人都不会说起火的原因是由于氧气的存在，尽管缺少氧气就不会有火。他们总会把原因的称呼留给电线短路、被丢掉的燃烧着的烟头，或者是闪电等这些东西。当然，在有些情况下，也会自然地认为氧气的存在是起火的原因"①。

因果关系的具体形态十分复杂，包括一因一果、一因多果、多因一果以及多因多果。虽然可以肯定，因果关系是侵权责任构成要件之一，但是对因果关系的判定，却有各种理论。而在英美法系，甚至在一些大陆法系国家，侵权法上的因果关系有所谓事实上的因果关系和法律上的因果关系之分；而且，在德、日等国，还有所谓责任成立的因果关系和责任范围的因果关系之分。

一、英美法系理论与规则

在英美法系，事实上的因果关系（causation in fact/factual causation）是指从纯粹事实角度观察加害人行为与受损害人受到的损害之间的客观联系。一般来说，这种因果关系的选取，是选取较大范围的因果关系，避免遗漏据以归责的原因。判断事实上的因果关系的方法包括"非它莫属"规则（"无之则不然"规则，"But For"Test）、重要因素的方法（几个原因并存时看被告行为是否为引起损害的重要因素）、其他方法（如共同危险行为场合对于因果关系的推定）等。②事实上的原因之认定，一般情况下是在撇开法律规定和法律政策的考虑的前提下，确认加害行为是否构成损害结果发生之客观原因。但是，这不是绝对的，个别情况下公平正义的公共政策和价值判断也难免渗透到事实上的因果关系的判断过程中。

法律上的因果关系（causation in law/proximate cause），是在确定加害行为与损害后果之间存在事实上的因果关系的前提下，进一步确定加害人是否应当依法承担侵权责任的依据。凡是存在法律上的因果关系的，加害人才应当依法承担侵权责任。法律上的因果关系，往往涉及公共政策、社会福利和公平正义等的价值判断。

采取法律上的因果关系的判断步骤，是为了避免被告行为与原告损害之间关系牵强附会。③一般情况下，法律上的因果关系的判断规则，是进一步明确和限制因果关系范围以限制责任的规则。如果涉嫌侵权的行为并非造成损害的法

---

① ［美］H. L. A. 哈特、［美］托尼·奥诺尔：《法律中的因果关系》（第二版），张绍谦、孙战国译，中国政法大学出版社2005年版，第11页。
② 参见李亚虹《美国侵权法》，法律出版社1999年版，第77~79页。
③ 参见徐爱国《名案中的法律智慧》，北京大学出版社2005年版，第96页。

律上的原因，即使涉嫌侵权的行为符合事实上的因果关系的条件，行为人也不应当承担侵权责任。在美国，就侵权责任的限制而言，有两种比较普遍的观点，即直接因果关系说和可预见性说。在法律上的因果关系这一问题上，没有哪一个法院严格地仅采用直接因果关系说或者仅采用可预见性说，这两种观点在每个州都有不同程度的影响。各州比较趋于一致的观点就是所谓的限制性可预见说（modified foreseeability）。在各州的实践中，如果行为人能够预见到损害的大致范围，行为人就应当对其行为承担侵权责任。①其实英美法系的直接因果关系说与所谓的可预见性说也并没有绝对的界限，而后一学说更有利于被告，在具体司法实践中法官还会根据被侵害的是人身权益还是财产权益而判断因果关系，对人身权益会给予更加有力的保护。②

在英美法系中，对"事实上因果关系"的认定属事实方面的问题，由陪审团加以认定。而就"法律上因果关系"的认定而言，认定标准更多受到"可预见性"理论、限制性可预见说的影响，这势必要求由法官来判断是否存在"法律上因果关系"，并由法官判断被告的行为是否符合法律所要求的注意义务标准。法官依据此种注意义务标准，判断损害是否为可预见，如果是，那么被告就应当承担侵权责任。如此一来，因果关系判断就与行为违法性或过错的判断发生某种勾连。

二、大陆法系相关规则与理论

就侵权法的因果关系，大陆法系理论有条件说、重要条件说等，而流行甚广的是"相当因果关系说"，其中也包括所谓"因果关系中断"理论。从比较法角度看，在大陆法系国家（如瑞士），理论上也有所谓事实上因果关系与法律上因果关系之分；但是被英美法理论称为"法律上因果关系"的，大陆法系国家法理一般称为"相当因果关系"。③

在奥地利，"等同理论"盛行：每一个事实都是有原因的，这是损害赔偿的无之则不然条件；但是有重要例外。另一方面，充分因果关系理论和违反规则的

---

① 参见［美］文森特·R.约翰逊《美国侵权法》，赵秀文等译，中国人民大学出版社2004年版，第122～127页；徐爱国《名案中的法律智慧》，北京大学出版社2005年版，第94～112页。
② 参见徐爱国《名案中的法律智慧》，北京大学出版社2005年版，第98～105页。
③ 参见［瑞士］海因茨·雷伊《瑞士侵权责任法》，贺栩栩译，中国政法大学出版社2015年版，第147～162页。

保护目的理论被用来限制赔偿范围。①在比利时，也是采用"无之则不然"规则判断因果关系，而且所有原因都被认为是等同的（至少表面上看来如此），然而日常法律实践暴露了等同原因论的局限性，极少数法官清楚地表明自己将忠实于该理论，一些法官甚至公开背离它。②在法国，只要被告的行为是损害的一个必要因素，其将在全部范围内负责，但在受害人自己对自己的损害也有过错的时候有例外。在法国，法官凭实际经验判断，损害是否为某一无法预期的行为的后果，因而行为人不必为之承担责任。③德国民法典中损害赔偿范围未加限定；为限制因果关系，理论界围绕"具有法律意义上因果关系究竟是什么"这个问题展开了讨论。结果，"相当因果关系说"占了主导地位，并成为判例的依据。④具体而言，在德国，大多数案件是在没有详细地讨论因果关系的情况下作出判决的。法官似乎遵循对因果关系的一种"自然的"理解，其中包含了逻辑、自然科学中众所周知的原则以及因果关系链条中各个环节之间的临近性。只有当存在其他状况时，如受害人的某些特殊体质、第三方的行为或干预性事件等，因果关系才需要加以讨论。在这些案件中，德国法院遵循一种"两步骤"甚或"三步骤"的概念。第一个必要但非充分步骤是判断无之则不然条件（当然其适用也有限制）；第二步，法院通常分析因果关系的充分性；由于充分标准的不精确性，第三步，法院通常进行评价性考虑（政策考虑），其中保护性目的规则是最常见的。但是在一些特定类型的案件中，为了确立或否定因果关系，一些特别的因素被纳入考虑之中（如考虑受害人必须承担的"正常的生活风险"、受害人某些独立行为、第三人的某些独立行为或者某些独立事件等）。⑤在意大利，因果关系判断分两步走：第一步，"无之则不然"标准被用于确立因果关系的范围（事实上的原因），但这被一个有关原因的充分性和可预测性的研究所调和；第二步，查找责任范围的因果关系，防止责任扩大，其中可预测性起重要作用，它被理解

---

① [奥]H. 考茨欧：《奥地利法中的因果关系》，王海燕译，载[荷]J. 施皮尔主编《侵权法的统一：因果关系》，易继明等译，法律出版社 2009 年版，第 13~21 页。
② [比]H. 库西、[比]A. 万达斯比肯《比利时法中的因果关系》，袁孟秋译，载[荷]J. 施皮尔主编《侵权法的统一：因果关系》，易继明等译，法律出版社 2009 年版，第 30~35 页。
③ [法]苏珊娜·加兰德卡娃：《法国法中的因果关系》，柯林霞译，载[荷]J. 施皮尔主编《侵权法的统一：因果关系》，易继明等译，法律出版社 2009 年版，第 71~73 页。
④ 参见李仁玉《比较侵权法》，北京大学出版社 1996 年版，第 95~99 页。
⑤ [德]乌尔里希·马格努斯：《德国侵权法中的因果关系》，周琼译，载[荷]J. 施皮尔主编《侵权法的统一：因果关系》，易继明等译，法律出版社 2009 年版，第 85~93 页。

为结果的规律性。①

　　在瑞士，所谓相当因果关系属于法院行使自由裁量权和进行价值判断的范畴，一般是在事实上因果关系基础上缩小因果关系链条以限制责任，但是有例外。瑞士联邦最高法院已经不止一次在个案中判定，在某些情况下，异常罕见的原因事实（"条件"）与损害结果之间存在相当因果关系。另外，在某些情况下，"远因（entfernte Teilursachen）"也被认定为具有相当性。在瑞士学理上，对相当因果关系的质疑和批评也由来已久。②

　　在日本，学者们根据该国民法典第709条所规定的两个"因"，将因果关系分为责任成立的因果关系和赔偿范围的因果关系。就这两种因果关系，都有所谓"相当因果关系"的学说，当然也有反对意见。就赔偿范围的因果关系，通说采"相当因果关系说"。此外，还有所谓"保护范围说"或"义务射程说"。该说认为，行为人在主观上若为故意，因果关系的认定原则上应该将所有与侵害行为存在事实因果关系的损害均纳入赔偿范围；行为人在主观上若为过失，以处于侵权人规避义务所及的射程距离内的与侵权人侵害行为具有事实因果关系的损害结果作为划定责任范围的标准。③

　　而值得借鉴或者参考的是，2005年欧洲侵权法小组（由侵权法领域杰出的专家、学者组成）出版的其自己的研究成果《欧洲侵权法原则：文本与评注》（以下简称《欧洲侵权法原则》）第二编"责任的一般要件"第三章"因果关系"分两节分别规定"必要条件与限定性条件"和"责任范围"④，这些文本内容其实是对世界上两大法系的各种立法例的相同内容和规律性理论的集成。

三、我国的理论、立法及实践

　　在因果关系问题上，我国较早的民法理论区分原因与条件，认为条件的制造者不承担民事责任，后来的观点认为传统理论所谓的条件实际上是偶然的间接

---

① ［意］弗朗西斯科·D.布斯奈利、［意］乔瓦利·柯基达德：《意大利法中的因果关系》，柯林霞译，载［荷］J.施皮尔主编《侵权法的统一：因果关系》，易继明等译，法律出版社2009年版，第107～112页。

② 参见［瑞士］海因茨·雷伊《瑞士侵权责任法》，贺栩栩译，中国政法大学出版社2015年版，第149～156页。

③ 参见于敏《日本侵权行为法》，法律出版社1998年版，第174～207页。

④ 参见欧洲侵权法小组编著《欧洲侵权法原则：文本与评注》，于敏、谢鸿飞译，法律出版社2009年版，第5～6页。

的原因。①再后来，学者们更多地借鉴"相当因果关系说"而提出各自的观点。②甚至近些年来，我国的一些司法实践也加以运用，但是它过于抽象，弹性太大。至今仍有一些案例表明必然因果关系说得到遵循。

就"相当因果关系说"，有学者提出，"亦称适当条件说，谓某原因仅于现实情形发生某结果者，尚不能即断定其有因果关系，必须在一般情形，依社会通念，亦谓能发生同一结果者，始得认有因果关系"③。"相当因果关系说"在我国台湾地区理论与实践中得到广泛运用。④

至于立法，我国1986年《民法通则》第106条对于因果关系的表述是"由于……"第121~127条以及第133条等用"……造成……"来表达因果关系；2009年《侵权责任法》第6条则进一步将因果关系表述为"因……"第8条、第10~12条、第16条、第17条、第20条、第22条、第32~35条、第37条、第41条、第43条、第46条、第47条、第48条、第51条、第52条、第55条、第57条、第59条、第62条、第65条、第68~75条、第78~83条、第85~91条等，延续了《民法通则》的表述方法，也是用"……造成……"来表达因果关系。值得一提的是，第60条第2款规定："前款第一项情形中，医疗机构及其医务人员也有过错的，应当承担相应的赔偿责任。"其中"也有过错"的表述其实也表达了"因果关系"要件。如此看来，我国侵权责任法就因果关系对于侵权责任成立的必要性是肯定的，理论上也都认为这是毋庸置疑的，但是法律对于因果关系没有集中系统的规定。

（一）"必要条件规则"及其运用范围问题分析

前文已述，在一般情况下，各国在判断因果关系时都采用必要条件理论所确立的规则（"But For" Test/Rule）：若无被告之行为（作为或不作为），则损害将不会发生，则该行为为损害之原因。反之，若无被告之行为，损害仍会发生，则被告之行为非损害之原因。《欧洲侵权法原则》第3：101条就"必要条件"规定："若无某活动或行为就无损害，则该活动为损害的原因。"

一般认为，应用必要条件规则认定因果关系时，具体分为两种做法：其一为

---

① 参见《法学研究》编辑部编《新中国民法学研究综述》，中国社会科学出版社1990年版，第492页。
② 参见刘心稳主编《中国民法学研究述评》，中国政法大学出版社1996年版，第635~637页。
③ 郑玉波著、陈荣隆修订：《民法债编总论》（修订二版），中国政法大学出版社2004年版，第135页。
④ 参见王泽鉴《侵权行为》，北京大学出版社2009年版，第178~215页。

剔除法，其二为替代法。剔除法适用于作为：如果删除涉嫌侵权人之行为，事件的发生方式及发展序列依然如故，就说明涉嫌侵权人之行为显然与损害结果不存在因果关系；若涉嫌侵权人行为的缺失造成事件结果与前迥异，则该行为就被认为是对损害结果具有决定性意义的致害原因。对于不作为引起损害的情形，采替代法予以判断：以一个合法行为代换涉嫌侵权人之行为，若损害结果之发生不受影响，该损害则不能归咎于涉嫌侵权人之行为；但若以一个合法行为代换涉嫌侵权人之行为，损害结果就无从发生，则该涉嫌侵权人之行为即应判断为损害结果之发生原因。

在叠加因果关系（或曰共同因果关系）场合，依然可以运用必要条件规则判断因果关系。叠加因果关系（共同因果关系）是指两个或者两个以上的原因相互结合而导致了结果的发生，但是其中任何一个原因都不足以造成这种结果。[①]

就叠加因果关系，2003 年《最高人民法院关于审理人身损害赔偿案件适用法律若干问题的解释》第 3 条第 2 款规定：二人以上没有共同故意或者共同过失，但其分别实施的数个行为间接结合发生同一损害后果的，应当根据过失大小或者原因力比例各自承担相应的赔偿责任。

然而，就叠加因果关系，《侵权责任法》第 12 条规定："二人以上分别实施侵权行为造成同一损害，能够确定责任大小的，各自承担相应的责任；难以确定责任大小的，平均承担赔偿责任。"很显然，与此前的司法解释相比，《侵权责任法》扩大了"叠加因果关系"规则的运用。

在所谓"超越因果关系"场合，情况就比较特殊。例如被告因过失引起瓦斯爆炸，致原告房屋完全毁坏，但是事后发生地震。可以证明，即使原告房屋未毁于瓦斯爆炸，也必将在地震中完全毁损。在此，地震在学说上被认为是"被超越原因"，意即地震被被告之行为"超越"，而无由成为房屋倒塌的"原因"。也有观点认为，房屋被毁与地震之间系假设因果关系。[②]此际，无论说存在"超越因果关系"，还是说有"假设因果关系"，在此种案件中，被告都仍然应当赔偿。此种场合，被告行为已经完成，而且损害结果已经发生，而之后才发生地震，故地震被"超越"，而不能在地震发生后才用剔除法判断因果关系。即使采用剔除法，也应该在被告行为作出而房屋被毁之后、地震之前采用。值得一提的是，在并存因果关系（即累积性因果关系或聚合性因果关系）、提供不法行为的

---

① 参见王利明主编《〈中华人民共和国侵权责任法〉释义》，中国法制出版社 2010 年版，第 59~60 页。

② 参见王泽鉴《侵权行为》，北京大学出版社 2009 年版，第 189~190 页。

机会相等的情况下，运用必要条件理论有困难，需要采用新的判断方法。

所谓并存因果关系，是指存在两个或者两个以上的原因，其中任何一个原因都可以单独导致结果的发生，也叫累积性因果关系或聚合性因果关系。包括：（1）并存的积极原因。如甲、乙二人同时开枪射杀丙，甲一枪击中丙头部，乙一枪击中丙心脏，其中任何一枪都足以导致丙的死亡。此际，如果根据"必要条件规则"处理，甲、乙都可以辩称："没有我的行为，丙同样会死亡。"那么，会得出甲、乙的行为均不是丙死亡的原因的荒谬结论。所以，此时不能运用"必要条件规则"判断因果关系，而是应当判断为甲、乙行为都是丙死亡的原因。又如，没有意思联络，甲、乙在某场合先后乘丙不备，各在丙的水杯中投毒，其剂量均足以致丙死亡，结果是丙饮用后死亡，此时也不能运用"必要条件规则"判断因果关系，也是应当判断为甲、乙行为都是丙死亡的原因，甲、乙负连带责任。再如，甲、乙两个企业均向丙村鱼塘排污，每个企业排污量均足以造成鱼塘的鱼全部死亡，此种情形下也不能采用"必要条件规则"判断因果关系。此类案例不胜枚举。（2）并存的消极原因。如甲开着从乙公司购买的刹车有严重瑕疵的汽车，因未踩刹车而撞伤了丙。此种场合，也应当判断为甲、乙行为都是丙受伤的原因，而不能运用"必要条件规则"。并存的消极原因场合不能采取"必要条件规则"判断因果关系的案例也很多。

就并存因果关系，《侵权责任法》第 11 条规定："二人以上分别实施侵权行为造成同一损害，每个人的侵权行为都足以造成全部损害的，行为人承担连带责任。"此种场合，否定"必要条件规则"的运用。该第 11 条虽然不符合必要条件（"无之则不然"）规则，但是无疑与事实上因果关系判断中的避免遗漏因果关系的目标一致。此际，虽然判断标准比"无之则不然"规则标准更宽，但是符合充分性条件，所以不会失之过宽，这同时也带有法律价值判断的成分。与所谓事实上因果关系与法律上因果关系区分相对照，在符合所谓并存因果关系的情形下，事实上因果关系和法律上因果关系一并判断成立了，这里也说明所谓法律上因果关系或者相当因果关系也并非一定是限制责任。在并存因果关系成立条件下，认为有法律上因果关系或者说有相当因果关系，表明法律上因果关系或者说相当因果关系理论或规则也有防止遗漏因果关系的功能。上述甲乙二人同时开枪射杀丙并导致丙死亡的案例中，无法假设甲、乙侵害行为的时间相隔很久。假如在上述其他各个关于并存因果关系的案例中，都加上几个侵害行为相隔时间很长这一个条件，那么各个案例又都可以当作"超越因果关系"的案例来讨论了。如果以"超越因果关系"对加上"几个侵害行为相隔时间很长这一个条件"的这些案例进行分析考虑，那么其中每个案例中的几个加害人是否还适用《侵权责任法》第 11 条的规定而承担侵权连带责任呢？仅从文义加以解释，该第 11 条应当也适用于这里所讨论的"超越因果关系"的案例。

　　比较特别的是，甲胁迫（或教唆）乙杀死丙，其实乙本人因私人仇恨，早有杀丙的打算，这种场合，既有并存因果关系，也存在心理因果关系。所谓心理因果关系，是指某人的行为对他人产生心理上的影响，并最终通过他人行为造成了损害发生。①例如，甲胁迫（或教唆）乙杀死丙场合，甲对于乙杀丙之动机有重要原因力，即甲的胁迫（或教唆）行为与丙被杀之间，通过乙的心理和行为的作用而存在心理因果关系。此种场合，甲也应当就乙杀丙承担侵权责任（当然乙更应负责）。心理因果关系的存在，只是心理因素在侵权行为法中的一种情形；心理因素如被告的动机、恶意、故意等，在侵权行为法中的地位有很多情形。②需要说明的是，人们对于心理因果关系的理解或解释并非完全相同，有观点认为心理上的连接可能存在于行为人，也可能存在于受害人或者第三人，还有观点认为在教唆者和被教唆者之间存在双重心理因果关系。③

　　排除"必要条件规则"运用的，还有其他案型，如提供不法行为的机会的侵权案件。例如，接受乙的委托而为乙看护房屋的看护人甲，有给乙锁门的义务，但因过失没有给乙的房屋锁门，结果是丙入乙室内盗窃。丙本来是可以破窗而入的，但因甲没有锁门，丙直接从大门进入乙室内进行了盗窃。此案中，只要甲未锁门对乙被盗具有实质影响力，就认为甲为丙提供了不法行为的机会，甲行为与乙被盗之间存在某种因果关系，甲就要就乙被盗承担侵权责任（与甲过错相当的补充赔偿责任）。此际，不能运用"必要条件规则"否定甲的侵权责任。"没有锁门"是不作为，假如运用"必要条件规则"，也只能运用"替代法"予以判断，而以"已经锁门"予以替代，其结果是丙"可以破窗而入"进行盗窃，整个事件进展依旧如故，但是此种场合却不能排除甲"没有锁门"与"乙被盗"之间的因果关系。

---

① 参见晏景《侵权责任中的因果关系认定》，人民法院出版社 2014 年版，第 142~143 页。
② 参见徐爱国编著《英美侵权行为法》，法律出版社 1999 年版，第 5~6 页。
③ ［德］埃尔温·多伊奇、［德］汉斯－于尔根·阿伦斯：《德国侵权法——侵权行为、损害赔偿及痛苦抚慰金》（第 5 版），叶名怡、温大军译，中国人民大学出版社 2016 年版，第 24 页。

（二）关于因果关系推定的立法

只有法律才能决定在法律语境中何时需要证明因果关系而何时不需要证明，而关于因果关系的调查依争议案件是否应当适用过错责任原则或者严格责任原则的不同而采用不同形式。①因果关系通常应当由受害人进行举证和证明，但是法律规定要求行为人就其行为（如环境污染、共同危险行为）与损害结果之间不存在因果关系承担举证责任，而行为人（被告）不能证明因果关系不存在的，则应当推定因果关系存在。

关于因果关系推定，《侵权责任法》第66条明确规定："因污染环境发生纠纷，污染者应当就法律规定的不承担责任或者减轻责任的情形及其行为与损害之间不存在因果关系承担举证责任。"这一条规定为"污染者应当就……承担举证责任"，是规定举证责任倒置，但是学术上有反对观点，也有学者认为因果关系举证责任倒置与因果关系推定的差异实际上不大，而在有的案例中法院实际上是采用因果关系推定规则。

共同危险行为其实也涉及推定的因果关系。这种场合下，数人的行为均有可能导致损害结果的发生，但实际致害人只是其中的一人或者数人。如最为经典的事例：某日甲与乙一起外出打猎，忽见前面丛林中有一灰影闪动，二人同时举枪射击，不想击中在山中采蘑菇的丙。据查，丙只被击中一枪，甲、乙二人的猎枪为同一型号，无法查明到底是谁开枪击中了丙。此际，甲、乙构成共同危险行为，应当承担连带责任。这里是依法推定甲、乙行为是丙被枪击的共同原因。这种共同危险行为的侵权案例在西班牙、法国、英国、美国等很多国家都有，我国也有很多这样的案例。

2001年《最高人民法院关于民事诉讼证据的若干规定》第4条第1款第7项曾经规定："因共同危险行为致人损害的侵权诉讼，由实施危险行为的人就其行为与损害结果之间不存在因果关系承担举证责任。"2003年《最高人民法院关于审理人身损害赔偿案件适用法律若干问题的解释》第4条也规定："二人以上共同实施危及他人人身安全的行为并造成损害后果，不能确定实际侵害行为人的，应当依照民法通则第一百三十条规定承担连带责任。共同危险行为人能够证明损害后果不是由其行为造成的，不承担赔偿责任。"《侵权责任法》第10

---

① ［美］戴维·G. 欧文主编：《侵权法的哲学基础》，张金海、谢九华、刘金瑞、张铁薇译，北京大学出版社2016年版，第366页。

条则规定："二人以上实施危及他人人身、财产安全的行为，其中一人或者数人的行为造成他人损害……不能确定具体侵权人的，行为人承担连带责任。"共同危险行为的各行为人本无意思联络，但是为缓和被侵权人的举证困难，将共同危险行为的加害人不明的情形推定为等价因果关系，从而使各行为人承担连带责任。[①]该第10条虽然没有"推定因果关系"字眼，但是实际上规定的是推定因果关系。而在山坡上有一人抛石头，另有一野生动物踩踏石头，其中一块石头砸了受害人，却不知是哪一块石头，这种情形不同于共同危险行为，却与共同危险行为近似，如何处理？有主张抛石头的人承担全部赔偿责任的，也有主张抛石头的人承担50%赔偿责任的。如此看来，由共同危险行为的行为人承担按份责任，其实也可以作为未来立法的一种选择。

（三）关于因果关系中断问题的分析判断

所谓因果关系中断，是指在原因事实正在进行过程中，由于其他原因的介入而发生损害结果，致使前因和后果不相连贯。行为人对因果关系因其他原因介入而中断后的结果不能预见的，不承担侵权责任。如甲把乙打伤，乙在被送往医院途中遇车祸身亡或者遇护路树倾倒被砸死，甲对乙死亡的结果不能预见，故不对乙死亡的结果承担侵权责任（但甲对乙受伤仍然要承担责任）。理论上，因果关系中断（或曰切断）主要是法律上因果关系的问题，但也并非与事实上因果关系全无联系。因果关系中断理论是对条件说的必要补充或者说是对条件说当中的"条件"的必要限制。也可以说，因果关系中断理论是相当因果关系说的重要内容。

加害人仅有一般过失行为，而受害人故意行为，造成损害结果的，可认为受害人的行为中断了加害人（被告）过失行为之间的因果关系。但是，受害人应急反应行为不中断被告行为与受害人损害结果之间的因果关系。例如，原告在自己家或者第三人家室内被被告狗撵，情急之下跳窗摔伤，原告的跳窗行为不中断因果关系。又如，被告行为致被害人患精神病，引发无法控制的自杀冲动，那么，被告对于被害人自杀而死亡，也应当承担损害赔偿责任（同时也应考虑被害人自杀这种情节）。

若第三人的介入行为是合法行为，一般不中断因果关系。若第三人行为是过

---

① 最高人民法院侵权责任法研究小组编著：《〈中华人民共和国侵权责任法〉条文理解与适用》，人民法院出版社2016年第2版，第98页。

错行为，是否中断初始加害行为与损害结果的因果关系，取决于第三人的过错程度：若第三人行为是过失行为，则一般不中断因果关系；若第三人实施故意侵权行为或者犯罪行为，则因果关系是否中断，取决于被告能否预见，不能预见时才中断因果关系。例如，甲把乙打伤，乙住院治疗，丙故意放火烧医院致乙死亡，在这里，在乙受伤及乙死亡的因果关系发展链条中，介入了丙的故意行为（这里丙行为属于犯罪行为），而甲对丙的故意行为不能预见，甲伤害行为与乙死亡之间因果关系中断，但甲仍应对乙受伤承担侵权责任。须指出，在那些不中断因果关系的场合，并非一定判断为初始行为与最终结果构成一因一果，也有可能构成多因一果或者多因多果。例如甲故意在乙房间洒汽油，丙缺乏嗅觉而在不知情的情况下点火引起火灾，烧毁房屋，丙行为不中断甲的加害行为（洒汽油）与房屋被烧毁这一最终损害结果之间的因果关系，但就乙房屋被烧毁这种损害后果，丙点火行为是否也构成法律上可归责的原因，尚需就点火的其他具体情节进行分析而加以判定。

对于自然原因的介入，也应分析初始行为人对自然原因介入有无预见、应否预见。例如，甲由于乙的交通肇事行为而受伤，在乙送甲去医院的途中，甲被一突然倒下的大树砸死。乙只对甲的伤害负责，而对甲的死亡不承担侵权责任。

（四）有关司法实践的进一步考察

关于侵权的因果关系问题的判断，是实践中处理侵权纠纷问题必不可少的过程。有论者指出，在我国的实践中，在 21 世纪之前的判决书说理部分，法官很少对侵权责任构成要件逐一分析，因果关系的认定几乎没有，而大量的篇幅是对过错的分析和认定，有时即便论述的是因果关系的内容，也是以过错的形式来表达。[①] 其实，直至目前，在我国的司法实践中，关于侵权构成的因果关系问题，依然有时在对"过错"的分析判断时就一并判断了，这与采用"过错"即"过错行为"的"客观说"有关，也说明因果关系具有一定程度的"主观性"，还说明所谓侵权构成有三要件或四要件只是理论或思维的抽象，具有相对性。至于因果关系的判断标准，不一而足。以郑州某医生电梯里劝阻老人吸烟案为例，一审法院认为被告行为与老人死亡之间"并无必然的因果关系"，二审法院则明确表示被告行为与老人猝死之间"并不存在法律上的因果关系"。当然，民

---

① 晏景：《侵权责任中的因果关系认定》，人民法院出版社 2014 年版，第 87 页。

事诉讼实践中关于侵权的因果关系问题的判断，离不开程序法规定和证据规则的运用。在医疗侵权纠纷等专业性很强的案件中，因果关系判断还涉及鉴定问题。例如在李某、董某某诉天津市 H 医院等两家医院医疗损害赔偿案的诉讼过程中，经原告申请，一审法院委托司法鉴定机构就二被告是否存在医疗过错、二被告医疗行为与患者（二原告之子）死亡结果是否存在因果关系进行了鉴定，法院根据司法鉴定意见书和其他证据适用法律进行了裁判。[①]又如就 2009 年 6 月发生的一个医疗纠纷，医院辩称其医疗行为不存在过错而申请法院委托医学会进行鉴定，医疗事故鉴定书认为此病例不属于医疗事故；四原告（患者亲属）又申请法院委托司法鉴定机构进行鉴定，司法鉴定意见书认为医院诊疗行为基本符合常规，但存在缺陷，该缺陷与患者死亡之间的因果关系及过错参与度无法评判；法院适用《民法通则》第 106 条第 2 款等有关规定以及 2001 年《最高人民法院关于民事诉讼证据的若干规定》的有关规定，判决驳回四原告诉讼请求。[②]

（五）相关立法前瞻

社会有多复杂，因果关系就有多复杂。因果关系要件立法，应与损害、过错（或非法性）等要件立法相互区别，否则，因果关系要件的判断就解决侵权责任构成与否的全部问题了。笔者认为，作为技术性的规范，作为对世界上两大法系的各种立法例的相同内容和规律性理论的总结集成的《欧洲侵权法原则》分别规定的"必要条件与限定性条件"和"责任范围"的文本内容，值得我们立法借鉴。笔者认为，就因果关系立法，宏观上应当主要就必要条件（"无之则不然"）规则和充分条件进行规定；充分条件就是限定性条件或者说充分性，对其立法是进行公平正义价值判断和公共政策取舍的制度安排。在立法的文字表述方面，应当充分吸收目前的立法和司法解释的经验。而在立法对于司法的具体指引方面，不必要求先判断事实上因果关系而后判断法律上因果关系的这种严格的阶段性操作。

---

① 参见国家法官学院案例开发研究中心编《中国法院 2014 年度案例·侵权赔偿纠纷》，中国法制出版社 2014 年版，第177~180 页。
② 参见国家法官学院案例开发研究中心编《中国法院 2015 年度案例·侵权赔偿纠纷》，中国法制出版社 2015 年版，第66~69 页。

第五节 难解难分：一般侵权赔偿的构成要件采"三要件说"？

侵权赔偿责任的构成要件，就是加害行为人承担侵权赔偿责任的必要和充分条件。该构成要件包括哪些？各国立法模式众多，理论观点也可谓众说纷纭，但是一般都认为包括损害、因果关系。

就一般侵权赔偿责任构成要件，主要有"四要件说"和"三要件说"。在侵权责任构成上争议最大的是"行为的违法性"是否为独立的要件之一。就"违法性"与"过错"的关系，有的立法合并为一个要件，有的则作为两个要件处理。就典型的无过错责任的特殊侵权，当然无须过错作为责任构成要件，有的立法模式甚至也无须"违法性"作为责任构成要件。

一、比较法考察

罗马法上的"违法（injuria）"包括过错，而法国民法典中的过咎（faute）则是过错吸收违法。[1]法国法认为过错是一般侵权责任的构成要件，过错包含了违法性。法国民法典第 1382 条规定："人的任何行为给他人造成损害时，因其过错致该行为发生之人应当赔偿损害。"第 1383 条规定："任何人不仅因其行为造成的损害负赔偿责任，而且还因其懈怠或疏忽大意造成的损害负赔偿责任。"法国虽然就一般侵权赔偿责任采用三要件说，但是并非彻底否认违法性概念。[2] Suzanne Galand-Carval 指出，在法国，过错是一个很宽泛的概念，在实践中它等同于违法性。也可以说，人们常常把违法性（illicé ité）和过错相混淆。总之，可以这么说，违法性和过错通常是不可区分的概念，对其作区分的唯一有意义的情形是：当行为人因为合法授权（如警察）要求他违反强制性规则（如闯红

---

[1] 参见黄海峰《违法性、过错与侵权责任的成立》，载梁慧星主编《民商法论丛》（第 17 卷），金桥文化出版有限公司 2000 年版，第 5~6 页。

[2] 参见欧洲侵权法小组编《欧洲侵权法原则：文本与评注》，于敏、谢鸿飞译，法律出版社 2009 年版，第 53 页。

灯）时，虽然他的行为违法，但是不具有过错。在任何其他情形下，违法性都可以等同于过错。[1]

德国法的"过错"与"行为违法性"彼此相互独立。德国法认为过错与违法性都是一般侵权责任的构成要件。德国民法典第 823 条第 1 款规定："故意或有过失地不法侵害他人的生命、身体、健康、自由、所有权或其他权利者，有义务向该他人赔偿因此而发生的损害。"行为人承担侵权责任的要件不仅包括损害结果、行为与损害结果之间的因果关系，而且包括行为人的主观过错和行为的"违法性"，其中过错包括故意和过失两种。这是德国法理论"结果违法说"与"主观过错说"相互结合的结果。有观点认为，在德国，违法性这一概念以客观上违反法律秩序即构成对法律所保护的利益的侵害为特征。[2]

在瑞士，违法性作为构成要件，在过错责任领域和无过错责任领域都适用，违法性的表现形式则包括侵害某一法律规范规定的绝对性权利和违反保护性法律构成违法性。[3]

奥地利和意大利都规定行为违法性是侵权责任构成要件。奥地利民法典第 1294 条规定："损害可因违法作为而生，或因第三人之不作为而生，或偶然而生。违法损害可因过错而造成，或因无过错而造成。如果明知或故意造成的损害，则可归因于过错的损害是建立在恶意的基础上的。如果是由于可非难的疏忽、欠缺注意或必要的警惕而造成的损害，则损害是建立在错误的基础上的。前两者都被认为是过错。"意大利民法典第 2043 条规定："任何故意或者过失给他人造成不法损害的行为，行为实施者要承担损害赔偿的责任。"

日本民法典第 709 条没有规定违法性，引发了一些争论，但是通说主张侵权责任构成要件包括加害行为的违法性。[4]有学者指出，1890 年日本民法典第 307 条规定"因过失或懈怠加损害于他人者，应负赔偿责任"，系采法国民法典的有关规定。1896 年日本民法典第 709 条参考德国民法典第 823 条第 1 款规定，将"损害于他人"改为"侵害他人之权利"。[5]在日本的司法实践中，当事人争论

---

[1]　Suzanne Galand-Carval：《法国法上的过错》，冯晓光译，载梁慧星主编《民商法论丛》（第 45 卷），法律出版社 2010 年版，第 575~585 页。

[2]　Ulrich Magnus Gerhard Seher：《德国法中的过错》，孙红玲译，载梁慧星主编《民商法论丛》（第 45 卷），法律出版社 2010 年版，第 555 页。

[3]　[瑞士]海因茨·雷伊：《瑞士侵权责任法》，贺栩栩译，中国政法大学出版社 2015 年版，第 186~194 页。

[4]　参见于敏《日本侵权行为法》，法律出版社 1998 年版，第 138~173 页。

[5]　参见王泽鉴《侵权行为》，北京大学出版社 2009 年版，第 47~48 页。

的主要就是是否违法的问题，民事裁判主要依据的也是是否违法这一要件。①

荷兰新民法典第 6：162 条规定：（1）任何人对他人实施可被归责的侵权行为的，应当赔偿该行为使他人遭受的损害；（2）除有正当理由外，下列行为视为侵权行为：侵犯权利，违反法定义务或有关正当社会行为的不成文法规则的作为或不作为；（3）侵权行为是由行为人的过错或者依法律或公认的准则应由其负责的原因所致的，归责于该行为人。②荷兰新民法典第 6：162 条不仅在法国民法典的基础上规定得更加严密，同时也吸收了德国民法典中的有关规定。

在德国及受其立法模式影响的其他大陆法系国家曾围绕违法性的本质问题，即主观违法抑或客观违法、刑事违法抑或实质违法、行为违法抑或结果违法等违法性问题，进行过三次著名论战。德国立法采纳客观违法、实质违法和结果违法说。后来结果违法性理论受到挑战，德国最高法院亦曾在有关判例中采用了行为违法说的观点，但是行为违法说并未完全取代结果违法说。针对民法典就侵权法保护对象规定和结果违法说的弊端，德国通过建立一般人格权理论，强化了人格利益保护，并从不作为义务角度完善了直接侵权行为的结果违法性理论；通过建立一般注意义务理论，从作为角度扩展了传统违法性理论的外延，完善了行为违法性理论，避免了违法性概念从过失侵权责任构成要件中消失危险的发生。当然，注意义务理论还解决了法官在过错和因果关系判断方面面临的长期困扰。③

在欧洲，就违法性及过错关系方面，也有论者认为违法性包括三个层次：结果不法、行为不法以及过错④，这是以违法性包括过错的一个典型论点。

有学者指出，英国法中存在违法性（wrongfulness）概念，例如过失法中的"注意义务"概念以及经济侵权中的"不合法性"（unlawfulness）观念。有时行为违法却没有过错（在严格责任领域），有时行为存在过错但不一定违法（例如在某种特定关系上或者出于政策原因在特定类型损害上法律未赋予行为人注意义务）。在过失领域，如果将违法性等同于存在注意义务，那么，过错与违法性之间就会有一条清晰的分界线，因为行为在没有达到合理行为标准时可能是过失的，但是没有注意义务就不会导致任何责任。而在故意行为案件中，违法性是

---

① 参见刘士国《现代侵权损害赔偿研究》，法律出版社 1998 年版，第 76 页。
② 王卫国主译：《荷兰民法典》（第 3、5、6 编），中国政法大学出版社 2006 年版，第 203 页。
③ 熊进光：《侵权行为法上的安全注意义务研究》，法律出版社 2007 年版，第 81~86 页。
④ 参见[奥]海尔姆特·库齐奥《侵权责任法的基本问题（第一卷）：德语国家的视角》，朱岩译，北京大学出版社 2017 年版，第 172~177 页。

"过错的必要前提"。①另外，在英国法中有双重含义问题。从某种意义上说，"违法性"问题在英国侵权法中发挥着重要作用，实际上构成其基础。毕竟，侵权法就是有关"民事违法行为"（civil wrongs）的法律。但是，换个角度来看，这个概念又几乎没有什么意义。因为，"违法行为"或者"违法性"可以被视为仅仅是施予侵权责任的各种情形的简称。②牛津大学教授彼得·伯克斯在《民事不法行为的概念》一文中分析了侵权行为或者说"民事不法行为"的性质和结构，认为"民事不法行为"是对于法律义务（原债务）的违反，该义务违反的法律后果是产生回应性的救济性债务，认为对于"民事不法行为"的解释应当根据作为原法律义务的基础的价值和政策来进行，因为原法律义务位于法律、政治和哲学的交界地带。③在美国，其侵权法没有包含任何独立的概念，也就是说，美国侵权法中没有明确的违法性概念。在美国，行为人违反州法律、行政规章或者城市条例，一般被理解为可以推定行为人的行为是有过失的。行为人可以通过证明其对遵守法律尽到了合理的努力，或者证明存在特殊情况而推翻这种推定。④

Pierre Widmer 指出，现代侵权责任法上的过错要件，已经成为一个假象，一个空架子，已经面目全非了，过错概念已经与其原来的含义相抵触，但是过错要件作为一种设想被保留，是因为没有人（也许除了现代法国学派）愿意接受责任将被仅仅建立在（不当）损害以及因果关系的基础上。这位学者说，如果这一分析正确的话，那么过错责任和严格责任之间就不再有清晰的界限，也不能解释处于过错和无过错之间的责任形式。⑤

值得关注的是，2005 年《欧洲侵权法原则》第 1：101 条规定："（1）致他人损害的，法律上被归责者应负赔偿责任。（2）损害尤其可归责于下列各方：a. 其过错行为造成损害者；b. 从事异常危险活动造成损害者；c. 其辅助人在其职责范围内造成损害者。"这一条即是该原则第一编"基本规范"的全部内容。这一规定涵盖了过错行为的侵权责任、危险活动侵权责任和不作为的侵权责任。

---

① W. V. Horton Rogers：《英国法中的过错》，古艳东、孙彤飞译，载梁慧星主编《民商法论丛》（第 45 卷），法律出版社 2010 年版，第 599~616 页。

② [奥]H. 考茨欧主编：《侵权法的统一：违法性》，张家勇译，法律出版社 2009 年版，第 49 页。

③ [美]戴维·G. 欧文主编：《侵权法的哲学基础》，张金海、谢九华、刘金瑞、张铁薇译，北京大学出版社 2016 年版，第 8~9、31~53 页。

④ Gary T. Schwartz　Michael D. Green：《美国法上的过错》，李妍洁、孙彤飞译，载梁慧星主编《民商法论丛》（第 45 卷），法律出版社 2010 年版，第 589~594 页。

⑤ Pierre Widmer：《过错作为侵权责任基础和归责标准的比较报告》，王莹、李妍洁、孙彤飞译，载梁慧星主编《民商法论丛》（第 45 卷），法律出版社 2010 年版，第 679~680 页。

第二编是"责任的一般要件"，包括"损害"和"因果关系"。第三编规定"责任的基础"，包括"过错责任"、"严格责任"和"对他人造成的损害承担责任"。第四编规定"抗辩"。第五编规定"多个侵权行为人"。第六编规定"救济"。该原则没有明确以"违法性"为标题进行规定，甚至也没有专门条文对"违法性"进行明确的界定。而该原则第 4：101 条对"过错"进行了明确的规定："任何人故意或过失违反必需的行为标准的，都应承担过错责任。"也就是说，如果要构成过错行为的侵权责任，行为人的行为必须是违反了"必需的行为标准"。而该"必需的行为标准"，根据第 4：102 条之规定，为"理性人"的行为标准，并且在确定该"标准"时"必须考虑限制或禁止某些行为的规则"。[①]但是，该原则对于侵权责任的要件并没有否定"违法性"的存在。[②]尤其是该原则在第二编"责任的一般条件"就"损害"进行规定的时候，于第 2：101 条规定："损害须是对法律保护的利益造成的物质损失或非物质损失。"其中将侵害对象限定为"法律保护的利益"，实际上就是在侵权要件的"损害"部分嵌入"违法性"要件。[③]这与 1942 年意大利民法典第 2043 条规定有相同之处，这一条规定，"任何故意或者过失给他人造成不法损害的行为，行为实施者要承担损害赔偿的责任"。其中"不法损害"就将违法性要件与损害要件规定在一起，即违法性概念指向的是损害。[④]还有，《欧洲侵权法原则》第 4：101 条就"过错"规定的"任何人故意或过失违反必需的行为准则的，都应承担过错责任"，似乎试图规定客观的过错（包含违法性），然而"故意"或"过失"无疑属于主观心理状态（至少包含主观心理状态），它与"违反必需的行为准则"还是有区别的，正因为如此，接下来的第 4：102 条规定了"必需的行为标准"。

二、我国的立法与学说

我国 1986 年《民法通则》第 106 条第 2 款规定："公民、法人由于过错侵害国家的、集体的财产，侵害他人财产、人身的，应当承担民事责任。"第 106 条第 3 款规定："没有过错，但法律规定应当承担民事责任的，应当承担民事责

---

① 欧洲侵权法小组编著：《欧洲侵权法原则：文本与评注》，于敏、谢鸿飞译，法律出版社 2009 年版，第 3~16 页。
② 欧洲侵权法小组编著：《欧洲侵权法原则：文本与评注》，于敏、谢鸿飞译，法律出版社 2009 年版，第 52~56 页。
③ 参见欧洲侵权法小组编著《欧洲侵权法原则：文本与评注》，于敏、谢鸿飞译，法律出版社 2009 年版，第 52~53 页。
④ [奥]H. 考茨欧主编：《侵权法的统一：违法性》，张家勇译，法律出版社 2009 年版，第 88~89 页。

任。"在我国学术界，关于一般侵权责任的构成要件，主要有"三要件说"和"四要件说"。"三要件说"认为，一般侵权责任构成要件包括损害、过错和因果关系。"四要件说"认为，构成要件包括行为的违法性、损害事实、因果关系和过错。此外还有"五要件说""六要件说""七要件说"等。不过，我国学者一般将"侵害权利"与"发生损害"合并成"损害事实"一个要件。我国学者一般也不认为"侵权责任能力"或者"侵权行为能力"是侵权责任的构成要件。学者们在讨论行为违法性问题时，也将"加害行为"与"不法"合并成"行为违法性"一并讨论。

有学者认为，"违法性"不能成为一般侵权责任的构成要件之一，而应当由过错吸收。"随着过错概念的客观化，以及违法推定过失的发展，对客观的行为违法和主观的心理状态，已经很难进行区分，因而在过错中应当吸收违法。尤其是随着现代社会经济和技术的发展，在许多领域对行为标准的确定越来越具体化，要采用各种技术性的标准来确定人们的行为规则，违反了这些规则不仅表明行为具有违法性，而且表明行为人具有过错，所以过错本身可以吸收违法的概念。"[1]一方面，即便某种行为并没有违反法律的明确规定，但是由于行为人具有过错，也可能要承担侵权责任；另一方面，在过错责任中，即便多数侵权行为是违法的，但是，违法性要件通常被过错要件所包括。因为，违法通常意味着行为人主观上具有故意或者至少过失的过错。尤其应当看到，增加违法性要件，将增加受害人的举证困难，对受害人救济施加了更多的障碍。[2]因此，该学者主张"从我国立法和司法实践出发，应当在过错责任和过错推定责任中，建立由损害事实、因果关系和过错所组成的责任构成要件；在公平责任和无过错责任中，建立由损害事实和因果关系所组成的责任构成要件"[3]。

也有学者认为，"以过错性为可归责性也好，以不法性作为可归责性也好，只是角度的不同，实质上并无二致。这种角度不同导致责任形式的不同，是传统因素造成的。现代法律发展表明，过错性与不法性，除了表达方法的不同外，已无内容的区别"[4]。还有学者认为，侵权责任在许多情况下，当然以违法为要件，但是也有合法行为侵犯他人权利的；认为承担侵权责任都是违反民事义务

---

① 王利明：《侵权行为法研究》（上卷），中国人民大学出版社 2004 年版，第 347 页。
② 王利明、周友军、高圣平：《中国侵权责任法教程》，人民法院出版社 2010 年版，第 183 页。
③ 王利明：《侵权行为法研究》（上卷），中国人民大学出版社 2004 年版，第 348 页。
④ 麻昌华：《侵权行为法地位研究》，中国政法大学出版社 2004 年版，第 214 页。

的后果，而民事义务包括法律规定的义务和不成文法规则中的义务。①

长期以来，我国民法学界众所公认，一般的侵权行为民事责任的构成要件包括损害事实、违法性要件、因果关系要件和行为人的过错。②这种认识，与德国和苏联将"违法性"和"过错"作为侵权行为责任的两个独立的构成要件的理论影响有关。③有学者指出，加害行为的违法性与行为人的过错是两个不同的范畴，前者为客观范畴，后者为主观范畴。……在因违法推定过失而使过错客观化的进程中，似乎更应该用客观的违法来吸收主观的过错。那又为什么不用客观的违法来吸收主观的过错，而偏要用主观的过错来吸收客观的违法呢？④

在我国，为在理论上建立行为违法的法的逻辑基础，关于"违法性"的判断标准，有学者认为，侵犯权利为不法，侵犯扩张的权利为不法，侵犯受侵权责任法保护的利益为不法，违反保护他人利益的法律为不法，违反善良风俗作为更广义的"违法"。⑤

在司法实践中，2005 年上海市高级人民法院民一庭下发的具有参考意义的《侵权纠纷办案要件指南》认为，"典型的一般侵权行为的构成要件包括：（1）责任能力；（2）加害行为；（3）加害行为违法；（4）有损害；（5）行为与损害间存在因果关系；（6）具可归责意识状态（过错）"。该指南第 12 条提出："人民法院经审查当事人提供的证据，能够确认请求方主张的损害其合法权益的加害行为已成立的，可先推定该加害行为具有违法性。"并就此作出了说明："……界定权利之法律实质包含了禁止一般人之侵害内涵。至于法益，本系保护他人之法律，即包括禁止侵害之内涵。故侵害权益，即系违反权益的不可侵之义务，而构成违反法律禁止规定的违法。因此，加害行为侵害他人合法权利的，除有阻却违法事由存在外，人民法院可直接推定加害行为具有违法性。"

在此后的立法方面，2009 年《侵权责任法》第 6 条规定："行为人因过错侵害他人民事权益，应当承担侵权责任。　根据法律规定推定行为人有过错，行为人不能证明自己没有过错的，应当承担侵权责任。"第 7 条规定："行为人损害他人民事权益，不论行为人有无过错，法律规定应当承担侵权责任的，依照其

---

① 刘士国等：《侵权责任法重大疑难问题研究》，中国法制出版社 2009 年版，第 10 页。
② 《法学研究》编辑部编著：《新中国民法学研究综述》，中国社会科学出版社 1990 年版，第 489 页。另见刘心稳主编《中国民法学研究述评》，中国政法大学出版社 1996 年版，第 631 页。
③ 参见刘士国《现代侵权损害赔偿研究》，法律出版社 1998 年版，第 76 页。
④ 李开国：《侵权责任构成理论研究——一种新的分析框架和路径的提出》，《中国法学》2008 年第 2 期。
⑤ 参见张新宝《侵权责任构成要件研究》，法律出版社 2007 年版，第 54~58 页。

规定。"有学者认为《侵权责任法》实际上作出了以过错吸收违法性的制度选择，认为《侵权责任法》没有采纳所谓违法一词，而只是使用了过错的概念，表明在过错中包含了违法。也就是说，凡是行为人的行为明显违反了法律规定，毫无疑问表明行为人具有过错，而行为人尽管没有违反现行法律的规定，若违反了注意义务，则仍有可能具有过错。[①]《侵权责任法》通过以后，仍然有学者坚持认为一般侵权损害赔偿责任由违法行为、损害事实、因果关系和过错四个要件构成。[②]在我国，有学者指出，违法是指违反客观的法秩序本身；一般而言，一项行为产生了损害他人权益的结果，即表明该行为具有违法性，但有法律特别规定的阻却违法事由的，即可阻却违法性。[③]也有学者认为，《侵权责任法》第6条第1款里的"侵害"应当理解为一个动词，而且是一个被法律价值所否定的行为，具有广义的或者说实质意义的"违法性"；但是同时也认为"四要件说"和"三要件说"没有本质区别，只不过法国把行为的违法性和主观的过错统一在一个要件中，用一个法文词（faute）来表达。[④]

就行为"违法性"的判断标准是什么，有"形式违法说"与"实质违法说"的争论。"形式违法说"认为，违法性是指行为违反强制性或者禁止性的明文规定。"实质违法说"可分为"实质规范违反说"和"法益侵害说"。"实质规范违反说"认为，违法性的判断，不限于违反法律的明文规定，违法性的本质是违反法律秩序。"法益侵害说"认为，一种行为之所以被法律规范禁止，根本在于行为侵害了法律所要保护的法益。[⑤]

笔者认为，一般侵权赔偿责任构成的"四要件说"确有很多道理。

第一，"过错"在很多场合被理解为侵权责任构成的"主观要件"，如此看来，"过错"不能代替违法行为这一"客观要件"。如此理解的"过错"是行为人的主观心理状态，体现了行为人的主观上的应受非难性。如此理解的话，在判断侵权与否时，先考察客观情形，后判断主观要件。就是说，先看违法与否，再看有无过错。违法性的判断标准虽然难以把握，但是十分清楚的是，若行为人的行为存在阻却违法事由，侵权责任就不成立，在此情况下，侵权责任的其他构成要件也就不再具有任何归责的意义了。若排除了阻却违法的事由，侵权责任法

① 王利明、周友军、高圣平：《侵权责任法疑难问题研究》，中国法制出版社2012年版，第191页。
② 杨立新：《侵权责任法》，法律出版社2010年版，第68~91页。
③ 江平、费安玲主编：《中国侵权责任法教程》，知识产权出版社2010年版，第202、207页。
④ 张新宝：《侵权责任一般条款的理解与适用》，《法律适用》2012年第10期。
⑤ 参见江平、费安玲主编《中国侵权责任法教程》，知识产权出版社2010年版，第203~204页。

对造成了损害的行为即持否定性评价，这种否定性评价是侵权责任构成的必备条件。而"故意""过失""过错"等文字表述的本义属于心理状态的范畴，就是说，"故意""过失""过错"本身并不具有非法性，故在一般侵权案件中，仍须在判断"违法性"以后再另外单独判断作为"主观要件"的"过错"，它是最后评价，是对行为人的否定性评价。这正如有学者所说，违法性是对行为的否定性评价，而过错是对行为人的否定性评价。①

第二，认为过错吸收违法或者违法吸收过错，并没有从根本上否定行为违法性与行为人主观过错的区分。

还有一点，违法性和过错的区分，有利于妥当地设计特殊侵权的构成要件，以实现特定的立法政策。②

更重要的是，"四要件说"被最高人民法院的司法解释所采用，用以指导全国的审判实践。例如就侵害名誉权责任应如何认定的具体问题，1993年《最高人民法院关于审理名誉权案件若干问题的解答》有明确的回答："是否构成侵害名誉权的责任，应当根据受害人确有名誉被损害的事实、行为人行为违法、违法行为与损害后果之间有因果关系、行为人主观上有过错来认定。"在甲软件股份有限公司与乙科技有限公司名誉权纠纷案中，原审法院判决认为，是否构成侵害名誉权的责任，应当根据受害人确有名誉被损害的事实、行为人行为违法、违法行为与损害后果之间有因果关系、行为人主观上有过错来认定。……综上，依照《中华人民共和国民法通则》第101条、《最高人民法院关于审理名誉权案件若干问题的解答》第7条、《中华人民共和国民事诉讼法》第64条的规定，判决驳回甲软件股份有限公司的全部诉讼请求。二审法院认为，对于乙科技公司的行为是否侵害甲软件公司的名誉权，应从以下几方面来认定：首先，乙科技公司的发函行为是否属于侮辱、诽谤等违法行为。……其次，现有证据不足以证明乙科技公司有故意损害甲软件公司名誉的行为。再次，在诉讼中，甲软件公司也未提供证据证明乙科技公司发函的行为给其造成损失。综上所述，现有证据不足以认定乙科技公司发函的行为侵害了甲软件公司的名誉，原审法院判决驳回甲软件公司的诉讼请求，并无不妥。③在邱某某与上海某船务工程有限公司名誉权纠纷案中，原审法院认为，原告没有证据证明由于船务公司的不当行为，给他造

---

① 周友军：《侵权责任认定：争点与案例》，法律出版社2010年版，第192页。
② 周友军：《侵权责任认定：争点与案例》，法律出版社2010年版，第194页。
③ 北京市第三中级人民法院（2015）三中民终字第04751号民事判决书。

成极坏的社会影响和极大精神损害，导致对他的社会评价降低。其诉状中列举的所谓"事实和理由"，不符合最高人民法院《关于确定民事侵权精神损害赔偿责任若干问题的解释》和《关于审理名誉权案件若干问题的解答》规定的构成要件和情形。二审法院认为，本案系名誉权纠纷，即一般侵权之诉，则邱某某对于涉案侵权责任的四项法律构成要件（不法行为、损害后果、因果关系、主观过错），负有举证责任。[①]在张某某与薄某某人身自由权纠纷案中，一审法院认为，公民的人身自由不受侵犯，人身自由权之侵害性质上属于一般侵权，其构成要件为：行为的违法性、行为人主观上有故意或过失、受害人受有人身自由之损害、行为与损害之间存在因果关系。本案中，被告不让原告走，拦着原告不让其离开并将拐杖伸到原告自行车辖辘里的行为，构成对原告的侵权，应该承担相应的法律责任。[②]在丹阳市某服装有限公司与上海某羽绒制品有限公司因申请诉中财产保全损害责任纠纷案中，一审法院认为，构成一般侵权行为应同时具备行为的违法性、有损害事实的存在、违法行为与损害后果之间有因果关系、行为人主观有过错四个要件。[③]在北京市发生的一起公证损害责任纠纷案件的一审中，法院认为，法人由于过错侵害他人财产的，应当承担相应民事责任。侵权行为承担的民事责任应结合损害事实、行为的违法性、行为与损害之间的因果关系及行为人主观过错来衡量。[④]在张某某等财产损害赔偿纠纷案中，二审法院就关于某搜索引擎公司是否存在过错的问题，明确指出，此种"加 V 认证"的信誉认证性质，不仅促使"加 V 认证"的企业在网络中脱颖而出，也使得该公司获得直接或间接的利益。因此，该公司在进行"加 V 认证"审核时，理应尽到较一般推广更高的注意义务。该公司在可以采用"打零钱认证法"等简便易行的验证方法避免"证件表面一致线上认证法"漏洞的情况下，仍然选择采用宽松认证标准致使张某某受骗，未尽到"加 V 认证"审核中应尽的注意义务。并且，该搜索引擎公司在张某某被骗一事发生之前即收到济南某化工有限公司告知本公司被冒名认证的邮件，但该公司仅仅停止了一个被投诉网站的推广链接，其应有能力筛查"加 V 认证"企业中利用同一申请人同一账户设定的其他推广网站，却未采取相应措施，导致此后张某某受骗，该公司存在上述怠于管理的行

---

① 上海市第二中级人民法院（2015）沪二中民一（民）终字第 2175 号民事判决书。
② 北京市朝阳区人民法院（2014）朝民初字第 32840 号民事判决书。
③ 上海市青浦区人民法院（2015）青民二（商）初字第 1247 号民事判决书。
④ 北京市东城区人民法院（2012）东民初字第 04733 号民事裁定书。

为，在主观上亦存在过错。①这里二审法院明确使用了"在主观上亦存在过错"的表述。在百度诉搜狗不正当竞争案中，北京市海淀区人民法院一审认为，搜狗输入法的搜索候选功能具有技术上的创新性，但是搜狗公司主观上明知或应知百度搜索引擎下拉提示词的显示方式，却不加避免，采取了与之相似的搜索候选呈现形式，主观上具有过错；客观上，搜狗输入法在用户事先选定百度搜索的情况下，先于百度公司以类似搜索下拉列表的方式提供搜索候选，实则是利用搜狗输入法在搜索引擎使用中的工具地位，借助用户已经形成的百度搜索使用习惯，诱导用户在不知情的情况下点击候选词进入搜狗搜索结果页面，造成用户对搜索服务来源混淆的可能，不当争取、减少了百度搜索引擎的商业机会，其行为构成不正当竞争。②这里法院清楚地区分了"主观上具有过错"和"客观上……其行为构成不正当竞争"。在中卫市某矿业有限责任公司、银西铁路有限公司侵权责任纠纷案中，二审法院认为，侵权责任须同时具备行为违法性、发生实际损害结果、行为损害结果的发生存在因果关系和行为人主观上存在故意或过失基本要件。③

第三，虽然《侵权责任法》第 6 条和第 7 条都没有出现"违法"字样，但是受到法律保护的"权利"或者利益本身都具有不可侵性，所以侵害受到法律保护的"权利"或者利益本身，就属于"违法"。④

然而，首先，《侵权责任法》第 6 条和第 7 条毕竟没有明确规定"违法"或"违法性"作为一切一般侵权责任的必备构成条件，也没有在其他条文明示"违法"或"违法性"是侵权构成要件。

其次，关于名誉侵权的司法解释坚持"四要件说"只是特例，前文所述案例对于"四要件说"的采用或者对于"主观过错"的单独判断也只是司法实践的一部分，更多的司法实践和具体案件则表明法院是就违法性和过错一并分析判断或者只判断过错而不分析违法性。

再次，在社会节奏加快的背景下，在具体规范完善的前提下，对于作为一般侵权的两面一体的违法性和过错一并分析判断，有利于提高纠纷解决的效率，避免无谓的概念纷争。

---

① 北京市第一中级人民法院（2015）一中民终字第 05826 号民事判决书。
② 参见赵刚《诱导搜索用户弃百度用搜狗：搜狗输入法"搜索候选服务"一审被判不正当竞争》，《人民法院报》2015 年 10 月 24 日第 3 版。
③ 参见宁夏回族自治区高级人民法院（2017）宁民终 81 号民事判决书。
④ 参见周友军《侵权责任认定：争点与案例》，法律出版社 2010 年版，第 194 页。

更重要的是，当就公司、企业、机关、事业单位等法人或其他组织的过错进行判断时，即使法律文书表述为"主观过错"，其实也都是客观过错，这种"过错"有十分明显的拟制的痕迹；即使过错与违法性被单独分别判断，也只是抽象的区分判断或者是重复判断。总之，法人或其他组织的过错就是违法，根本不存在什么真正意义的"心理活动状态"。

所以，"三要件说"和"四要件说"都有道理，也都有局限。立法技术有可选择性，法律解释方法也有很多。在我国，就法律现状和文义解释方法而言，"三要件说"似乎更贴近立法和司法实践。若采"三要件说"，则"过错""行为违法性""违反法定义务"应当具有相同涵义。

当然，"三要件说"和"四要件说"都是就一般侵权赔偿责任的一般构成要件的高度抽象。就侵权立法而言，除了要规定一般构成要件，还要就各种具体侵权构成要件进行规定；而就司法而言，须就每个具体案件的侵权构成的具体要件进行判定。

三、"过错责任原则"以及对于"过错"的判断方法

（一）关于"过错责任原则"

我国民法学界在侵权责任构成要件的研究方面，尤其重视和突出归责原则。很多学者认为，侵权的归责原则是侵权责任构成的基础和前提，责任构成要件则是归责原则的具体体现和主要内容。"'归责'在法律上的涵义，是指依据某种事实状态确定责任的归属。所谓归责原则，就是确定责任归属所必须依据的法律准则。"①我国《民法通则》和《侵权责任法》的立法也有这种倾向。我国《民法通则》第六章首先就是本文前面已述的第106条关于归责原则的规定。理论上认为，该条第2款和第3款分别规定了过错责任原则和无过错责任原则。

实际上，各国学者在分析过错侵权责任的构成要件时，都非常强调和突出归责原则的地位和作用。发生这种现象的原因在于，自由竞争的资本主义时代所形成的法律规定侵权责任的原因不在于受害人有损害而在于加害人有过错的思想观念。如德国学者耶林曾经指出，"使人担负损害赔偿的，不是因为有损害，

---

① 王家福主编：《中国民法学·民法债权》，法律出版社1991年版，第453页。

而是因为有过失。其道理就如同化学上的原则，使蜡烛燃烧的不是光，而是氧气，一样浅显明白"[①]。在自由竞争的资本主义时代，在保护民事权利的同时，人们也格外强调行为自由，鼓励投资和冒险，故确立并强调过错责任原则，行为人无过错就不承担责任。

在理论上，一般把过错侵权责任视为一般侵权责任，而把过错侵权责任构成条件视为侵权责任一般构成条件。这种认识有一定道理。第一，侵权责任法的立法目的包括保护合法权益，预防和制裁侵权行为，不纯粹是赔偿损失，而过错责任原则集中地体现侵权责任法的各种目的。第二，凡存在损害、有因果关系，行为人有过错（行为具有违法性），行为人即构成侵权，应承担侵权责任；产品、环境污染、高度危险作业等侵权责任不以过错为构成要件，但如有过错当然更应承担责任，绝非有过错就不承担责任。就是说，过错责任可能发生于一切行为人有过错的侵权案件。无过错责任是例外，以法律特别规定为限。当然，特殊侵权包括适用无过错责任原则的侵权，也包括适用过错推定方法的侵权，还包括责任承担主体特殊的适用过错责任原则的侵权。

将各具体类型的侵权责任分别纳入"过错责任论"与"无过错责任论"中去研究，如认为"过错责任"包括侵害人格权、身份权、财产权等全部侵权责任，认为"无过错责任"包括产品侵权、高度危险作业侵权、环境侵权、饲养动物侵权等的侵权责任，则有逻辑上的问题。

有学者认为，对任何侵权损害赔偿案件，都要首先考察被告对损害的发生有无过错。考察结果，如认定有过错，即责令其承担过错责任；如无过错，再考虑能否以危险为归责依据责令其承担无过错责任。最后，在既不能以过错，又不能以危险科被告责任的情况下，才能依照《民法通则》第132条的规定，根据案件的具体情况，权衡当事人的利益，看有无必要责成被告适当分担原告所受的损害。[②]其实，对于无过错责任案件，依法不以行为人（被告）过错为侵权责任构成要件，受害人无须举证证明被告有过错，法院根据原告（受害人）的选择而审理判决；若原告举证证明被告有过错（故意或重大过失），则不受赔偿限额的限制。

侵权责任的归责依据，其实是十分复杂的法律问题，尤其在知识产权侵权、商务领域侵权等尤为复杂。如就知识产权领域侵权，学者们长期存在争论。有学

---

① R. v. Jhering, Das Schuldmoment im römischen Recht（1867），40.

② 李开国：《侵权责任构成理论研究——一种新的分析框架和路径的提出》，《中国法学》2008年第2期。

者提出，既考虑知识产权权利人维护权利的可能性及便利，又不至于把侵权责任者范围无限扩大，最可取的似乎是对侵权第一步（未经许可复制或作为直接传播的第一步如表演）利用作品的行为，对未经许可制造、使用等利用专利发明创造的行为，适用"无过错责任"原则；而对其他行为以及对一切间接侵犯知识产权行为，考虑"过错责任"的原则。[①]这些领域归责原则的复杂化，与权利内容的复杂性有关，也与过错及违法性判断的复杂程度有关，还与所谓的法人"过错"客观化有关，并与"过错"以及"过错责任原则"由其在近代社会的初始含义向现代社会的客观化含义方向演变有关。

（二）对于"过错"的具体判断

就一般侵权赔偿责任构成要件的"过错"，有各种不同的观点。（1）"主观过错说"。认为过错是一种可责难性的心理状态（故意或过失）。判断行为人有无过错，应当从行为人的主观上进行分析，看行为人对其行为及行为后果的理解与辨别，还要进一步分析行为人能否控制自己行为。（2）"客观过错说"。认为过错并非指行为人的主观心理状态具有应受非难性，而是指行为人的行为具有应受非难性，行为不符合某种标准的即为过错。（3）"过错包括违法说"。认为过错是行为人在故意或过失状态的支配下从事了在法律上和道德上应受非难的行为，是行为人的主观意志状态和违法行为的统一。

对于故意的判断，德国、奥地利等国采用主观标准，即在判断行为人是否有故意时，要判断其是否认识到自身行为具有违法性以及可能出现的相关损害后果；而就过失的判断，德国、瑞士等国普遍采用客观过错理论。有学者认为，在以特殊能力为前提的专业活动以及涉及特殊危险物的活动中，应当采取客观过失标准，在侵权法其他领域的赔偿责任则应当以主观过错为前提。[②]

在美国，利尔德·汉德法官在 United States v. Carroll Towing Co. 案中以经济学方式精确计算当事人的过错，认为判决此案的核心在于衡量采取预防措施的成本与事故发生所造成的损害孰轻孰重。汉德法官将此问题转化为预防成本（B）是高于还是低于事故发生可能性与预期损失大小的乘积（PL），认为 B ＜

[①]　郑成思：《知识产权论》（第三版），法律出版社 2003 年版，第 277~278 页。

[②]　参见[奥]海尔姆特·库齐奥《侵权责任法的基本问题（第一卷）：德语国家的视角》，朱岩译，北京大学出版社 2017 年版，第 204~211 页。

PL 时侵害人有过错。①汉德法官用绝对的数字表述注意的成本和预期损失，而兰德斯和波斯纳认为，在司法实践中，美国法院实际上是以增量的方式来确定被告应有的注意，法院会问：基于其现有的注意水平，被告应当再投入多少注意以避免这起事故的发生？②这种认为违反"理性经济人"应有的注意义务即为过错的观点，是经济自由主义理论向侵权法的渗透，是近代以来一些国家法律上行为自由观念发展过程中的一个结果。③从经济效益角度考虑问题，难免忽视个别正义和道德因素。④可以说，经济学分析只是提供了一个观察视角和信息来源，有局限性。

有学者提出，过失的外在表现主要是指行为人违反了行为标准，为了正确归责的需要，采取客观标准更为合理，这也是现代各国侵权法所通行的做法。但是对于故意的判断，则仍应采用主观标准，其原因是：一来此种行为较易判断，以主观标准加以认定不至于使受害人无法获得充分救济；二来此种行为采取主观标准也能有效实现立法宗旨。⑤

笔者认为，第一，就字面含义来说，无论是故意还是过失，也无论恶意、直接故意、间接故意、重大过失、一般过失还是轻微过失，都是主观心理状态，而且只有自然人有真正的主观心理状态，但是若采用"三要件说"，在具体语境中这些用语可能已经同时与违法性这一客观范畴并为一体而被一并判断。若采用"三要件说"，则"过错"是主观和客观这样两面一体的结合，但是对于侵权一般构成要件的"过错"的判断标准应该是客观的。即使采"四要件说"，对于"过错"的判断标准也应该客观化，各国的实际法律状况也是如此；因为主观只能通过客观行为而表现出来，人们也只能通过客观事实或客观标准来判断有无过错和过错程度。当然，对于故意和过失可以采取不同的具体方法：对于故意，虽然也通过客观事实和客观表现予以判断，但是更多考虑行为人自身特性和实际状况；而对于有无过失，则可以以抽象的"理性人"（"中等偏上"的人）注意标准予以判断，即未尽到注意义务、违反了"中等偏上"的标准，就应当认定具有过失。第二，采取过错的具体标准（即根据行为人个人具体情况予以衡量判

① 参见李婧《侵权法的经济学分析》，知识产权出版社 2016 年版，第 69~71 页。另见杨立新《侵权责任法》，法律出版社 2010 年版，第 88~89 页。
② 参见 Michael Faure《过错的经济学分析》，贾沛然译，载梁慧星主编《民商法论丛》（第 45 卷），法律出版社 2010 年版，第 630~631 页。
③ 参见龙卫球《〈侵权责任法〉的基础构建与主要发展》，《中国社会科学》2012 年第 12 期。
④ 参见彭汉英《财产法的经济分析》，中国人民大学出版社 2000 年版，第 167 页。
⑤ 王利明：《侵权行为法研究》（上卷），中国人民大学出版社 2004 年版，第 472~475 页。

断的标准），需要对每个行为人的预见能力作准确判断,这势必给民事归责带来困难。而抽象标准的采用往往使得受害人有更多的机会获得救济,从而充分实现侵权责任法填补损害的基本功能。抽象标准的采用还有利于法院审判,减少误判。但是行为人具有超常能力尤其是专业人士同时具有超常能力时,应当考虑这种超常能力而判断,否则不利于保护受损害人。第三,值得反思的是,在具体案件中,对于自然人过错进行判断时既要判断行为的违法性,也要判断行为人主观心理状态的故意或过失,往往是一并判断;对于法人的过错的判断,即使是根据法定代表人或法人工作人员的故意或过失而判断为法人的故意或过失,法人的这种过错性质已经发生质变,即已经蜕变为拟制的客观的过错,法人的这种过错即使还表述为故意或过失,也已与自然人主观心理状态迥然不同。法人过错只能是"主观意态"意义上的过错。

当事人有作为义务时,违反作为义务就属于"行为具有违法性",或判断为有过错。例如《侵权责任法》第36条第2款规定:"网络用户利用网络服务实施侵权行为的,被侵权人有权通知网络服务提供者采取删除、屏蔽、断开链接等必要措施。网络服务提供者接到通知后未及时采取必要措施的,对损害的扩大部分与该网络用户承担连带责任。"这里,网络服务提供者接到通知后未及时采取必要措施的,属于违反作为义务,既属于行为具有违法性,也可以判断为行为人有过错。又如《侵权责任法》第37条规定:"宾馆、商场、银行、车站、娱乐场所、公共场所的管理人或者群众性活动的组织者,未尽到安全保障义务,造成他人损害的,应当承担侵权责任。　因第三人的行为造成他人损害的,由第三人承担侵权责任;管理人或者组织者未尽到安全保障义务的,承担相应的补充责任。"这里,管理人或者组织者未尽到安全保障义务的,属于违反作为义务,判断为行为(不作为)具有违法性,当然也可以表述为"行为人有过错"。再如《侵权责任法》第55条第1款规定了医务人员的说明和取得同意的义务,第2款则规定:"医务人员未尽到前款义务,造成患者损害的,医疗机构应当承担赔偿责任。"其中,"未尽到前款义务"判断为医疗机构具有行为违法性或表述为"有过错"。有时候是法律明确规定"违法"的就推定有"过错"。例如《侵权责任法》第58条规定:"患者有损害,因下列情形之一的,推定医疗机构有过错:(一)违反法律、行政法规、规章以及其他有关诊疗规范的规定;(二)隐匿或者拒绝提供与纠纷有关的病历资料;(三)伪造、篡改或者销毁病历资料。"其中第1项就是以"违法"的存在推定"过错"的存在。此外,《电子商务法》

第 38 条规定："电子商务平台经营者知道或者应当知道平台内经营者销售的商品或者提供的服务不符合保障人身、财产安全的要求，或者有其他侵害消费者合法权益行为，未采取必要措施的，依法与该平台内经营者承担连带责任。　对关系消费者生命健康的商品或者服务，电子商务平台经营者对平台内经营者的资质资格未尽到审核义务，或者对消费者未尽到安全保障义务，造成消费者损害的，依法承担相应的责任。"其中电子商务平台经营者"未采取必要措施"、"未尽到审核义务"或者"未尽到安全保障义务"的，属于"行为具有违法性"或判断为电子商务平台经营者"有过错"。

以客观标准对待"过错"，也就很容易解释"过错"与因果关系的关系：一方面，判断过错，要看自然人言谈举止等客观情况或者法人机关成员所作所为的客观表现；另一方面，判断侵害行为对损害结果的原因力大小，则要看行为人作出行为时过错大小以及被损害人过错大小，虽然行为人"过错"与被损害人"过错"性质不同，被损害人"过错"指的是其违反了保护其自身权益的这种不真正义务。

第六节　侵权赔偿之否定：不承担责任或减轻责任事由

由于一般侵权赔偿的一般构成要件立法的抽象性，在立法上还要规定不承担责任或者减轻责任的情形（《侵权责任法》第三章对此进行了规定）。在司法实践中，为精准判断侵权构成与否，既要分析判断前述各一般构成要件，还要判断其他具体构成要件，也须认定有无不承担责任或者减轻责任的具体情形。

不承担责任或者减轻责任的事由，在司法实践中由被告提出来，故也称抗辩事由。"抗辩事由是指被告针对原告的诉讼请求而提出的证明原告的诉讼请求不成立或不完全成立的事实。……又称免责或减轻责任的事由。"①须指出，因《侵权责任法》第三章是规定"不承担责任和减轻责任的情形"，虽然理论与实

---

① 王利明、杨立新编著：《侵权行为法》，法律出版社 1996 年版，第 76 页。

践中的语言文字也表述为"抗辩事由",但是,法院在侵权责任构成要件的判断过程中,如遇有不承担责任或减轻责任情形的,可以依职权主动适用。

免责或减轻责任事由的存在,是对侵权构成的否定或部分否定。我国学者一般在侵权责任构成的各要件部分中分别论述不同的免责事由,而没有将"免责事由"或"抗辩事由"作为侵权构成理论中的一个单独问题加以研究,这和学者们尽量与法律文件的形式保持一致的研究方法有关。我国《民法通则》制定以后,学术界在侵权责任构成理论研究上,逐步形成了对"免责事由"或"抗辩事由"集中系统研究的方法。将免责事由作为一个主题集中进行规定和研究,有利于对《民法通则》、《侵权责任法》及其他法律相关规定进行系统解释,也有利于法院对侵权纠纷案件的审理。

值得注意的是,在侵权纠纷诉讼中,只要被告提出并证明了免责事由,就可以被免除或减轻责任,法院不必再审理侵权责任的其他构成条件。显而易见,抗辩事由(不承担责任或减轻责任的事由)具有附随性,对于抗辩事由的分析判断,应当结合侵权责任构成要件进行,避免抗辩事由与侵权责任构成要件的脱节。正因为如此,民法典对于抗辩事由的规定,应当尽可能紧随侵权责任一般条款规定之后。

抗辩事由包括"正当理由"和"外来原因"。"正当理由"是指损害确系被告的行为所致,但其行为是正当的、合法的,包括依法执行职务、正当防卫、紧急避险、受害人同意、自助等;"外来原因"是指损害并不是被告的行为造成的,而是由一个外在于其行为的原因独立造成的,包括受害人的过错、第三人过错、不可抗力等。[①]上述分类及表述,与侵权构成的"三要件说"及"四要件说"都不冲突。当然,将依法执行职务、正当防卫、紧急避险、受害人同意、自助等,概括为"阻却违法",则与"四要件说"完全一致了。

---

① 参见王利明、杨立新编著《侵权行为法》,法律出版社 1996 年版,第 76~96 页。另见王利明、周友军、高圣平《中国侵权责任法教程》,人民法院出版社 2010 年版,第 262~312 页。

第三章
侵权抗辩事由
（不承担责任和减轻责任的情形）

所谓"抗辩事由"与"不承担责任和减轻责任的情形"范围相同，但是含义略有差异：前者是从当事人角度表述的，而后者意味着法院可以依职权主动适用。因为民事诉讼模式主要是"当事人主义"，所以理论上往往以"抗辩事由"为线索论述"不承担责任和减轻责任的情形"。侵权责任法是侵权责任构成和责任承担的法律依据，也是当事人不承担责任和减轻责任的依据。我国《侵权责任法》第三章所规定的"不承担责任和减轻责任的情形"，其实与侵权责任的构成及其各要件密切相关：不符合侵权责任构成要件，从而不构成侵权的，行为人即不承担责任；构成侵权，但对于造成损害同时另有原因力存在或受损害人有过错行为的，减轻侵权人责任。所以在民法典编纂过程中有专家建议在民法典侵权责任编"责任承担"之前、"一般规定"中的最后一部分对不承担责任和减轻责任的情形予以规定，而不单独设立专章进行规定。

抗辩事由，是指被告针对原告的诉讼请求而提出用以主张自己不承担责任、免除责任或者减轻责任的各种事由，概括起来，包括没有损害、没有违法、不存在因果关系、没有过错等。从当事人角度说，被告根据具体案情，可以依据《侵权责任法》第一、二、三章等总则性、一般性规定而找到抗辩事由，还可能根据案件性质依据第四至十一章或者特别法的规定而找到抗辩。最重要、最基本的是《侵权责任法》第三章所规定的"不承担责任和减轻责任"的各种"情形"。当然，在法律适用方面，特别法优于一般法。

不承担责任，是指不构成侵权责任从而不承担责任，也包括全部免除责任从而不承担责任。免除责任（免责）广义上包括全部免责和部分免责，而部分免责就是减轻责任。如此说来，"不承担责任和减轻责任的情形"就是广义上的免责事由（包括全部免责和部分免责）。

被告抗辩事由的主张成功，就意味着被告不承担责任或者减轻责任。但是，称"抗辩事由"，是从被告角度来说的；称"不承担责任和减轻责任的情形"，表明这些情形可以由当事人主张，也可以由法院依职权调查并依法认定判决。所以两者存在区别。从《侵权责任法》第三章当中的具体规定和我国其他法律及司法实践来看，上述各种事由，既可以作为当事人通过提出证据证明而加以主张的抗辩事由，也可以由法院依职权予以调查和适用，所以《侵权责任法》第三章称为"不承担责任和减轻责任的情形"是对我国相关实践的反映。

当然，因为民事诉讼模式主要是由原告和被告展开"攻防"和"竞技"的"当事人主义"，所以理论上往往以"抗辩事由"为线索论述"不承担责任和减轻责任的情形"。

凡不存在损害（指广义损害，包括名义损害），或者行为无违法性，或者行为人行为与损害结果之间无因果关系，都不构成侵权；行为人无过错，即不构成一般侵权赔偿责任，但可能依法构成无过错的侵权。不构成侵权，则行为人不承担责任；构成侵权的，才可能存在依法减轻责任的情形。

我国《侵权责任法》条文众多，而且形成了相对独立的法律规范体系，在世界上堪称典范；而且第三章专章集中规定抗辩事由，颇具特色。须指出，法律不能规定太多的抗辩事由，否则原告的合理主张有时难以得到保障。但是，法律规定一定数量的抗辩事由，有利于保障民事当事人行为自由和被告维护自己的应有利益，也有利于法院准确判定侵权责任，减少法律及其适用的模糊性。

第一节　无损害时当事人不承担责任

各国法上侵权责任的核心，都是侵权赔偿责任，在我国也是如此。毫无疑问，"无损害，即不承担侵权赔偿责任"。损害往往是狭义的，即一般情况下是指"实际损失"，有实际损失一般情况下是侵权赔偿责任的前提。

进一步说，虽然《侵权责任法》第三章没有明确规定"不存在损害"是不承担责任的事由，但是从该章规定乃至整部《侵权责任法》的全部规定来看，仍然可以肯定，"无损害，即不承担侵权赔偿责任"。第一，《侵权责任法》第三章每一条都是有关"损害"的规定，而且第七章的标题为"医疗损害责任"，第十章、第十一章的标题分别是"饲养动物损害责任"和"物件损害责任"，实际上整部《侵权责任法》绝大多数条文都是规定损害责任的。当然，这其中的"损害"一般情形下是指"实际损失"。第二，侵权责任承担方式不限于赔偿损失，停止侵害、排除妨碍、消除危险、返还财产、恢复原状、赔礼道歉、消除影响、恢复名誉等也依《侵权责任法》第15条作为承担侵权责任的方式，财产毁损、死亡、人身伤残、一般伤害、人格贬损、精神痛苦等固然属于"损害"，此外法律上也还可以将侵害、妨碍、危险、财产被侵占等状态事实解释为广义上的"损害"，甚至有学者说："广义上的损害赔偿，就应包括这一部分的内容，即妨害的排除。"①其实，法律上的"损害"本来就是应该根据法律规定在各类具体的侵权纠纷案件中予以具体判断。

当然，有些损害是被推定存在的，而且被告无法通过证明而否定损害的存在。第一，某些侵害行为本身即证明存在损害并具有可诉性，如侵害肖像权行为。不仅在中国，在其他国家也有所谓"自身可诉性"侵权行为（诉因侵权行为）。②对此种侵权行为，受损害人无须对损害进行举证和证明。第二，对植物人、精神病人的精神损害是推定的，不能仅仅因为植物人状态或者精神病状态而否定精神损害的存在。第三，即使没有工作的人，也不能被认为其不可能存在误工损失。

此外，侵害他人人身权益造成财产损失，但被侵权人的损失难以确定的，也不能认定就不存在财产损失。对此，《侵权责任法》第 20 条规定："侵害他人人身权益造成财产损失的，按照被侵权人因此受到的损失赔偿；被侵权人的损失难以确定，侵权人因此获得利益的，按照其获得的利益赔偿；侵权人因此获得的利益难以确定，被侵权人和侵权人就赔偿数额协商不一致，向人民法院提起诉讼的，由人民法院根据实际情况确定赔偿数额。"

第二节　行为无违法性时行为人不承担责任

一般侵权赔偿责任的构成要件，有"四要件说"和"三要件说"之分。一般认为，德国是采"四要件说"的典型；法国则是采"三要件说"的典型，是过错吸收违法性。法国法律实务者并不严格区分"不法性"要件和"过错"要件，两个概念是相互交错的。③日本民法典第 709 条没有规定违法性，但无论理论和实

① 麻昌华：《侵权行为法地位研究》，中国政法大学出版社 2004 年版，第 215 页。
② 参见[德]克雷斯蒂安·冯·巴尔、张新宝审校《欧洲比较侵权行为法》（下卷），焦美华译，法律出版社 2004 年第 2 版，第 11 页。
③ [奥]H. 考茨欧主编：《侵权法的统一：违法性》，张家勇译，法律出版社 2009 年版，第 74、171 页。

务都主张违法性是侵权责任构成要件。①

中国《侵权责任法》第1条规定立法目的是，"保护民事主体的合法权益，明确侵权责任，预防并制裁侵权行为，促进社会和谐稳定"，既然保护的是"合法权益"，"预防并制裁"的是侵权行为，那么应当承担侵权责任的人的行为是被法律予以否定评价的，因此，侵权责任的构成要件应当包括"行为的违法性"。笔者认为，主张"违法性"已经包含在"过错"概念之中，或者认为"过错"要件吸收"违法性"要件的观点，实际上并没有真正否定"违法性"的客观存在。更何况，否定违法行为作为侵权责任构成要件，就无法准确说明因果关系这一客观要件。

虽然对于如何判断行为的违法性尚有争议，但是行为违法性作为侵权责任构成要件在逻辑上和法理上都是没有问题的。从逻辑上说，既然行为的违法性是侵权责任的构成要件，那么行为人如能证明存在法定事由从而表明自己行为无违法性的，其就不承担侵权责任。从立法层面上看，我国《侵权责任法》对于正当防卫的规定，实际上就是认为这种事由阻却违法，不构成侵权，故不承担责任。当然，被告不能通过泛泛地证明自己行为无违法性却不举出具体的法定事由以证明自己不违法而使自己不承担责任。

具体说来，行为无违法性的抗辩，需要行为人提出法律特别列举规定的事由作为根据。

行为无违法性的抗辩，通常也称为"正当理由"的抗辩。一般说来，行为无违法性的抗辩（正当理由的抗辩）具有以下特征：（1）行为人实施了某种行为，而且这种行为在客观上已经致人损害，即行为人行为与损害之间存在因果关系，不存在因果关系的考虑"外来原因"的抗辩；（2）行为人实施该行为，是法律所鼓励、允许或者不禁止的，因而该行为具有正当性。

正当理由包括：（1）正当防卫；（2）紧急避险；（3）自助；（4）依法行使权利或者依法执行职务；（5）受损害人同意。

一、实施正当防卫的当事人不承担侵权责任

正当防卫是各国普遍认可的一个抗辩事由。我国《侵权责任法》第30条规

---

① 参见杨立新《侵权责任法》，法律出版社2010年版，第68页。

定："因正当防卫造成损害的，不承担责任。正当防卫超过必要的限度，造成不应有的损害的，正当防卫人应当承担适当的责任。"根据《侵权责任法》的基本精神和司法实践，可以认为，正当防卫的条件包括以下几个方面。

第一，正当防卫以正在发生的不法侵害为前提。首先，须有不法侵害这一事实存在，这种不法侵害既可能是侵害防卫人自己的合法权益，也可能是侵害公共利益或他人的合法权益。主观推测有不法侵害发生，而对非不法侵害人造成损害，不能阻却非法。虽然主观上有防卫意图，构成假想防卫，属于行为人对事实的认识错误，阻却故意，但是如果当时应有所预见，就应当以构成过失论处。其次，正在发生的侵害具有不法性，对于合法行为不能实施防卫。再次，正当防卫只能在不法侵害正在进行之时实行，不能提前防卫，也不能进行事后防卫。防卫的时间要件必不可少，即防卫须以所针对的侵害行为的现时性为前提。

第二，防卫具有必要性。在时间紧迫而来不及请求国家机关保护的情况下，不采取防卫措施就不足以保护公共利益、自己或者他人合法权益的，可以实施正当防卫。就是说，正当防卫须防卫行为为避免侵害所必需。

第三，防卫是对不法侵害行为的实施者进行的。既可以是针对其人身或者工具，也可以是针对其财产（包括动物）。防卫人对于防卫具体对象的选择，既考虑防卫时的紧迫性，考虑足以制止不法侵害、保护合法权益，又要考虑公共秩序和善良风俗，还要考虑防卫限度。

为了保全较大价值的权益而损害较小价值的权益是紧急避险的实质内容，能够通过紧急避险予以损害的可以是他人的财产权益或者避险人自己的财产权益，一般不能通过损害他人的人身权益来紧急避险，但是在特殊情况下损害他人的人身权益保全较大价值的权益也可能构成紧急避险。例如，甲为了接住从楼上坠落的男孩乙，在接住乙的瞬间将同行的丙撞伤在地。甲无须对丙的损害承担责任，而应当由乙的父母对丙给予补偿。①

在明知加害人是未成年人或者精神病人的情况下，防卫人一般应选择躲避的方法，只有在迫不得已的情况下才能进行正当防卫，而且其防卫的方式应当受到严格限制，仅以制止侵害行为为限。②

第四，主观条件是，正当防卫人主观上必须出于正当防卫的目的，即为了保

---

① 王胜明主编：《〈中华人民共和国侵权责任法〉条文解释与立法背景》，人民法院出版社 2010 年版，第 126 页。
② 最高人民法院侵权责任法研究小组编著：《〈中华人民共和国侵权责任法〉条文理解与适用》，人民法院出版社 2016 年第 2 版，第 229 页。

护国家、公共利益、本人或者他人的人身、财产和其他权利免受不法侵害。

出于加害对方的目的，对其进行挑拨、激怒或者引诱，然后实施侵害，不构成正当防卫。相互斗殴的，参加斗殴的人都有侵害他人的不法目的，参加人都不构成正当防卫。但是一方已明确放弃侵害，另一方仍穷追不舍继续加害，放弃侵害的一方不得已进行反击的，则属于正当防卫。

第五，正当防卫不能超过必要限度，即防卫须具有适度性。在判断必要限度时，应当综合考虑：被防卫人保护的合法权益与攻击者被加害的利益；攻击行为的性质和强度（故意或过失行为及具体方式），或者何种动物的攻击；地点、时间（白天或夜晚）等。虽然正当防卫制度不要求"打不还手"，但是也不允许防卫人恣意妄为。如果存在多种防卫手段，而且防卫效果相同，那么应当选择对侵害人损害最小的手段。

以上是正当防卫的一般要件。在实践中，被告能否提出正当防卫的抗辩，最终取决于具体案件的具体情况。"比如某人有理由相信其生命有危险时，他用武力将攻击者致残就有一定的合理性；但别人仅仅将我们推搡到一边时，我们肯定不能把他打成肉酱。"[1]

就过当防卫行为人所应承担的"适当的责任"，有专家说，所谓的"适当的责任"，指不对侵权人的全部损失赔偿，而是根据防卫人过错的程度，由防卫人在损失范围内承担一部分责任。[2]也有学者认为，将防卫超过必要限度的民事责任与一般不法侵害行为的民事责任区别开来，是有积极意义的，它有利于鼓励公众自觉地同不法侵害行为进行斗争，保护本人、他人的合法民事权益和公共利益。适当的民事责任，应当理解为一种减轻或者从轻的民事责任。在轻重两种民事责任均可适用时，选择轻者；在涉及财产责任时，应当减除防卫在必要限度内的损害部分。[3]防卫超过必要限度就其本质而言是防卫人有一定的过错，因此防卫人应当承担基于自身过错的适当民事责任。防卫超过必要限度，若防卫的是他人的合法民事权益或者公共利益，而他人或者公共利益的代表者主动分担一定的赔偿，则也是允许的。[4]

其实，在防卫过当场合，行为性质已经发生变化，过当防卫人因其行为过当

---

① 欧洲侵权法小组编著：《欧洲侵权法原则：文本与评注》，于敏、谢鸿飞译，法律出版社 2009 年版，第 177 页。

② 全国人大常委会法制工作委员会民法室编：《〈中华人民共和国侵权责任法〉条文说明、立法理由及相关规定》，北京大学出版社 2010 年版，第 115 页。

③ 参见张新宝著《侵权责任构成要件研究》，法律出版社 2007 年版，第 62 页。

④ 参见张新宝著《侵权责任构成要件研究》，法律出版社 2007 年版，第 62~63 页。

而违法并进而构成侵权，应当就不应有的损害部分承担侵权责任。

例如在"于某故意伤害案"中，原审法院认为，于某捅刺被害人不存在正当防卫意义上的不法侵害前提。被害人具有过错，且于某归案后能如实供述自己的罪行，可从轻处罚。依法以故意伤害罪判处被告人于某无期徒刑，剥夺政治权利终身；判令被告人于某赔偿附带民事诉讼原告人杜某1、许某、李某1、杜某3、杜某4、杜某5、杜某6各种费用共计30598.5元，赔偿附带民事诉讼原告人严某各种费用共计53443.47元，赔偿附带民事诉讼原告人程某各种费用共计2231.7元。二审法院认为，上诉人于某持刀捅刺杜某2等四人，属于制止正在进行的不法侵害，其行为具有防卫性质；其防卫行为造成一人死亡、二人重伤、一人轻伤的严重后果，明显超过必要限度造成重大损害，构成故意伤害罪……鉴于于某的行为属于防卫过当，于某归案后能够如实供述主要罪行，且被害方有以恶劣手段侮辱于某之母的严重过错等情节，对于某依法应当减轻处罚。判决如下：（1）驳回上诉人（原审附带民事诉讼原告人）杜某1、许某、李某1、杜某3、杜某4、杜某5、杜某6的上诉，维持原审刑事附带民事判决第二项、第三项、第四项附带民事部分；（2）撤销原审刑事附带民事判决第一项刑事部分；（3）上诉人（原审被告人）于某犯故意伤害罪，判处有期徒刑五年。①

此外，对于特殊正当防卫，即无过当防卫，我国《刑法》第20条第3款规定："对正在进行的行凶、杀人、抢劫、强奸、绑架以及其他严重危及人身安全的暴力犯罪，采取防卫行为，造成不法侵害人伤亡的，不属于防卫过当，不负刑事责任。"因为特殊正当防卫"不属于防卫过当"，所以防卫人行为无违法性，不构成侵权，当然就不承担侵权责任。

在"朱某1正当防卫案"中，南关区人民法院查明，1993年9月9日20时许，李某某携刀强行进入朱某2家，与朱某2的母亲刘某某口角撕打起来。李某某扬言："找你算账来了，我今天就挑朱某2的脚筋。"正在撕打时，朱某2进屋。李某某见到朱某2后，用脚将其踹倒，一手拿水果刀，叫喊："不跟我谈恋爱，就挑断你的脚筋。"说着就持刀向朱某2刺去。刘某某见李某某用刀刺朱某2，便用手电筒打李某某的头部，李某某又返身同刘某某撕打，朱某2得以逃出门外。此时，被告人朱某1进屋内，见李某某正用刀刺向其母亲，便上前制

---

① 参见山东省高级人民法院刑事附带民事判决书（2017）鲁刑终151号，载中国裁判文书网 http://wenshu.court.gov.cn/content/content? DocID=604fe188-e24e-4a03-a825-a79b00dc7821&KeyWord=于欢%7C鲁15刑初33号%7C（2017）鲁刑终151号，访问时间：2017年7月13日。

止。李某某又持刀将朱某 1 的右手扎破。刘某某用手电筒将李某某手中的水果刀打落在地。朱某 1 抢刀在手，李某某又与朱某 1 夺刀、撕打。在撕打过程中，朱某 1 刺中李某某的胸部和腹部多处。经法医鉴定：李某某系右肺、肝脏受锐器刺伤，造成血气胸急性失血性休克死亡。经审理，南关区人民法院认为朱某 1 行为不具有社会危害性，属于正当防卫。[①]

刑法规定正当防卫，民法也规定正当防卫。刑法上，正当防卫行为阻却违法，不构成犯罪；民法上，正当防卫行为阻却违法（属于正当理由），不构成侵权行为。为配合好《民法总则》，建议《侵权责任法》修订入典时删除其第 30 条规定，因为《民法总则》第 181 条对于正当防卫已经有了明确的规定。

二、紧急避险人是否一律不承担侵权责任？

紧急避险与正当防卫有着密切关系。紧急避险与正当防卫有相同之处：（1）都是为了保护公共利益、本人或他人的合法民事权益；（2）都是私力救济，即来不及请求国家机关时防卫人或者避险人采取的自力救济；（3）都要求不能超过必要限度。正因为两者有相同之处，所以正当防卫完全可能被规定为防御性紧急避险的一种；而德国民法典第 228 条针对物（准用于动物）的紧急避险，其中有一部分其实相当于其他国家（包括中国）法律上的针对利用物（包括动物）进行不法侵害的正当防卫。

在中国，紧急避险与正当防卫的区别是：（1）正当防卫是针对他人的不法侵害，包括人的行为，有时也包括饲养动物侵害，而紧急避险所要避免的危险则既可能由他人之行为造成，也可能由自然原因引起；（2）任何人均不对必要限度内的正当防卫承担赔偿责任，但是，即使是必要限度内的紧急避险，受损害人也应该可以从紧急避险中受益的一方当事人获得补偿。

在司法实践中，有认定特殊时空条件下当事人一方在推搡过程中对另一方造成伤害属于紧急避险的案例。例如在王某 1 与张某 1 等健康权纠纷上诉案中，二审法院认为，2014 年 8 月 18 日，王某 1 明知其姐王某 2 与张某 2 在前一天发生冲突，还前往张某 2 家小卖部滋事（这一事实有公安机关的询问笔录为证），且在其前往张某 2 家小卖部之前的两个小时内，王某 2、王某 3 刚与张某 2 发生

---

① 参见《最高人民法院公报》1995 年第 1 期。

冲突并将张某 2 致伤，公安机关对此已在调查处理之中［这一事实在（2015）华民初字第 407 号判决书中已被确认］，故王某 1 进入张某 2 家对其伤害的意图明显。由于张某 2 当时已受伤正在等待急救，因此，张某 1 等人听到呼救后进入张某 2 家的小卖部，是为避免张某 2 再次受到伤害，张某 1 与王某 1 在推搡过程中对王某 1 的眼部造成的伤害，在当时特殊时空条件下可认定为紧急避险，张某 1 等人不应承担责任。二审法院判决：驳回上诉，维持原判。①

在中国，对于不法行为人故意驱使其饲养动物实施不法侵害的，受侵害人可以予以反击而实施正当防卫。饲养动物出于动物本能实施不法侵害的，受侵害人也可以予以反击而实施正当防卫，此时不属于紧急避险，因为饲养人、管理人应对饲养动物侵害承担侵权责任，更为重要的是，此时饲养动物是不法侵害人（饲养人、管理人）的工具和财产。如果是饲养人以外的第三人故意驱使饲养动物实施不法侵害，那么受侵害人予以反击、防卫的属于紧急避险，因为此时饲养动物是不法侵害人以外的第三人财产。

《民法通则》第 129 条规定了紧急避险；延续了《民法通则》有关规定的《侵权责任法》，于第 31 条规定："因紧急避险造成损害的，由引起险情发生的人承担责任。如果危险是由自然原因引起的，紧急避险人不承担责任或者给予适当补偿。紧急避险采取措施不当或者超过必要的限度，造成不应有的损害的，紧急避险人应当承担适当的责任。"中国法中的紧急避险，是为了避免对社会公共利益、本人或者他人的合法权益造成损害的急迫危险，不得已而实施的加害他人的行为。中国法中的紧急避险的构成要件包括以下几个方面。

第一，公共利益、本人或他人的合法民事权益有发生损害的急迫危险。引起急迫危险的原因，可以是人的行为，可以是人支配管领之物，也可以是自然原因。这种危险的存在，必须是现实的危险，而非臆想的危险。

第二，须是在不得已的情况下采取避险措施。所谓不得已，是指如不采取避险措施，就不能保全更大的法益。所谓不得已，不是指作为避险措施的唯一性，不是说只能采取这种避险手段而不能采取别的避险手段。在具体判断避险措施的采取是否"不得已"时，要考虑被保护法益所受危险的急迫程度。

第三，紧急避险不能超过必要限度。对于紧急避险行为的必要限度的判断，须衡量避险的法益和被损害的法益。在一般情况下，避险行为所生损害，应以未

① 参见甘肃省平凉市中级人民法院民事判决书（2015）平中民一终字第 312 号，载北大法宝 http://202.114.238.112:8000/rwt/FXQK/http/P75YPLURNN4XZZLYF3SXP/case/pfnl_125651288.html? match=Exact，访问时间：2017 年 7 月 14 日。

逾危险所可能损害者为限。就是说，在一般情况下，须避险行为所保护法益的价值大于避险行为所侵害的法益的价值。须注意，生命、身体完整性、人格尊严的法益高于财产价值。

第四，须存在避免危险发生的意思。一般认为，没有避险意思而为行为，即使存在客观上的避免危险，也不能认为构成紧急避险。一个极端例子，如甲以毁损乙财产的意思，用石块砸破乙的玻璃窗，反而使乙免遭煤气中毒的危险，当然不能认为构成紧急避险。不过，紧急避险不以避险人具备完全行为能力为要件，故无行为能力人、限制行为能力人，也可以实施紧急避险。

在具体案件中，是否构成紧急避险，应当根据具体案情综合判断。比如，甲的房子燃烧着，火焰危及邻居乙家的房子，为了阻止火焰的蔓延，乙将甲燃烧着的房子拆毁，构成紧急避险；如果在甲的燃烧的房子和邻居乙家的房子之间还有一所为丙所有的房子，丙的这所房子并没有着火，但是若不拆毁丙的这所没有着火的房子，则不足以避免邻居乙的房子被烧着，那么，乙此时也可以实施紧急避险而将丙的房子拆毁，而不必等到处在中间的丙的房子着火才实施紧急避险而将丙的房子拆毁。

因紧急避险所保护的利益大于紧急避险所造成的损害，故紧急避险具有合理性。但是，与正当防卫不同的是，紧急避险所造成的损害不是发生在不法行为人的人身或者财产上，而是发生在没有过错的无辜第三人的人身或者财产上。所以，对于必要限度内紧急避险所发生的损害，应当分别不同情况，分别处理。

第一，如果险情是由自然原因引起的，那么根据《侵权责任法》第31条的规定，紧急避险人不承担责任或者给予适当补偿。如果有受益人，那么受益人给予适当补偿，紧急避险人不承担责任，法理是"无因管理"。如果紧急避险人自己兼任受益人，那么紧急避险人不承担侵权责任，但是应当给予受损害人适当补偿，法理是"不当得利"。

《最高人民法院关于贯彻执行〈中华人民共和国民法通则〉若干问题的意见（试行）》（部分废止）第156条规定，因紧急避险造成他人损失的，如果险情是由自然原因引起，行为人采取的措施又无不当，则行为人不承担民事责任。须指出，这里"行为人不承担民事责任"，指避险行为人不承担侵权责任，但不是说避险行为人在兼任受益人的情况下不负任何义务。如某地遭遇特大雨雪冰冻天气，甲坐车途中遭遇堵车而且饥寒交迫，不得已从某商店拿走御寒棉衣和充饥食物，即使未经店主同意，也因构成紧急避险而不构成侵权。但是，甲应当依据法律规定向店主返还不当得利。

第二，如果险情是人为造成的，那么根据《侵权责任法》第31条的规定，因紧急避险造成损害的，由引起险情发生的人承担责任。其一，避险行为人引起险情发生的，避险行为人承担全部的赔偿责任。理论上可以认为此种情形本来不应当包括在紧急避险的抗辩制度中。此种情形下，也可以认为不中断避险行为人先前行为与最终损害结果之间的因果关系，即不认为构成真正的紧急避险，而径直认定避险行为人构成侵权。其二，最常见的是，避险行为人、受损害人以外的第三人引起险情发生的，第三人承担全部的赔偿责任。第三人可能构成一般侵权，也可能承担危险责任（无过错责任或说严格责任）。就是说，从责任的基础来看，险情引起者一般是由于其过错而应该承担侵权责任，但如果是从事高度危险作业，那么不考虑其有无过错而适用无过错责任原则。此种情形下，本来也可以认为紧急避险行为不中断第三人行为（作为或不作为）与最终损害结果之间的因果关系，而径直认定第三人构成侵权。此种情形下的紧急避险还有一个特殊情况，即受损害人兼任受益人。如甲抓住乙，用力将乙从即将有车辆通过的道路上拉走，使乙免遭车祸，但是乙被拉伤了。车辆保有人引起险情发生并最终造成损害结果发生，故应承担侵权责任；与此同时，甲构成紧急避险，当然此例亦可按甲无因管理处理。其三，受损害人引起险情发生的，受损害人自己承担损害。如甲患有间歇性精神病，当其发病时可能对周围的人造成伤害。当甲发病而正在对他人进行攻击时，他人不得已予以反击的，构成正当防卫。但是，如果知其已经发病而具有攻击他人危险，那么不必等到甲发动攻击时才通过正当防卫而予以阻止，人们可以实施紧急避险而避免甲给他人造成危害，如对甲的人身予以适当拘束或者对甲进行强制医疗。

避险过当包括紧急避险采取措施不当和超过必要限度两种情形。对于避险过当后果的处理，应当具体分析。

紧急避险采取措施不当，即避险人采取的有关措施不能或者不适合处理当时当地的险情。紧急避险超过必要限度，是指行为人的行为虽然符合紧急避险的其他条件，但是不符合紧急避险的限度条件，避险行为所造成的损害大于其所保护的公共利益或者本人、他人的合法权益。紧急避险超过必要限度不同于紧急避险采取措施不当：紧急避险超过必要限度的，其基本思路和方法是正确的，只是未能正确地把握"度"的要求；而紧急避险采取措施不当的基本思路和方法是错误的。①《侵权责任法》第 31 条规定：紧急避险采取措施不当或者超过必要的限度，造成不应有的损害的，紧急避险人应当承担适当的责任。

在紧急避险的必要限度内的损害，仍然根据前述规则处理。对超过必要限度部分的损害，即大于其所保护的合法权益的部分或者说不应有的损害部分，紧急避险行为人承担责任。

在避险过当场合，行为性质已发生变化，过当避险人因其行为过当而违法并进而构成侵权，当然应当就不应有的损害部分承担侵权责任。

假想避险，指不构成紧急避险，但是行为人误以为构成紧急避险，属于事实错误，不能阻却违法，不能排除过失，但是阻却故意。

与刑法不同，民法紧急避险制度的功能有限。有学者指出，"从侵权行为角度出发，对受害之第三人而言重要的是，他能否获得严格责任的保护或只能求助于传统的过失责任。如对于承担严格责任的飞行器保有者而言，他的飞机是坠落还是紧急迫降于我的土地上对他的损害赔偿义务毫无影响"②。

《侵权责任法》修订入典时，建议删除其第 31 条，因为《民法总则》第 182 条就紧急避险已有明确规定。

需要补充说明的是：（1）《民法总则》将《侵权责任法》第 31 条"或者给予适当补偿"修改为"可以给予适当补偿"更为准确；（2）民用核设施发生核事故造成他人损害的责任、民用航空器造成他人损害的责任，甚至机动车对于非机动车、行人的侵权责任等都是严格责任，紧急避险都不能作为被告的抗辩事由；（3）很多国家都没有将"紧急避险"作为侵权抗辩事由而予以规定。

三、依法执行职务、自助或受损害人同意的抗辩

根据法理和司法实践，行为人依法执行职务、自助或受损害人同意，都表明行为人行为无违法性，不构成侵权，因此不承担责任。这些不承担责任的事由适用于各种侵权案件而不论归责原则为何，只是在有些侵权纠纷案件中不可能存在这些事由。

依法执行职务，是指依照法律规定，在必要时因行使职权而损害他人财产、

---

① 参见张新宝《侵权责任构成要件研究》，法律出版社 2007 年版，第 66 页。

② ［德］克雷斯蒂安·冯·巴尔：《欧洲比较侵权行为法》（下卷），焦美华译，张新宝审校，法律出版社 2004 年第 2 版，第 597 页。

人身的行为。一般认为，依法执行职务作为不承担责任的事由，须具备以下条件：须有合法授权；须执行职务的程序和方式合法；执行职务的活动是必要的。

在实践中，发生自助的抗辩，往往归入受损害人过错。但是因受损害人过错减轻或免除加害人一方的责任，其法理基础在于因果关系理论。而行为人对于自己的合理自助行为造成损害的，不承担责任，其法理基础在于行为的正当性或者说行为不具有违法性。[①]理论上，可以认为，在来不及请求有关机关保护自己合法权益的情况下，行为人（债权人）可以对债务人的财产或者人身采取必要限度内的临时性、强制性措施。事后自助行为人应当及时请求有关机关保护自己的合法权益。债权人错误实施自助行为或者采取自助措施不当造成债务人损害的，应当承担侵权责任。

在司法实践中有涉及自助的案件。例如在首钢矿业公司与迁安市马兰庄镇新水第二铁矿、迁安市马兰庄镇新水村委会建设用地使用权纠纷案中，一审法院认为，在一般侵权中，构成侵权并承担侵权责任的要件包括违法行为、损害事实、因果关系和主观过错。本案中，二被告是否构成侵权、是否应承担侵权责任的关键，在于其越界排土是否构成自助这一阻却违法事由、是否具有主观过错，而判断这一问题的关键则在于原告的新水尾矿库是否存在可能危及新水村群众生命财产安全的安全隐患。一审法院认为，本案应先由有处理权的行政主管部门就原告的新水尾矿库是否存在可能危及新水村群众生命财产安全的安全隐患问题作出确定结论，遂依照《侵权责任法》第6条和《民事诉讼法》第140条的规定，裁定驳回原告首钢矿业公司的起诉。首钢矿业公司上诉，二审法院认为，本案涉及尾矿库是否存在安全隐患，需要借助专业鉴定机构鉴定，属于实体审理的部分，不属于民事诉讼前置程序。此外，上诉人已经提供了相关行政部门处理的依据，被上诉人也提供了相关的证据，双方提供的材料结论相左，需要通过实体审理才能确定。二审法院遂根据《民事诉讼法》有关规定，裁定撤销河北省高级人民法院（2011）冀民一初字第14号民事裁定，并裁定本案由河北省高级人民法院审理。[②]

就自助，建议民法典侵权责任编予以规定：

第　条　当合法权益受到不法侵害，来不及请求国家机关保护时，如果不采

① 参见张新宝《侵权责任法立法研究》，中国人民大学出版社2009年版，第122~123页。
② 参见中华人民共和国最高人民法院民事裁定书（2012）民一终字第73号，载中国裁判文书网 http://wenshu.court.gov.cn/content/content? DocID=efea1501-b647-11e3-84e9-5cf3fc0c2c18&KeyWord=自助，访问时间：2017年7月15日。

取措施，以后就难以维护合法权益的，权利人可以采取扣留侵害人的财产等合理措施，但是采取自助措施以后应当立即请求有关国家机关处理。错误实施自助行为或者采取自助措施不当造成损害的，应当承担侵权责任。

与正当防卫等正当理由的抗辩不同，"受害人同意"（受损害人的同意）并未被各国普遍规定为一种独立的抗辩事由。值得注意的是，一些国家的司法实践用"与有过失"解决"受害人同意"的问题。在美国侵权法中，实质意义上的"受害人同意"，包括故意侵权案件中的"同意"（consent），以及过失侵权案件中的"自冒风险"（assumption of risk），即原告在明知危险存在的情况下主动同意自行承担被告行为可能的后果。[1]由于"自冒风险"使得原告完全不能请求赔偿，美国法院常趋避"自冒风险"，而认定系属"比较过失"（comparative negligence）。[2]在美国，自担风险规则的适用范围越来越小，而比较过失理论的运用越来越多。[3]关于"自冒风险"（自甘冒险），德国早期实务认为是默示合意免除责任，其后解释为受损害人的允诺，阻却违法，而后来则强调此属"与有过失"问题。[4]这些国家的"受害人同意""自冒风险""比较过失""与有过失"等抗辩规则不断演变。

中国侵权责任法理论上所说的"受害人同意"，是指受损害人事先明确作出自愿承担某种损害结果的意思表示。一般认为，被告以"受害人同意"加以抗辩的，须具备以下条件：受损害人（受害人）的同意须在受到损害前作出；受损害人的同意须明确（包括明示、默示）作出；受损害人的同意须自愿作出；受损害人同意的内容须是愿意承担某种损害后果；受损害人的同意不得违反法律和社会公德及善良风俗。"受害人同意"包括免责条款、受损害人单方允诺等类型。但我国《合同法》第53条规定，合同中的下列免责条款无效：（1）造成对方人身伤害的；（2）因故意或者重大过失造成对方财产损失的。可见，以"免责条款"形式表现出来的"受害人同意"作为免责事由的适用范围是十分狭小的。

在法律没有明确规定自愿承担风险（"自甘冒险"）的情况下，理论上认为法院是可以根据具体案情按照受损害人"与有过失"的规则对有关侵权纠纷案件予以裁判的。但是，严格说来，自愿承担风险或曰"自甘冒险"与受损害人"与有过失"还是有区别的。

---

① 李响编著：《美国侵权法原理及案例研究》，中国政法大学出版社2004年版，第107~112、427~430页。
② 参见王泽鉴《侵权行为》，北京大学出版社2009年版，第227~228页。
③ 参见徐爱国《名案中的法律智慧》，北京大学出版社2005年版，第333~334页。
④ 参见王泽鉴《侵权行为》，北京大学出版社2009年版，第228页。

笔者认为，广义上受害人同意包括"自冒风险"（"自甘冒险"），但是受害人同意意味着阻却违法，而阻却违法意味着受害人得不到任何赔偿。"自冒风险"的本义，是指受损害人预见损害可能发生，而又甘冒损害发生的危险，结果损害却真的不幸发生了。"自冒风险"与通常所说的"受害人故意"造成损害不同，"自冒风险"不是自信损害不会发生，也不是疏忽大意而没有预见损害发生的可能，而是预见到损害发生的危险而心存侥幸愿意冒险，所以与通常所说的受损害人"过失"造成损害也不同。总之，"自冒风险"与"受害人过错"不同，不宜按"与有过失"（"与有过错"）规则处理。

当事人参加某些特定的活动（如参加对抗性激烈的体育竞技，例如拳击等），本身可以推定为参加人"自冒风险"。因为这些特别活动中参加人受到某些伤害的可能性极大，对此参加人是知情的。在这些特别活动中，如果一方将另一方击伤或者碰伤，一般不能认为对方对受损害人构成侵权，而应当推定受损害人在参加此等激烈对抗的体育竞技前就作出了"同意"承担受到伤害的风险的意思。但是，如果加害人确属故意伤害或者不顾裁判人员阻止或者有其他严重违反比赛规则的行为的，不属于参加人"自冒风险"，加害人应承担侵权责任。

在我国司法实践中，就"风险自担"或者"受害人同意"尚有不同解释。例如在杨某与邯郸市某中学生命权、健康权、身体权纠纷案中，一审法院认为，足球比赛是一种对抗性十分强烈的竞技性运动……对于致人伤害的运动员而言，只要不存在重大的违规行为和主观的伤害恶意，即使给对方造成了伤害，其行为也不构成侵权；对于组织者来说，比赛中，球员间发生的碰撞并非其主观所能控制的，故其对球员间在比赛中的受伤不应承担责任。足球比赛的运动特点及其风险是每个参赛者都清楚的，因此队员参加比赛本身就意味着自愿承担风险，就是通常所说的"风险自担"或称"受害人同意"原则。诉讼中，原告没有提供证据证明、庭审中也未能指出被告存在过错的行为，原告要求被告按照工伤标准评定的伤残等级、依据人身损害赔偿案件的案由予以赔偿的诉讼请求，证据不足。二审法院认为，杨某作为邯郸市某中学足球队的队员，在参加全国 U－17 女子足球杯比赛时，其是否上场、如何比赛、比赛战术，均由该中学的教练确定，其是代表该中学参加比赛，在参加比赛的过程中，发生对抗性撞击被撞伤，造成其身体受伤致残，邯郸市某中学作为受益人应当承担赔偿责任。[1]

在胡某诉杨某等侵权责任案中，2012 年 3 月 31 日下午 6 时左右，胡某在某中学足球场踢球当守门员，杨某在胡某抱住球时将胡某左下巴踢中，导致胡某下颌骨二处断裂。法院认为，足球比赛具有对抗性及人身危险性，胡某苛求杨某在对抗中应尽更高注意义务不符合足球比赛本身的特点，法官根据本案具体证据推定双方均无过错，适用《侵权责任法》第 24 条和第 32 条等规定，判决杨某应给付胡某人民币 16980 元，该款由其父母支付。[2]

在张齐某某与崔某、崔某某等生命权、健康权、身体权纠纷案中，法院认为，踢足球是一项对抗强烈的体育运动，发生人身损害是极有可能的，正是因为该运动具有群体性、对抗性及人身危险性的风险，参与者既是危险的潜在制造者，又是危险的潜在承担者。原告与被告崔某、第三人岳某均系未成年人，三人系自发组织，自愿进行踢足球活动，没有证据证明被告崔某在该体育活动中存在主观故意及对运动规则的重大违反，故崔某的行为不构成侵权，也无证据证明原告张齐某某存在过错。原、被告均系限制民事行为能力人，但就其智力水平而言，应该能够意识到参加踢足球这项活动的风险，故参加体育运动本身就是一种自愿承担风险的行为，原告作为参与人应在其理解范围内自行承担受到的损害，但自愿承担足球运动中常规性身体接触带来的碰撞伤害风险，并不包括造成伤残的重度损害。本案中被告崔某的致害行为虽非侵权行为，但其在客观上造成了原告张齐某某 X 级伤残的损害结果，该损害后果超出了双方年龄及智力所能预见到的合理范围。根据《侵权责任法》第 24 条规定，受害人和行为人对损害的发生都没有过错的，可以根据实际情况，由双方分担损失。正是基于被告崔某的行为与原告的损害后果之间具有直接因果关系且损害后果较为严重，故被告崔某有必要对原告的损害后果承担一定的补偿责任。法院认为，原告自愿参与体育活动的行为构成自甘风险，其本人应自行承担重度损害后果的大部分损失，即由其自身承担损失的 70%，酌情由被告崔某分担 30% 的损失较为合适。[3]

---

[1] 参见河北省邯郸市中级人民法院民事判决书（2013）邯市民二终字第 65 号，载中国裁判文书网 http://wenshu. court. gov. cn/content/content? DocID＝3724c99a－5923－491f－b7ee－0efcf33c6c21&KeyWord＝受害人同意，访问时间：2017 年 7 月 15 日。

[2] 参见国家法官学院案例开发研究中心编《中国法院 2015 年度案例·侵权赔偿纠纷》，中国法制出版社 2015 年版，第215~218 页。

[3] 参见国家法官学院案例开发研究中心编《中国法院 2016 年度案例·侵权赔偿纠纷》，中国法制出版社 2016 年版，第248~251 页。

就受损害人同意及自甘冒险（自愿承担风险），笔者建议民法典侵权责任编分别予以明确规定：

第　条　受损害人事前明确作出自愿承担某种损害结果的意思表示，而且不违反公共利益和公序良俗的，行为人不承担责任。

第　条　受损害人原可预见损害的可能发生，而又甘冒损害发生的风险，最后损害结果真的不幸发生的，受损害人不得请求他人承担侵权责任，但是他人对损害的发生有故意或者重大过失的除外。[①]

《侵权责任法》第三章没有规定"依法执行职务""自助""受害人同意"，但是实践中不能排除其作为"不承担责任"事由的可能。值得一提的是，《侵权责任法》第 55 条规定："医务人员在诊疗活动中应当向患者说明病情和医疗措施。需要实施手术、特殊检查、特殊治疗的，医务人员应当及时向患者说明医疗风险、替代医疗方案等情况，并取得其书面同意；不宜向患者说明的，应当向患者的近亲属说明，并取得其书面同意。"从这一条可推出结论：特定条件下的患者同意可以使医疗机构不承担责任。这种"同意"不是同意医方故意侵权，而是同意承担某种风险。

四、行为人因阻却非法而不承担责任的其他事由

虽然《侵权责任法》第三章没有规定，但是根据《民法通则》、《民法总则》和其他法律的规定，行为人构成无因管理的，则行为无违法性，不构成侵权，因此行为人不承担侵权责任。当然，无因管理构成后，即负有合理注意义务和继续管理义务。若无因管理人违反这些作为义务，造成被管理人损害的，即应承担侵权责任。[②]此外，根据《专利法》《商标法》《著作权法》等，被知识产权人授权许可使用时，使用人行为就没有违法性、不构成侵权，知识产权"授权许可使用"是各种知识产权侵权纠纷中的抗辩事由。又如，根据《著作权法》的规定，构成对著作权合理使用、法定许可使用等的，应该认为行为无违法性、不构成侵权，行为人不承担侵权责任。

---

① 在英美法系的普通法上存在"自愿承担风险"规则，在体育活动或游戏娱乐活动中经常出现"自愿承担风险"的问题。参见徐爱国《名案中的法律智慧》，北京大学出版社 2005 年版，第 69~70 页。

② 参见刘士国等《侵权责任法重大疑难问题研究》，中国法制出版社 2009 年版，第 68 页。

第三节　因果关系的抗辩

因果关系方面的当事人抗辩和法律适用，是《侵权责任法》第三章规定的重点内容。违法行为与损害结果之间存在因果关系，是判断侵权责任成立的最基本依据。所以，对于一切侵权纠纷案件，行为与损害结果无因果关系的，就不构成侵权，行为人也就不承担责任。《侵权责任法》第 27、28、29 条的内容无不与此有关。

一、受损害人故意行为是损害发生唯一原因时

《侵权责任法》第 27 条规定："损害是因受害人故意造成的，行为人不承担责任。"作为不承担责任事由的，是受损害人故意，抑或受损害人故意行为？如果受损害人对于其所受损害只有纯粹的心理状态而没有任何作为或者不作为，那么损害的发生或者扩大就与受损害人无因果关系，从而不能否定对方行为人行为与损害结果的因果关系，进而对方行为人此时就不存在不承担责任的事由。只有受损害人的作为或不作为与损害结果之间存在全部的因果关系，才可能排除对方行为人行为与损害结果的因果关系，进而使对方行为人不承担责任。所以，不是受损害人纯粹"故意"，而是受损害人"故意行为"，才能作为对方行为人不承担责任的事由。所以说，这一条本质上是从因果关系角度进行规定的，虽然也考虑受损害人的主观故意。当然，这里的受损害人"故意"与故意侵权的固有意义上的"故意"其实不同，前者是对于自己受损害的心理状态，后者是对他人受损害的心理状态。

在实践中，尤其值得注意的是，《侵权责任法》第 27 条规定行为人不承担责任，是指损害完全是因受损害人的故意造成的，即受损害人故意的行为是其损害发生的唯一原因。如果存在受损害人的故意行为，但对方行为人对损害的发生也存在故意或者重大过失的行为，那么应适用第三章第 26 条的规定。

正因为《侵权责任法》第 27 条本质上是从因果关系角度进行规定的，所以该条规定既适用于过错侵权责任案件，也适用于无过错侵权责任案件。例如《侵权责任法》第 70、71、72、73 条的规定；又如《道路交通安全法》第 76 条第 2 款规定，"交通事故的损失是由非机动车驾驶人、行人故意碰撞机动车造成的，机动车一方不承担赔偿责任"；再如 2017 年《水污染防治法》第 96 条第 3 款第 1 句规定，"水污染损害是由受害人故意造成的，排污方不承担赔偿责任"。

二、损害是第三人造成的抗辩

《侵权责任法》第 28 条规定："损害是因第三人造成的，第三人应当承担侵权责任。"问题是，第三人行为造成损害，是被告不承担责任抑或减轻责任，还是被告与第三人共同承担侵权责任呢？第一，因果关系是侵权责任构成的必备条件，也是判断侵权责任大小的最基本依据。因此，第三人行为是损害发生的唯一原因时，原告就告错了，被告不承担责任，而由第三人承担侵权责任；第三人行为与被告行为都是损害结果发生的原因时，第三人与被告共同承担侵权责任。第二，根据《侵权责任法》第 8 条规定，被告与第三人构成共同侵权的，被告与第三人应当承担连带责任，被告不能以第三人造成损害为由主张不承担责任或者减轻责任。第三，根据《侵权责任法》第 11 条规定，被告与第三人的行为都足以造成损害的，被告与第三人应当承担连带责任，被告不能主张不承担责任或者减轻责任。第四，依法律规定，被告与第三人承担不真正连带责任时，被告不能以第三人造成损害为由主张不承担责任或者减轻责任，如《侵权责任法》第 68 条、第 83 条的规定。第 68 条规定："因第三人的过错污染环境造成损害的，被侵权人可以向污染者请求赔偿，也可以向第三人请求赔偿。污染者赔偿后，有权向第三人追偿。"第 83 条规定："因第三人的过错致使动物造成他人损害的，被侵权人可以向动物饲养人或者管理人请求赔偿，也可以向第三人请求赔偿。动物饲养人或者管理人赔偿后，有权向第三人追偿。"第五，被告负有安全保障义务或者管理职责、监护职责的，被告不能以第三人造成损害为由主张不承担责任，如《侵权责任法》第 37 条、第 40 条的规定。第 37 条规定："宾馆、商场、银行、车站、娱乐场所等公共场所的管理人或者群众性活动的组织者，未尽到安全保障义务，造成他人损害的，应当承担侵权责任。　　因第三人的行为造成他人损害的，由第三人承担侵权责任；管理人或者组织者未尽到安全保障义务的，承担相应的补充责任。"第 40 条规定："无民事行为能力人或者限制民事行为能力人在幼儿园、学校或者其他教育机构学习、生活期间，受到幼儿园、学校或者其他教育机构以外的人员人身损害的，由侵权人承担侵权责任；幼儿园、学校或者其他教育机构未尽到管理职责的，承担相应的补充责任。"

适用《侵权责任法》第 28 条的案例：

在薛某某与甘肃省某职工医院医疗损害责任纠纷申请再审案中，薛某某再审申请称，被申请人的漏诊行为加重了再审申请人的病情，延长了康复期限，导致高额的康复费用及误工休养时间，原审不支持申请人的住院伙食补助费、护理费、残疾赔偿金等错误。本案《交通事故处理协议书》也未质证。请求撤销一、二审判决，重新审判。职工医院答辩称，再审申请人人身损害系交通事故侵权所致，薛某某提交的司法鉴定结果证明，被申请人存在漏诊，但未证实漏诊行为与其人身损害有因果关系。开庭审理时，法官对《交通事故处理协议书》询问时，薛某某承认已达成，并获赔偿。原审法院考虑到答辩人存在漏诊行为，给其造成精神上的痛苦，判决答辩人赔偿其误工费及精神抚慰金。薛某某再提起诉讼没有事实和法律依据，请求驳回其再审申请。甘肃省高级人民法院认为，《侵权责任法》第 28 条规定："损害是因第三人造成的，第三人应当承担侵权责任。"再审申请人提交的司法鉴定结果证明，被申请人存在漏诊，但未证实漏诊行为与其人身损害结果有法律上的因果关系，其诉请赔偿住院伙食补助等费用缺乏事实及法律依据，原审认定及适用法律并无不当。法院裁定驳回薛某某的再审申请。[1]

建议将《侵权责任法》第 28 条修改为：

第　　条　损害是第三人造成的，第三人应当承担侵权责任。

理由："因"和"造成"都有表达因果关系的功能，故删去"因"字。

三、因不可抗力造成损害结果的情形

不可抗力是违约责任的最主要的抗辩理由，也是侵权责任纠纷案件中十分

---

[1] 参见甘肃省高级人民法院民事裁定书（2014）甘民申字第 127 号，载中国裁判文书网 http://wenshu.court.gov.cn/content/content?DocID=70daf483-8625-4c81-b613-d5a5feb1796c&KeyWord=损害是因第三人造成的，访问时间：2017 年 7 月 15 日。

重要的抗辩事由。《民法通则》第 107 条规定："因不可抗力不能履行合同或者造成他人损害的，不承担民事责任，法律另有规定的除外。"第 153 条规定："本法所称的'不可抗力'，是指不能预见、不能避免并不能克服的客观情况。"《民法总则》第 180 条规定："因不可抗力不能履行民事义务的，不承担民事责任。法律另有规定的，依照其规定。 不可抗力是指不能预见、不能避免且不能克服的客观情况。"第一，不可抗力是客观情况。一般认为，不可抗力可以是自然原因，也可以是社会事件，前者如地震、特大泥石流等，后者如战争、政府禁令、大罢工等。但是第三人的行为不能作为不可抗力处理，第三人行为造成损害的，被告可依《侵权责任法》第 28 条规定提出抗辩。理论上也有主张不可抗力限于自然原因的。第二，不可抗力具有不可预见性。预见标准是"普通人"标准；行为人是专业机构或者人员的，即应按"专业人员"标准判定行为人应否预见。第三，不可抗力具有不可抗拒性。"避免"是使得事件不发生，"克服"是指消除损害后果。

中国就不可抗力既不采纯粹的主观说，也不采单纯的客观说，而系采折中说。所谓的客观说，以事件的外部性为标准，认为不可抗力是一般人无法防御的重大外来力量。主观说则以当事人预见能力和预防能力为标准来认定不可抗力，即主张当事人已尽最大努力仍不能防止其发生的事件为不可抗力。而折中说认为不可抗力具有客观性，但在具体认定不可抗力事件时，认为当事人以最大谨慎和最大努力仍不能防止的事件为不可抗力。各国立法与实践就不可抗力的认定和判断标准不尽相同。[①]这里所谓的不可抗力主观说、折中说所能认定的不可抗力范围都非常狭小。

《侵权责任法》第 29 条规定："因不可抗力造成他人损害的，不承担责任。法律另有规定的，依照其规定。"不可抗力属于因果关系方面的当事人抗辩，抑或行为人无过错的事由？如前所述，在中国，不可抗力是不能预见、不能避免并不能克服的客观情况。因不可抗力造成他人损害的，既说明被告行为与损害结果之间无因果关系，也说明被告无过错。既然不可抗力的存在即表明被告行为对于损害的发生无因果关系，也表明被告主观上无过错，那么在适用过错责任原则的侵权案件中，不可抗力是被告不承担责任的原因。不可抗力既然是原因力方面的不承担责任的事由，就可以也适用于无过错责任的侵权纠纷案件。只

---

① 参见王利明、周友军、高圣平著《中国侵权责任法教程》，人民法院出版社 2010 年版，第 281 页。另见杨立新著《侵权责任法》，法律出版社 2010 年版，第 195、196 页。

是在如何具体界定"不可抗力"方面，考虑到具体特殊的场合，一些法律特别进行了规定。

为掌握"不可抗力"的意义，还须认识"意外事件"的含义。有学者说，意外事件，"是指非因当事人的故意或过失，是由当事人意志以外的原因而偶然发生的事故"；在司法实践中，常常把意外事件作为免责事由对待。①也有学者认为，对于"意外事件"的界定比较困难，不宜将"意外事件"作为抗辩事由加以规定；若规定比较宽泛的抗辩事由，则使得受损害人一方难以得到救济；在具体案件中出现极其特别的情况，法官可以根据民法的基本原则如公平原则，作出适当的权衡。②笔者认为，虽然《民法通则》《民法总则》《侵权责任法》都没有规定"意外事件"作为不承担责任的事由，但是"意外事件"表明行为人主观上无过错，所以不能排除适用过错责任原则的一般侵权案件中"意外事件"作为不承担责任的事由。与"不可抗力"不同，"意外事件"不能排除行为人行为与受损害人的损害结果之间的因果关系，故不能作为无过错侵权责任的不承担责任的事由。

至于何为"意外事件"，有学者认为，其包括第三人的行为和自然事实（如突降暴雨）③，也有学者认为意外事件不包括第三人的行为④。笔者认为，《侵权责任法》第28条规定已经单独将"第三人行为"作为被告抗辩事由，不宜再将其包括在尚有争议的"意外事件"抗辩事由之内，再说"第三人行为"的因果关系抗辩属性十分明显，而"意外事件"属于"意外"，其排除"过错"的色彩十分浓厚。

在罗某诉台州市某工贸公司人身损害赔偿纠纷案中，法院指出，台风确实是难以避免的。但是，气象等相关科学高度发展，台风是可以预见的，通过采取适当的措施，台风过境造成的影响也是能够减小到最低程度的。法院认为，本案中，政府已经对14号（云娜）台风即将登陆发出了通告，且台风在登陆前就已经对台州市产生影响，工贸公司对台风即将登陆这一事实是明知的。因此，被告对于受台风袭击致工棚倒塌，造成一死六伤这一恶性事故，并非不能预见、不能避免，被告完全有条件在台风登陆前停止生产，疏散人员，或者安排工人到相对安全的地点工作。但是在台风登陆的当日，被告为了自己的利益还组织工人到

---

①　参见杨立新《侵权行为法专论》，高等教育出版社2005年版，第148页。

②　参见张新宝《侵权责任法立法研究》，中国人民大学出版社2009年版，第123页。

③　参见周友军《侵权责任认定：争点与案例》，法律出版社2010年版，第251~252页。

④　参见杨立新《侵权行为法专论》，高等教育出版社2005年版，第148~149页。

工棚工作，致使在工棚这个在台风过境时相当危险的工作场所内的所有人员身处险境，最终导致工棚倒塌一死六伤惨剧的发生。因此，被告关于本案事故发生系因不可抗力的抗辩理由，没有事实根据和法律依据，不予支持。①

就《侵权责任法》第 29 条修订入典，笔者建议，删除"因"，修改为：

第　条　不可抗力造成他人损害的，不承担责任。法律另有规定的，依照其规定。

理由："因"和"造成"都有表达因果关系的功能，故删去"因"字。

补充说明：《民法总则》规定的不可抗力既适用于侵权法，也适用于合同法，而且《民法总则》"因不可抗力不能履行民事义务的"不承担民事责任的规定是一般性规定，与侵权法的通常规定旨趣不同，还需要侵权责任法作出特别规定。

第四节　行为人无过错就不承担过错侵权赔偿责任

"过错"在侵权赔偿责任的判断中居于非常突出的地位。虽然《侵权责任法》第三章没有规定行为人无过错的就不承担责任，但是，根据第 6 条和第 7 条关于侵权赔偿责任"归责原则"的规定，行为人无过错的，即不构成过错侵权赔偿责任，故不承担过错侵权的赔偿责任。②

从被告方面来看，《债权责任法》第三章第 26 条以外的其他各条所规定的任何一个事由，都能用于证明被告自己无过错的抗辩。但是，第三章的这些规定主要是用于被告行为无违法性或者行为与损害之间无因果关系的抗辩。而逻辑上，行为人只要在违法性或者因果关系方面提出了有效抗辩，即无必要再提出主观上无过错的抗辩了。

值得注意的是，《侵权责任法》某些条文规定的某些特殊侵权责任是过错责任（包括过错推定的责任）。其中，有的条文具体规定行为人无过错的，即不承

---

① 参见《最高人民法院公报》2007 年第 7 期。
② 在中国和其他各国的侵权责任法中，所谓的"归责原则"是针对侵权赔偿责任的，而停止侵害、排除妨碍、消除影响、返还财产等责任都不以行为人的过错为构成要件。

担责任，例如第 60 条第 1 款规定，"患者有损害，因下列情形之一的，医疗机构不承担赔偿责任：（一）患者或者其近亲属不配合医疗机构进行符合诊疗规范的诊疗；（二）医务人员在抢救生命垂危的患者等紧急情况下已经尽到合理诊疗义务；（三）限于当时的医疗水平难以诊疗"。有的规定"能够证明尽到管理职责的，不承担责任"，例如第 81 条规定，"动物园的动物造成他人损害的，动物园应当承担侵权责任，但能够证明尽到管理职责的，不承担责任"。有的条文规定"不能证明自己没有过错的，应当承担侵权责任"，例如第 85 条规定，"建筑物、构筑物或者其他设施及其搁置物、悬挂物发生脱落、坠落造成他人损害，所有人、管理人或者使用人不能证明自己没有过错的，应当承担侵权责任"；又如第 88 条规定，"堆放物倒塌造成他人损害，堆放人不能证明自己没有过错的，应当承担侵权责任"；再如第 90 条规定，"因林木折断造成他人损害，林木的所有人或者管理人不能证明自己没有过错的，应当承担侵权责任"。有的则规定，"不能证明尽到管理职责的，应当承担侵权责任"，例如第 91 条规定，"在公共场所或者道路上挖坑、修缮安装地下设施等，没有设置明显标志和采取安全措施造成他人损害的，施工人应当承担侵权责任。　窨井等地下设施造成他人损害，管理人不能证明尽到管理职责的，应当承担侵权责任"。以上这些规定，其实都说明，"行为人无过错就不承担过错侵权赔偿责任"。

第五节　减轻责任的事由

根据文义解释方法，《侵权责任法》第 27、28、29 条规定的不包括减轻责任可能。然而，《合同法》第 117 条第 1 款规定，"因不可抗力不能履行合同的，根据不可抗力的影响，部分或者全部免除责任，但法律另有规定的除外"。《侵权责任法》没有规定不可抗力作为减轻责任的情形，但是正如不可抗力可以作为部分免除违约责任事由一样，因不能排除不可抗力作为损害发生的原因之一（或者说部分原因），故于实践中不能排除不可抗力作为减轻侵权责任事由的可能。

如何理解《侵权责任法》第 30 条规定的"正当防卫超过必要的限度，造成不应有的损害的，正当防卫人应当承担适当的责任"？又如何理解该法第 31 条规定的"紧急避险采取措施不当或者超过必要的限度，造成不应有的损害的，紧急避险人应当承担适当的责任"呢？可以认为，正当防卫超过必要的限度或者紧急避险采取措施不当或者超过必要的限度，造成不应有的损害的，行为性质已经发生变化，此时已经不属于正当防卫或适当的紧急避险，也就是说，防卫过当、避险过当不能完全阻却违法，过当防卫人或过当避险人的行为因过当而违法，进而构成侵权，应就"不应有的损害"承担侵权责任，而不是减轻责任的问题。

须指出，停止侵害、排除妨碍、消除危险、返还财产、赔礼道歉、消除影响、恢复名誉等责任方式只有不承担的可能，没有减轻的可能。

《侵权责任法》第 26 条规定："被侵权人对损害的发生也有过错的，可以减轻侵权人的责任。"《民法通则》第 131 条已经规定了过失相抵规则，即规定："受害人对于损害的发生也有过错的，可以减轻侵害人的民事责任。"作为减轻责任事由的，是被侵权人过错，还是被侵权人过错行为呢？如果被侵权人对于其所受损害只有纯粹的心理状态而没有任何作为或不作为，那么损害的发生或扩大就与被侵权人无因果关系，此时就不存在减轻责任的事由。只有被侵权人的作为或不作为与损害结果存在因果关系，才能使侵权人减轻责任。所以，不是被侵权人"过错"，而是被侵权人"过错行为"，才能作为减轻责任的事由。当然，这里也同时考虑被侵权人的主观心理状态。所谓的"被侵权人过错"是主观事由，但主要还是客观事由。正因为如此，"被侵权人过错"作为减轻责任事由的制度，不仅适用于过错责任领域，也被现代侵权责任法扩展运用到无过错责任领域。中国 2004 年以来的司法实践也是持这样的立场和态度。①

据上所述，《侵权责任法》第 26 条的意思是，当被侵权人的过错（包括故意或过失）行为是损害结果发生或扩大的原因之一时，减轻侵权人的责任。在根据《侵权责任法》第 26 条确定当事人责任时，应以因果关系为基础，同时考虑双方的过错形态和过错程度：适用过错责任原则判案时，被侵权人对同一损害的发生或者扩大有故意、过失的，可以减轻侵权人的赔偿责任，但侵权人因故意或者重大过失致人损害，被侵权人只有一般过失的，不减轻侵权人的赔偿责任；适用无过错责任原则确定侵权人的赔偿责任时，被侵权人有重大过失的，可以减

---

① 参见《最高人民法院关于审理人身损害赔偿案件适用法律若干问题的解释》第 2 条规定。

轻侵权人的赔偿责任。

受损害人有过错，减轻加害人责任的案例很常见。例如，根据学校的安排，被告娄某某和几个同学在排自行车时，原告周某某扒娄某某的裤子，娄某某便去追周某某，追上周某某以后周某某抱住娄某某，后娄某某用力过大使周某某倒在地上受伤。根据学校规定，学生排车子是轮流值日，当时应有两名值班老师在场，但事发时被告东阿县高集镇某校未安排人员现场值班管理，只有一名值班老师张某某在校门口。东阿县法院经审理认为，原告周某某系限制民事行为能力人，对其行为的性质和后果有一定的认识能力，根据审理查明的事实，原告周某某应对自己受伤的后果承担相应的责任。另结合原、被告对本事故发生的过错大小，法院酌定被告东阿县高集镇某校承担原告周某某总损失的30%，被告娄某某父母（共同被告）承担原告周某某总损失的50%，剩余20%由原告周某某自行承担。①

又如，2012年3月12日下午6时许，原告赵某某遵照第三人甲公司指示至事发场地搬运废旧材料，在搬走斜靠铁门的最后一块铁皮时，铁门失去支撑倒塌并将其压伤。事发前，被告乙公司已拆除干粉车间屋顶，并对车间铁门横梁与屋顶的四个连接点完成切割；第三人甲公司则已用铲车铲走铁门旁堆放的大部分铁皮。原审法院经审理认定，乙公司作为拆房工程的承揽人，虽具备相关拆房资质，但在拆除车间屋顶时切割车间铁门横梁与屋顶的连接点，使涉案铁门处于不安全状态，停工后亦未及时排除危险；甲公司作为设备拆除工程的承揽人，在拆除和搬运废旧设备过程中进行铲车作业，对涉案铁门造成较大的外力冲击。在乙公司及甲公司各自拆、铲行为的共同作用下，对涉案铁门的牢固度造成了毁灭性破坏。乙公司与甲公司各自的行为，虽在主观上无意思联络，但因疏忽大意所致的过错行为的偶然竞合及赵某某自身未尽审慎注意义务，导致了铁门倒塌。综合本案，乙公司及甲公司的过错大小及事故发生的原因力比例难以查明，故原审法院推定双方对损害结果的发生负同等的过错及同等的原因力，由该双方平均承担相应的赔偿责任。而赵某某作为常年从事货运行业的人员，在搬运废旧材料过程中未尽谨慎注意义务，对事故的发生也存在一定过错。原审法院综合考虑本案情况酌定由赵某某自行承担其损失的30%，由乙公司及甲公

---

① 参见国家法官学院案例开发研究中心编《中国法院2016年度案例·侵权赔偿纠纷》，中国法制出版社2016年版，第60~63页。

司各承担赵某某损失的 35%。乙公司上诉，上海一中院判决：驳回上诉，维持原判。①此案中因有受损害人过错，法院判决减轻了两加害人 30% 的赔偿责任，判决两加害人各承担受损害人损失的 35%。

再如，受雇施工的曹某某在施工时不慎从 2 米高处跌落，腰椎部跌在陆某某在施工地附近所打的木桩上，受到伤害。一审法院经审理认为，杨某某在得知陆某某在施工工地打木桩，而不采取防范措施，最终导致原告跌落受伤，应承担主要责任。吴某某非法出让其宅基地，对受让人杨某某承担的民事责任应负连带责任。莫某某在发现事故隐患后，轻信能避免，对此应负相应的责任。陆某某在施工期间的施工地附近打木桩，为损害结果的发生创造了条件，也负有一定的责任。原告在施工过程中不注意安全，使自己跌落，也是造成损害发生的原因之一，适当减轻四被告的民事责任。二审法院则认为，一审认定事实基本无误，但一审对赔偿责任的确认有误。陆某某在自己界内设置不具有危险性的界桩，是对自己权利的一种处分。该行为与曹某某跌落受伤无必然因果关系。因此，一审判令陆某某承担赔偿责任缺乏法律依据。杨某某作为建房的雇主，莫某某作为建房工程的承包人，曹某某作为受雇于莫某某的施工者，在建房过程中均未采取有效的安全防范措施，对损害的发生，三人均负有过错责任，其中莫某某应承担主要责任。吴某某非法转让宅基地的行为是违反国家行政法律的行为，应依法予以纠正，但该行为与本案损害事实的发生不存在必然因果关系，鉴于吴某某在二审中未就原判决提出异议，且要求二审维持原判，故对原判中吴某某承担责任的部分不作变更。显而易见，本案中法院运用了过失相抵规则，而法院采取必然因果关系理论则被认为值得商榷。②

在《侵权责任法》关于特殊侵权的具体条文规定中对于受损害人（被侵权人）过错有明确列举式规定的，应当援引适用该明确列举式规定，例如第 73 条规定："……被侵权人对损害的发生有过失的，可以减轻经营者的责任。"遇符合第 73 条条件的案件，法院就应当适用第 73 条因受损害人（被侵权人）过错而减轻加害人责任的规定。例如，在张某 1 等与国网甘肃省电力公司 H 县供电公司等触电人身损害责任纠纷上诉案中，原判认为：（1）张某 2 受雇在张某 1 承包的刘河村新农村示范点工程带工，其站在山墙上手持钢管一端撬钢梁，导致一

---

① 参见国家法官学院案例开发研究中心编《中国法院 2016 年度案例·侵权赔偿纠纷》，中国法制出版社 2016 年版，第 227~232 页。

② 参见王莹、史笔、徐晴编著《侵权行为法典型判例研究》，人民法院出版社 2004 年版，第 17~26 页。

端触碰到上方 10 千伏（kV）高压线，触电高坠造成人身损害，此结果与张某 2 的疏忽大意有直接因果关系。（2）建设单位 L 村村委会在有高压线通过的农田修建新农村，未按规定向电力设施管理部门报批备案，未排除安全隐患，与张某 2 触电事故的发生，具有间接因果关系。（3）周某某把承包的工程转包给张某 1，未能对转包的工地进行监督管理，与张某 2 触电事故的发生有间接的因果关系。（4）张某 1 作为工程承包人，违反《电力设施保护条例》关于架空电力线路保护区的安全规定，致使房屋山墙与高压线之间的安全距离过短（只有 2 米左右），又没有采取有效的措施防范人触及高压电，也没有采取申报电力公司停电等有效的安全措施，对损害的发生有较大的过错，应承担本案 20% 的责任。（5）《最高人民法院关于审理触电人身损害赔偿案件若干问题的解释》第 3 条规定，受害人在电力设施保护区从事法律、行政法规所禁止的行为，因高压电造成人身损害的，电力设施产权人不承担民事责任，故 H 县供电公司对张某 2 的损失不承担赔偿责任。二审法院经审理认为，第一，张某 2 是在提供劳务过程中被高压电击坠致其身体受到损害，并非因劳务行为本身受到损害。根据《最高人民法院关于审理人身损害赔偿案件适用法律若干问题的解释》第 11 条规定和《侵权责任法》第 28 条规定，H 县供电公司作为雇佣关系以外的第三人是本案侵权责任的最终承担者……第二，根据《侵权责任法》第 73 条规定，本案应当适用严格责任原则，H 县供电公司作为造成张某 2 触电损害的电力设施产权人、管理者和经营者，应当对张某 2 的损害承担侵权责任。第三，H 县供电公司既未举出损害是因张某 2 故意或者不可抗力造成的证据，亦未举出其在事发区域采取安全措施并尽到警示义务的证据，故该供电公司不能免责。第四，张某 2 作为 L 村小康屋工程的具体实施者，其应当预见在高压线下修建房屋存在安全隐患，却因疏忽大意而未能避免自身被高压电击坠受伤，其对损害后果的发生明显有过失，故依照《侵权责任法》第 73 条的规定，可以减轻 H 县供电公司的侵权责任，而张某 1、周某某、L 村村委会及山寨乡政府在本案中依法不承担侵权责任。由于张某 1 在触电事故发生后已向张某 2 支付医疗费和生活费共计 181274.13 元，其二审中已明确表示不应再承担赔偿责任，且张某 2 提起诉讼主张的赔偿费用中并未包括此项已支付费用，故张某 1 不应再对本案确定的赔偿费用承担赔偿责任。第五，原判以已被废止的《最高人民法院关于审理触电人身损害赔偿案件若干问题的解释》的相关规定判决 H 县供电公司不承担赔偿责任，而依据过错责任原则判处由张某 2、L 村村委会、周某某及张某 1 按过错责任比例承担赔偿责任，显属适用法律错误。①

　　值得一提的是，在适用《侵权责任法》第 26 条的时候，还需要结合该法第 27 条的规定，并应当区别于该第 27 条。根据第 27 条规定，损害是因受害人故意造成的，行为人不承担责任，从根本上讲，这是行为人行为与受害人损害之间不存在因果关系而不构成侵权的一个法律规则。例如，在邓某某、娄某 1 与胡某、马某等生命权申请再审案中，重庆市高级人民法院指出，邓某事发时作为完全民事行为能力人，应当知道自己行为的后果，其自焚前的一系列客观行为充分反映出对于损害后果的发生持故意的主观心态。傅某某、马某等人开设赌场触犯刑法，已被刑事处罚，但其开设赌场本身并不必然导致邓某死亡，二者没有直接的因果关系，不应当承担赔偿责任。娄某 2、傅某某等人在赌场从事管理工作，在邓某自焚时也在现场，但娄某 2 等人已经进行了必要的施救，只是因为邓某拒绝他人的救助才导致施救无果，故在场人员没有过错，不应当承担赔偿责任。两河口加油站销售汽油给邓某的行为与邓某死亡的结果并不存在法律上的因果关系，其不应当承担赔偿责任，如其存在违反行政法规规定的行为，应由相关机关进行处罚。李某某作为出租车司机，在发现邓某浇淋汽油时进行了追赶和报警，故没有过错，不应当承担赔偿责任。张某某将房屋出租给胡某，到事发时只有短短几天时间，且在租赁合同中也明确约定不得租赁房屋用于从事违法乱纪的事情，故其没有过错，不应当承担赔偿责任。因此，邓某某、娄某 1 申请再审理由没有事实和法律依据，依法不能成立。②

---

① 参见甘肃省平凉市中级人民法院民事判决书（2015）平中民一终字第 328 号，载北大法宝 http://202. 114. 238. 112:8000/rwt/FXQK/http/P75YPLURNN4XZZLYF3SXP/case/pfnl_125651291. html? match＝Exact，访问时间：2017 年 7 月 14 日。
② 参见重庆市高级人民法院民事裁定书（2015）渝高法民申字第 01352 号，载中国裁判文书网 http://wenshu. court. gov. cn/content/content? DocID＝1011aef7-266b-4bf8-abdc-fb14855fedc6&KeyWord＝受害人故意，访问时间：2017 年 7 月 15 日。

第六节　"与有过失"与"过失相抵"

一、制度作用与法理基础

关于与有过失（或称混合过错或过失相抵）制度作用的学说包括：第一，预防损害说，即认为每个人都有义务注意自己的财产和人身安全；受损害人若未尽此种义务，其应获得的赔偿额将依法减少，这样可以有效地预防损害的发生。第二，公平正义说。第三，普通法的一些学者认为，因受损害人的过错而减轻其赔偿额，有助于促使受损害人采取合理的措施，防止损害的产生和扩大，从而有利于提高经济效率。第四，与有过失制度重点在于减轻加害人所应负的赔偿责任。①

笔者认为，这些学说，都有一定的道理。受损害人过错行为是其自身损害结果的部分或全部原因，这是减轻或免除加害人责任的根本依据和法理基础。受损害人主观存有过错，从而减轻加害人责任，也符合法律的公平正义原则。由受损害人承担其有过错时的不利后果，也有利于避免乃至预防损害的发生。法律规定由受损害人承担保护自己权益的义务（不真正义务），实际上也设置了一个预防损害发生的特别激励机制，符合效率原则。与有过失制度有深刻的经济分析理论作为法理支撑。与有过失制度还有利于保护合法权益与维护行为自由之间的有效平衡。当然，受损害人保护自身权益的义务是不真正义务，受损害人过错也与加害人主观过错存在性质上的根本差异。总之，与有过失制度体现了侵权责任法的公平原则和效率原则，也有利于实现侵权责任法的损害预防功能。

---

① 关于"与有过失"的四种学说，参见王利明主编《民法·侵权行为法》，中国人民大学出版社 1993 年版，第 381～382 页。

二、监护人过失能否与受损害人过失作同一处理？

监护人过失能否作为受损害人过失处理而减免加害人责任，各国的立法、学说和实践各不相同。中国也有肯定说和否定说之分。1982年《最高人民法院关于李桂英诉孙桂清鸡啄眼赔偿一案的函复》指出："李桂英带领自己三岁男孩外出，应认识到对小孩负有看护之责。李桂英抛开孩子，自己与他人在路上闲聊，造成孩子被鸡啄伤右眼，这是李桂英做母亲的过失，与养鸡者无直接关系。……但如经过工作孙桂清出于睦邻友好，同情孩子的遭遇自愿补给李桂英家一部分医药费是可以的。"此函复系采肯定说。1991年《最高人民法院关于赵正与尹发惠人身损害赔偿案如何适用法律政策问题的复函》："尹发惠因疏忽大意行为致使幼童赵正被烫伤，应当承担侵权民事责任；赵正的父母对赵正监护不周，亦有过失，应适当减轻尹发惠的民事责任。"此复函亦采肯定说，即监护人过失可以作为加害人减责事由。从中国的司法实践来看，如果监护人尽了监护义务，过失相抵即无从适用；若监护人未尽监护义务，则适用过失相抵。但学术上有不同观点。[1]

三、过失相抵（与有过失）规则的具体内容设计

对于受损害人与有过失时如何具体适用过失相抵规则，各国一般均考虑原因力大小和过错程度因素，何种因素为主要被考虑的因素，则做法不一。中国学术上也有不同看法。有学者认为，过失相抵原则上还是主要考虑过失程度，原因力应当置于因果关系中考虑。[2]有学者主张，以受损害人过错作为确定双方的责任份额应当主要考虑双方当事人行为的原因力，适当兼顾过失程度。[3]

笔者认为，侵权责任法最基本的功能是填补损害，而填补损害最基本的依据是受损害人损害结果与加害人行为之间的因果关系，过失相抵规则（与有过失规则）也应该以因果关系为最基本依据，同时适当考虑当事人主观心理状态。所

---

[1] 参见王利明、周友军、高圣平《中国侵权责任法教程》，人民法院出版社2010年版，第309页。

[2] 参见王利明、周友军、高圣平《中国侵权责任法教程》，人民法院出版社2010年版，第293页。

[3] 张新宝：《侵权责任构成要件研究》，法律出版社2007年版，第507页。

以，过失相抵规则应该包括下列内容。

首先，若加害人具有故意，受损害人具有一般过失，则应使加害人承担全部的赔偿责任，此时即使受损害人的过失在程度上较重，只要尚未达到重大过失程度，也应认为加害人的故意是损害发生的唯一原因，而使其承担全部的责任。根据《美国侵权行为法重述》第481条，若加害人具有故意，则不得根据共同过失提出抗辩。在蒙洛兹一案中，法院认为："比较过失规则是对或者赔偿或者不赔偿的共同过失规则的替代，而并没有给予故意的侵权行为人抗辩权。"法国学者马泽昂德和丹克也指出，若加害人具有故意，则表明其过错是损害发生的唯一原因，加害人只是利用了受损害人的过错来从事加害行为的，就像把受损害人当作工具来使用。[1]

其次，对于损害的发生和扩大，加害人为重大过失，而受损害人为一般过失的，也应限制过失相抵规则的适用，一般情况下加害人承担全部责任。因为加害人具有重大过失，表明其对他人的人身和财产利益毫不注意，与此同时受损害人仅仅具有一般过失也不能中断加害人行为与受损害人损害结果之间的因果关系。

再次，对于损害的发生或者扩大，受损害人为故意，而加害人为过失的，可导致加害人责任的免除或者减轻。其中，根据具体案件事实可以认定受损害人故意行为是造成损害的唯一原因的，则加害人不承担侵权责任。

最后，对于损害的发生或者扩大，受损害人有重大过失，而加害人属一般过失的，一般应按照案件的具体情况减轻加害人责任，或者免除其责任。但在严格责任的侵权纠纷案件中，一般不能免除加害人责任。

总之，受损害人过错作为一种抗辩理由，其实主要是从"外来原因"角度被考虑的。也可以说，主要是因果关系规则在抗辩制度中的具体运用：受损害人的过错行为构成损害后果的全部原因，被告不承担责任；受损害人的过错行为构成损害后果的部分原因的，受损害人应当对损害后果承担部分损失，而加害人因此被减轻责任。可以认为，主观心理状态作为微调因素而被考虑。

---

[1] 参见王利明、周友军、高圣平《中国侵权责任法教程》，人民法院出版社2010年版，第310页。

四、民法典侵权责任编与有过失制度建议

建议将《侵权责任法》第 26 条和第 27 条合并为一条：

第 条 被侵权人对损害的发生有原因力或者过错的，可以减轻侵权人的责任。损害完全是受损害人自己造成的，行为人不承担责任。

理由是：（1）"也"字的存在，易使人误以为与有过失规则只适用于过错侵权责任案件，其实我国目前的法律中与有过失规则也适用于无过错侵权责任案件，故《侵权责任法》第 26 条"也"字应予删除。（2）在侵权判断中，最基本的还是要考虑因果关系，所以第 26 条当中应加上被侵权人原因力方面的规定。（3）第 26、27 条合起来才是完整的与有过失规则，故合并。[1]（4）现行第 27 条最根本的还是应该考虑因果关系。实际上，只要损害完全是受损害人自己造成的，行为人就不承担责任。"受害人故意造成"只是其中一种最典型的被告抗辩事由。（5）"受害人"是刑法上概念，民法上宜称为"受损害人"。[2]

第七节 《侵权责任法》第三章与其他各章及法律的关系

中国《侵权责任法》第三章属于总则或一般性规定。它与该部法律前后各章关系密切，一方面它以前面各章规定为基础，例如它以规定侵权赔偿责任"归责原则"的第 6、7 条为重要依据；另一方面又统率后面各章规定，当然后面各章可以作为具体规定或者特别规定，而不能理解为第三章只适用于过错侵权案件，而不适用于无过错的侵权案件。例如《侵权责任法》第十章关于饲养动物损害责任的规定中并无"正当防卫"，也无"紧急避险"作为动物饲养人或者管理人"不承担责任"事由的规定，但是在实践中，动物饲养人或者管理人利用饲养的

---

[1] 参见王利明《我国民法典重大疑难问题之研究》（第二版），法律出版社 2016 年，第 622~629 页。
[2] 与此类似，在合同法中，一般也是用"受损害人"，而不是用"受害人"概念。

动物正当防卫的，应依《侵权责任法》第 30 条规定，认为动物饲养人或者管理人不承担责任；又如，饲养人（或者管理人）以外的第三人故意驱使他人饲养的动物实施不法侵害，而受侵害人利用其自己饲养的动物予以反击、防卫的，依《侵权责任法》第 31 条规定，则构成紧急避险，此时避险人即使是饲养动物的饲养人（或者管理人），也不承担责任。

再如，关于《侵权责任法》第 79 条与第 80 条是否可以根据受损害人的重大过失而减轻责任，在起草过程中存在重大争议。从体系解释角度看，关于饲养动物的责任，在一般情况下可以根据受损害人重大过失而减轻责任。《侵权责任法》第 78 条对此作了专门规定，但第 79 条与第 80 条没有规定受损害人的重大过失可以减轻责任。对此，有学者认为应当具体分析，在实践中，虽然被告饲养了法律禁止的危险动物，但受损害人故意将手伸入圈养该动物的笼罩中，或者故意挑逗，或者因盗窃财物而翻墙入室等被危险动物咬伤的，完全由被告承担责任，对被告也不公平，所以应当减轻被告责任。[①]

当然，《侵权责任法》于各种特殊侵权责任（包括无过错责任、过错推定责任及一部分过错责任）的规定中一一列举了抗辩事由，这对于具体认定各种侵权的抗辩事由是有帮助和指导意义的。在实践中，就要优先考虑特殊侵权责任的法律规定中有无规定，对于未规定作为抗辩事由的事由，应严格根据侵权责任构成要件的原理予以识别和判断。就行为人在严格责任案件中可获得免责的事由，有学者就指出："严格责任的免除只有在例外的情况下才能得到准许；这种免除必须被控制在严格的范围之内。"[②]

须指出，在有的侵权案件中是不可能出现正当防卫的抗辩的，如对于专利权、商标权或者版权的侵权，就不可能出现正当防卫的抗辩。

至于《侵权责任法》第三章与其他法律的关系，应依《侵权责任法》第 5 条之规定。该第 5 条规定："其他法律对侵权责任另有特别规定的，依照其规定。"例如，就不可抗力作为不承担责任的事由，很多法律都"另有特别规定"，其中《民用航空法》也有特别规定。因发生在航空运输期间的事件，造成货物毁灭、遗失或者损坏的，就公共航空运输的承运人的责任，《民用航空法》第 125 条第 4 款第 3 项、第 4 项规定，承运人证明货物的毁灭、遗失或者损坏完全是由于"战争或者武装冲突"或者"政府有关部门实施的与货物入境、出境或

① 王利明、周友军、高圣平：《中国侵权责任法教程》，人民法院出版社 2010 年版，第 264~265 页。
② 王军：《侵权法上严格责任的原理和实践》，法律出版社 2006 年版，第 162 页。

者过境有关的行为"造成的，不承担责任。当然根据原告选择，此类案件可作为
违约或侵权的案件处理。就"对地面第三人损害的赔偿责任"，《民用航空法》
第 160 条第 1 款规定："损害是武装冲突或者骚乱的直接后果，依照本章规定应
当承担责任的人不承担责任。"举轻可以明重，所以"战争"也应该作为不承担
责任的事由。

　　如上所述，《侵权责任法》第三章"不承担责任和减轻责任的情形"的规
定，并没有穷尽实践中所有可能的"情形"。实际上，很多法律都有相关"情
形"的规定，除了前面所述，再如根据中国《专利法》的规定，被告依法可能提
出的侵权抗辩还包括"现有技术（设计）"抗辩、"合法来源"抗辩等；另外，
专利权穷竭、先用权、临时过境、为科学研究和实验目的的使用等情形时，相关
行为"不视为侵犯专利权"，行为人也不承担侵权责任。

第四章
责任主体的特殊规定

第一节 自己责任与替代责任的区分

自己责任与替代责任的区分并无绝对的界限，却形成了法律制度及法学理论的传统。

我国《侵权责任法》第四章是"关于责任主体的特殊规定"，立法体例特殊，就其中侵权责任是否特殊侵权责任有不同见解，有学者认为第四章是一般侵权责任与特殊侵权责任的交融地带①，认为整个第四章只有两个条文（第32条、第34条）属于责任主体的特殊规定②。笔者认为，《侵权责任法》第四章中有些规定，尤其是第四章第34条规定的用人单位责任规定，广泛适用于《侵权责任法》第五至十一章规定的各种案型，可以认为是侵权责任法总则的一部分。笔者建议，将《侵权责任法》第四章改造为总则的一部分，即剔除不能统率分则的有关条文；被剔除的这些条文（包括第36条、第37条、第38条、第39条、第40条），纳入民法典侵权法分则；在编纂民法典侵权责任编时还应当对这些条文进行增补，形成侵权责任编分则的几个独立章节。

笔者认为，目前《侵权责任法》第四章"关于责任主体的特殊规定"所规定的责任包括"替代责任"，也包括"自己责任"。而其中的替代责任，也称转承责任，是就他人造成其他人损害而承担责任。

各国有关制度有相同点，又不尽相同。例如，在英国、法国等，被告依法对他人造成其他人损害而承担的责任，不以被告过错为条件，这是精确意义上的"替代责任"。③然而，英国和法国的具体制度也有差异。在英国，"替代责任（vicarious liability）"有非常确切的含义，它是指在 A 因为与 B 存在着某种关系（最典型的是雇佣关系）时，应当对 B 所实施的侵害行为向受损害人 C 承担侵权责任，"替代责任"与 A 因违反了其自己的义务所应当承担的自己责任不同。在英国普通法上，父母或者看管小孩的任何人均不对小孩的侵权行为承担替代

---

①② 韩强：《"关于责任主体的特殊规定"特殊性辩驳——从"教育机构侵权责任"展开》，《政治与法律》2014 年第 10 期。

③ ［荷］J. 施皮尔主编：《侵权法的统一：对他人造成的损害的责任》，梅夏英、高圣平译，法律出版社 2009 年版，第 388 页。

责任，父母或者看管小孩的人因其自身过失承担自己责任。在英国，雇主（被代理人）承担替代责任的一个必要前提是如果被诉的话，雇员（或代理人）应该承担责任，就是说法律上雇主承担替代责任与雇员承担个人责任并存，不过在实践中原告往往不起诉雇员，也很少对雇员（或代理人）执行判决。[①]在法国，父母对儿童致他人损害的责任，原来是建立在推定过错之上的责任，被法国最高司法法院（法国民事刑事领域的"最高法院"）转变为严格责任。[②]

我国《侵权责任法》没有明确说明何为"替代责任"，相关规定及有关问题需要在理论上和司法实践中予以厘清。

监护人就被监护人致人损害、使用人（用人者）就被使用人执行工作任务致人损害、网络服务提供者就其过错对网络用户致人损害、安全保障义务人就其过错行为致人损害或对第三人致人损害、教育机构就其过错对无民事行为能力人或限制民事行为能力人受到损害承担侵权责任等，所有这些侵权责任，有一个共同特点，就是责任主体特殊；当然与之相关的侵害行为、因果关系、过错判断等也有特殊性。不容易厘清的问题，是这些侵权纠纷中"侵害行为"的识别问题：是监护人抑或被监护人、是使用人（用人者）抑或被使用人、是网络服务提供者抑或网络用户、是安全保障义务人还是第三人的"侵害行为"造成损害结果发生？法律上，"行为"包括"作为"和"不作为"，如果上述主体未尽职责，即这些民事主体应当作为却"不作为"，就可以判断为这些主体的行为"违法"和其主观上有"过错"，如此说来，这些主体在未尽职责的场合仍然是承担"自己责任"而非纯粹"替代责任"。年龄特别小的未成年人以及完全不能控制自己的精神病人是否有法律上的"行为"不无疑问，这些"行为"在理论上和某些法域中只算"举动"或"动作"而已。在我国，用人单位（包括法人）就其工作人员因执行职务致人损害承担的是"自己责任"还是"替代责任"，法律上未予明确。在个人之间形成劳务关系场合，提供劳务一方因劳务造成他人损害的，接受劳务一方所承担的侵权责任包括"替代责任"；但即使在个人之间形成劳务关系的各种案件中依然存在接受劳务一方承担"自己责任"的可能，如接受劳务一方存在过错并对提供劳务一方因劳务造成第三人损害存在原因力，此种情形下即存在接受劳务一方的"自己责任"。

---

① 参见［荷］J. 施皮尔主编《侵权法的统一：对他人造成的损害的责任》，梅夏英、高圣平译，法律出版社 2009 年版，第 80~110、385 页。

② 参见［荷］J. 施皮尔主编《侵权法的统一：对他人造成的损害的责任》，梅夏英、高圣平译，法律出版社 2009 年版，第 111~136、388 页。

值得一提的是，《侵权责任法》第四章第 36 条第 1 款规定的网络用户侵权责任、第 37 条第 1 款规定的安全保障义务人未尽安全保障义务的责任等，无疑都是"自己责任"。

第二节　监护人责任

一、监护人责任的特殊性

监护人责任，是监护人就被监护人（未成年人、精神病人、其他被监护人）造成他人损害所承担的侵权责任。换个角度看，监护人是被监护人的法定代理人，因此监护人责任有时也就被称为"法定代理人责任"。

古罗马《十二铜表法》第 12 表第 2 条规定，家属或者奴隶因私犯而造成他人损害的，家长、家主应把他们委付给被侵害人处理或者赔偿他们给被侵害人所造成的损失，其中就包括了监护人赔偿责任。在中世纪的欧洲，家长在家庭中具有最高权威，家长和子女的关系是身份上的支配关系；根据法律规则，家长需要对未成年子女致人损害的行为承担侵权赔偿责任。

近代以来，就侵权赔偿而言，各国民法确定了过错责任原则。很多国家认为未成年人没有意思能力，不能被认为有过错，因此，其不承担侵权责任；因未成年人的行为造成他人损害的，由有过错的（即未尽监护责任的）监护人承担侵权责任；若未成年人的监护人能证明自己已尽监护义务，则不承担赔偿责任。例如，1804 年法国民法典第 1384 条第 2 款规定："父，或父死后，母，对与其共同生活的未成年子女所致损害应负赔偿责任。"第 5 款规定："前述责任，父、母、学校教师或者工艺师证明其不能防止损害发生的，免除之。"第 5 款规定了过错推定。然而在法国，父母对儿童致他人损害的责任，后来被法国最高司法法院转变为严格责任。①又如，1900 年的德国民法典第 832 条规定："依法律规定对未成年或因精神或身体状况而需要监督的人负有监督义务者，对受监督人非法施加于第三人的损害，有赔偿的义务。监督人如已尽其相当的监督的责任，或纵然加以应有的监督也难免发生损害者，不负赔偿义务。"这种监护人责任是过错推定的责任。但是，在奥地利法律上，父母的责任不是基于推定过错，而是原告须举证证明父母存在过错。②

　　法律规定监护人承担责任，是因为有亲属关系的监护人与被监护人之间存在生活共同体关系和亲情关系，单位担任监护人是依法履职，有关法律规定与公共秩序和风俗习惯有关，是为了维护秩序、实现公平正义并维护被侵权人的合法权益。我国《侵权责任法》第 32 条规定了监护人责任："无民事行为能力人、限制民事行为能力人造成他人损害的，由监护人承担侵权责任。监护人尽到监护责任的，可以减轻其侵权责任。　　有财产的无民事行为能力人、限制民事行为能力人造成他人损害的，从本人财产中支付赔偿费用。不足部分，由监护人赔偿。"这个规定基本上延续了我国《民法通则》第 133 条之规定。我国法律上的监护人责任有以下几个特征。

（一）监护人责任主要是替代责任

　　有学者认为监护人责任是替代责任③，也有学者认为监护人责任是监护人自己的责任而非替代责任④。笔者认为，在我国，监护人责任主要是替代责任，因为未成年人、精神病人等实施侵害行为，致人损害的，监护人即使没有过错也要承担侵权责任，而被监护人自己并不就其侵害行为承担侵权责任。监护人没有过错时所承担的无过错责任是典型的"替代责任"，因为此时承担侵权责任的人并不是实施侵害行为的人。在我国，即使从有财产的被监护人的本人财产中支付赔偿费用，当被监护人的财产不足时，仍由监护人赔偿。有论者根据行为人有无财产而分别认定被监护人是否直接承担侵权责任，认为被监护人有财产的就直接承担侵权责任，没有财产的才由监护人承担侵权责任，然而我国法律文本

① ［荷］J. 施皮尔主编：《侵权法的统一：对他人造成的损害的责任》，梅夏英、高圣平译，法律出版社 2009 年版，第 388 页。
② ［荷］J. 施皮尔主编：《侵权法的统一：对他人造成的损害的责任》，梅夏英、高圣平译，法律出版社 2009 年版，第 389 页。
③ 杨立新：《侵权责任法》，法律出版社 2010 年版，第 224 页。
④ 刘士国等：《侵权责任法重大疑难问题研究》，中国法制出版社 2009 年版，第 194 页。

的表述是有财产的"从本人财产中支付赔偿费用"。

此外，在我国，监护人依法有监护职责，即对被监护人有教育、约束、引导、监督、帮助、保护等职责，如监护人未尽职责导致被监护人造成他人损害，监护人就应当对自己的"行为"（不作为）承担侵权责任，此种情形应该属于监护人自己责任。

当然，即使此种场合存在监护人自己责任，依然不能完全否定被监护人（未成年人、精神病人等）致人损害而由监护人承担责任这种因素和特点，也就是说，没有纯粹的监护人自己责任。更何况，根据我国法律的特别规定，一般认为监护人责任采用的归责原则是"无过错责任"原则，即使监护人尽了监护职责，被监护人造成他人的人身或者财产损害时，监护人也依然要承担侵权责任，只是可以减轻其责任。

（二）监护人责任是无过错责任

一直以来，从民事政策到民事法律，从《民法通则》到《侵权责任法》，我国法律规定的监护人责任是无过错责任。

各国都一样，为了便于无民事行为能力人和限制民事行为能力人参加民事活动，并为了保护第三人（包括民事活动相对人）利益，法律规定了监护制度。我国法律规定的监护人监护职责包括：保护被监护人的身体健康，照顾被监护人的生活，管理和保护被监护人的财产，代理被监护人进行民事活动，对被监护人进行管理和教育，在被监护人合法权益受到侵害或者与他人发生争议时代理其进行诉讼。设立监护制度的目的无疑是双重的，一方面是为了保护被监护人的人身、财产及其他合法权益不受损害，另一方面也是为了保护第三人合法权益、公共利益和维护社会秩序。

如果监护人未尽监护职责，被监护人造成他人损害，那么监护人要承担过错责任，这当然是没有疑问的。根据我国法律的规定，无民事行为能力人、限制行为能力人侵害了他人合法权益，监护人即使没有过错，也要承担侵权责任。监护人尽到监护职责的，只是可以减轻责任，而并不能不承担任何责任。此种责任属于所谓"无过错责任"。它指的是侵权责任构成不以过错为要件，而非指无过错时才承担责任。

就民事主体的能力，我国民法规定了权利能力和行为能力，并没有另行规定责任能力，而是使行为能力同时担当起责任能力的制度功能。本来，民事行为能力是积极从事民事活动的能力，即订立合同、结婚、收养、订立遗嘱等的能力；而责任能力，是有意识能力并能控制自己行为的能力，也就是承担责任的能力，或者是有独立财产从而承担财产责任的能力。

法律设立"能力"制度，主要有年龄大小和精神状况两方面的考量，后来也有对于因年老失能的考虑，没有"能力"人的就需要监护。无民事行为能力人和限制民事行为能力人心智发展不成熟或者因年老体衰而失能，不能理解或不能完全理解自己行为，不能预见或不能正常预见自己行为的后果，也不能控制或不能完全控制自己行为，设立监护制度能保护无民事行为能力人和限制民事行为能力人，同时也能保护第三人利益和公共利益。由于被监护人在很多情况下没有独立的财产，法律规定由监护人承担侵权责任，就能补偿被侵权人所遭受到的损失，同时也能督促监护人教育、引导、帮助、监督、管理、约束、保护被监护人。当然，责任保险的引入，将使得没有财产或财产少的人也能承担侵权责任。

须指出，我国目前法律没有区分"亲权"与"监护"制度，而是统一表述为"监护"制度。传统民法理论认为，就亲权与监护应当设立两个不同的制度，亲权是指父母对未成年子女进行抚养、教育、监督、管理、约束和保护的权利和义务，而监护是为那些不能得到亲权保护的未成年人和精神病人以设立专人保护的方式来维护其合法权益和维护社会秩序。值得关注的是，我国《老年人权益保障法》和《民法总则》还规定了完全民事行为能力人协商监护。我国目前法律上，亲权内容被吸收于监护制度之内，亲权人属于监护人，而未成年子女为被监护人。

（三）关于监护人赔偿责任归责原则的理论分析

"归责原则"，是承担民事责任的基础、标准和根据。

在民法理论上，就监护人承担侵权赔偿责任的归责原则，有三种观点。一是过错责任说。这种观点认为监护人责任是基于监护人的过错产生，监护人没有尽到监护职责就有过错，就会产生监护责任。监护人过错由被侵权人证明。二是过错推定说。这种观点认为监护人的过错是根据被监护人实施了侵害行为而推定出来的，而监护人承担侵权责任的根据还是其有过错，监护人证明其无过错的就不承担责任。三是无过错责任说。这种观点认为被监护人实施侵害行为致人损害的，监护人无论有无过错，都要承担侵权责任。其中第三种学说得到了我国大多数学者和专家的支持。

首先，根据"过错责任说"，被侵权人承担证明监护人没有尽到监护职责的举证责任，被侵权人处于极为不利的位置，这显然不利于维护社会秩序和保护第三人合法权益。其次，与一般的过错责任原则相比，过错推定规则已使得监护人责任成为严格责任，有利于保护被侵权人。过错推定责任可以使监护人通过证明自己没有过错而免责，实际上是过错责任的特殊运用形式，只是在证明责任方面比较特殊，在本质上仍然是过错责任。过错推定立足于监护人有过错这个事实，法理上仍然以监护人过错为侵权责任构成要件，这也很有可能使第三人的合法权益得不到应有的保护。

历史传统、法律文化、社会经济、政治条件不同，对监护人侵权责任的制度设计就会有所不同。有些国家规定监护人承担过错推定的侵权责任，也有很多国家规定了无过错责任原则。还有的国家是根据被监护人的年龄确定监护人的侵权责任，这种立法模式以荷兰为代表。荷兰民法典规定，对于未满14周岁的未成年人造成他人损害，监护人责任适用无过错责任原则。随着未成年人年龄增加，未成年人认识和控制能力也在逐渐增强，父母的监护责任理应随之减轻。所以，荷兰民法典规定已满14周岁未满16周岁的被监护人侵害他人造成损害的，监护人承担过错推定的侵权责任。而父母对于16岁和17岁的孩子只承担过错责任，被侵权人要求这个年龄段未成年人父母承担责任的，必须证明父母有过错。

无过错责任为很多国家所采用，但是还是有不少学者对无过错责任提出了批评。一些学者认为，无过错责任偏向保护被侵权人的利益，而对监护人过于严苛，被侵权人与监护人的利益保护严重失衡；对监护人适用无过错责任原则会导致监护人更严格地约束和监督被监护人的结果，不利于被监护的未成年人的成长。无过错责任的理论依据包括"利益风险一致"原则，就是说，该原则的意思是获得利益者要承担因此相伴随的风险，然而，孩子与父母的关系不仅仅是利益关系，更何况对于精神病人和年老体衰失能者的监护主要是职责担当。就未成年人成长来说，不经历风雨，成不了参天大树。而担任成年人的监护人而履职尽责，主要是奉献，有利于维护公共秩序。

然而，被监护人权益和第三人权益以及公共利益都要保护，而且加强民事权益保护是现代民事法律的发展趋势，无过错责任原则也是与快节奏的现代社会的发展趋势相一致的。通常情况下，由监护人承担责任，也主要是考虑了监护人与被监护人之间的血缘、亲情等密切关系，与此同时，监护人能够通过日常生活来教育、监督被监护人，减少危害或损害的发生。法律对风险或者责任进行分配时，有一个非常重要的经济学原理：谁能以最低成本减少风险的发生，谁就应当是风险的承担者。在规定未成年人或者精神病人、其他需要监护的人的监护顺序时，实际上也借鉴了这一原理。其中，父母与子女的关系最密切，所以父母是子女的法定监护人；由父母承担未成年子女侵权责任的成本也是最小的，因为父母最能控制风险和减少损害发生。

为平衡各方面的利益关系，我国《侵权责任法》第32条明确规定，监护人尽到监护责任的只是可以减轻责任，而不是免责。根据文义解释和形式逻辑，《侵权责任法》规定的监护人赔偿责任是缓和的无过错责任。这种法律制度，有一个激励机制，激励监护人尽职履职、控制风险和防止损害发生。

二、监护人责任的构成要件

监护人承担被监护人侵权责任构成，存在两层逻辑结构：一是监护人就被监护人致人损害承担无过错责任（监护人有无过错不影响监护人责任成立）；二是只有当被监护人的侵害行为若被替换为无须监护人的民事主体的同样侵害行为也构成过错侵权责任或无过错侵权责任时，监护人才承担侵权责任（被监护人行为本身是"侵权行为"）。具体而言，监护人责任要件包括以下几个方面。

（一）被监护人实施了侵害行为

实施侵害行为的主体必须是被监护人（无民事行为能力人、限制民事行为能力人），否则谈不上监护人侵权责任。根据《民法总则》规定，不满8周岁的未成年人、8周岁以上不能辨认自己行为的未成年人和不能辨认自己行为的成年人是无民事行为能力人。已满8周岁的未成年人和不能完全辨认自己行为的成年人是限制民事行为能力人。限制民事行为能力人不包括已满16周岁不满18周岁的以自己的劳动收入为主要生活来源的人。

（二）被监护人的侵害行为造成了他人损害

法律上，没有实际损害，就没有侵权赔偿责任。他人受到的实际损害，包括财产损害和人身损害。只有在被监护的无民事行为能力人、限制民事行为能力人造成了他人实际损害的情况下，监护人才承担侵权赔偿责任。

（三）被监护人损害行为与他人受损害之间有因果关系

因果关系是引起与被引起的关系。他人受损害结果由被监护人的损害行为引起，被监护人的损害行为与他人受损害结果之间才存在因果关系。理论上，因果关系有直接因果关系，也包括间接因果关系。而在实践中，已经采用相当因果关系说。因果关系的证明责任在于原告。如果原告不能证明因果关系的存在，那么监护人不承担责任。

（四）须被监护人侵害行为本身是"侵权行为"

换言之，被监护人侵害行为若被替换为无须监护人的主体的相同侵害行为也构成侵权的，才成立监护人侵权责任。也就是说，被监护人侵害他人时不存在不承担责任的法定事由。

如前所述，我国现行法律对于监护人就被监护人侵权承担责任的构造，包括两个层次。第一层次要对监护人承担过错责任或者无过错责任作出安排，其结果是现行法律规定监护人承担无过错责任，第二层次是规定要对被监护人的"行为"（"举动"）作出评价，从而最终判断监护人是否承担监护责任。

第二个层次的法律构造，意味着不是针对被监护人的所有行为，监护人都要承担侵权责任，只有被监护人实施了"侵权行为"，监护人才要承担侵权责任。也就是说，被监护人的侵害行为即使被替换为无须监护人的民事主体的同样侵害行为也依然构成侵权，此种场合才产生监护人侵权责任，例如被监护人打伤、打死他人情形；如果被监护人的侵害行为被替换为无须监护人的民事主体的同样侵害行为就不构成任何种类的侵权，那么，即使被监护人造成了第三人损害，监护人也不承担侵权责任，例如被监护人正当防卫情形。在这个层次上判断被监护人的行为是否构成侵权，是看被监护人的"行为"（"举动"）依据《侵权责任法》第6条或第7条是否构成过错侵权或无过错侵权责任，而不考虑被监护人本身这种特殊主体情况或者被监护这种特殊情形。

三、监护人责任的具体承担

（一）监护人责任的承担以监护人资格和职责为依据

根据我国《民法总则》的规定，父母是未成年子女的监护人。未成年人的父母已经死亡或者没有监护能力的，由下列有监护能力的人按顺序担任监护人：（1）祖父母、外祖父母；（2）兄、姐；（3）其他愿意担任监护人的个人或者组织，但是须经未成年人住所地的居民委员会、村民委员会或者民政部门同意。[①]无民事行为能力或者限制民事行为能力的成年人，由下列有监护能力的人按顺序担任监护人：（1）配偶；（2）父母、子女；（3）其他近亲属；（4）其他愿意担任监护人的个人或者组织，但是须经被监护人住所地的居民委员会、村民委员会或者民政部门同意。[②]须注意，目前法律上成年被监护人已经不限于精神病人了。

1988年《最高人民法院关于贯彻执行〈中华人民共和国民法通则〉若干问题的意见（试行）》（以下简称"1988年《民法通则》司法解释"）（部分废止）第159条规定："被监护人造成他人损害的，有明确的监护人时，由监护人承担民事责任；监护人不明确的，由顺序在前的有监护能力的人承担民事责任。"

须指出，父母离婚后，父母监护人身份有一定变化，但是双方都还有监护职责。1988年《民法通则》司法解释第158条规定："夫妻离婚后，未成年子女侵害他人权益的，同该子女共同生活的一方应当承担民事责任；如果独立承担民事责任确有困难的，可以责令未与该子女共同生活的一方共同承担民事责任。"

根据司法解释，被监护人在诉讼时年满18周岁时，其是否承担责任，取决于其是否有经济能力。1988年《民法通则》司法解释第161条第1款规定："侵权行为发生时行为人不满十八周岁，在诉讼时已满十八周岁，并有经济能力的，应当承担民事责任；行为人没有经济能力的，应当由原监护人承担民事责任。"行为人致人损害时年满十八周岁的侵权案件已经不是监护人承担责任的特殊案件，但是考虑到实际情形，1988年《民法通则》司法解释第161条第2款规

---

① 参见《民法总则》第27条。
② 参见《民法总则》第28条。

定："行为人致人损害时年满十八周岁的，应当由本人承担民事责任；没有经济收入的，由扶养人垫付；垫付有困难的，也可以判决或者调解延期给付。"

在监护人将监护职责委托给他人的情况下，监护人是否还要承担被监护人致人损害的侵权责任？对此，1988年《民法通则》第22条规定："监护人可以将监护职责部分或者全部委托给他人。因被监护人的侵权行为需要承担民事责任的，应当由监护人承担，但另有约定的除外；被委托人确有过错的，负连带责任。"在监护委托的情况下，因被监护人的侵权行为需要承担民事责任的，委托人、被委托人约定责任承担事项的只能约束委托合同双方当事人而不能对抗被侵权人，因此，委托人仍然是监护人并仍然要承担被监护人致人损害的侵权责任，约定内容只在委托合同双方分担责任时发生法律效力。被委托人确有过错的，被委托人在法理上和法律上根据一般侵权的过错责任原则负过错责任（上述司法解释规定为"连带责任"）。司法解释规定，被委托人存在过错的，监护人与被委托人承担连带责任，是为了充分保护被侵权人的利益，避免双方因相互推诿而使被侵权人得不到救济。根据这条司法解释，在我国，即使有委托协议，"监护人"资格也不发生变更，被委托人并不是法律上的"监护人"。既然监护人不变更，被委托人只应对被侵害人承担过错责任（"相应责任"）。

根据我国目前法律，在一般情况下，未成年人在学校或者精神病人在精神病医院，监护人不变更。所以，一般情况下，未成年人在学校或者精神病人在精神病医院中致人损害的监护人责任不发生转移。虽然《侵权责任法》没有明确规定未成年学生在学校伤害他人和精神病人在精神病院伤害他人的责任承担问题，但是一直以来，我国法律和其他各个层次的具体规范都是规定，学校和精神病院通常只在未尽义务职责时承担学生或病人伤害他人的责任，不承担监护责任。虽然有论者认为或建议幼儿园、中小学校、精神病院等承担在校学生或精神病人的监护人职责，但是法律一直只明确规定学校、精神病院的教育、管理、保护或医疗、管理、保护等义务职责，没有明确直接规定学校、精神病院的监护职责或监护人侵权责任。

《民法通则》、《侵权责任法》、其他有关法律、司法解释、法规等，就学校学生致人损害、精神病医院精神病人致人损害，规定了学校、精神病医院的过错侵权责任。学校或精神病院有过错而承担侵权责任，是根据过错责任原则而承担过错责任，这与监护人承担无过错责任性质完全不同。教育部《学生伤害事故处理办法》第7条第2款规定："学校对未成年学生不承担监护职责，但法律有规定的或者学校依法接受委托承担相应监护职责的情形除外。"值得注意的是,该第 7 条第 2 款规定并没有完全排除学校"承担相应监护职责的情形",而且,学校不是监护人却并不意味着在任何情形下学校都只承担比监护人更小的责任。根据目前法律的规定,学校承担与其过错相当的责任。在有的案件中,学校比监护人承担更多的赔偿费用,例如张某甲在某实验小学操场的肋木架上攀爬玩耍下跳时,落到田某某身上,将田某某砸伤。一审法院经审理认为,张某甲的行为与田某某受伤具有直接关系,应承担主要的民事责任,即承担 70％的赔偿责任。因张某甲系未成年人,其责任后果应由其监护人即张某乙和鲁某某(张某甲的父母)承担。田某某未与具有不安全因素的环境保持适当距离,应自行承担 10％的责任。某实验小学应当承担与其过错相应的赔偿责任,即承担 20％的补充赔偿责任。二审法院经审理认为,张某甲与田某某均系某实验小学的在读学生,发生涉案事故时两人均不满十周岁,均属于无民事行为能力人,且涉案事故发生在张某甲与田某某在校学习、生活期间。应当适用《侵权责任法》第 38 条关于学校应如何承担责任的规定,而非适用《侵权责任法》第 40 条关于学生受到学校以外的人员人身损害的责任承担的规定。某实验小学无证据证明其尽到教育、管理职责,应当对田某某的损失承担主要赔偿责任。另外根据《侵权责任法》第 32 条的规定,张某乙、鲁某某作为张某甲的监护人,应当对张某甲对田某某造成的损害承担赔偿责任。因田某某并未就原审认定其自行承担 10％的责任提出上诉,二审法院对此予以确认。根据本案具体情况,二审法院认为某实验小学应承担 70％的赔偿责任,张某乙、鲁某某承担 20％的赔偿责任。[1]

(二)监护人责任承担的财产支付

1. 监护人承担责任及从被监护人财产中支付

在我国,被监护人侵害他人权益的,由监护人承担侵权责任。根据法律规定,被监护人有财产的,只是从其财产中支付赔偿费用。

在我国,根据《侵权责任法》第 32 条规定,当被监护人没有财产时,由监护人支付全部的赔偿费用;被监护人有自己的财产时,先从其财产中支付赔偿费用,当被监护人的财产不足以支付时,由监护人赔偿。就是说,在我国,就赔偿费用如何支付,是根据被监护人是否有财产,不考虑其是否有过错。监护人与

---

[1] 参见荣明潇、胡晓梅《未成年人在教育机构受到人身损害后教育机构的责任承担应如何正确认定》,《山东审判》2016 年第 5 期。

被监护人承担的责任不是连带责任，因为，若被监护人没有财产，则由监护人承担全部的赔偿责任，当被监护人有财产时，先从其财产中支付赔偿费用。至于从被监护人财产中支付赔偿费用的性质，有论者认为是被监护人承担侵权赔偿责任，认为侵权责任的责任能力以财产为基础，有财产就有侵权责任能力；然而从《侵权责任法》第 32 条第 2 款的文本表述和文义解释的方法来看，依然是监护人承担责任而只是从被监护人财产中支付赔偿费用。

2. 单位担任监护人的监护人责任

我国《民法通则》第 133 条第 2 款排除了单位作为监护人的赔偿责任。《侵权责任法》第 32 条没有坚持《民法通则》第 133 条第 2 款 "但单位担任监护人的除外" 的规定，因此，根据《侵权责任法》规定，单位作为监护人的，被监护人实施了侵权行为，单位也要承担侵权责任。具体而言，若从有财产的无民事行为能力人、限制民事行为能力人本人财产中支付赔偿费用，且不足支付全部赔偿费用的，不足部分，由监护人赔偿，单位担任监护人的也不例外。侵权法新规定有利于促进单位履行监护职责，有利于激励单位防范被监护人侵害第三人，有利于强化对于被侵权人合法权益的保障。这种立法改变，其实与单位财力增强也有很大的关系。

（三）监护人责任的减轻

我国《侵权责任法》第 32 条第 1 款规定，监护人尽到监护责任的，可以减轻其侵权责任。该规定缓和了监护人无过错责任的严格性，所以有学者认为该规定实际上将公平理念引入无过错责任制度，有利于平衡监护人与被侵权人的利益，也有利于纠纷的解决。可以看出，在监护人承担无过错责任的框架下，规定监护人尽到监护职责的减轻责任，也有激励监护人预防和减少侵权损害的作用。不过，实践中，不少法官认为被监护人实施了侵权行为就推定监护人没有尽监护职责，很少有法院判决监护人尽到监护职责的。就是说《侵权责任法》第 32 条第 1 款对减轻监护人责任的实际作用还是比较有限的。

四、应当如何确定监护人责任纠纷案件的被告？

在 "涉及被监护人的侵权案件" 的诉讼实务中，将监护人列为被监护人的法定诉讼代理人，是法院的普遍做法。①具体来说，在我国的司法实践中，就无民事行为能力人或者限制民事行为能力人侵权赔偿纠纷案件中如何确定被告，经历了一个演进发展的过程，以往和目前有以下几种做法：第一种做法是以被监护人为被告，其监护人为法定代理人，判决由其监护人（法定代理人）承担赔偿责任。第二种做法是列被监护人为被告，将监护人列为案件第三人；这种做法其实认为监护人对案件诉讼标的无独立请求，只是案件处理结果同本人有法律上的利害关系，因此，系无独立请求权第三人。第三种做法是监护人作为被告，被监护人不作为被告。例如，原告王某甲、王某乙之女王某1与被告王某2、夏某某之子王某丙系恋爱关系。王某丙用随身携带的匕首刺伤王某1导致其大出血死亡。后王某丙亦用匕首刺伤自己颈部致大出血死亡。槐荫区法院认为，涉诉侵权发生时，两被告之子王某丙尚不满18周岁，系限制民事行为能力人，王某1持匕首将被害人王某1杀害，依法应由其监护人即两被告王某2、夏某某承担侵权责任。一审判决被告王某2、夏某某赔偿原告王某甲、王某乙死亡赔偿金515100元、丧葬费12877.50元和精神损害抚慰金10000元。济南市中级人民法院二审维持原判。②第四种做法是将被监护人和其监护人列为共同被告。这也为司法解释所确认。《最高人民法院关于适用〈中华人民共和国民事诉讼法〉的解释》第67条规定："无民事行为能力人、限制民事行为能力人造成他人损害的，无民事行为能力人、限制民事行为能力人和其监护人为共同被告。"这种做法可以避免判决义务承担主体与履行判决义务主体不一致的现象。另外，该解释第83条还规定："在诉讼中，无民事行为能力人、限制民事行为能力人的监护人是他的法定代理人。……"法院裁判既判力是民事终局判决对所涉及的人的效力，原则只及于当事人，不涉及他人。在监护人仅以法定诉讼代理人的身份参加诉讼的情况下，法院不能判决监护人承担任何赔偿责任。所以，应将监护人列为被告。在司法实践中，法院应当在判决书中对被监护人被告的财产状况进行说明；在判决书主文中表明赔偿款项先由被监护人被告财产支付赔偿费用，不足部分由监护人被告赔偿。值得注意的是，监护人在庭审中既要为被监护人行使代理权，还要为减轻自己的侵权责任行使抗辩权。因为监护人尽到监护职责可以减轻监护人责任，并不会因此增加被监护人负担，恰恰相反，减轻监护人责任也是有利于

① 参见兰仁迅《监护人诉讼地位法理分析》，《华侨大学学报（哲学社会科学版）》2005年第4期。
② 参见《最高人民法院2014年11月24日发布未成年人审判工作典型案例98例》，载http://www.court.gov.cn/fabu-xiangqing-13447.html，访问时间：2015年6月26日。

被监护人的，所以监护人和被监护人在被诉侵权的诉讼中并不存在利益冲突。

第三节　用人者责任

我国《侵权责任法》第 34 条和第 35 条所规定的用人者责任（使用人责任）虽然是被编排在第四章"关于责任主体的特殊规定"中，但是应当适用于各种存在用人关系（劳动关系、劳务关系）的侵权纠纷案件。有特殊性，却又有一般性。

一、比较法考察

用人者责任，也被称为"使用人责任"或者"雇主责任"，使用人或雇主包括公司、其他法人、其他单位、自然人。有学者认为，使用人责任（用人者责任）不完全是替代责任，也不完全是自己责任，而是两者兼而有之。[①]也有学者认为，使用人责任（用人者责任）属于替代责任。

使用人责任古已有之，在当时有法律效力的古代罗马皇帝查士丁尼著的《法学总论——法学阶梯》中就有用人者责任规定。其中规定："船长、客店主人或马厩主人对于在船舶上、客店内或马厩中，出于欺诈或由于失窃所发生的损害，视为根据准侵权行为负责，但以他本人并无不法行为，而是他所雇用在船舶、客店或马厩内服务的人员所作不法行为者为限。对他所得行使的诉权，虽然不是根据契约而来，但是他雇用坏人服务，在这一点上他确有过错，所以他被视为根据准侵权行为负责。"[②]这里的船长、客店主人、马厩主人等属于雇主；雇员在执行职务时造成他人损害的，由雇主承担责任，此即雇主责任规定；这种责任以过错（"雇用坏人服务"）为要件。1804 年法国民法典第 1384 条第 1 款规定："任何人不仅对其自己行为所致的损害，而且对应由其负责的他人的行为或在其

[①] 参见刘士国等《侵权责任法重大疑难问题研究》，中国法制出版社 2009 年版，第 174~177 页。

[②] ［罗马］查士丁尼：《法学总论——法学阶梯》，张企泰译，商务印书馆 1989 年版，第 204~205 页。

管理之下的物件所致的损害，均应负赔偿的责任。"应由其负责的他人的行为就是雇员的行为，该条第 3 款中明确规定："主人与雇佣人对仆人与提供劳务一方因执行受雇的职务所致的损害，应负赔偿的责任。"法国有学者认为这种雇主责任是过错责任，只不过这种过错是被推定的，也是可以反驳的。也有学者认为这种雇主责任属于担保责任。第 3 款后来演变为第 5 款。[①]值得一提的是，在法国，司法实践倾向于使用"自己责任"（即个人责任）概念，法院总是习惯性地认为公司机构的行为实际上就是公司自身的行为，以此来解决适用上的困难。因此，依法国民法典第 1382 条（个人责任）的规定，公司应为公司机构的侵权行为承担责任。而且，在许多情况下，雇员的疏忽、粗心或缺乏技能也被认定为公司的过错，公司基于第 1382 条承担责任。只在特定的案件中，具体明确的雇员实施了某种特别严重的侵权，才会在论理中遵循替代责任的概念，才会以法国民法典第 1384 条第 5 款作为法院裁判依据。[②]

德国民法典第 831 条规定："雇用他人执行事务的人，对雇员在执行事务的时候不法地施加于第三人的损害，负赔偿的义务。雇主在雇员的选任，并在其应提供设备和工具器械或应监督事务的执行时，对装备和监督已尽相当注意，或纵然已尽相当的注意也难免发生损害者，不负赔偿责任。"雇主的过错是被推定的，雇主在选任、监督方面已尽注意义务的，可以不负赔偿责任。证明自己没有过错的责任在雇主一方。德国民法典第 831 条规定的过错推定责任是介于"过错责任"和"严格责任"之间的"灰色地带"，在实践中向"严格责任"发展，但是始终不属于"严格责任"。当初就其中免责事由的设置，主要是出于经济因素的考虑，唯恐从事新兴产业的企业家以及小规模农场主因对其雇员侵权行为承担责任而受到毁灭性打击。[③]在德国，根据其民法典第 31 条规定，法人（尤其是公司）对具有特定代表资格的人（比如董事、经理）的不法行为承担责任（这是自己责任）。这一请求的前提是，根据侵权法的一般规则，该代表对其所实施的侵权行为仍应承担个人责任。德国民法典第 31 条规定的责任不是基于自己而是基于他人的过错。这一条适用的是过错原则且推定的是他人的过错。[④]日本民法

---

① 参见罗结珍译《法国民法典》，北京大学出版社 2010 年版，第 351~352 页。

② Suzanne Galand-Carval：《对他人造成的损害的责任：法国法》，载[荷]J. 施皮尔主编《侵权法的统一：对他人造成的损害的责任》，梅夏英、高圣平译，法律出版社 2009 年版，第 115 页。

③ ［荷］J. 施皮尔主编：《侵权法的统一：对他人造成的损害的责任》，梅夏英、高圣平译，法律出版社 2009 年版，第 146~147 页。

④ Jörg Fedtke and Ulrich Magnus：《对他人造成的损害的责任：德国法》，载[荷]J. 施皮尔主编《侵权法的统一：对他人造成的损害的责任》，梅夏英、高圣平译，法律出版社 2009 年版，第 143~144 页。

典第715条规定:"为某事业雇用他人者,对受雇人就执行其事业而加于第三人的损害,负赔偿责任。但是,雇用人就受雇人的选任及其事业的监督已尽相当的注意时,或即使尽相当注意而损害仍会发生时,不在此限。 代雇用者监督事业之人,亦付前款规定之责任。 前两款规定,不碍雇用者或监督人对受雇者行使求偿权。"①德、日两国虽然采用过错责任,但是在司法实践中,雇主很难通过证明自己尽到注意义务而免责,实际上相当于采用无过错责任。

19世纪以来,越来越多的"雇主"成为公司。几乎在所有国家,公司雇员或者公司机关实施的不法行为均产生公司责任,但是这种责任并未以一元化的方式予以设计。理论上的原因是公司机关与雇员不同,公司机关与公司本身无法分开,机关的行为被视为公司的行为,公司为这些行为承担的责任是直接责任和自己责任(而非转承责任或替代责任)。但是,明显有一个例外,即奥地利法律上的公司责任一般被认为是"替代责任"。在奥地利,根据其民法典第26条规定,公司自己不能作出行为,所以它永远不会因为自己的过错行为而承担法律责任,公司为其管理人员承担的责任视为替代责任而非法律实体的直接责任。②公司因其机关或雇员的行为的不同,被立法设计为分别承担自己责任(严格责任)和雇主责任,却又被认为是不合理的,而德国、瑞士、法国等国法院在实践中尽力漠视公司因公司机关或雇员的不同而承担不同责任的区分。③

二、我国的用人者责任制度的建立及演变

在我国法律中,用人者责任,是指用人单位或者个人劳务接受者对其工作人员或者个人劳务提供者因执行工作任务或者提供劳务造成他人损害承担赔偿责任的特殊侵权责任。

我国传统法律理论认为,雇佣制劳动是私有制的特点,所以我国《民法通则》并没有规定雇主责任。值得研究的是,《民法通则》第43条规定:"企业法人对它的法定代表人和其他工作人员的经营活动,承担民事责任。"该第43条并不在《民法通则》第六章"民事责任"这一部分,根据其所处的位置,依文义

---

① 参见王融擎编译《日本民法:条文与判例》,中国法制出版社2018年版,第637页。
② Helmut Koziol and Klaus Vogel:《对他人造成的损害的责任:奥地利法》,载[荷]J. 施皮尔主编:《侵权法的统一:对他人造成的损害的责任》,梅夏英、高圣平译,法律出版社2009年版,第15页。
③ 参见[荷]J. 施皮尔主编《侵权法的统一:对他人造成的损害的责任》,梅夏英、高圣平译,法律出版社2009年版,第389~391页。

解释和体系解释的方法，应当认为第43条当中的"经营活动"主要是指积极的民事法律行为，当中的"民事责任"主要是指实施民事法律行为的结果。但是，学术界将该条解释为也可以作为企业法人承担侵权责任的法律依据，有关司法解释也有这个意思，其中1988年《民法通则》司法解释第58条规定："企业法人的法定代表人和其他工作人员，以法人名义从事的经营活动，给他人造成经济损失的，企业法人应当承担民事责任。"这一条与《民法通则》第43条相比较，有"以法人名义"的表述，因此在判断是否是由法人承担责任方面有了可执行的具体标准。

《民法通则》第121条规定："国家机关或者国家机关工作人员在执行职务中，侵犯公民、法人的合法权益造成损害的，应当承担民事责任。"1988年《民法通则》司法解释第152条规定："国家机关工作人员在执行职务中，给公民、法人的合法权益造成损害的，国家机关应当承担民事责任。"该条与《民法通则》第121条相比，没有"国家机关或者国家机关工作人员"这种表述，文本表达更为简洁，但是并没有增加新的具体内容。值得探讨的是，《民法通则》第121条"国家机关或者国家机关工作人员"这种表述，是可以解释为第121条同时规定了国家机关的"自己责任"和"替代责任"的。

《民法通则》只规定了企业法人和国家机关的责任，1988年《民法通则》司法解释针对用人者责任作出了进一步的规定。《民法通则》与1988年《民法通则》司法解释都只规定了企业法人与国家机关这两类用人单位的民事侵权责任问题，无法有效应对司法实践的各种实际需要。《最高人民法院关于审理人身损害赔偿案件适用法律若干问题的解释》区别了职务侵权责任与雇主责任，扩大了用人者责任的适用范围。该解释第8条规定的是职务侵权责任，该条规定："法人或者其他组织的法定代表人、负责人以及工作人员，在执行职务中致人损害的，依照民法通则第一百二十一条的规定，由该法人或者其他组织承担民事责任。上述人员实施与职务无关的行为致人损害的，应当由行为人承担赔偿责任。　属于《国家赔偿法》赔偿事由的，依照《国家赔偿法》的规定处理。"该条明确规定包括法人在内的各种社会组织就其法定代表人、负责人以及工作人员职务行为承担赔偿责任，在逻辑上，一方面因寻找的法律依据在《民法通则》第六章第三节"侵权的民事责任"而非第三章"法人"部分，从而更加严密；另一方面，因规定"依照民法通则第一百二十一条的规定"，从而扩大了《民法通则》第121条规定的适用范围，而第121条文义只涵盖机关单位侵权案件，故显得不够严谨。须指出，该解释第9条又专门明确规定"雇主"责任，被认为适用于私有企业有偿使用劳务造成损害的情形。第9条第1款规定："雇员在从事雇佣活动中致人损害的，雇主应当承担赔偿责任；雇员因故意或者重大过失致人损害的，应当与雇主承担连带赔偿责任。雇主承担连带赔偿责任的，可以向雇员追偿。"因此，与《民法通则》相比，《最高人民法院关于审理人身损害赔偿案件适用法律若干问题的解释》确立了更为具体细致的用人者责任制度。

在起草《侵权责任法》时，关于用人单位责任主体的称谓，有各种不同的意见，如建议使用"使用人"、"用人者"或者"雇主"概念等，另有建议是延续司法解释的规定，将用人单位责任分为法人和雇主。也有观点主张采用"用人单位"这个概括的概念，其理由是：责任主体中包括国家机关，而国家机关与工作人员的关系不能用雇佣关系来认定；我国虽然是以公有制为主体的国家，但是也有非公有制经济，并且出现了各种混合经济，法人责任与雇主责任的二元划分不符合我国国情。最终，《侵权责任法》没有继续采用《最高人民法院关于审理人身损害赔偿案件适用法律若干问题的解释》区别法人责任与雇主责任的方法，统一用"用人单位"来概括国家机关、事业单位、企业法人（包括公司）、社会团体、个体经济组织、个人独资企业、合伙企业等各类用人单位。另外，规定了劳务派遣制度下的使用人责任，迎合了民事经济现实的需求，比《最高人民法院关于审理人身损害赔偿案件适用法律若干问题的解释》更具有进步性。

《侵权责任法》第34条和第35条规定了用人者责任。《侵权责任法》第34条规定："用人单位的工作人员因执行工作任务造成他人损害的，由用人单位承担侵权责任。　劳务派遣期间，被派遣的工作人员因执行工作任务造成他人损害的，由接受劳务派遣的用工单位承担侵权责任；劳务派遣单位有过错的，承担相应的补充责任。"《侵权责任法》第34条使用了用人单位的概念，但是没有具体限定用人单位的范围。如上所述，其范围是很广泛的，既包括法人，如国家机关、社会团体、事业单位法人、企业法人（包括公司）；也包括非法人，如个体工商户、个人独资企业、合伙企业、外资企业等。《侵权责任法》第35条规定：个人之间形成劳务关系，提供劳务一方因劳务造成他人损害的，由接受劳务一方承担侵权责任。提供劳务一方因劳务自己受到损害的，根据双方各自的过错承担相应的责任。《侵权责任法》第34条规定的是以往民法理论上所谓的"职务侵权责任"；第35条规定的是个人劳务侵权责任，即规范自然人之间因提供劳务造成侵权的责任承担。

三、用人者责任与法人自己责任的关系

在实践中，用人者（使用人）更多更重要的是法人。法人用人者责任是否为替代责任？是否包含替代责任？是否都是自己责任而并无替代责任？对于这些问题的回答，都取决于对法人自己行为的识别和判断。笔者认为，若采用法人实在说，则可以认为法人通过法人机关（法定代表人）来作为，机关的行为就是法人的行为，机关的人格被法人所吸收，法人法定代表人因执行职务造成他人损害，由法人承担责任，而且这是法人"自己责任"，法人承担责任是因为法人自己侵权，其中法定代表人是依照法人章程规定对外代表法人从事活动的人，如公司的董事长、总经理等。需要注意的是，法定代表人同时也是单位业务工作人员的情形下，执行工作任务时是以具体工作人员名义而非法定代表人身份进行工作的。例如医院院长给病人实施手术，是以医务专业人员即具体工作人员名义进行而非以法定代表人身份实施的。而在法人实在说条件下，法定代表人以外的法人工作人员因执行职务侵害他人权益的，由法人承担的这种"用人者责任"，是否也属于法人"自己责任"？对此有不同看法。《民法通则》第43条是否规定了法人自己责任，学术界也一直存在争议。然而，《最高人民法院关于审理人身损害赔偿案件适用法律若干问题的解释》第8条没有将法人"自己责任"从法人作为用人者的责任当中析出。上述两个条文都是将法定代表人和工作人员一并规定的。《侵权责任法》第34条统一用"用人单位"来概括，规定了"用人单位的工作人员因执行工作任务"的情形，没有提及"法定代表人"。第34条"工作人员"是否包括"法定代表人"呢？一些学者认为，该第34条规定的"工作人员"不包括"法定代表人"，并认为用人者责任属于替代责任。[①]一些学者认为，用人单位自己责任隐含在《侵权责任法》第6、7条，认为第6、7条规定的"行为人"就包括自然人、法人、其他组织等各种民事主体，认为这些"行为人"承担侵权责任，当然主要就是承担自己责任。

值得关注的是，2017年《民法总则》第62条第1款规定："法定代表人因执

[①]　参见王利明、周友军、高圣平《中国侵权责任法教程》，人民法院出版社2010年版，第480~486页。另见张新宝《侵权责任法》（第四版），中国人民大学出版社2016年版，第145~148页。

行职务造成他人损害的，由法人承担民事责任。"这一条只规定了法人对其法定代表人致人损害的侵权责任，与《民法总则》分别规定法定代表人以法人名义从事的民事活动（《民法总则》第61条第2款）和职务代理（《民法总则》第170条）的立法模式一致。

四、用人者责任与国家赔偿责任的关系

虽然理论上可认为国家赔偿责任是一种特殊的侵权责任；但是，在立法上和具体实践中，国家赔偿法已经成为相对独立的法律部门。国家赔偿责任，是特指《国家赔偿法》规定的国家机关和国家机关工作人员行使职权，侵犯公民、法人、其他组织合法权益的情形造成损害时，赔偿义务机关应当承担的赔偿责任。《国家赔偿法》规定了行政赔偿责任和刑事赔偿责任。当国家机关侵权时，就要区别不同情形并分别适用不同的法律。国家机关侵权若是属于《国家赔偿法》规定的适用范围，则适用《国家赔偿法》，不适用《侵权责任法》规定；若不属于《国家赔偿法》规定的适用范围，则适用《侵权责任法》的有关规定。

用人者责任与《国家赔偿法》中的国家赔偿责任在适用范围、归责原则、责任主体等方面不一样。国家赔偿责任只适用《国家赔偿法》具体规定的特定情形；国家机关工作人员因执行工作任务造成他人损害，若不是行使职权而有《国家赔偿法》规定的侵犯公民、法人和其他组织合法权益的情形并造成损害的，应当适用《侵权责任法》中的用人者责任的有关规定（即第34条规定），由作为用人单位的国家机关承担用人者责任。例如，某国家机关机动车交通事故致人损害，适用《侵权责任法》有关规定构成侵权的，该机关依法承担交通事故的民事侵权责任，而不是由该机关承担国家赔偿责任。国家赔偿责任，是国家机关就其违法行为承担的赔偿责任，其中违法行为由《国家赔偿法》一一列举加以具体规定而非抽象地予以规定，兼有结果责任的特点。①国家赔偿责任是行政机关、公安机关、检察院、法院等这些机关违法行使职权并侵犯民事权利而产生的责任，而用人者（包括国家机关）的"用人者责任"与行使职权（即公权力）无关，是民事责任范畴内的侵权责任。

---

① 《中华人民共和国国家赔偿法》第2条第1款规定："……造成损害的，受害人有依照本法取得国家赔偿的权利。"

五、用人者责任与定作人责任的比较

《最高人民法院关于审理人身损害赔偿案件适用法律若干问题的解释》第10条规定了定作人责任："承揽人在完成工作过程中对第三人造成损害或者造成自身损害的，定作人不承担赔偿责任。但定作人对定作、指示或者选任有过失的，应当承担相应的赔偿责任。"该条表明定作人责任是过错赔偿责任，定作人只在有定作、指示、选任、等方面的过失时，才承担相应的赔偿责任，并不是要承担起承揽人在完成工作任务中造成的所有损害的赔偿责任。

用人者责任与定作人责任的区别主要是，定作人的侵权责任是过错责任，而用人者责任是无过错责任。定作人只在有定作、选任、指示过失时，才承担侵权赔偿责任，并不是对承揽人所造成的各种损害都承担责任。而用人者（即使用人）需对被使用人在完成工作任务中的所有致人损害承担无过错的赔偿责任。造成这种差别的原因是，承揽合同交付的是劳动成果（工作成果），而劳动合同、劳务合同交付的是劳动或劳务，义务帮工人也是提供劳务（与承揽也不同）。定作人和承揽人之间不存在劳动或者劳务关系，没有支配或者从属关系，承揽人是依照自己的方式独立完成当事人之间约定的工作成果；而被使用人是按照使用人的要求提供劳动或者劳务，在劳动内容、劳动时间、劳动地点、劳动方式等的选择方面，被使用人往往没有自由的选择权，一般只能听从使用人的指挥、指令、命令。不过，《侵权责任法》并没有规定定作人的侵权责任，所以《最高人民法院关于审理人身损害赔偿案件适用法律若干问题的的解释》第10条可以继续予以适用。

六、用人者责任的法律构造

（一）使用人与被使用人之间有劳动关系或劳务关系

《侵权责任法》规定了两种使用人侵权责任，第34条规定了用人单位责任，第35条规定的是个人劳务接受者的侵权责任。用人单位范围很广，《劳动合同法》第2条规定的用人单位是指"中华人民共和国境内的企业、个体经济组织、民办非企业单位等组织"。《侵权责任法》上的用人单位含义比《劳动合同法》上用人单位范围还要广，包含自然人之外的一切组织。其工作人员，既包括与用人单位存在劳动关系的正式员工，也包括临时工作人员，还包括纳入国家行政编制而由国家财政负担工资的公务员，以及参照《公务员法》进行管理的人。依《劳动合同法》第7条规定，用人单位自用工之日起即与劳动者建立劳动关系。劳动关系的建立，不以劳动合同的签订为标准或条件。是否签订劳动合同，不影响劳动关系的成立。侵权法上用人关系的判断，不论使用人是否支付报酬给被使用人，也不以劳动合同、劳务合同的有效成立为前提。只要使用人对被使用人形成了指挥、监督的实际控制关系，就可以认定使用人和被使用人之间的用人关系。劳动合同或劳务合同无效、当事人有无订立合同的意图不明确以及当事人无订立合同意思的，只要有事实上的指挥、监督和劳务关系，均可认定用人或用工关系。

《侵权责任法》第35条规定涉及的劳务关系，是个人之间形成的劳务关系。虽然劳务关系可能是发生在自然人之间，也可能是由个人向单位提供劳务，但是《侵权责任法》第35条的规定只适用个人之间提供劳务时发生侵权纠纷的情形。个人之间形成劳务关系的情形，包括聘请家政服务员、家庭教师、钟点工等。就第35条规定的"劳务关系"是否局限于有偿劳务关系的问题，有不同的解释；而在民事活动中，个人间的劳务关系可以是有偿的，也可以是无偿的。无偿的劳务关系是否等于帮工与被帮工关系，对此也有不同的认识。有论者认为帮工是情谊行为，与劳务关系性质不同。笔者认为，所谓情谊行为，是指当事人没有订立合同的法效意思因而没有成立合同关系的行为，情谊行为主要是合同法领域的概念。至于侵权法问题，虽然合同关系对于侵权责任判断也有影响，但是没有合同关系也能判断侵权责任。帮工行为无疑是无偿的提供劳务行为，具体来说，帮工行为有可能是情谊行为、无因管理行为，但是也不排除存在合同的可能。在被帮工人知晓而不拒绝的情形下，就可以根据具体情况认为无偿劳务合同关系或者无偿委托合同关系成立，也可以根据具体情况仍然认定为情谊行为。其中，帮工行为是否构成无偿劳务合同，关键是需要分析当事人有无订立合同的意思，有订立劳务合同意思的才形成无偿劳务合同关系。无论帮工行为是否构成无偿劳务合同关系，对于帮工所涉侵权或被侵权认定不构成决定性的影响。就帮工涉及的侵权问题，《最高人民法院关于审理人身损害赔偿案件适用法律若干问题的解释》第13条规定："为他人无偿提供劳务的帮工人，在从事帮工活动中致人损害的，被帮工人应当承担赔偿责任。被帮工人明确拒绝帮工的，不承担赔偿责任。帮工人存在故意或者重大过失，赔偿权利人请求帮工人和被帮工人承担连带责任的，人民法院应予支持。"该条解释是否被《侵权责任法》第35条修改有不同认识。笔者认为，根据民事活动实践的经验，劳务关系包括有偿劳务关系和无偿劳务关系。该第13条解释规定的帮工活动无论是否形成劳务合同关系，只要被帮工人没有明确拒绝帮工，都属于有指挥、监督、服从联系的无偿劳务关系，而该第13条规定的规则与《侵权责任法》第35条规定的规则有一定差异，因此可以认为《侵权责任法》第35条修改了该第13条司法解释。

《最高人民法院关于审理人身损害赔偿案件适用法律若干问题的解释》第13条就被帮工人承担帮工人致人损害责任的规定，在司法实践中曾经发挥了较好的作用，笔者建议将该解释第13条规定的部分文本内容吸收到《侵权责任法》及民法典侵权责任编中，建议规定，帮工人存在故意的，赔偿权利人可以请求帮工人和被帮工人承担连带责任。

劳务关系与劳动关系的区别主要有：一是劳务关系属于《民法通则》《民法总则》《合同法》，以及其他有关法律的调整对象，而劳动关系则由《劳动法》规范调整。二是劳务关系中，接受劳务一方不必为提供劳务一方办理社会保险，而劳动关系的用人单位必须为职工购买社会保险。三是在劳务关系中，报酬完全由双方当事人协商确定，而在劳动关系中用人单位向员工支付的工资应当遵守当地有关最低工资标准的规定。

《侵权责任法》第34条的规定涉及劳务派遣问题。劳务派遣是指劳务派遣机构与接受劳务派遣的单位签订协议，由劳务派遣机构将工作人员派遣到接受劳务派遣的单位，工作人员要听从接受劳务派遣的单位的工作命令、指令并接受其监督。根据我国《劳动合同法》第58条的规定，"劳务派遣单位是本法所称用人单位"，派遣单位与劳动者之间有劳动关系，属于理论上所谓的"雇主"。根据《劳动合同法》第59条的规定，劳务派遣单位派遣劳动者应当与接受以劳务派遣形式用工的单位（用工单位）订立劳务派遣协议。根据《劳动合同法》第60条的规定，劳务派遣单位应当将劳务派遣协议的内容告知被派遣劳动者；劳务派遣单位不得克扣用工单位按照劳务派遣协议支付给被派遣劳动者的劳动报酬。根据《劳动合同法》第62条的规定，用工单位应当执行国家劳动标准，提供相应的劳动条件和劳动保护；告知被派遣劳动者的工作要求和劳动报酬；支付加班费、绩效奖金，提供与工作岗位相关的福利待遇；对在岗被派遣劳动者进行工作岗位所必需的培训；等等。第 62 条一系列规定实际上表明，所谓"用工单位"也是"用人单位"和"雇主"。劳务派遣单位在法律上与劳动者建立了劳动关系，向劳动者转付用工单位按照劳务派遣协议支付给被派遣劳动者的劳动报酬，与用工单位共同管理、监督劳动者，不仅仅是形式上的"用人单位"；接受劳务派遣的单位可以直接命令、指挥、管理、监督劳动者，还可以根据与用人单位订立的劳务派遣协议通过用人单位而间接管理、监督劳动者，是实质意义上的"用人单位"。劳务派遣使得劳动关系由双方的劳动合同关系变为形式上的三方当事人关系，但是劳动者身份和地位在整体上没有变化，用人单位和用工单位形成共同"用人单位"（"雇主"），用人单位和用工单位都从劳务派遣方式的劳动关系中获益，都对劳动者有控制力，因此都应当对劳动者致人损害承担责任。

（二）被使用人是因执行工作任务造成他人损害

这里的"他人"，是用人单位、工作人员、接受劳务的人及提供劳务的人之外的第三人。工作人员给其所在的用人单位造成损害，或者提供劳务的人给接受劳务的人造成损害的，不属于所谓的"用人者责任"。用人单位可依合同追究被使用人的违约责任，甚至也能依法追究其侵权责任。工作人员或者提供劳务的人在执行工作任务过程中造成其自身损害的，涉及工伤保险和侵权责任的关系，而且在理论上也不归入所谓的"用人者责任"范畴。

《侵权责任法》第 34 条"因执行工作任务造成他人损害的"，与第 35 条"因劳务造成他人损害的"，都将使用人责任限定在被使用人造成他人损害由执行工作任务所致情形下，须被使用人造成损害的行为与执行工作任务有实质关系。据此，若非被使用人执行工作任务造成他人损害，则不构成"用人者责任"。至于何为"执行工作任务"，有三种观点，形成了三种判断标准。（1）使用人主观说。该说以使用人的主观意思为准，若被使用人的行为在使用人授权或指示范围内，则判断为执行工作任务的行为。（2）被使用人主观说。该说以被使用人的主观意思为准，被使用人若是为了使用人的利益实施行为的，就应该认为被使用人是在执行工作任务。（3）客观说。该说以执行工作任务的外在表现为标准，认为若被使用人行为外在表现是履行职务或者与履行职务有内在联系，则应当认定为被使用人是在执行工作任务。

使用人主观说过于注重使用人（用人者）的意思表示，使用人（用人者）可能借此作为不承担责任的理由，不利于保护被使用人和被侵权人的利益；而被使用人主观说却又可能使使用人承担过重的民事责任，不利于保护使用人的利益。从《最高人民法院关于审理人身损害赔偿案件适用法律若干问题的解释》相关规定及其司法实践的经验来看，兼采使用人主观说与客观说，更为妥当。

《最高人民法院关于审理人身损害赔偿案件适用法律若干问题的解释》第9条规定：雇员在从事雇佣活动中致人损害的，雇主应当承担赔偿责任；雇员因故意或者重大过失致人损害的，应当与雇主承担连带赔偿责任。雇主承担连带赔偿责任的，可以向雇员追偿。前款所称"从事雇佣活动"，是指从事雇主授权或者指示范围内的生产经营活动或者其他劳务活动。雇员的行为超出授权范围，但其表现形式是履行职务或者与履行职务有内在联系的，应当认定为"从事雇佣活动"。可以看出，依此司法解释第9条规定，是否是执行工作任务的行为有两个标准：其一，是否在雇主授权或者指示范围内；其二，雇员行为表现形式是否与履行职务有内在联系。雇员从事的活动是在雇主授权或者指示范围内的，无论该活动是否是生产经营活动，只要给他人造成损害，就应当认为是执行工作任务的行为，雇主就要承担侵权责任。此外，应当认为，雇员为了完成职务行为而进行的必要的准备行为或者辅助行为，也属于雇主授权或者指示范围内的活动。雇员超出授权或者指示范围的活动是否属于"从事雇佣活动"，要看其表现形式；根据实践经验，在判断雇员的行为是不是"履行职务或者与履行职务有内在联系"时，可以从行为的时间、地点、具体场合以及雇主作为受益人的受益情况等各方面加以判断。

例如，汽车服务站员工郑某驾驶维修完毕的车辆送归车主冯某的途中，与骑行电动自行车的钱某发生交通事故，郑某负事故主要责任。一审法院认为郑某送车行为是职务行为，判决原告钱某所受损失应当由保险公司在交强险责任限额内赔偿，超出部分，由汽车服务站赔偿80%。[①]二审法院认为将修理完毕的车辆送回车主处是汽车修理行业的一项服务，因此也认定郑某行为为职务行为，同时认为雇员在履行职务行为过程中造成交通事故，经交警部门认定负事故主要责任的，应当认定雇员具有重大过失，依法应当由雇员与雇主承担连带赔偿责任。[②]本案中一审法院适用《侵权责任法》第34条的规定，判决由用人者承担责任，而不论雇员是否有责任。二审法院则适用《最高人民法院关于审理人身损

---

① 参见上海市宝山区人民法院（2011）宝民一（民）初字第8733号民事判决书。
② 参见上海市第二中级人民法院（2012）沪二中民一（民）终字第800号民事判决书。

害赔偿案件适用法律若干问题的解释》的规定，认为雇员有过错或者重大过失的，应当与雇主承担连带赔偿责任。[①]

（三）用人者责任是无过错责任

在我国，只要用人单位的工作人员因执行工作任务造成他人损害，或者提供劳务一方因提供劳务造成他人损害，无论用人单位或者接受劳务一方有无过错，都要承担侵权赔偿责任。从比较法角度看，就用人者责任，各国法律普遍采用过错推定规则或者无过错责任原则。

从我国《侵权责任法》第 34 条和第 35 条的规定内容来看，我国就用人者责任规定了无过错责任原则，单位工作人员或者提供劳务者因执行工作任务造成他人损害的，用人单位或者接受劳务的人无论其就"用人"本身有无过错都要承担赔偿责任。但是这种"无过错责任原则"与产品责任、环境损害责任、高度危险责任等的无过错责任原则不是同一个层次上的概念。用人者（使用人）承担"无过错责任"的理论依据主要包括以下几个方面。（1）使用人对于被使用人有控制力，被使用人要服从使用人的管理，听从其命令指挥，接受其监督。由使用人承担责任，能够激励使用人不断改进技术，切实提高管理水平，采用各种有效措施防范被使用人侵害他人权益，有利于控制风险和预防侵权损害发生。（2）根据"利益与风险一致"原则，使用人利用被使用人劳动获取利润，提高了竞争力，扩大了业务范围，因此要承担被使用人执行工作任务中带来的风险。这种风险包括应当就被使用人侵权承担责任。（3）"深钱袋"（"大钱袋"）规则。使用人的财力更强，更有能力承担赔偿责任。由使用人承担责任更有利于保护被侵权人的合法权益，这也符合现代民法的发展趋势。（4）使用人能通过多种渠道来分散风险，例如提高产品价格、投保侵权责任保险等。由使用人承担责任并不会增加其负担，符合公平正义原则，也有利于社会的和谐稳定发展。

虽然使用人（用人者）就其"用人"无论有无过错，都要对被使用人致人损害承担侵权责任，但是并非对被使用人任何侵害行为都承担侵权责任。使用人应否承担侵权责任，仍然要看是否符合法律关于具体侵害构成侵权的构成要件。就是说，考虑用人关系（雇佣关系）这种特殊情况以外，还要考虑适用《侵权责任法》第 6 条或者第 7 条以及其他法律规定是否构成过错侵权责任或者无过

[①] 本案发生在《侵权责任法》实施以后，能否继续适用解释第 9 条的规定，值得研究。

错侵权责任。

例如 2017 年《公证法》第 43 条第 1 款规定："公证机构及其公证员因过错给当事人、公证事项的利害关系人造成损失的，由公证机构承担相应的赔偿责任；公证机构赔偿后，可以向有故意或者重大过失的公证员追偿。"据此，可以认为公证机构承担赔偿责任的必备条件就包括"公证机构及其公证员"过错。所谓"公证机构及其公证员"过错，在司法实践中就是人民法院认定的"公证机构有过错"。值得进一步讨论的是，一方面，根据 2017 年《公证法》第 43 条的规定，给当事人、公证事项的利害关系人造成损失的赔偿责任以公证机构过错为要件。另一方面，公证机构属于用人单位，与用人者责任相关的侵权纠纷在《侵权责任法》第 34 条涵盖的范围内，而《侵权责任法》第 34 条规定用人单位就其工作人员执行工作任务致人损害承担无过错责任。应该说，这两方面并不矛盾，因为《侵权责任法》第 34 条涉及的"无过错责任原则"与《公证法》第 43 条的"过错责任原则"并非同一层面的归责原则。逻辑上，虽然《侵权责任法》第 34 条规定用人单位就其工作人员执行工作任务致人损害承担无过错责任，但是公证机构承担《公证法》第 43 条规定的过错责任，所以，公证机构最终还是要承担过错责任（无过错的公证机构不承担责任）。

须指出，在公证机构对外关系上，公证机构的法定代表人过错即为公证机构过错，而且，公证员在公证活动中的过错也属于公证机构的过错。对此，2014 年《最高人民法院关于审理涉及公证活动相关民事案件的若干规定》第 4 条明确规定："当事人、公证事项的利害关系人提供证据证明公证机构及其公证员在公证活动中具有下列情形之一的，人民法院应当认定公证机构有过错：（一）为不真实、不合法的事项出具公证书的；（二）毁损、篡改公证书或者公证档案的；（三）泄露在执业活动中知悉的商业秘密或者个人隐私的；（四）违反公证程序、办证规则以及国务院司法行政部门制定的行业规范出具公证书的；（五）公证机构在公证过程中未尽到充分的审查、核实义务，致使公证书错误或者不真实的；（六）对存在错误的公证书，经当事人、公证事项的利害关系人申请仍不予纠正或者补正的；（七）其他违反法律、法规、国务院司法行政部门强制性规定的情形。"其中有两点值得关注，其一是第 4 条规定在哪些情形下"人民法院应当认定公证机构有过错"，其二是第 4 条规定的各种情形都是违反法律、法规或国务院司法行政部门强制性规定的，这无疑是以"违法"认定"过错"。

又如，2017 年《律师法》第 54 条规定："律师违法执业或者因过错给当事人造成损失的，由其所在的律师事务所承担赔偿责任。律师事务所赔偿后，可以向有故意或者重大过失行为的律师追偿。"依据该第54条，律师不对外承担侵权责任，律师执业违法或有过错是律师事务所承担侵权责任的要件。逻辑上，根据《侵权责任法》第34条和《律师法》第54条规定，律师事务所就律师违法执业或者因过错给当事人造成损失承担赔偿责任。

而根据《侵权责任法》的规定，高度危险作业、产品缺陷致人损害、污染环境造成损害等特殊侵权，不以过错为侵权赔偿构成要件，这些侵权纠纷往往都同时涉及用人者责任。

而其他如机动车之间侵权、医疗侵权、动物园动物侵权等，仍以侵害人"过错"为赔偿责任必要条件。这些侵权纠纷中，涉及用人者责任的，被使用人有"过错"的就判断为用人者有"过错"。

结论是，在用人者责任所涉及的领域，所谓的"归责原则"以及所谓"过错"有两个层次，切不可混淆。所谓用人者承担无过错责任，是指用人者承担责任不以"用人"本身有过错为要件。

（四）用人者责任是否为替代责任？

同监护人责任类似，用人者责任也包括责任承担者与侵害行为人相分离的情形。《侵权责任法》第34条规定的是用人单位就其工作人员执行职务侵权承担责任，第35条规定的是接受劳务者为提供劳务者致人损害承担责任。似乎可以认为用人者责任是替代责任，"用人者责任""使用人责任"这些表述本身似乎就意味着"替代责任"。值得注意的是，根据"法人实在说"，在一些国家，法人机关（法定代表人）的职务行为就是法人的行为，法人就其机关职务行为造成他人损害承担的是自己责任而非替代责任。我国《侵权责任法》第34条规定的是法人或其他单位对其工作人员因执行工作任务造成他人损害承担侵权责任，并未明示"工作人员"是否包括"法定代表人"，因此，对于用人者是法人的用人者责任是否包括替代责任和自己责任，就有不同解释和不同结论。其他组织也有不完全的主体资格，作为"用人单位"的其他组织在法理上也有内设机关与雇员的区分或者不区分的问题，而第34条及其他法律也未作出十分明确的说明，因此其他组织对其工作人员执行工作任务造成他人损害承担的侵权责任，是自己责任还是替代责任，也可以有不同解释。只有一点是比较清楚的，就是说，第35条所规定的接受劳务者为提供劳务者承担的责任至少包括"替代责任"（就他人侵害行为承担无过错责任），因为在此种情形下提供劳务者与接受劳务者是个人与个人之间的关系，各具有不同的主体资格（两者人格不存在也无法构成吸收和被吸收的关系），提供劳务者的行为无法完全界定为接受劳务者自己的行为。有学者认为，第34条"工作人员"包括"法定代表人"[①]，以此为逻辑起点就可以认为我国法律并未刻意区分法人就其工作人员致人损害承担的"自己责任"与"替代责任"。然而，也有学者认为《侵权责任法》第34条规定的"工作人员"不包括"法定代表人"[②]，以此为逻辑起点就可以认为第34条只规定替代责任。有学者更明确指出，用人单位自己责任属于法人理论的当然结果，不涉及特殊的侵权法问题，无须法律作出特别规定。[③]《民法总则》第62条专门规定："法定代表人因执行职务造成他人损害的，由法人承担民事责任。　法人承担民事责任后，依照法律或者法人章程的规定，可以向有过错的法定代表人追偿。"可以认为，法人自己责任从此有了十分具体的法律依据。因此，认为我国目前立法区分自己责任和替代责任，有了更多理由。

七、用人者责任的责任承担

《侵权责任法》就用人单位或者接受劳务一方对他人赔偿后，对于具体工作人员、雇员或者提供劳务一方的追偿权未作明确的规定。立法机关的相关解释是："根据不同行业、不同工种和不同劳动安全条件，其追偿条件应有所不同。哪些因过错、哪些因故意或者重大过失可以追偿，本法难以作出一般规定。"[④]如此说来，《侵权责任法》第34条和第35条没有规定追偿权并不是否定了用人单位及雇主承担责任后的追偿权。值得思考的是，若追偿权条件过于宽松，则对劳动者不利；劳动者在理论上就是弱者，是依靠用人单位而生活的。但是，若追偿权行使条件过于严格，则不能激励劳动者谨慎勤勉地工作，不能激励劳动者控制风险并预防和减少损害发生。因此，就用人者（使用人）承担侵权责任后的追偿权行使条件，需要在立法上加以补充完善。在司法实践中，对于有关当事人行使追偿权，法院应当根据有关法律规定和案件的具体情况进行裁判。

---

① 参见最高人民法院侵权责任法研究小组编著《〈中华人民共和国侵权责任法〉条文理解与适用》，人民法院出版社2016年第2版，第245~246页。

② 参见王利明、周友军、高圣平《中国侵权责任法教程》，人民法院出版社2010年版，第486页。

③ 张新宝：《侵权责任法》（第四版），中国人民大学出版社2016年版，第148页。

④ 2009年12月22日全国人民代表大会法律委员会关于《中华人民共和国侵权责任法（草案）》审议结果的报告。

值得注意的是，我国已有一些法律明确地规定了用人者承担责任后的追偿权。如上所述，《公证法》第 43 条第 1 款规定："……公证机构赔偿后，可以向有故意或者重大过失的公证员追偿。"《律师法》第 54 条规定："……律师事务所赔偿后，可以向有故意或者重大过失行为的律师追偿。"值得一提的是，《律师法》第 54 条与该法第 25 条第 1 款规定相匹配，该第 25 条第 1 款规定："律师承办业务，由律师事务所统一接受委托，与委托人签订书面委托合同，按照国家规定统一收取费用并如实入账。"

为明确追偿权行使条件，建议民法典侵权责任编在规定用人单位责任时明确规定："用人单位承担侵权责任后，可以向有故意或者重大过失的工作人员追偿。"

根据《侵权责任法》第 34 条第 2 款的规定，劳务派遣单位承担与其过错相应的补充赔偿责任。也可以说，接受劳务派遣的用工单位是第一顺序的责任人，有过错的劳务派遣单位（用人单位）是第二顺序的责任人。具体而言，根据目前的法律规定，在劳务派遣期间，被派遣的工作人员因执行工作任务造成他人损害的，首先应当由接受劳务派遣的单位承担全部赔偿责任；被侵权人直接请求劳务派遣单位承担侵权责任的，劳务派遣单位有先诉抗辩权，即劳务派遣单位有权要求其先向接受劳务派遣的单位提出赔偿请求。若接受劳务派遣的单位承担了全部的赔偿责任，则劳务派遣单位就不必再对被侵权人承担赔偿责任了。当接受劳务派遣的单位无力承担赔偿责任时，由劳务派遣单位予以赔偿。但是，根据目前法律规定，劳务派遣单位也不是承担剩余的全部赔偿责任，而是在其过错程度范围内承担相应的责任（即承担与其过错程度相当的赔偿责任）。

根据劳务派遣的法律关系构造，接受劳务派遣的单位（用工单位）对被派遣的工作人员分配工作并对其直接进行指挥、管理、监督，是实质意义上的用人单位，因此，当被派遣的工作人员因执行工作任务造成他人损害时，接受劳务派遣的用工单位应当承担侵权责任。这在法理上是没有问题的。

但是，值得注意的是，长期以来，劳务派遣在实践中乱象丛生，在理论上和法律上劳务派遣单位只承担过错责任和补充责任也是有逻辑问题的。而由用人单位（劳务派遣单位）与用工单位（接受劳务派遣的单位）对受到被派遣工作人员损害的人承担无过错的连带责任，有利于充分救济受害人，有利于实现用人单位与用工单位的利益平衡，有利于预防损害的发生，也有利于规范劳务派遣行业的发展。①

目前，用工单位（即接受劳务派遣的单位）承担赔偿责任后，能否向有过错的劳务派遣单位追偿？《侵权责任法》第 34 条没有明确规定。虽然接受劳务派遣的用工单位是第一顺序的责任人，有过错的劳务派遣单位（用人单位）是第二顺序的责任人，但是这是对外赔偿的顺序。在内部关系中，无论从合同法角度，还是从因果关系角度来看，用工单位对外承担全部的赔偿责任以后，应当有权根据用工单位与劳务派遣单位之间的有效合同，向劳务派遣单位予以追偿，由劳务派遣单位承担与其过错相应的赔偿责任。当然，若劳务派遣单位已经对被侵权人承担了与其过错相应的赔偿责任，则接受劳务派遣的单位不能再对劳务派遣单位进行追偿了。

《侵权责任法》第 35 条规定，提供劳务一方因劳务造成他人损害的，由接受劳务一方承担侵权赔偿责任。这一条与第 34 条一样也没有规定提供劳务一方的赔偿责任。但是《最高人民法院关于审理人身损害赔偿案件适用法律若干问题的解释》第 9 条第 1 款规定："雇员在从事雇佣活动中致人损害的，雇主应当承担赔偿责任；雇员因故意或者重大过失致人损害的，应当与雇主承担连带赔偿责任。雇主承担连带赔偿责任的，可以向雇员追偿。"该条明确规定雇员因故意或者重大过失致人损害时，应当与雇主承担连带赔偿责任，肯定了雇员自己对于被侵权人的赔偿责任。在《侵权责任法》实施以后，上述解释第 9 条第 1 款规定是否继续有效？对此有不同见解。笔者认为，就案件范围，《侵权责任法》第 34、35 条规定涵盖了解释第 9 条针对的案件，所以解释第 9 条不能继续直接适用。不过，解释第 9 条在司法实践中发挥了较好的实际效果，其合理之处应当被吸收到《侵权责任法》，而且，笔者认为，考虑到我国的实际情况，在现阶段，提供劳务一方因劳务造成他人损害的，被侵权人可以请求雇主（接受劳务一方）承担侵权责任，也可以请求有故意的雇员（提供劳务一方）承担侵权责任。雇主承担责任后，可以向有故意或者重大过失的雇员追偿。实际上，从比较法上看，很多国家（如英国、法国、德国）都承认了被使用人致人损害的"自己责任"，这样规定有利于保护被侵权人的利益。有学者认为，不能因为我国《侵权责任法》第 34 条和第 35 条没有明确规定被使用人对受侵害的第三人承担责任，就认为被使用人不再承担责任。②

---

① 参见郑志峰《劳务派遣中雇主替代责任之检讨——兼评"不真正补充责任"》，《法学》2015 年第 9 期。
② 参见王利明、周友军、高圣平《中国侵权责任法教程》，人民法院出版社 2010 年版，第 506 页。

综上所述，笔者建议我国民法典侵权责任编规定："个人之间形成劳务关系，提供劳务一方因劳务造成他人损害的，由接受劳务一方承担侵权责任，故意造成他人损害的提供劳务的一方负连带责任。接受劳务的一方承担侵权责任后，可以向有故意或者重大过失的提供劳务的一方追偿。"①

八、被使用人因执行工作任务自己受损的责任承担

这涉及工伤保险赔偿与侵权损害赔偿的关系。对此，立法技术选择方面，有工伤保险取代侵权赔偿的取代模式、劳动者在工伤保险与侵权赔偿之间择一的选择模式、劳动者先获得工伤保险救济并以侵权赔偿补齐不足的补充模式，以及工伤职工获得工伤保险和侵权赔偿双重救济的兼得模式等四种制度模式。②其中兼得模式对于劳动者及其近亲属权益保护较为有利，也有利于防止和避免责任事故的发生。③学术界有不同观点。而在我国司法实践中，已经也有一些法院判决承认劳动者或其近亲属有权同时获得侵权赔偿和工伤保险待遇。④

我国《侵权责任法》第 34 条没有规定被使用人因执行工作任务自己受损的赔偿责任，但是《最高人民法院关于审理人身损害赔偿案件适用法律若干问题的解释》第 12 条第 1 款规定："依法应当参加工伤保险统筹的用人单位的劳动者，因工伤事故遭受人身损害，劳动者或者其近亲属向人民法院起诉请求用人单位承担民事赔偿责任的，告知其按《工伤保险条例》的规定处理。"可以解释为，参加了工伤保险的用人单位的劳动者在工作中遭受人身损害的，不能请求用人单位承担责任，而应当按照《工伤保险条例》的规定处理。不过，也可以作其他解释。就损害是由第三人造成的情形，解释则没有明确规定第三人侵权责任与工伤保险赔偿能否并存。《最高人民法院关于审理人身损害赔偿案件适用法律若干问题的解释》第 12 条第 2 款规定："因用人单位以外的第三人侵权造成劳

---

① 包括有偿劳务和无偿劳务两种情形，即同时包括了被帮工人就无偿提供劳务的帮工人在从事帮工活动中致人损害时承担赔偿责任情形以及有故意侵害行为的帮工人的连带责任。

② 参见张平华《侵权法的宏观视界》，法律出版社 2014 年版，第 190~197 页。

③ 参见张平华《侵权法的宏观视界》，法律出版社 2014 年版，第 192~195 页。

④ 参见石同全、蒋乾巽《职工因第三人致工伤可获双倍赔偿》，载重庆法院网 http://cqfy. chinacourt. gov. cn/article/detail/2018/04/id/3287806. shtml，访问时间：2019 年 7 月 11 日。另见金永南、赵学新《交通事故致工伤 劳动者获双赔》，载中国法院网：https://www. chinacourt. org/article/detail/2008/04/id/299251. shtml，访问时间：2019 年 7 月 11 日；吴宏斌《交通事故赔偿与工伤保险赔偿竞合不可兼得》，载中国法院网 https://www. chinacourt. org/article/detail/2012/11/id/784446. shtml，访问时间：2019 年 7 月 11 日。

动者人身损害，赔偿权利人请求第三人承担民事赔偿责任的，人民法院应予支持。"应该认为，劳动者可以请求获得工伤赔偿，也可以要求第三人承担民事赔偿责任。但是有观点认为，如果劳动者已经获得其中一种方式的赔偿，能弥补自己所受损害，就不能再通过另一种方式获得赔偿，不过也还有不同的认识。应该说，至少可以认为解释第 12 条第 2 款的规定是为了保护劳动者权益，使其能够得到及时救治；即使第三人下落不明，劳动者也可以得到工伤赔偿。设立工伤保险制度的目的，是为了分散用人单位的风险，同时也有保护劳动者的目的，但不是为了减轻第三人侵权责任。第三人实施了侵权行为，就应当为自己的行为负责；如果没有免责事由，第三人就应当承担赔偿责任。工伤保险基金向单位员工支付赔偿以后，可以向侵权的第三人予以追偿。

须指出，我国 2002 年《安全生产法》第 48 条规定："因生产安全事故受到损害的从业人员，除依法享有工伤社会保险外，依照有关民事法律尚有获得赔偿的权利的，有权向本单位提出赔偿要求。"在这期间，2003 年通过了《最高人民法院关于审理人身损害赔偿案件适用法律若干问题的解释》，2009 年通过了《侵权责任法》，也就是说在此期间，我国的侵权责任法经历了修改和完善，而在此后的 2014 年《安全生产法》也经过一次修改，而 2014 年《安全生产法》第 53 条依然规定："因生产安全事故受到损害的从业人员，除依法享有工伤保险外，依照有关民事法律尚有获得赔偿的权利的，有权向本单位提出赔偿要求。"《安全生产法》的这一保持内容基本不变的条文可以解释为：在《安全生产法》适用的领域，在不涉及第三人侵权的情况下，我国采用劳动者先获得工伤保险救济并以侵权赔偿补齐不足的补充模式。

值得关注的是，2018 年《社会保险法》第 42 条规定："由于第三人的原因造成工伤，第三人不支付工伤医疗费用或者无法确定第三人的，由工伤保险基金先行支付。工伤保险基金先行支付后，有权向第三人追偿。"该第 42 条规定只针对工伤保险基金就医疗费用的先行支付及追偿的情形。即使不限于医疗费用的追偿，该第 42 条规定本身也不意味着劳动者不可兼得工伤待遇和侵权赔偿。2014 年《最高人民法院关于审理工伤保险行政案件若干问题的规定》第 8 条第 3 款规定："职工因第三人的原因导致工伤，社会保险经办机构以职工或者其近亲属已经对第三人提起民事诉讼为由，拒绝支付工伤保险待遇的，人民法院不予支持，但第三人已经支付的医疗费用除外。"该第 8 条第 3 款规定，进一步说明劳动者只有医疗费用不能获得双倍赔偿。

以上是依法应当参加工伤保险统筹的用人单位的劳动者获得赔偿的有关情况。没有参加工伤保险的，主要就是自然人之间提供劳务的情形。《侵权责任法》第 35 条规定了提供劳务一方因劳务自己受到损害的，根据双方各自的过错承担相应的责任。该条改变了《最高人民法院关于审理人身损害赔偿案件适用法律若干问题的解释》的规定。该解释第 11 条规定的是，雇员在从事雇佣活动中遭受人身损害，雇主应当承担赔偿责任。也就是说，无论雇主有无过错，都要承担责任。另外，该解释第 14 条规定：帮工人因帮工活动遭受人身损害的，被帮工人应当承担赔偿责任。该解释的这些有关规定采用的是使用人（雇主、被帮工人）承担无过错责任。而《侵权责任法》第 35 条调整侵权案件的范围涵盖了解释第 11 条和第 14 条针对的雇员及帮工人"遭受人身损害"案件。《侵权责任法》第 35 条就"提供劳务一方因劳务自己受到损害"规定"根据双方各自的过错承担相应的责任"的理由在于：首先，个人之间提供劳务的关系不属于依法必须参加工伤保险的情形，不适用《工伤保险条例》，接受劳务一方无法通过保险机制来分散风险；在此背景下，接受劳务一方无过错也要承担赔偿责任，就有失公允。其次，在司法实践中，因劳务遭受损害的情形比较复杂，只有区分不同的情况，根据双方的原因力大小以及各自的过错程度来处理侵权纠纷案件，才比较公平合理。

当然，也可以将上述有关制度设计为：一方面规定接受劳务一方就提供劳务一方因劳务自己受到损害时承担无过错责任；另一方面规定提供劳务一方有过错的，可以减轻或者免除接受劳务一方的责任。[①]仅此一例可以说明，作为现实的民事活动和司法实践活动的能动反映，其实民事立法技术的可选择性很大。

第四节　网络服务提供者的责任

计算机及网络技术发展给侵权法带来挑战，也推动侵权法与时俱进、不断发展，并进行制度创新。

---

① 参见 2019 年 1 月《民法典侵权责任编（草案）》（二次审议稿）第 968 条第 1 款。

网络技术极大地提高了生产经营和劳动效率，显著地促进了人与人之间的交往，改变了信息和知识的存在方式，也改变了人们的生活方式，然而网络在促进社会发展的同时也有侵权损害的风险。我国《侵权责任法》第 36 条规定了网络侵权的责任："网络用户、网络服务提供者利用网络侵害他人民事权益的，应当承担侵权责任。　网络用户利用网络服务实施侵权行为的，被侵权人有权通知网络服务提供者采取删除、屏蔽、断开链接等必要措施。网络服务提供者接到通知后未及时采取必要措施的，对损害的扩大部分与该网络用户承担连带责任。　网络服务提供者知道网络用户利用其网络服务侵害他人民事权益，未采取必要措施的，与该网络用户承担连带责任。"2018 年《电子商务法》就电子商务领域侵权责任有更进一步规定。

一、网络侵权的特殊性

网络侵权行为，是指发生在互联网上的侵害他人民事权益的行为。网络侵权与其他一般侵权相比，侵权行为发生的地点、损害后果发生的地点以及侵权对象、侵权方式等，都是比较特殊的。具体而言，网络侵权的特点包括以下几个方面。

（一）侵权发生于网络

网络侵权，就是利用互联网实施侵权，或者说侵权行为发生于网络。网络侵权伴随着互联网的产生而发生，随着互联网技术的发展而变化。互联网（音译"因特网"），即互相连接在一起的网络，又称网际网络，是网络与网络串联而成的庞大网络，这些网络以一组通用的协定相连。将计算机网络互相连接在一起的方法可称为"网络互联"，在这基础上覆盖全世界的全球性互联网络称"互联网"。互联网进一步促进了全球化进程。虽有反复，有逆全球化阶段性现象，但全球化进程不可逆转，互联网则强化了全球化趋势。

（二）侵权行为具有一定的隐蔽性

若不实行网络实名制，则网络用户可以采用匿名、假名在网上从事各种活动，利用网络实施侵权行为后就很不容易被发现；实行实名制，则在一定程度上可以防止网络欺诈。因互联网本身的特性使然，在一定技术条件下，网络用户自己就可以在网上进行删除、编辑或者进行上传、下载的操作，使得网络侵权证据很不容易被保存，不像书面材料那样容易固定、留痕、保存。

（三）损害后果容易迅速放大

互联网能迅速放大传播效果。以现代技术为基础的网络，能使地球变成地球村，能将世界上所有的人都联系起来，而且这种联结、联系的便捷性使得消息、信息的传播更为迅速。互联网技术的运用促进了生产经营管理，提高了劳动生产率，却也可能被利用为侵权媒介或手段。各种网络技术的融合发展还使得网络行为种类和方式日益多样化，在网络技术满足人们多样化的需求的同时，网络侵权隐患也趋于复杂化，形成了便捷与隐患俱在的局面。互联网的开放性、交互性、融合发展和自助特点在给人们生活及交往带来便捷的同时，却也使得侵权信息迅速蔓延，侵权效果因此可能被迅即放大，接触侵权信息的人数往往可达海量，损害后果也往往是无法估量的。即使侵权行为人删除了侵权信息，也因其信息可能已经被复制转载而难以完全消除。一旦网络侵权发生，有可能就无法挽回损失了。

（四）网络用户或网络服务提供者实施网络侵权行为

随着网络技术的发展和普及，言论自由有更强大的技术保障，言论自由的张力十分强大，参与网络言论的人群剧增，人人都能成为出版者的技术障碍不复存在，网络参与主体和网络侵害行为实施者在数量上均迅速增长。网络离不开网络用户和网络服务提供者，而实施网络侵权行为的当事人也分为网络用户及网络服务提供者。由于网络技术的不断发展，其使用领域广阔、使用范围极为广泛，利用网络从事侵权活动的自然人、法人、其他组织的数量十分庞大，任何一个懂得互联网基本操作的人都可能利用互联网实施侵权行为。而网络服务提供者包括网络中介技术服务提供者和网络内容服务提供者。为预防、遏制网络侵权并为了救济被侵权人、保护被侵权人利益，侵权责任法专门规定了网络用户、网络服务提供者"利用网络侵害他人民事权益"的侵权责任。

（五）网络侵权的因果关系有特殊性

在网络侵权纠纷案件中，因果关系往往有直接因果关系和间接因果关系之分。例如，网络用户实施侵权行为，网络服务提供者知道却不及时采取必要措施，网络用户侵害行为与被侵害人损害之间形成直接因果关系，网络服务提供者知道而不及时采取必要措施的行为与扩大的损害结果之间有间接因果关系。这是因果关系在网络侵权责任领域最明显的特点。

（六）网络侵权纠纷处理涉及公共政策和多方利益

互联网络与生产、经营、管理、工作、学习、生活以及社会交往日益密切，互联网涉及技术、经济、法律、知识产权、文化教育等各个方面。网络侵权纠纷频繁发生，因涉及多方利益，法律在设立网络侵权责任规则时要在科技进步、经济发展和民事权益保护之间找到恰当的平衡点，既要给予网络技术的发展一定的空间，又要保护人身权益、知识产权和其他民事权益以维护公平正义。当然，还要维护公共利益和善良风俗。基于这些方面的考虑，法律规定网络侵权归责原则是过错责任原则，但是，考虑到网络侵权的特殊性，法律规定了具体判断相关当事人过错、侵权责任的标准。

网络用户网上侵权与网下侵权不同，但是这种不同尚不足以推动法律改变侵权归责原则，法律规定网络用户一般侵权归责原则仍然是过错责任原则。例如在北京某安全软件有限公司与周某某侵犯名誉权纠纷案中，海淀区法院一审认为，公众人物发表网络言论时应当承担比普通民众更大的注意义务。周某某具有侵权的主观故意，其行为势必造成软件公司社会评价的降低，侵犯了软件公司的名誉权，但软件公司并无证据证明其股价下跌与周某某微博言论的关联性。一审法院判决周某某停止侵权，删除相关微博文章，在新浪、搜狐、网易微博首页发表致歉声明，并赔偿经济损失 8 万元。[1]二审法院改判赔偿经济损失 5 万元。[2]网络服务提供者承担侵权责任的归责原则依法也是过错责任原则。

虽然网络侵权有其特殊性，但是目前侵权责任法就网络侵权责任所规定的制度框架并未突破民法原理，这无疑考虑了公共政策和多方利益。不过，侵权责任法还是就计算机及网络技术发展进行了回应性的具体规定，这种回应性规定是细节方面的，带有技术性特点，有创新。

---

① 参见北京市海淀区人民法院（2010）海民初字第 19075 号民事判决书。
② 参见北京市第一中级人民法院（2011）一中民终字第 09328 号民事判决书。

二、网络侵权责任制度保护的范围

《侵权责任法》第 36 规定保护的民事权益，不仅包括著作权，还包括其他财产权益和人身权益。例如 2014 年《最高人民法院关于审理利用信息网络侵害人身权益民事纠纷案件适用法律若干问题的规定》第 1 条规定："本规定所称的利用信息网络侵害人身权益民事纠纷案件，是指利用信息网络侵害他人姓名权、名称权、名誉权、荣誉权、肖像权、隐私权等人身权益引起的纠纷案件。"

利用网络侵害他人民事权益的种类主要有：

（1）侵害他人人身权益，包括侵害自然人姓名权，如盗用、假冒他人姓名；侵害法人名称权；侵害他人肖像权，如未经他人同意在网上使用他人肖像；侵害他人名誉权，如故意以侮辱、诽谤方式诋毁他人、贬低他人人格；侵害他人荣誉权；侵害他人隐私权、个人信息，例如利用网络骚扰他人、在网上暴露他人私密信息等。

（2）侵害知识产权，主要是侵害著作权、商标权、专利权和商业秘密。例如抄袭他人享有著作权的作品或者侵害他人网络信息传播权；未经许可，在网上使用他人注册商标；未经许可，通过网络销售或者许诺销售专利产品或者使用专利方法；在网上泄露他人商业秘密。其中著作权的网络侵权最为突出，网络商标侵权比较突出，涉网专利侵权时有发生。

（3）侵害他人其他财产权益，例如盗取他人银行卡号和密码并窃取资金，窃取游戏装备、虚拟货币等。互联网和金融、商业以及其他产业日益紧密联系，互联网中知识产权以外的财产权益的保护也显得非常重要，相关的侵权纠纷问题都需要民法予以解决。

三、网络侵权责任的类型

《侵权责任法》第 36 条第 1 款规定了网络用户、网络服务提供者利用网络侵害他人民事权益的侵权责任。表面上看，《侵权责任法》第 36 条第 1 款对于相关案件的裁判并没有比较具体的指示，例如就网络侵权赔偿责任采取何种归责原则予以认定并无明确指示；该款的法律意义主要是价值宣示。第 2 款和第 3 款则十分具体，既是行为规范，又是裁判规范。在《侵权责任法》颁布实施后，很多人认为其中第 36 条第 1 款是可有可无的。原因是，网络侵权责任本来就是一般侵权行为，适用过错责任原则，是自己责任，这些都包含在侵权责任一般条款中，不规定也没有问题。其实，在《侵权责任法》起草过程中，二审稿和三审稿的第 36 条并未规定这一条款，而是只规定了避风港原则和红旗原则。后来考虑到网络侵权责任作为特殊侵权责任类型之一，只规定这两个原则，缺少引领性的条款，与此同时，考虑到网络侵权行为日益增多这一突出问题，立法机关认为做出专条规定很有必要①，故在四审稿才增加了这个条款。②

不过，也可以解释为，与《侵权责任法》第 36 条第 2 款和第 3 款相比较，第 1 款是针对网络用户、网络服务提供者单独实施侵权行为的，该款规定涉网民事主体各自为自己的侵权行为负责，就是说，有观点认为第 1 款是规定"自己责任"。当然，即使作此解释，也只能认为第 1 款主要还是起价值宣誓作用，因为自己责任也有过错责任与无过错责任之分，而第 36 条第 1 款没有明确规定过错责任原则，解释为无过错责任又与学界共识和司法实践不符，只能认为第 1 款并无归责原则的明确指示。

网络用户包括使用互联网的自然人、法人、其他组织。在《侵权责任法》起草过程中，对网络侵权的网络服务提供者的具体含义有不同观点，有的认为侵权法上只针对技术服务提供者，有的认为网络侵权的网络服务提供者不仅包括网络技术服务提供者，还包括网络内容服务提供者。笔者认同后一种观点。网络技术服务提供者，是指提供网络接入服务、缓存服务、信息存储空间服务以及搜索链接服务的网络主体。网络技术服务提供者只按照网络用户指令在两点或者多点之间建立联系，并不对网络的内容进行审查、筛选。网络内容服务提供者，是利用网络为用户提供各种信息服务的网络主体，其要对各种信息内容进行筛选、审查。各种新闻网、学术网站等就属于网络内容服务提供者。也有一些网络主体，如新浪、搜狐等综合型门户网站，既是网络技术服务提供者，又是网络内容服务提供者。无论如何界定《侵权责任法》第 36 条第 1 款所提及的"网络服务提供者"，第 1 款都只能解释为仍适用过错责任原则，即仍归《侵权责任法》第 6 条第 1 款管辖。既然如此，未来完善侵权法的时候，可以将该第 36 条第 1

---

① 参见全国人大常委会法制工作委员会民法室编《〈中华人民共和国侵权责任法〉条文说明、立法理由及相关规定》，北京大学出版社 2010 年版，第 148 页。

② 参见杨立新《民法典侵权责任编草案规定的网络侵权责任规则检视》，《法学论坛》2019 年第 3 期。另见高圣平主编《〈中华人民共和国侵权责任法〉立法争点、立法例及经典案例》，北京大学出版社 2010 年版，第 447~448 页。

款予以删除，即可以适用第 6 条第 1 款的情形，不必另外再予以规定。

《侵权责任法》第 36 条第 2 款、第 3 款规定了有关当事人的连带责任。要注意的是，适用第 2、3 款的只是网络技术服务提供者，而不包括网络内容服务提供者。至于网络内容服务提供者侵权，应当这样进行判断：当网络内容服务提供者提供了侵害他人的民事权益的信息，且未尽审查义务时，应当承担侵权责任。此时网络内容服务提供者既然已经构成侵权，就不能因事后采取补救措施而免责。第 2 款规定的是"通知—取下"规则，网络用户实施侵权，网络技术服务提供者在接到被侵权人的通知后采取了删除、屏蔽、断开链接等措施的，就不承担侵权责任，否则应当就扩大的损害与网络用户侵权人承担连带责任。第 3 款规定的是，网络技术服务提供者知道网络用户实施侵权行为而不采取必要措施，应当与网络用户承担连带责任。

四、网络服务提供者的责任承担规则

前文已述，《侵权责任法》第 36 条第 1 款关于网络用户、网络服务提供者利用网络实施的单独侵权的规定，主要是价值宣示性的规定。至于其中的侵权责任认定，还是要依据《侵权责任法》第 6 条和其他有关规定以及《民法通则》、《民法总则》、其他法律有关人身权益规定或者著作权法、商标法、专利法、商业秘密法等相关规定进行。判断是否构成网络侵权责任，需要判断的构成要件包括：损害结果；网络用户、网络服务提供者利用网络实施侵害行为；网络侵害行为与损害结果之间有因果关系；网络用户、网络服务提供者有过错。

网络技术服务提供者承担连带责任的规则，由《侵权责任法》第 2 款和第 3 款进行了规定，目前还有一些司法解释规定。

（一）网络服务提供者未依被侵权人通知采取措施的

根据《侵权责任法》第 36 条第 2 款的规定，网络服务提供者承担连带责任的条件有：网络用户实施了侵权行为；被侵权人已通知网络服务提供者；网络服务提供者接到通知后没有及时采取必要措施。

根据《侵权责任法》第 36 条第 2 款，只有当被侵权人通知网络服务提供者采取措施而网络服务提供者在接到通知后没有及时采取措施时，才需要对扩大的损失与网络用户一起承担连带责任。其中包括"通知—取下"规则：被侵权人在获悉网络用户侵权事实后，可以向提供信息存储空间服务和信息定位服务等网络服务提供者发出符合法律规定的通知，网络服务提供者在接到网络用户通知后，应当及时采取删除、屏蔽、断开链接等必要措施。2013 年国务院《信息网络传播权保护条例》第 14 条、第 15 条规定了此规则。第 14 条规定：对提供信息存储空间或者提供搜索、链接服务的网络服务提供者，权利人认为其服务所涉及的作品、表演、录音录像制品，侵犯自己的信息网络传播权或者被删除、改变了自己的权利管理电子信息的，可以提交书面通知，要求删除该作品、表演、录音录像制品，或者断开与该作品、表演、录音录像制品的链接。通知书应当包含权利人的姓名（名称）、联系方式和地址；要求删除或者断开链接的侵权作品、表演、录音录像制品的名称和网络地址；构成侵权的初步证明材料。第15 条规定："网络服务提供者接到权利人的通知书后，应当立即删除涉嫌侵权的作品、表演、录音录像制品，或者断开与涉嫌侵权的作品、表演、录音录像制品的链接，并同时将通知书转送提供作品、表演、录音录像制品的服务对象；服务对象网络地址不明、无法转送的，应当将通知书的内容同时在信息网络上公告。"2006 年《最高人民法院关于审理涉及计算机网络著作权纠纷案件适用法律若干问题的解释》（法释〔2006〕11 号）[①]第 4 条曾经规定："提供内容服务的网络服务提供者，明知网络用户通过网络实施侵犯他人著作权的行为，或者经著作权人提出确有证据的警告，但仍不采取移除侵权内容等措施以消除侵权后果的，人民法院应当根据民法通则第一百三十条的规定，追究其与该网络用户的共同侵权责任。"2012 年《最高人民法院关于审理侵害信息网络传播权民事纠纷案件适用法律若干问题的规定》第 13 条规定：网络服务提供者接到权利人提交的通知，未及时采取删除、屏蔽、断开链接等必要措施的，人民法院应当认定其明知相关侵害信息网络传播权行为。这条司法解释规定是以前有关规定的总结，也是对 2009 年《侵权责任法》第 36 条第 2 款规定在解决侵害信息网络传播权纠纷案件中的运用。

就有关合格通知的具体条件，《侵权责任法》没有明确规定，《信息网络传播权保护条例》第 14 条规定了三个方面。2014 年《最高人民法院关于审理利用信息网络侵害人身权益民事纠纷案件适用法律若干问题的规定》第 5 条规定：依据

---

① 这个司法解释已经废止。

侵权责任法第 36 条第 2 款规定，被侵权人以书面形式或者网络服务提供者公示的方式向网络服务提供者发出的通知，包含下列内容的，人民法院应当认定有效：通知人的姓名（名称）和联系方式；要求采取必要措施的网络地址或者足以准确定位侵权内容的相关信息；通知人要求删除相关信息的理由。被侵权人发送的通知未满足上述条件，网络服务提供者主张免责的，人民法院应予支持。在司法实践中，被侵权人发出的通知是否符合法定的要求成为网络服务提供者是否承担连带责任的关键所在。须注意，该第 5 条要求被侵权人向网络服务提供者发出的通知采取书面形式或"网络服务提供者公示的方式"。

至于具体判断采取必要措施是否及时，既要适用《侵权责任法》，也应当适用其他法律、法规和司法解释。2012 年《最高人民法院关于审理侵害信息网络传播权民事纠纷案件适用法律若干问题的规定》第 14 条规定：人民法院认定网络服务提供者采取的删除、屏蔽、断开链接等必要措施是否及时，应当根据权利人通知的形式，通知的准确程度，采取措施的难易程度，网络服务的性质，所涉作品、表演、录音录像制品的类型、知名度、数量等因素综合判断。2014 年《最高人民法院关于审理利用信息网络侵害人身权益民事纠纷案件适用法律若干问题的规定》第 6 条也规定：人民法院适用侵权责任法第 36 条第 2 款规定，认定网络服务提供者采取的删除、屏蔽、断开链接等必要措施是否及时，应当根据网络服务的性质、有效通知的形式和准确程度，网络信息侵害权益的类型和程度等因素综合判断。从以上规定中可以看出，判断是否及时应当根据具体情况进行分析并综合各种因素加以判断。

2009 年《侵权责任法》第 36 条只规定了通知规则（"通知—取下"规则），没有规定"反通知—恢复"规则。但是 2006 年《信息网络传播权保护条例》第 16 条规定：服务对象接到网络服务提供者转送的通知书后，认为其提供的作品、表演、录音录像制品未侵犯他人权利的，可以向网络服务提供者提交书面说明，要求恢复被删除的作品、表演、录音录像制品，或者恢复与被断开的作品、表演、录音录像制品的链接。书面说明应当包含：服务对象的姓名（名称）、联系方式和地址；要求恢复的作品、表演、录音录像制品的名称和网络地址；不构成侵权的初步证明材料。第 17 条规定：网络服务提供者接到服务对象的书面说明后，应当立即恢复被删除的作品、表演、录音录像制品，或者可以恢复与被断开的作品、表演、录音录像制品的链接，同时将服务对象的书面说明转送权利人。这里第 16、17 条规定了反通知（"书面说明"）规则。第 24 条规定："因权利人的通知导致网络服务提供者错误删除作品、表演、录音录像制品，或者错误断开与作品、表演、录音录像制品的链接，给服务对象造成损失的，权利人应当承担赔偿责任。"[①]法律对于人身权益的保护应当置于更优先的地位，因此"反通知—恢复"规则也适用于涉嫌侵犯人身权益的网络服务，但是"恢复"的条件更严格，被采取删除、屏蔽、断开链接等措施的网络用户有权"请求网络服务提供者提供通知内容"，有权请求通知人就"因通知人的通知导致网络服务提供者错误采取删除、屏蔽、断开链接等措施"承担侵权责任，有权在被正式确认不侵权之后"请求网络服务提供者采取相应恢复措施"（但受技术条件限制无法恢复的除外）（《最高人民法院关于审理利用信息网络侵害人身权益民事纠纷案件适用法律若干问题的规定》第7条、第8条）。2018年12月23日十三届全国人大常委会第七次会议审议的《民法典侵权责任编（草案）》（二次审议稿）第971条增加了"反通知—恢复"规则：（1）网络用户接到转送的权利人要求网络服务提供者采取必要措施的通知后，可以向网络服务提供者提交不存在侵权行为的声明。声明应当包括不存在侵权行为的初步证据。（2）网络服务提供者接到声明后，应当将该声明转送发出通知的权利人，并告知其可以向有关部门投诉或者向人民法院起诉。网络服务提供者在转送声明到达权利人后十五日内，未收到关于权利人已经投诉或者起诉通知的，应当及时终止所采取的措施。侵权责任编草案设计的"反通知—恢复"规则，其中"恢复"规则表述为网络服务提供者"及时终止所采取的措施"，具体条件是，"网络服务提供者在转送声明到达权利人后十五日内，未收到关于权利人已经投诉或者起诉通知"。为了保证其他网络用户不受通知权行使的损害，救济已经受到通知权行使所造成损害的其他网络用户，有学者进一步建议在第971条第1款增加规定：其他因所采取的必要措施受到损害的网络用户，有权向网络服务提供者提出反通知声明，要求解除损害自己合法权益的已经采取的措施。反通知主张应当包括自己受到损害的初步证据；网络服务提供者认可反通知人的主张，应当终止损害反通知权人权益的措施，改换其他必要措施。[②]也有学者认为，反通知制度可能会对互联网产业发展、网民合法权益保障和司法效率造成很大冲击，不宜写进民法典。[③]笔者认为，《侵权责任法》第36条适用于财产权益保护，也适用于

---

① 2013年《国务院关于修改〈信息网络传播权保护条例〉的决定》只修改了条例第18条和第19条，其他条文未作修改。
② 杨立新：《民法典侵权责任编草案规定的网络侵权责任规则检视》，《法学论坛》2019年第3期。
③ 朱巍：《互联网反通知制度不宜写入民法典》，《检察日报》2019年8月21日第007版。

人身权益保护[①]；民法关于"反通知—恢复"规则，就"恢复"不宜设置太过宽松的条件，否则不利于人身权益的法律保护；可以在维持目前侵权责任编草案第971条内容的基础上补充保障其他网络用户不受通知权行使的损害的具体规定。

2018年《电子商务法》第42条规定延续了《侵权责任法》有关规定，并吸收了电子商务、知识产权实践经验，该第42条规定："知识产权权利人认为其知识产权受到侵害的，有权通知电子商务平台经营者采取删除、屏蔽、断开链接、终止交易和服务等必要措施。通知应当包括构成侵权的初步证据。 电子商务平台经营者接到通知后，应当及时采取必要措施，并将该通知转送平台内经营者；未及时采取必要措施的，对损害的扩大部分与平台内经营者承担连带责任。 因通知错误造成平台内经营者损害的，依法承担民事责任。恶意发出错误通知，造成平台内经营者损失的，加倍承担赔偿责任。"这里进一步明确了"通知—取下"规则的运用。第43条规定："平台内经营者接到转送的通知后，可以向电子商务平台经营者提交不存在侵权行为的声明。声明应当包括不存在侵权行为的初步证据。 电子商务平台经营者接到声明后，应当将该声明转送发出通知的知识产权权利人，并告知其可以向有关主管部门投诉或者向人民法院起诉。电子商务平台经营者在转送声明到达知识产权权利人后十五日内，未收到权利人已经投诉或者起诉通知的，应当及时终止所采取的措施。"第43条规定了"反通知—恢复"规则。第42条和第43条吸收了有关理论研究成果和有关实践经验，原理清晰，有利于处理有关侵权纠纷案件。第45条规定："电子商务平台经营者知道或者应当知道平台内经营者侵犯知识产权的，应当采取删除、屏蔽、断开链接、终止交易和服务等必要措施；未采取必要措施的，与侵权人承担连带责任。"第45条是《侵权责任法》第36条第2款的具体化，同时明确规定电商平台经营者承担连带责任的主观要件是"知道或者应当知道……"明确"应当知道……"也包括在内，强化了侵权责任，强化了知识产权保护。

网络服务提供者承担连带责任的对象是损害扩大部分。对于接到通知前的全部损害，由实施侵权的网络用户自己承担责任。扩大部分的损害，是指网络服务提供者在接到被侵权人通知后因没有及时采取必要措施而导致损害后果扩大的部分。

---

① 参见2014年《最高人民法院关于审理利用信息网络侵害人身权益民事纠纷案件适用法律若干问题的规定》第3条。

（二）网络服务提供者知道网络用户实施侵权的

根据《侵权责任法》第 36 条第 3 款，网络服务提供者知道网络用户实施侵权而没有采取必要措施的，应当与网络用户一起承担连带赔偿责任。构成此种侵权责任的构成要件有：网络用户实施了侵害他人权益的行为；构成侵权；网络服务提供者知道；网络服务提供者没有采取必要措施。

是以"知道"还是以"知道或者应当知道"为标准判断网络服务提供者"过错"是难题，如何判断网络服务提供者是否"知道"更是难题。侵权责任法草案第一次审议稿和第二次审议稿中都规定是"明知"，在《侵权责任法》起草过程中，也有学者主张用"知道或者应当知道"表述，但是法律文本最终使用"知道"表述。《侵权责任法》第 36 条"知道"又作何解释呢？首先，不能仅仅解释为"明知"，若只是"明知"，为何立法者最终把"明知"改为"知道"呢？该条"知道"能否解释为包括应知而不知呢？若解释为既包括明知，又包括应知而不知，则应当避免赋予网络服务提供者主动审查的义务。"知道"是否可以解释为包括明知和推定知道呢？"推定知道"与"应知而不知"的标准是一样的，其实也很模糊，同样会使法律的适用者面临另一个难题，也应当避免赋予网络服务提供者主动审查的义务。总之，第 36 条的"知道"不限于"明知"，应当还包括"应知而不知"或"推定知道"或者某些具体情形，但是应当避免赋予网络服务提供者主动审查的义务。

须指出，《电子商务法》第 38 条规定："电子商务平台经营者知道或者应当知道平台内经营者销售的商品或者提供的服务不符合保障人身、财产安全的要求，或者有其他侵害消费者合法权益行为，未采取必要措施的，依法与该平台内经营者承担连带责任。　对关系消费者生命健康的商品或者服务，电子商务平台经营者对平台内经营者的资质资格未尽到审核义务，或者对消费者未尽到安全保障义务，造成消费者损害的，依法承担相应的责任。"可见，目前我国法律在电子商务领域已经规定了比《侵权责任法》更严格的侵权责任，这也是此前一系列司法解释的延续。

《最高人民法院关于审理侵害信息网络传播权民事纠纷案件适用法律若干问题的规定》具体解释了网络技术服务提供者的过错侵权责任。根据其中第 6 条的规定，原告有初步证据证明网络服务提供者提供了相关作品、表演、录音录像制品，但是，网络服务提供者能够证明其仅提供网络服务，且无过错的，不构成侵权。在判定"过错责任"时，要考虑到网络技术服务的快捷、高效以及互联网信息的海量特点，只提供网络技术平台服务的当事人无法事先一一审查网络用户上传的信息，这就如同报摊无法事先具体审查所卖报纸杂志的内容有无侵权一样。也就是说，网络技术服务提供者的应尽义务不能是如同其自己上传信息时的审查义务一样。2012年《最高人民法院关于审理侵害信息网络传播权民事纠纷案件适用法律若干问题的规定》第7条规定，网络服务提供者以言语、推介技术支持、奖励积分等方式诱导、鼓励网络用户实施侵害信息网络传播权行为的，人民法院应当认定其构成教唆侵权行为。网络服务提供者明知或者应知网络用户利用网络服务侵害信息网络传播权，未采取删除、屏蔽、断开链接等必要措施，或者提供技术支持等帮助行为的，人民法院应当认定其构成帮助侵权行为。司法解释根据有关网络民事活动经验、相关司法实践经验、知识产权理论研究成果以及侵权责任法的原理和逻辑，作出了上述具体规定。该司法解释第8条规定，网络服务提供者未对网络用户侵害信息网络传播权的行为主动进行审查的，人民法院不应据此认定其具有过错。网络服务提供者能够证明已采取合理、有效的技术措施，仍难以发现网络用户侵害信息网络传播权行为的，人民法院应当认定其不具有过错。目前，对网络用户提供作品、表演、录音录像制品是否侵害信息网络传播权，网络服务提供者有一定程度的注意义务，但是这种注意义务应在合理、适度的范围内，否则不利于技术、经济和文化的发展。当然，计算机及网络技术进步日新月异，当技术条件发展到可以自动对所提供的作品、表演、录音录像制品进行检测进而自动判断是否构成侵权的时候，法律赋予网络服务提供者主动审查义务将成为合理的立法选择。

"过错"虽然属于行为人主观心理活动状态，但是判断"过错"可以而且只能采用客观的标准，即以行为人的行为以及相关客观因素及客观表现为判断标准。对于"明知"或者"应知"的判断，也都应该如此进行。对此，《最高人民法院关于审理侵害信息网络传播权民事纠纷案件适用法律若干问题的规定》第9条规定：人民法院应当根据网络用户侵害信息网络传播权的具体事实是否明显，综合考虑以下因素，认定网络服务提供者是否构成应知：……（三）网络服务提供者是否主动对作品、表演、录音录像制品进行了选择、编辑、修改、推荐等；（四）网络服务提供者是否积极采取了预防侵权的合理措施；（五）网络服务提供者是否设置便捷程序接收侵权通知并及时对侵权通知作出合理的反应；（六）网络服务提供者是否针对同一网络用户的重复侵权行为采取了相应的合理措施；……第 10 条规定：网络服务提供者在提供网络服务时，对热播影视作品等以设置榜单、目录、索引、描述性段落、内容简介等方式进行推荐，且公众可以在其网页上直接以下载、浏览或者其他方式获得的，人民法院可以认定其应知网络用户侵害信息网络传播权。这些规定，是对有关实践经验教训的总结，是有关理论研究成果的初步确认，也使相关学术争论暂告一段落（理论仍将随实践变化而发展）。这些规定，主要是判断"应知"进而判定网络服务提供者的过错，不过，其中也有一些规定涉及因果关系的具体判断。

更为明显的，"过错"程度也更高的，是对于网络用户侵害信息网络传播权行为的"明知"。对此，《最高人民法院关于审理侵害信息网络传播权民事纠纷案件适用法律若干问题的规定》第 13 条规定：网络服务提供者接到权利人以书信、传真、电子邮件等方式提交的通知，未及时采取删除、屏蔽、断开链接等必要措施的，人民法院应当认定其明知相关侵害信息网络传播权行为。第 14 条还规定了人民法院认定网络服务提供者采取必要措施是否及时的方法和标准。这两条规定是以前有关规定的进一步总结，也是对《侵权责任法》第 36 条规定在侵害信息网络传播权民事纠纷案件中的运用和具体化。

从上文分析可知，《最高人民法院关于审理侵害信息网络传播权民事纠纷案件适用法律若干问题的规定》将《侵权责任法》第 36 条第 2 款和第 3 款的关系，解释为在外延上第 3 款包含第 2 款（即认为第 2 款是第 3 款的特殊情形）。

关于《侵权责任法》第 36 条第 2 款和第 3 款的关系，有的认为是递进关系，有的认为是并列关系，有的解释为包含关系。无论理论上见解如何，在实践中，当被侵权人能证明网络服务提供者知道网络用户侵权行为时，均可依第 3 款规定，直接请求网络服务提供者和网络用户一起承担连带赔偿责任，网络服务提供者不能以被侵权人未通知为由抗辩。因为网络服务提供者在知道网络用户侵权的情况下，有义务采取必要措施，其不能因为被侵权人没有通知就放任侵权行为发生。若被侵权人没有证据证明网络服务提供者知道，则可依第 2 款的规定发出通知；网络服务提供者若接到通知后没有及时采取删除、屏蔽、断开链接等必要措施，则被判断为有过错，从而应当就扩大的损失承担连带赔偿责任。

《最高人民法院关于审理利用信息网络侵害人身权益民事纠纷案件适用法律若干问题的规定》的解释路径，则是通过细化认定"知道"的标准进而判断网络服务提供者是否"知道"，没有明确将"知道"解释为"明知或者应当知道"。该解释第 9 条规定，人民法院依据侵权责任法第 36 条第 3 款认定网络服务提供者是否"知道",应当综合考虑下列因素:(一)网络服务提供者是否以人工或者自动方式对侵权网络信息以推荐、排名、选择、编辑、整理、修改等方式作出处理;……(五)网络服务提供者采取预防侵权措施的技术可能性及其是否采取了相应的合理措施;(六)网络服务提供者是否针对同一网络用户的重复侵权行为或者同一侵权信息采取了相应的合理措施;……如何判断"知道",关系着互联网技术以及网络行业的健康发展,也与权利人的权益保护密切相关。若"知道"的标准过于宽松,网络服务提供者很容易就被判断为"有过错",会使网络服务提供者责任过重,增加其经营管理成本,不利于网络技术和网络行业发展,也不利于网络信息的自由传播。若"知道"的标准过于严格,则网络服务提供者很难被判断为"有过错",网络服务提供者也可能因此会怠于履行必要的注意义务,不利于对权利人权益的保护,也缺乏对于网络服务提供者提高网络技术的激励。

网络服务提供者知道网络用户利用网络实施侵权而不采取必要措施的,应当与网络用户一起就网络用户造成的损害承担连带赔偿责任。如果网络服务提供者及时采取了删除、屏蔽、断开链接等必要措施,就不承担侵权责任。

五、网络侵权立法经验总结及制度完善展望

《侵权责任法》第 36 条、其他法律有关规定、有关司法解释、行政法规等,就网络侵权责任规定的归责原则是过错责任原则,而不是无过错责任原则,也不是过错推定,但是以《侵权责任法》第 36 条为核心的制度体系在立法上还是有重要意义和积极作用的,这个制度体系为解决网络侵权纠纷提供了裁判规范,也为网络经营活动和相关当事人的行为提供了指引。随着计算机及网络技术发展,网络侵权责任制度也需要进一步完善。法律关注和具体规定网络侵权责任,而非交由《侵权责任法》第 6 条第 1 款一般条款规定直接处理,是因为网络侵权有归责原则以外的一些特殊因素需要考虑,涉及科技政策,也涉及科技本身的复杂性。当然,《侵权责任法》第 36 条第 1 款有可能被误认为无过错责任原则规定,实际上,该第 36 条第 1 款只有价值宣誓作用,可以予以删除。

第五节　安全保障义务人责任

《侵权责任法》第 37 条规定了安全保障义务人的责任："宾馆、商场、银行、车站、娱乐场所等公共场所的管理人或者群众性活动的组织者，未尽到安全保障义务，造成他人损害的，应当承担侵权责任。　因第三人的行为造成他人损害的，由第三人承担侵权责任；管理人或者组织者未尽到安全保障义务的，承担相应的补充责任。"本条所规定的安全保障义务是狭义的安全保障义务。[①]也有学者将与各种"不作为侵权"相对应的作为义务都解释为安全保障义务[②]，或者"安全注意义务"[③]，这是广义的安全保障义务，在德国民法理论和司法实践中被称为"社会交往安全保障义务"（或译为"一般安全注意义务"）。有学者指出，社会交往安全保障义务会导致过错责任的严格化。[④]过错责任严格化，表明安全保障义务人责任也有特殊性。本书认为《侵权责任法》第 37 条在立法上、司法实践中以及侵权法理论研究中都有重要意义，并非本条没有规定无过错责任原则、过错推定就没有意义。虽然第 37 条也遵循第 6 条第 1 款所规定的过错责任原则，但是该条这种先规定特定主体有特定作为义务而后据以判断过错责任的立法也属于特殊情形。

一、安全保障义务人责任制度的特殊性

根据目前法律规定，安全保障义务人责任，就是宾馆、商场、银行、车站、娱乐场所等公共场所的管理人或者群众性活动的组织者，未尽到安全保障义务，造成他人损害，而应当承担的侵权责任。安全保障义务人责任具有以下特殊之处。

[①]　参见杨垠红《不作为侵权责任之比较研究》，法律出版社 2012 年版，第 287 页。

[②]　参见刘士国等《侵权责任法重大疑难问题研究》，中国法制出版社 2009 年版，第 38~78 页。

[③]　参见熊进光《侵权行为法上的安全注意义务研究》，法律出版社 2007 年版，第 441~499 页。

[④]　[奥地利]海尔姆特·库齐奥：《侵权责任法的基本问题（第一卷）：德语国家的视角》，朱岩译，北京大学出版社 2017 年版，第 255 页。

（一）承担安全保障义务的责任人是特定主体

《侵权责任法》规定的主体有宾馆、商场、银行、车站、娱乐场所等公共场所的管理人或者群众性活动的组织者。在《侵权责任法》通过之前，2003年《最高人民法院关于审理人身损害赔偿案件适用法律若干问题的解释》（以下简称《解释》）第6条也规定了安全保障义务人的责任。《解释》第6条规定的主体是从事住宿、餐饮、娱乐等经营活动或者其他社会活动的自然人、法人、其他组织。有论者认为相比《解释》第6条，《侵权责任法》扩大了主体范围，不仅包括从事经营活动的主体，还包括从事非经营活动的公共场所的管理人。其实，《解释》第6条明确责任主体是"自然人、法人、其他组织"，是从事"经营活动或者其他社会活动"的主体，并未明示不包括从事非经营活动的公共场所的管理人，在责任主体规定方面更抽象、可能涵盖的范围更广。《侵权责任法》第37条规定的责任主体更具体，但是第37条对于安全保障义务人的列举系不完全列举，可以认为飞机场、码头、餐馆、保险公司等也都有安全保障义务。不同的是，《解释》受限于其主题内容"人身损害赔偿"，因此没有规定侵害财产权的赔偿。《侵权责任法》则包括对于人身或者财产的侵权责任。

安全保障义务人侵权纠纷案例很多，类型也很多。例如，2014年8月2日上午，卓女士因左耳疼痛到某医院住院治疗。当日下午，卓女士在医院走廊踩到油渍摔倒致其左侧股骨胫骨折，并进行了左股骨胫骨置换手术，花去医药费用6.5万元。一审法院认为，医院未对其住院大楼进行有效管理和及时对病房走廊油渍进行清理，没有全面履行对卓女士的安全保障义务，存在重大过错，应承担赔偿责任。卓女士作为完全民事行为能力人，应合理谨慎注意自身安全，其不慎摔伤也应承担相应的民事责任。一审判决医院赔偿卓女士17.9万元。[1]本案就是安全保障义务人侵权纠纷案件，而非医疗侵权纠纷案件。

又如，2011年8月14日16时40分左右，原告邓某某到被告北京某汽车销售有限公司看车，后出门下台阶时摔倒受伤。石景山区法院经审理认为，被告在经营活动中遇下雨，其应在其经营范围内采取相关措施避免危险及损害的发生，现被告未在其门口台阶处采取防滑措施，导致原告摔伤，故被告对此有一定过错，应承担相应的赔偿责任。原告作为完全民事行为能力人，在此次事件中亦

---

[1] 参见符翔、何清《患者住院期间摔伤 医院赔偿损失17.9万元》，载 http://www.chinacourt.org/article/detail/2015/05/id/1607570.shtml，访问时间：2019年6月18日。

负有一定过错。石景山区法院按照被告承担原告损失 80% 的责任比例判定被告的责任。①这也是一个安全保障义务人侵权责任案例。

（二）安全保障义务人侵权责任有两种类型

《侵权责任法》第 37 条规定了两种侵权纠纷类型的安全保障义务人责任。第一种是安全保障义务人就其自己行为（不作为）造成他人损害时应承担的责任，此时没有第三人行为介入，安全保障义务人的不作为（违反安全保障义务的行为）是损害发生的全部原因。第二种是第三人行为是损害发生的直接原因，安全保障义务人的不作为是损害发生的间接原因。就是说，在第二种情形下，作为侵权构成要件的因果关系有两个，包括直接因果关系和间接因果关系。安全保障义务人未尽安全保障义务，没有制止或者预防损害发生的，应当承担与其过错相应的补充赔偿责任。于第二种情形，从表面上看，是安全保障义务人就他人侵权行为承担责任，在实质意义上也确有替代责任的性质；但是在法律上同时也是安全保障义务人就自己行为（不作为）承担侵权责任。

二、侵权责任构成要件

（一）有安全保障义务人

《侵权责任法》第 37 条规定承担安全保障义务的责任人为宾馆、商场、银行、车站、娱乐场所等公共场所的管理人或者群众性活动的组织者。在侵权法制定过程中，对安全保障义务人的范围意见不一。有的主张继续采用司法解释的规定，即"从事住宿、餐饮、娱乐等经营活动或者其他社会活动的自然人、法人、其他组织"，有的主张用"经营者及其他开启或者持续危险者"，有的主张用美国法上的"土地利益占有人"的概念。经过反复研究，立法者最终采用了公共场所的管理人或者群众活动的组织者的概念。②立法者认为既要考虑以人为本，应当充分保护广大人民群众的人身和财产安全，也要考虑我国国情，应当避

---

① 参见国家法官学院案例开发研究中心编《中国法院 2014 年度案例·侵权赔偿纠纷》，中国法制出版社 2014 年版，第71~75 页。
② 全国人大常委会法制工作委员会民法室编：《〈中华人民共和国侵权责任法〉条文说明、立法理由及相关规定》，北京大学出版社 2010 年版，第 161 页。

免引发过多社会纠纷，同时还要考虑避免或减少相关法律规定间的冲突或竞合。①

公共场所，就是公众都可以进入的地方，包括以公众为对象的经营活动场所，也包括非经营性活动场所。除了本条规定的宾馆、商场、银行、车站、娱乐场所以外，应该还包括餐馆、飞机场、航运码头、公园、博物馆、图书馆、体育馆等公共场所。公共场所的管理人是管理控制公共场所的自然人、法人或者其他组织。不在公共场所发生的损害，不适用公共场所管理人安全保障义务人责任规定。例如，一男子在冬天外出遛狗时，走上永定河一处大坝的消力池内的冰面，不慎落水溺亡。其家属起诉北京市水务局、丰台区水务局、北京市永定河管理处、丰台区永定河管理所。丰台区法院经审理认为，事发地点属于水利设施，而非对外开放的冰场，判决驳回其家属的全部诉讼请求。②有评论指出，未开发为景区的水库、"无人区"、森林、河流等，并不属于供人们正常活动、通行的公共场所，不能要求相关部门对在此类区域"探险""冒险"的人承担安全保障义务。③

目前"安全保障义务"在学术界被广泛讨论，司法实践中适用安全保障义务人责任的案例也非常多。截至2019年7月9日，在中国裁判文书网上，以案件类型"民事案件"和全文检索"安全保障义务"为检索条件对相关裁判文书进行检索，显示"共找到74792个结果"。在理论上和民事活动实践以及司法实践中，对于安全保障义务人及其安保义务的解释或表述宽窄不同，但是往往持广义的理解。例如，有论者认为期货公司对于自然人客户的个人信息负有安全保障义务④，有观点认为金融机构对于储户信息安全和防止工资卡被盗刷负有安全保障义务⑤。有学者从《侵权责任法》第37条的既有规定出发，认为"乘客搭乘顺风车"这一行为，当其关涉的主体达到一定的规模时，解释为"群众性活动"应该也没有太大的争论。因此，顺风车网络平台可以纳入第37条规定的"群众性活动的组织者"之中。⑥《电子商务法》第38条第2款也规定，电子商务平台经营者"对消费者未尽到安全保障义务"，造成消费者损害的，依法承担相应的

---

① 全国人大常委会法制工作委员会民法室编：《〈中华人民共和国侵权责任法〉条文说明、立法理由及相关规定》，北京大学出版社2010年版，第161页。
② 参见舒锐：《公共场所安全保障义务并非国家包办一切》，《法制日报》2019年6月2日第07版。
③ 史奉楚：《自甘风险自担责任契合朴素正义观》，《人民法院报》2019年5月10日第02版。
④ 范雪飞：《须充分保护客户个人信息权》，《民主与法制时报》2019年3月28日第05版。
⑤ 杨森彪、杜鸿：《金融机构对储户财产具有安全保障义务》，《人民司法（案例）》2017年第26期。
⑥ 张新宝：《顺风车网络平台的安全保障义务与侵权责任》，《法律适用（司法案例）》2018年第12期。

责任。

群众性活动是指面向公众的或向公众开放的活动，如体育比赛、音乐会、演唱会、游园会、庙会、焰火晚会、灯会、展销活动、展览、招聘会等。群众性活动的组织者是组织负责群众性活动的人，应该包括自然人、法人或者其他组织。

安全保障义务人及其安保义务是有范围和限度的。即使对"安全注意义务"持广义说的学者，也认为这种"安全注意义务"只能是基于某种特定关系、特定场合情形下，或者是根据法律的特别规定，而在特定人之间产生的一种保护义务。[①]

（二）安全保障义务人未尽到安全保障义务

安全保障义务人承担的是过错侵权责任，没有过错的就不承担责任。虽然安全保障义务人负有安全保障义务，但是也并不是说，只要发生损害，安全保障义务人就要承担侵权责任。安全保障义务人有无过错，要分析判断其有没有尽到安全保障义务。安全保障义务人只在其未尽安全保障义务时才被认为有过错，才就因此致他人损害承担侵权责任。法律对于安全保障义务的规定，是对于某些特定主体行为的违法性判断设置具体标准，也是在此基础上进一步对于这些主体做出一定行为时主观过错的判断预设具体标准。违反安全保障义务，就认为行为人行为违法性，也判断为行为人行为时有过错。对于过错的举证，由被侵权人承担。只有在法律明确规定需要由安全保障义务人证明自己没有过错时，才适用过错推定规则。

一旦安全保障义务人未尽安全保障义务的，就判断为有过错，应当承担侵权责任。而安全保障义务的具体内容主要源于法律的规定，也可能源于合同的约定，有些义务来源于诚实信用原则，也有认为先前行为可能带来安全保障义务的。不同行业或不同性质的安全保障义务人，其所从事的工作或活动不同，安全保障义务也就不同。具体来说，判断法定的安全保障义务人是否履行了安全保障义务，要根据具体事实分析判断安全保障义务人行为是否符合法律、行政法规、地方性法规、规章规定的安全保障方面要求，是否达到了同行业通常要求的安全注意标准，是否达到了一个诚信善良的管理人所应当达到的安全注意标准。在司法实践中，法院通常要参考安全保障义务人所在行业通常情况、法律法

---

① 参见熊进光《侵权行为法上的安全注意义务研究》，法律出版社 2007 年版，第 115~116 页。

规的具体规定、组织活动规模、安全保障义务人防范制止危险的能力以及已经采取的应对措施等各种情况，进行具体分析、综合判断。

1. 法律、法规规定的安全保障义务标准

我国有些法律、行政法规、地方性法规、规章对公共场所管理人或者群众活动的组织者的安全保障义务提出了明确的要求。例如景区游客众多，对于安全保障措施应当明确；旅游业是朝阳无烟产业，法律对于旅游经营者的安全保障义务也必须明确规定。2018年《旅游法》第42条规定："景区开放应当具备下列条件，并听取旅游主管部门的意见：（一）有必要的旅游配套服务和辅助设施；（二）有必要的安全设施及制度，经过安全风险评估，满足安全条件；……"第45条规定："景区接待旅游者不得超过景区主管部门核定的最大承载量……"第79条规定："旅游经营者应当严格执行安全生产管理和消防安全管理的法律、法规和国家标准、行业标准，具备相应的安全生产条件，制定旅游者安全保护制度和应急预案。　　旅游经营者应当对直接为旅游者提供服务的从业人员开展经常性应急救助技能培训，对提供的产品和服务进行安全检验、监测和评估，采取必要措施防止危害发生。　　旅游经营者组织、接待老年人、未成年人、残疾人等旅游者，应当采取相应的安全保障措施。"第80条规定："旅游经营者应当就旅游活动中的下列事项，以明示的方式事先向旅游者作出说明或者警示：（一）正确使用相关设施、设备的方法；（二）必要的安全防范和应急措施；（三）未向旅游者开放的经营、服务场所和设施、设备……"第81条规定："突发事件或者旅游安全事故发生后，旅游经营者应当立即采取必要的救助和处置措施，依法履行报告义务，并对旅游者作出妥善安排。"这些规定构成判定旅游经营者安全保障义务的依据。又如2019年《消防法》第20条规定："举办大型群众性活动，承办人应当依法向公安机关申请安全许可，制定灭火和应急疏散预案并组织演练，明确消防安全责任分工，确定消防安全管理人员，保持消防设施和消防器材配置齐全、完好有效，保证疏散通道、安全出口、疏散指示标志、应急照明和消防车通道符合消防技术标准和管理规定。"再如2016年国务院《营业性演出管理条例》第19条规定："在公共场所举办营业性演出，演出举办单位应当依照有关安全、消防的法律、行政法规和国家有关规定办理审批手续，并制定安全保卫工作方案和灭火、应急疏散预案。演出场所应当配备应急广播、照明设施，在安全出入口设置明显标识，保证安全出入口畅通；需要临时搭建舞台、看台的，演出举办单位应当按照国家有关安全标准搭建舞台、看台，确保安全。"2007 年《突发事件应对法》也于第 24 条规定:"公共交通工具、公共场所和其他人员密集场所的经营单位或者管理单位应当制定具体应急预案,为交通工具和有关场所配备报警装置和必要的应急救援设备、设施,注明其使用方法,并显著标明安全撤离的通道、路线,保证安全通道、出口的畅通。有关单位应当定期检测、维护其报警装置和应急救援设备、设施,使其处于良好状态,确保正常使用。"

2. 同行业通常的安全保障义务标准

社会不断发展,而法律难免滞后。即使法律没有规定,公共场所的管理人或者群众性活动的组织者也应当采取达到同行业通常标准的安全保障措施,尽到通常合理的安全保障义务,如对于进入经营场所或者参与社会活动的人,管理人或者组织者负有对隐蔽危险的告知义务。若告知尚不足以防范风险和防止损害发生的,安全保障义务人还应当采取相应的预防损害发生的安全保障措施。管理人或者组织者就其控制的公共场所、设施、设备等要有保障安全的设施和应对突发事件的预案。对于正在发生的第三人侵害行为或者持续进行的第三人侵权行为,管理人或者组织者应当及时予以制止。

3. 善良管理人的安全保障义务标准

在法律不断演化的过程中,形成了"善良管理人"抽象标准,这是抽象的中等偏上的标准。法理上,即使法律标准和行业标准都没有具体规定,安全保障义务人也应当尽到一个善良管理人或者组织者应尽的安全保障职责。此种职责或者安全保障义务,以社会上具有相当知识经验和能力的人,对于相同或者类似事件的安全注意为标准而客观地加以认定,至于安全保障义务人有无尽此注意安全的知识经验或者能力,则在所不问。

(三)他人遭受了损害

安全保障义务人未尽安全保障义务,使他人遭受损害时才承担侵权责任。如果根本没有损害发生,安全保障义务人当然也就没有什么责任。损害包括人身损害和财产损害。人身损害是指被侵权人生命权、身体权、健康权等遭受的损害,也包括精神损害。财产损害,一般指违反安全保障义务的行为直接造成的财产损失。

值得关注的是,应当认为《侵权责任法》第 37 条保障的范围包括人身和财产安全。第 37 条当中的用语为"损害",并没有限定范围,所以应当认为包括人身及财产损害。在此之前的《最高人民法院关于审理人身损害赔偿案件适用法律若干问题的解释》将保护范围限定在人身安全[①]，对被侵权人并不能提供全面的保护，相比之下，《侵权责任法》的规定对被侵权人更加有利。

（四）损害与安全保障义务人未尽义务有因果关系

安全保障义务人侵权责任构成，须安全保障义务人行为与损害后果的发生有因果关系。安全保障义务人侵权责任构成的因果关系有其特殊性。安全保障义务人自己行为导致损害发生，没有第三人行为介入时，安全保障义务人未尽安全保障义务与他人遭受损害之间有直接因果关系的，安全保障义务人承担侵权责任。第三人行为造成他人损害时，第三人行为是损害发生的直接原因，安全保障义务人未尽安全保障义务是损害发生的间接原因的，安全保障义务人也承担侵权责任。在安全保障义务侵权责任领域，因果关系的特殊性在于直接因果关系和间接因果关系之分，这两种因果关系各有不同的适用范围。当然，即使安全保障义务人尽到安全保障义务，仍然不能避免损害后果发生的，安全保障义务人就因没有侵权法意义上的因果关系而不承担侵权责任。

须指出，非安全保障义务人自己行为致人损害的，第三人行为单独就构成侵权是安全保障义务人承担与其过错相当的责任（补充责任）的前提条件。显而易见，法律要求安全保障义务人在此种情形下也承担侵权责任有公共政策考虑。也可以说，因果关系判断不纯粹以事实为依据，而是难免有政策因素考量。在强化民事权益保护和安全保障义务人责任的政策考量下，间接因果关系予以承认，而责任范围则定为"相应的补充责任"。

三、安全保障义务人的侵权责任承担

（一）无第三人行为介入的安全保障义务人自己责任

如前已述，根据《侵权责任法》第 37 条第 1 款的规定，宾馆、商场、银行、车站、娱乐场所等公共场所的管理人或者群众性活动的组织者，未尽到安全保障义务，造成他人损害的，应当承担责任。在这种情况下，安全保障义务人显

---

① 这种限制与该司法解释为人身损害赔偿专项解释有关。

然是就自己过错行为造成他人损害而承担自己责任，此时没有第三人行为介入。这种自己责任的特点是：第一，安全保障义务人承担侵权责任是因为没有尽到安全保障义务，这种责任是过错侵权责任。第二，安全保障义务人自己行为是损害发生的全部原因，安全保障义务人是直接侵权行为人。第三，安全保障义务人就被侵权人全部损害承担全部的赔偿责任。

（二）就第三人致人损害有过错时的补充赔偿责任

根据《侵权责任法》第 37 条第 2 款的规定，第三人行为造成他人损害的，由第三人承担侵权责任；管理人或者组织者未尽到安全保障义务的，承担相应的补充责任。此前的《最高人民法院关于审理人身损害赔偿案件适用法律若干问题的解释》第 6 条第 2 款已经规定："因第三人侵权导致损害结果发生的，由实施侵权行为的第三人承担赔偿责任。安全保障义务人有过错的，应当在其能够防止或者制止损害的范围内承担相应的补充赔偿责任。安全保障义务人承担责任后，可以向第三人追偿。赔偿权利人起诉安全保障义务人的，应当将第三人作为共同被告，但第三人不能确定的除外。"在此，第三人的行为是损害发生的直接原因，安全保障义务人没有尽到安全保障义务是导致损害发生的间接原因。这里的侵害行为有直接侵害作为和间接侵害作为之分，因果关系包括直接因果关系和间接因果关系。在这里，安全保障义务人责任也是过错侵权责任，但是其所承担的是与其过错相应的补充责任。

例如，2014 年 2 月初，李某与朋友在某娱乐厅唱歌时被另一顾客电话找来的数名男子打伤，永川法院经审理认为，李某在王某经营的娱乐场所内被第三人打伤，虽然娱乐厅工作人员在李某受到伤害时进行了劝阻且报警，但是王某疏于维护设备，导致监控设备在事发当日不能正常工作，致使李某无法向直接侵权人主张权利，故王某作为经营者未尽到合理限度范围内的安全保障义务，应对李某的受伤后果承担相应的补充责任。一审法院酌情判决王某承担 30% 的赔偿责任。李某上诉，重庆五中院二审判决维持原判。[①]

《侵权责任法》第 37 条第 2 款规定的"相应的补充责任"的含义是：其一，第三人是第一顺序的赔偿责任人，安全保障义务人只承担第二顺序的赔偿责任。安全保障义务人只在第三人下落不明或者没有赔偿能力时才承担责任；

[①]　参见郝绍彬、唐诗《顾客娱乐厅被殴打致残　经营者承担补充责任》，载 http://www.chinacourt.org/article/detail/2015/03/id/1569585.shtml，访问时间：2019 年 6 月 18 日。

若第三人承担了全部的赔偿责任，则安全保障义务人就不用再承担赔偿责任，第三人也不得再向安全保障义务人追偿。其二，"相应的补充责任"还意味着安全保障义务人与第三人之间的责任并不是连带责任，安全保障义务人只承担与其过错相当的那部分赔偿责任，即在其能够制止或者防止损害发生的范围内承担相应的责任。并不是说第三人无法赔偿时，就由安全保障义务人赔偿被侵权人所有无法从第三人处应当获得的赔偿。

（三）安全保障义务人的追偿权

在第三人侵权造成损害，安全保障义务人承担了与其过错相应的责任后，能不能向第三人追偿呢？按照 2003 年《最高人民法院关于审理人身损害赔偿案件适用法律若干问题的解释》第 6 条第 2 款规定，安全保障义务人承担赔偿责任后，可以向第三人追偿。2009 年《侵权责任法》并没有明确规定安全保障义务人的追偿权。本书认为，安全保障义务人就第三人致他人损害承担责任有替代责任性质，所以 2003 年《最高人民法院关于审理人身损害赔偿案件适用法律若干问题的解释》第 6 条第 2 款规定的追偿权仍然可以适用。建议民法典侵权责任编吸收上述司法解释的有关内容，明确规定安全保障义务人承担赔偿责任以后对于第三人的追偿权。

四、安全保障义务人侵权责任与违约责任竞合

关于安全保障义务人义务的性质，法学界有合同义务说、法定义务说等不同的观点。合同义务说认为安全保障义务是合同义务，可能是当事人明确约定的，也可能是合同关系中的附随义务。法定义务说认为安全保障义务是法律规定的义务。笔者认为，将安全保障义务解释为纯粹的合同义务或者纯粹的法定义务，都有不足，都是片面的。

合同义务的观点无法解释在当事人没有合同关系或者合同中未约定或者约定不明时，被侵权人可以依安全保障义务人责任规定获得赔偿的问题。例如，准备在商场购物的顾客，因商场地滑而摔倒，此时，顾客与商场还没有形成买卖合同关系，但是仍然可以依《侵权责任法》第 37 条规定而获得赔偿。此外，我国很多法律直接明确地规定了安全保障义务。如 2013 年《消费者权益保护法》第

18条第2款规定:"宾馆、商场、餐馆、银行、机场、车站、港口、影剧院等经营场所的经营者,应当对消费者尽到安全保障义务。"又如前面已述的《旅游法》《消防法》《突发事件应对法》,以及国务院《营业性演出管理条例》等,都有涉及安全保障义务的规定。

法定义务说忽视了有关当事人之间的合同关系,也是不全面的。有时候,安全保障义务就是合同的主给付义务、从给付义务或者附随义务。虽然附随义务有法定性,但是合同的主给付义务一般是由当事人约定的。例如房客因宾馆的设施脱落、坠落而遭受损害,此时宾馆违反的就是合同的主给付义务。安全保障义务往往成为合同的附随义务,例如餐饮服务的经营者向顾客提供服务,按照诚信原则,也应当同时保障顾客的人身和财产安全。在有合同关系的场合,即使合同附随义务有一定的法定性质,这种义务也与合同密切相关。法律没有明确规定安全保障义务,但是当事人之间有特别约定,或者当事人约定的安全保障标准高于法律规定标准的,应当依照合同约定的安全保障标准处理有关安全保障问题。

总之,抽象的安全保障义务必出于法律的规定;而具体的安全保障义务,既可能源自法律的明确规定,也可以是当事人的具体约定,有可能由先前行为派生,还可能是因诚实信用原则而产生。就是说,在具体的民事活动实践中,安全保障义务往往是法定义务,也可能是合同义务。当安全保障义务兼有法定义务和合同义务的时候,就发生侵权责任与违约责任的竞合,受损害人有权选择追究安全保障义务人侵权责任或者违约责任。

第六节　教育机构的责任

一、教育机构责任的特殊性

教育机构的责任,是指幼儿园、学校或者其他教育机构就无民事行为能力人或者限制民事行为能力人在这些教育机构学习、生活期间受到人身损害所应承担的侵权责任。幼儿园是对三周岁以上学龄前幼儿实施保育和教育的机构，是基础教育的有机组成部分。学校包括国家或者社会力量举办的全日制的中小学、特殊教育学校、中等职业学校以及高等学校。其他教育机构包括少年宫、辅导班、培训班等各种教育服务提供者。

就未成年人保护，我国法律规定有监护制度。与此同时，《教育法》《义务教育法》《未成年人保护法》等法律也规定了教育机构对学生的教育、管理和保护义务。如 2018 年《义务教育法》第 24 条规定：学校应当建立、健全安全制度和应急机制，对学生进行安全教育，加强管理，及时消除隐患，预防发生事故。……学校不得聘用曾经因故意犯罪被依法剥夺政治权利或者其他不适合从事义务教育工作的人担任工作人员。然而在实践中，幼儿园、学校、其他教育机构的学生之间互相侵害仍然时有发生，有时发生幼儿园、学校、其他教育机构的工作人员侵害学生的事件，有时发生校外第三人侵害学生的事故。对此，2009年《侵权责任法》采用了 3 个条文规定了教育机构责任。《侵权责任法》第 38 条规定："无民事行为能力人在幼儿园、学校或者其他教育机构学习、生活期间受到人身损害的，幼儿园、学校或者其他教育机构应当承担责任，但能够证明尽到教育、管理职责的，不承担责任。"《侵权责任法》第 39 条规定："限制民事行为能力人在学校或者其他教育机构学习、生活期间受到人身损害，学校或者其他教育机构未尽到教育、管理职责的，应当承担责任。"虽然《侵权责任法》第 38 条和第 39 条没有排除教育机构承担替代责任的可能，但是教育机构侵权责任根本上仍应是自己责任、过错责任。教育机构无论系公立还是私立，也不论其规模和层次，都不承担对未成年人的监护义务。[①]教育部《学生伤害事故处理办法》第 7 条第 2 款规定："学校对未成年学生不承担监护职责，但法律有规定的或者学校依法接受委托承担相应监护职责的情形除外。"《侵权责任法》第 38条、第 39 条规定适用于无民事行为能力人、限制民事行为能力人受到教育机构工作人员、教育机构内其他无民事行为能力人、限制民事行为能力人实施的人身损害等各种情形。如果未成年人在教育机构学习、生活期间受到的人身损害是在同一教育机构学习和生活的学生等"校内人员"造成的，那么，教育机构应

[①] 参见韩强《"关于责任主体的特殊规定"特殊性辩驳——从"教育机构侵权责任"展开》，《政治与法律》2014 年第 10 期。

当按过错程度直接承担相应的赔偿责任，而不是承担补充责任。①《侵权责任法》第 40 条规定："无民事行为能力人或者限制民事行为能力人在幼儿园、学校或者其他教育机构学习、生活期间，受到幼儿园、学校或者其他教育机构以外的人员人身损害的，由侵权人承担侵权责任；幼儿园、学校或者其他教育机构未尽到管理职责的，承担相应的补充责任。"第 38 条和第 39 条将教育机构职责规定为"教育、管理职责"，第 40 条仅规定为"管理职责"。很显然，教育职责所指向的对象应该是在教育机构内生活、学习的未成年人，教育的内容很广泛，是全面、综合性的，包括教育未成年人保护自己不受侵害和注意不侵犯其他人；而管理职责的对象则包括对校外人员的管理。可见，第 40 条规定不适用于教育机构内未成年人相互伤害的侵权纠纷案件。

《侵权责任法》第 38 条至第 40 条所规定的教育机构侵权责任的特点包括以下几点。

第一，受到侵害的主体是无民事行为能力人或者限制民事行为能力人。1988 年《民法通则》司法解释第 160 条规定的受到侵害的主体是无民事行为能力人或者精神病人，没有涵盖精神正常的限制民事行为能力人。《最高人民法院关于审理人身损害赔偿案件适用法律若干问题的解释》第 7 条规定的受到侵害的主体是未成年人，没有涵盖因有精神病或其他原因而属于无民事行为能力人或者限制民事行为能力人的成年人。1988 年《民法通则》司法解释与《最高人民法院关于审理人身损害赔偿案件适用法律若干问题的解释》对被侵权主体的规定都不全面。《侵权责任法》规定的受到侵害的主体，是无民事行为能力人和限制民事行为能力人，既包括未成年人，也包括精神病人，还包括其他无民事行为能力人或限制民事行为能力人，范围比前两者扩大了。

第二，《侵权责任法》第 38 条至第 40 条只规定无民事行为能力人或者限制民事行为能力人遭受损害时的责任，不管是遭受教育机构其他学生的侵害还是教育机构工作人员的侵害，甚至是教育机构以外的人的侵害，都可以适用。但是对于无民事行为能力人或者限制民事行为能力人侵害他人时教育机构的责任则没有规定。而《最高人民法院关于审理人身损害赔偿案件适用法律若干问题的解释》第 7 条规定了未成年人致人损害时教育机构的赔偿责任承担。1988 年

---

① 参见荣明潇、胡晓梅《未成年人在教育机构受到人身损害后教育机构的责任承担应如何正确认定》，《山东审判》2016 年第 5 期。

《民法通则》司法解释第 160 也规定了无民事行为能力人或者精神病人致人损害时单位的赔偿责任。1988 年《民法通则》司法解释第 160 条规定："在幼儿园、学校生活、学习的无民事行为能力人或者在精神病院治疗的精神病人，受到伤害或者给他人造成损害，单位有过错的，可以责令这些单位适当给予赔偿。"《侵权责任法》没有专门规定无民事行为能力人或者限制民事行为能力人致人损害时教育机构的责任问题。

第三，无民事行为能力人或者限制民事行为能力人遭受的损害是人身损害，不包括财产损害。根据《侵权责任法》第 38 条至第 40 条规定，无民事行为能力人或者限制民事行为能力人在教育机构学习、生活期间受到人身损害，教育机构未尽到教育、保护义务的，应当承担责任。适用《侵权责任法》第 38 条至第 40 条的前提是无民事行为能力人或者限制民事行为能力人遭受人身损害。若是财产损害，则不适用《侵权责任法》第 38 条至第 40 条的规定。《最高人民法院关于审理人身损害赔偿案件适用法律若干问题的解释》第 7 条规定也将损害限制在人身损害。该第 7 条规定："对未成年人依法负有教育、管理、保护义务的学校、幼儿园或者其他教育机构，未尽职责范围内的相关义务致使未成年人遭受人身损害，或者未成年人致他人人身损害的，应当承担与其过错相应的赔偿责任。　第三人侵权致未成年人遭受人身损害的，应当承担赔偿责任。学校、幼儿园等教育机构有过错的，应当承担相应的补充赔偿责任。"

第四，教育机构的归责原则具有特殊性。《侵权责任法》区别了三种情况，建立了教育机构独特的侵权责任归责体系。无民事行为能力人在幼儿园、学校或者其他教育机构学习、生活期间受到人身损害的，幼儿园、学校或者其他教育机构应当承担责任，但能够证明尽到教育、管理职责的，不承担责任。对无民事行为能力人遭受教育机构以内的人的侵害，采用过错推定规则判定教育机构责任。限制民事行为能力人在学校或者其他教育机构学习、生活期间受到人身损害，学校或者其他教育机构未尽到教育、管理职责的，应当承担责任，确立了教育机构就限制民事行为能力人在教育机构内受到人身损害承担责任的过错责任原则。教育机构以外的人侵害无民事行为能力人或者限制民事行为能力人的，幼儿园、学校或者其他教育机构未尽到管理职责的，承担与其过错相当的补充赔偿责任。

二、教育机构责任的归责原则与构成要件

（一）归责原则

关于教育机构的侵权责任，争议最大的是"归责原则"。《最高人民法院关于审理人身损害赔偿案件适用法律若干问题的解释》采用过错责任原则。法学界的意见各不相同。有的主张采用过错推定原则，有的主张采用过错责任原则。有的主张，区分无民事行为能力人和限制民事行为能力人遭受损害的不同情形，采用不同的归责原则及方法。[①]《侵权责任法》区别无民事行为能力人和限制民事行为能力人，而分别采用了过错推定原则和一般的过错责任原则。

根据《侵权责任法》第38条的规定，无民事行为能力人受到校内侵权的，推定教育机构有过错，这是过错推定规则。被侵权人及其监护人不承担证明教育机构过错的举证责任，而是教育机构要想免责就要证明自己无过错。对无民事行为能力人采用过错推定规则的主要原因是无民事行为能力人智力发展尚不成熟，对发生的事情往往无法准确描述，并且无民事行为能力人在学校学习期间，监护人一般也无法得知事情的具体情况。也就是说，由无民事行为能力人或者其监护人举证是很困难的。根据《侵权责任法》第39条的规定，限制民事行为能力人受到校内侵权，被侵权人或者其监护人证明教育机构有过错的，教育机构才承担责任，教育机构自己不承担证明自己没有过错的举证责任。这是过错责任原则。对限制民事行为能力人被侵权，采用过错责任原则认定教育机构责任，主要是因为限制民事行为能力人对事物有一定的认知能力，一般能够在一定程度上理解自己行为的后果。而且采用过错推定规则认定学校责任的，学校为了避免事故的发生，会倾向于严格限制学生的活动，有可能不利于学生的成长。

《侵权责任法》第40条没有区分无民事行为能力人和限制民事行为能力人受损害的不同，而是就教育机构责任统一规定了过错责任原则。笔者认为，毕竟无民事行为能力人和限制民事行为能力人的实际生活能力有差异，教育机构应当

---

① 参见最高人民法院侵权责任法研究小组编著《〈中华人民共和国侵权责任法〉条文理解与适用》，人民法院出版社2016年第2版，第283页。

给予无民事行为能力人更多的关怀和保护，所以建议民法典侵权责任编规定："无民事行为能力人在幼儿园、学校或者其他教育机构学习、生活期间，受到幼儿园、学校或者其他教育机构以外的第三人人身损害的，由第三人承担侵权责任；幼儿园、学校或者其他教育机构承担补充责任，但是能够证明尽到管理职责的，不承担责任。""限制民事行为能力人在学校或者其他教育机构学习、生活期间，受到学校或者其他教育机构以外的第三人人身损害的，由第三人承担侵权责任；学校或者其他教育机构未尽到管理职责的，承担相应的补充责任。""幼儿园、学校或者其他教育机构承担补充责任后，可以向第三人追偿。"笔者认为，如此设计，也就与《侵权责任法》第38条、第39条归责原则的规定协调一致了。

（二）教育机构责任的构成要件

1. 无民事行为能力人、限制民事行为能力人校内受人身损害

首先，被侵权人是无民事行为能力人或限制民事行为能力人。其次，无民事行为能力人、限制民事行为能力人遭受人身损害。《侵权责任法》第38条至第40条的规定只适用于遭受人身损害的情形，这说明侵权法更加重视对于人身权益的保护。就立法趋势，各国侵权法就各项民事权益保护的力度是不一样的，对于生命健康权给予最强的保护，然后是对其他人身权的保护，对绝对权保护力度大于对相对权的保护，对纯粹经济损失的保护有很大限制。再次，无民事行为能力人、限制民事行为能力人是在教育机构学习、生活期间受到了人身损害。在校期间是指在正常的教学活动期间。损害应该发生在幼儿园、学校或其他教育机构的教育、教学活动当中或者其管理的校舍、场地、其他教育设施、生活设施以内。至于具体范围，有不同意见。在司法实践中，各个案例也千差万别，在侵权责任法中作出统一规定是比较困难的。一般认为，学生参加学校组织的活动，即使是在教育机构场所外进行的，也应认为是在教育机构学习、生活期间。也有一些法律文件规定了不属于在教育机构学习、生活期间的具体情形，如《学生伤害事故处理办法》第13条规定："下列情形下发生的造成学生人身损害后果的事故，学校行为并无不当的，不承担事故责任；事故责任应当按有关法律法规或者其他有关规定认定：（一）在学生自行上学、放学、返校、离校途中发生的；（二）在学生自行外出或者擅自离校期间发生的；（三）在放学后、节假日或者假期等学校工作时间以外，学生自行滞留学校或者自行到校发生的；（四）其他在

学校管理职责范围外发生的。"

2. 教育机构未尽教育、管理职责

教育机构承担侵权责任的条件是其未尽教育、管理职责。至于如何判断教育机构是否尽到教育、管理职责，《侵权责任法》没有具体的规定。而《教育法》《未成年人保护法》《义务教育法》等法律以及行政法规、行政规章等，则具体规定了教育机构的教育、管理、保护义务。因此，在司法实践中，应当根据这些法律、法规、规章规定并结合具体案情，判断教育机构是否尽到教育、管理职责。

例如2012年《未成年人保护法》第22条规定："学校、幼儿园、托儿所应当建立安全制度，加强对未成年人的安全教育，采取措施保障未成年人的人身安全。　学校、幼儿园、托儿所不得在危及未成年人人身安全、健康的校舍和其他设施、场所中进行教育教学活动。　学校、幼儿园安排未成年人参加集会、文化娱乐、社会实践等集体活动，应当有利于未成年人的健康成长，防止发生人身安全事故。"第23条规定："教育行政等部门和学校、幼儿园、托儿所应当根据需要，制定应对各种灾害、传染性疾病、食物中毒、意外伤害等突发事件的预案，配备相应设施并进行必要的演练，增强未成年人的自我保护意识和能力。"第24条规定："学校对未成年学生在校内或者本校组织的校外活动中发生人身伤害事故的，应当及时救护，妥善处理，并及时向有关主管部门报告。"又如前面已述，《义务教育法》第24条规定了学校的一些职责义务。再如《学生伤害事故处理办法》第9条规定："因下列情形之一造成的学生伤害事故，学校应当依法承担相应的责任：（一）学校的校舍、场地、其他公共设施，以及学校提供给学生使用的学具、教育教学和生活设施、设备不符合国家规定的标准，或者有明显不安全因素的；（二）学校的安全保卫、消防、设施设备管理等安全管理制度有明显疏漏，或者管理混乱，存在重大安全隐患，而未及时采取措施的；（三）学校向学生提供的药品、食品、饮用水等不符合国家或者行业的有关标准、要求的；……（十二）学校有未依法履行职责的其他情形的。"在实践中，根据上述各种具体规定判断教育机构是否尽到教育、管理职责。遇法律条文竞合（责任竞合）的，根据被侵权人选择适用有关法律规定。如教育机构建筑物、其他设施、物件发生脱落、坠落造成学生损害的，由学生一方选择适用《侵权责任法》第38条（或第39条）或第85条保护其合法权益。

3. 教育机构未尽职责与损害之间有因果关系

因果关系是一切侵权责任的构成要件。无论是教育机构承担直接侵权责任，

还是教育机构因未尽到教育、管理职责而就第三人侵权承担责任，均需教育机构行为（包括作为或者不作为）与学生人身损害结果之间有因果关系。

三、教育机构侵权责任的类型与承担

（一）两类不同责任

1. 教育机构直接侵权的责任

教育机构直接侵权责任构成，须教育机构过错行为是损害发生的全部原因，没有第三人侵害行为的介入，即教育机构没有尽到教育、管理职责造成无民事行为能力人或者限制民事行为能力人的人身损害后果。《侵权责任法》第38条、第39条规定的就是直接侵权责任。

2. 第三人侵权时教育机构的责任

第三人侵权时教育机构的民事责任，是无民事行为能力人或限制民事行为能力人在教育机构学习、生活期间受到教育机构以外人员人身损害时，教育机构没有尽到管理职责所应承担的与其过错相应的补充赔偿责任。此际，第三人的侵害行为是损害发生的直接原因，而教育机构的不作为则是间接原因。

教育机构直接侵权的责任与第三人侵权时教育机构的赔偿责任的区别有：第一，损害发生的原因不同。教育机构直接侵权责任构成，须教育机构本身的过错行为是损害发生的全部原因。在第三人侵权时教育机构责任案件中，第三人的侵害行为是损害发生的直接原因，教育机构的行为（不作为）是间接原因。第二，责任承担不同。在教育机构直接侵权责任案件中，教育机构承担完全赔偿的责任。而在第三人侵权时教育机构的责任案件中，教育机构承担与过错相应的补充赔偿责任，是第二顺序的责任人。而且，这种"相应的补充责任"有替代责任性质，所以在法理上，教育机构承担补充责任后，可以向第三人追偿，建议民法典侵权责任编就教育机构追偿权予以明确的规定。

（二）教育机构责任的承担

无民事行为能力人或者限制民事行为能力人在教育机构学习、生活期间受到人身损害，教育机构未尽教育、管理职责的，应当承担侵权赔偿责任。无民事行为能力人或者限制民事行为能力人在教育机构学习、生活期间受到教育机构以外的人员人身损害，教育机构未尽到教育、管理职责的，应当承担相应的补充责任。相应的补充责任是指首先由第三人承担赔偿责任，第三人是第一顺序的责任人。若被侵权人只起诉教育机构，教育机构有先诉抗辩权。第三人承担了全部赔偿责任的，教育机构就不再承担责任。无法找到第三人或者第三人无力承担赔偿责任时，教育机构在第三人无力承担的范围内承担与其过错相应的责任。教育机构并不是承担第三人无力承担的全部赔偿责任，只是在第三人无力承担的范围内承担与其过错相应的部分，超过其过错的部分不是教育机构应当承担的赔偿责任。

在学生相互侵权的情形下，侵害行为人的监护人承担无过错责任，学校有过错的也要承担侵权责任，但是学校只承担与其过错相当的赔偿责任，其余由监护人承担。学校不是监护人。学校无过错时就不承担侵权责任，而由监护人承担其被监护人致人损害的全部责任。例如，厉某某于2012年11月20日下午课间休息期间，与同班同学盛某玩耍时，因其脚不慎绊倒盛某，双方发生轻微厮打。上课后，厉某某回到座位，但盛某走上前将其脸部划伤。厉某某诉至法院，要求被告赔偿20000元，其中由盛某及其法定代理人盛某某、王某某承担赔偿总额的80%，被告某某小学承担赔偿总额的20%。闵行区法院经审理认为，事发之时原、被告均为无民事行为能力人，被告某某小学未能尽到教育、管理、保护的职责，对原告的损害后果负有责任。判决被告某某小学赔偿原告厉某某1743.40元；被告盛某以其个人财产赔偿原告厉某某1307.55元，不足部分，由被告盛某某、王某某赔偿。[①]教育机构的老师、保安等工作人员造成无民事行为能力人或者限制民事行为能力人损害时，是否有法律条文竞合问题呢？其实这不属于竞合，是法律条文重合，应当并用。虽然教育机构作为用人单位，依照《侵权责任法》第34条规定要承担"无过错责任"，而依照《侵权责任法》第38、39条规定教育机构责任应当是过错推定的责任或者过错责任，但是第34条规定的用人单位的"无过错责任"与第38、39条规定的过错推定的责任或者过错责任所涉及的归责原则，不是同一层面的归责原则。就是说，教育机构的老师、保安等工作人员造成无民事行为能力人或者限制民事行为能力人损害时，教育机构承担过错推定责任或者过错责任，只是不考虑教育机构就"用人"本身是否有过错。

---

① 参见《最高人民法院2014年11月24日发布未成年人审判工作典型案例98例》，载 http://www.court.gov.cn/fabu-xiangqing-13447.html，访问时间：2019年6月26日。

第五章
产品责任

第一节 产品责任历史、现状及制度完善

一、比较法考察

早期罗马法中，"买者当心"原则至上，除非销售者明确保证或者虚假陈述产品不存在缺陷，其不为任何产品缺陷承担责任。然而，公元 6 世纪的《优士丁尼法典》提到与销售货物相伴随的对质量基本的默示担保，对销售缺陷产品适用严格责任。①真可谓严格的产品责任由来已久。

法国法产品责任开始适用过错责任原则，但是法国最高法院在 1897 年和 1914 年的两个判例中确认了无过错责任原则。1985 年《欧洲经济共同体产品责任指令》（以下简称《欧共体产品责任指令》）公布，1998 年法国修改了民法典，于第 1386-1 条至第 1386-18 条专门规定了"有缺陷的产品引起的责任"②。

德国民法典没有对产品责任作出特别的规定，产品责任适用侵权法一般条款，即第 823 条第 1 款规定："故意或有过失地不法侵害他人的生命、身体、健康、自由、所有权或其他权利者，有义务向该他人赔偿因此而发生的损害。"1989 年德国议会通过《产品责任法》，将欧共体的指令纳入本国法。该法采用严格责任原则，并规定了产品的范围、缺陷的认定、免责条件、侵权责任主体范围、损害赔偿等，适用于消费者权益保护。该法实施后，民法典的侵权法规则依然适用。《产品责任法》与民法典侵权法规则发生竞合的，可由法官根据有利于保护消费者的原则选择法律的适用，也可以由当事人自己选择法律适用。③德国

---

① 参见［美］戴维·G.欧文《产品责任法》，董春华译，中国政法大学出版社 2012 年版，第 5 页。
② 参见罗结珍译《法国民法典》，北京大学出版社 2010 年版，第 353-355 页。
③ 参见杨立新《侵权责任法》，法律出版社 2010 年版，第 302 页。另见［德］埃尔温·多伊奇、［德］汉斯-于尔根·阿伦斯《德国侵权法——侵权行为、损害赔偿及痛苦抚慰金》（第 5 版），叶名怡、温大军译，刘志阳校，中国人民大学出版社 2016 年版，129~138 页。

在一般产品责任之外，针对药品专门规定了特殊的药品责任。①

日本民法典也没有单独规定产品责任，司法实践中产品责任长期适用侵权法一般条款（主要是民法典第 709 条）。但是，1994 年日本通过了《产品责任法》（1995 年实施），该法规定承担赔偿义务的有制造业者、进口业者、对他人的产品以自己为生产者进行表示的人、使用了被认定为实质性制造业者的名称等的人。该法舍弃过失要件并代以缺陷要件，确立了无过错责任原则，减轻了受损害人的证明负担，是日本处理产品责任纠纷的主要依据。②

美国产品责任法包括判例法和制定法，经历了从过失责任、担保责任到严格责任的演变过程。美国的各州都有自己的产品责任法，美国联邦也通过了联邦食品、药品和化妆品法，消费品安全法，玩具安全法》等一系列单行法。美国商务部 1979 年公布了《统一产品责任示范法》，美国法律协会的产品责任重述对美国产品责任制度有重要影响。③

二、我国产品责任的制度建立

产品责任，是产品的生产者、销售者就其产品存在缺陷造成他人损害所应承担的民事责任。广义的产品责任，包括缺陷产品致人损害的侵权责任，也包括产品质量不合格的不适当履行合同的违约责任；狭义的产品责任，仅指产品侵权责任。我国不同时期制定的《民法通则》《消费者权益保护法》《产品质量法》都有对于缺陷产品造成他人损害的责任的规定，但是制度体系和具体规范尚待进一步完善。2009 年《侵权责任法》以专章 7 个条文形式比较集中地规定产品责任，成为处理产品责任纠纷的主要法律依据。

《侵权责任法》第 41 条规定，因产品存在缺陷造成他人损害的，生产者应当承担侵权责任。第 42 条、第 45 条、第 46 条也使用了"侵权责任"表述。而第 43 条则提及"被侵权人"。产品侵权责任，不以受损害人和产品的生产者、销售者之间合同关系为前提。也就是说，无论产品的生产者、销售者与受损害人之间

---

① 参见[奥地利]海尔姆特·库齐奥《侵权责任法的基本问题（第一卷）：德语国家的视角》，朱岩译，北京大学出版社 2017 年版，第 251 页。

② 参见[日]吉村良一《日本侵权行为法》（第 4 版），张挺译，文元春校，中国人民大学出版社 2013 年版，第 206～207 页。

③ 参见杨立新《侵权责任法》，法律出版社 2010 年版，第 301 页。

是否存在合同关系，只要产品存在缺陷造成其人身或者财产损害，受损害人就可以提起侵权损害责任之诉。当合同法就违约责任采"无过错责任原则"时，物的瑕疵担保责任就是违约责任的一种具体情形；就是说，此时物的瑕疵担保责任是卖方所应承担的产品质量不符合合同或者法律规定的违约责任；也就是说，当事人之间有合同关系时，买方作为受到损害的合同当事人，才可以依据《合同法》《消费者权益保护法》《产品质量法》等有关法律，请求卖方承担物的瑕疵担保责任。

产品侵权责任，是一种特殊的侵权责任，主要体现在"归责原则"比较特殊。对于产品责任，《侵权责任法》规定了生产者、销售者的责任。《侵权责任法》第 41 条规定："因产品存在缺陷造成他人损害的，生产者应当承担侵权责任。"第 43 条规定："因产品存在缺陷造成损害的，被侵权人可以向产品的生产者请求赔偿，也可以向产品的销售者请求赔偿。　产品缺陷由生产者造成的，销售者赔偿后，有权向生产者追偿。　因销售者的过错使产品存在缺陷的，生产者赔偿后，有权向销售者追偿。"第 44 条规定："因运输者、仓储者等第三人的过错使产品存在缺陷，造成他人损害的，产品的生产者、销售者赔偿后，有权向第三人追偿。"从以上三条来看，就生产者的责任，侵权法显然采用了"无过错责任原则"。产品质量控制的关键是生产环节，生产者是产品的制造者，产品的缺陷大多是生产者的原因造成的，采取"无过错责任原则"就能激励生产者严把产品质量关，切实减少缺陷产品的产生，而且生产者相对于消费者来说更有能力承受损害结果，生产者还能够通过提高产品价格和投保产品责任保险来分散风险。至于销售者的责任，采用的归责原则是过错责任原则还是无过错责任原则，有不同见解，需要具体分析说明。有观点认为就销售者的责任，法律采用"过错责任原则"，理由是《侵权责任法》第 42 条第 1 款规定："因销售者的过错使产品存在缺陷，造成他人损害的，销售者应当承担侵权责任。"其实，销售者向被侵权人承担的也是无过错责任，所谓"过错责任原则"只是销售者在生产者和销售者之间内部承担终局责任的归责原则。依据是《侵权责任法》第 43 条第 1 款的规定，依此款法律规定，对于被侵权人来说，因产品缺陷造成自己损害的，无须证明销售者和生产者的过错，就既可以要求销售者承担赔偿责任，也可以要求生产者承担赔偿责任，销售者、生产者不能以无过错主张不承担责任。此时销售者即使无过错，也应当先向被侵权人承担赔偿责任，之后再向生产者追偿。另外，第 42 条第 2 款规定："销售者不能指明缺陷产品的生产者也不能指明缺陷产品的供货者的，销售者应当承担侵权责任。"因此，销售者对被侵权人承担的确实是无过错责任。若是销售者的过错使产品存在缺陷，则销售者向被侵权人承担责任后不得再向生产者追偿，此时销售者承担终局赔偿责任；若生产者向被侵权人承担了赔偿责任，生产者可以通过证明销售者的过错来向销售者追偿。如此看来，《侵权责任法》第42条规定的"销售者的过错"只在销售者、生产者之间终局责任的承担上有决定性的法律意义。总之，销售者对被侵权人承担无过错赔偿责任，而法院在销售者终局责任判断上适用"过错责任原则"。

当然，原告能够证明产品生产者或者销售者有过错，并造成原告损害的，也可以要求生产者或者销售者承担过错侵权责任。"无过错责任原则"并非指无过错才承担责任，而是指责任不以过错为构成要件。我国《侵权责任法》如此，美国产品责任也是如此。①

三、产品责任的理论发展与制度演进

在现代社会，产品的种类和数量极大丰富，一方面丰富了人们的物质文化生活，另一方面，缺陷产品致人损害的侵权事例也层出不穷，产品侵权责任制度应运而生。

广义上的产品责任包括违约的责任和侵权的责任。从归责原则方面来说，经历了过错责任原则到无过错责任原则的发展演化过程。当然，即使在当今社会，能够证明产品生产者或者销售者有过错的，依然可以按照过错责任来处理案件。事实上，虽然法律规定了缺陷产品致人损害的无过错责任，但是在实践中产品存在缺陷经常是由有过错的当事人造成的。在司法实践中，虽然法律规定了无过错责任，但是被侵权人和法院都倾向于证明、说明被告过错造成损害发生。在有的案件中，原告或者法院一方面认为被告构成过错侵权责任，另一方面援引无过错责任的法律规定，即采用"双保险"的方法追究被告责任。

在最早的合同法理论和司法实践中，采用明示担保责任说保护受损害人的有关合法权益。明示担保说认为，产品生产者应当保证产品质量符合其对产品作出的明示说明，如果产品不符合生产者明示说明的质量标准给他人造成损害，那么生产者就应当承担责任。明示担保说存在明显的缺陷，它以受损害人和

---

① 参见[美]戴维·G.欧文《产品责任法》，董春华译，中国政法大学出版社2012年版，第8~28页。

加害人之间有合同关系为前提。若没有相关合同，则受损害人就不能得到救济。后来，出现了默示担保理论。该理论不以产品生产者作出明示说明为前提，而是认为产品生产者应当担保其产品的一般效用，并且没有隐蔽瑕疵；否则，产品存在缺陷造成他人损害的，生产者就应当承担责任。明示担保理论和默示担保理论虽然在一定程度上都可以保护受损害人的权益，但是都是以受损害人和加害人存在合同关系为前提的。缺陷产品的受损害人若不是产品的直接购买者，则不能依据合同法获得救济。

美国产品责任法经历了采用过失责任原则到采用"事实说明自己"的证据法则减轻受损害人的证明负担再到确立无过错责任原则的发展变化。不过，在现代美国，产品责任仍然视具体案情而根据合同法或者侵权法予以解决。产品责任包括过失责任、担保责任（合同法上无过失责任）和严格责任（无过失侵权责任）等。在欧洲，1985年通过的《欧共体产品责任指令》也确立了产品制造者的无过错责任。

就缺陷产品的严格责任，有众多论证理由，其中包括损害的盖然性、损害的范围以及产品的危险性等，还有一些学者更多地强调风险共同体的思想，即企业生产经营者与购买产品者共同分担产品风险。从经济学角度来看，生产经营者应当对具体遭受缺陷产品损害的消费者作出补偿，因为产品生产经营者可以通过保险机制进一步分散风险，并且可以通过价格机制令所有消费者分担此种损害和风险，从而达到所有受益人共担风险的效果，产品生产经营者、保险人以及全体消费者也都是这种产品价格形成机制的受益者，这正符合补偿正义的要求。其中产品生产经营者在价格形成机制中就其经济功能和地位方面来看，已经非常接近于保险人。但是值得注意的是，其中的风险共同体的思想无法解释为何生产者对于直接使用该产品的消费者之外的第三人所遭受的损害也应当承担责任。①

各国产品责任法的发展，解决了无合同关系的第三人因缺陷产品受到损害的赔偿问题，扩大了保护范围。同时，受到损害的合同关系中的当事人，既可以请求合同法上的违约赔偿，也可以依据侵权责任法的规定而请求侵权赔偿。受损害人获得救济的途径拓宽，更有利于法律保护民事主体的合法权益。

---

① 参见［奥地利］海尔姆特·库齐奥《侵权责任法的基本问题（第一卷）：德语国家的视角》，朱岩译，北京大学出版社2017年版，第250~251、260~261页。

四、产品责任制度完善建议

第一，建议删除《债权责任法》第 42 条。《侵权责任法》第 42 条第 1 款规定的所谓"过错责任原则"只是销售者在生产者和销售者之间内部承担终局责任的归责原则。而这个内部关系中的销售者的过错责任其实在《侵权责任法》第 43 条第 2 款和第 3 款中也有明确的规定。因此，《侵权责任法》第 42 条第 1 款可予以删除。《侵权责任法》第 42 条第 2 款也是生产者和销售者（涉及两个以上销售者）内部关系中终局责任的规定，该款既是常理，也只是再次表明销售者对外（缺陷产品受损害人）承担无过错责任，对此第 43 条第 1 款内容足以涵盖，因此第 43 条第 2 款也完全可以删除。将整个第 42 条予以删除，还可以避免误认销售者对缺陷产品受损害人承担过错责任。所以，本书建议删除《侵权责任法》第 42 条。

第二，第 43 条第 2 款和第 3 款是对于生产者与销售者内部追偿的规定，两款合起来与第 43 条第 1 款对缺陷产品受损害人承担无过错、不真正连带责任的规定相匹配，故建议第 43 条第 2 款和第 3 款合并为第 2 款。

第二节　产品责任的构成

一、产品存在缺陷

（一）产品的范围

首先，"产品责任"的"产品"限于动产，不包括不动产，这是国际惯例。在美国，产品责任的"产品"限于动产，其中包括食品和药品，甚至早期的产品责任案件很多是食品质量问题。1985 年《欧共体产品责任指令》规定的"产品"排除了初级农产品和猎获物,而 1999 年《欧盟产品责任指令》中的产品责任也适用于初级农产品和猎获物。法国民法典第 1386-3 条规定:一切动产物品都是产品,即使其附合于不动产,其中包括土地的产品、畜产品、猎获物与水产品;电亦视为产品。德国 1989 年《产品责任法》第 2 条规定,产品是指一切动产,即使它是另外一个物的组成部分。荷兰新民法典第 187 条规定,产品责任的"产品",是指"动产",即使其已经与其他动产或者不动产相结合,也包括电力。日本《产品责任法》所谓的产品,指的是"被制造或者加工过的动产"(第 2 条第 1 款)。

我国《侵权责任法》没有对"产品"下专门的定义,可以根据《产品质量法》的规定解释侵权法上的"产品"。我国《产品质量法》第 2 条第 2 款规定:"本法所称产品是指经过加工、制作,用于销售的产品。"表面上看,初级农产品一般未经过加工,因此一般不属于我国《产品质量法》中的产品。但是,在目前的社会条件下,农产品销售之前的各个环节就已经受到人为因素越来越多的影响,农产品质量安全形势日益严峻,我国也开始实行严格的农产品责任制度。我国 2018 年《农产品质量安全法》第 2 条规定:"本法所称农产品,是指来源于农业的初级产品,即在农业活动中获得的植物、动物、微生物及其产品。   本法所称农产品质量安全,是指农产品质量符合保障人的健康、安全的要求。"第 33 条规定:"有下列情形之一的农产品,不得销售:(一)含有国家禁止使用的农药、兽药或者其他化学物质的;……(五)其他不符合农产品质量安全标准的。"第 54 条规定:"生产、销售本法第三十三条所列农产品,给消费者造成损害的,依法承担赔偿责任。   农产品批发市场中销售的农产品有前款规定情形的,消费者可以向农产品批发市场要求赔偿;属于生产者、销售者责任的,农产品批发市场有权追偿。消费者也可以直接向农产品生产者、销售者要求赔偿。"从上述这些法律规定来看,我国对缺陷农产品造成消费者损害的,也规定了无过错责任。我国法律规则实质上承认初级农产品适用产品责任制度。[1]食品、药品存在质量问题造成消费者损害,其性质属于产品责任,应当按照《侵权责任法》第 41 条至第 43 条规定确定赔偿责任。[2]疫苗是特殊产品,《疫苗管理法》未作规定的,适用《药品管理法》《传染病防治法》等法律、行政法规的规定(《疫苗管理法》第 2 条第 1 款)。我国对疫苗实行最严格的管理制度(《疫

---

① 参见温世扬、吴昊《论产品责任中的"产品"》,《法学论坛》2018 年第 3 期。
② 杨立新:《最高人民法院〈关于审理食品药品纠纷案件适用法律若干问题的规定〉释评》,《法律适用》2014 年第 3 期。

苗管理法》第 3 条），坚持疫苗产品的战略性和公益性（《疫苗管理法》第 4 条第 1 款）。我国《疫苗管理法》第 68 条第 2 款规定："疫苗上市许可持有人应当按照规定投保疫苗责任强制保险。因疫苗质量问题造成受种者损害的，保险公司在承保的责任限额内予以赔付。"《疫苗管理法》第 96 条规定："因疫苗质量问题造成受种者损害的，疫苗上市许可持有人应当依法承担赔偿责任。　疾病预防控制机构、接种单位因违反预防接种工作规范、免疫程序、疫苗使用指导原则、接种方案，造成受种者损害的，应当依法承担赔偿责任。"疫苗上市许可持有人，是指依法取得疫苗药品注册证书和药品生产许可证的企业（《疫苗管理法》第 97 条）。我国《产品质量法》第 2 条第 3 款规定："建设工程不适用本法规定；但是，建设工程使用的建筑材料、建筑构配件和设备，属于前款规定的产品范围的，适用本法规定。"关于不动产致人损害的责任，我国《侵权责任法》第 85 条、第 86 条作了相应规定。此外，产品未进入流通领域，产品制造者也不承担责任。

（二）产品存在缺陷

1. 产品缺陷的类型

产品存在缺陷是产品责任的构成要件。然而《侵权责任法》并没有对"缺陷"进行界定，所以应当继续适用《产品质量法》关于缺陷的规定。《产品质量法》第 46 条规定："本法所称缺陷，是指产品存在危及人身、他人财产安全的不合理的危险；产品有保障人体健康和人身、财产安全的国家标准、行业标准的，是指不符合该标准。"2013 年《最高人民法院关于审理食品药品纠纷案件适用法律若干问题的规定》第 6 条规定："……认定食品是否合格，应当以国家标准为依据；没有国家标准的，应当以地方标准为依据；没有国家标准、地方标准的，应当以企业标准为依据。食品的生产者采用的标准高于国家标准、地方标准的，应当以企业标准为依据。没有前述标准的，应当以食品安全法的相关规定为依据。"

在各国的产品责任法中，"缺陷"都是一个很关键的概念。法国民法典第 1386-4 条规定："不能提供可以合理期待的安全性的产品，为有缺陷的产品。

在评判何为可期待安全性时，应当考虑各种情形，尤其要考虑产品的介绍与人们可以合理期待的用途以及产品投入流通的时间。　如果后来投入流通的产品在性能上更加完善，仅凭这一事实，不得就认为此前的产品有缺陷。"德国

《产品责任法》第 3 条规定，考虑到下列所有情况，产品不能提供人们有权期待的安全性，就是存在缺陷的产品：（1）产品的说明；（2）能够投入合理期待的使用；（3）投放流通的时间。不得仅以后来投入流通的产品更好为理由，认为以前的产品有缺陷。荷兰新民法典第 186 条也规定："考虑到包括以下情形在内的所有情形，产品未提供人们有权期待的安全的，该产品为有缺陷：该产品的说明；对该产品的可合理期待的使用；该产品投入流通的时间。　　一种产品不能仅因随后有更好的产品投入流通而被认为有缺陷。"英国 1987 年消费者保护法第 3 条也规定："依本条下述规定，为本章之目的，如果产品不具有人们有权期待的安全性，该产品即存在缺陷；对产品而言，安全性包括组合到另一产品之中的产品安全性以及在造成人身伤害、死亡危险方面的安全性……"1997 年英国法律委员会在"瑕疵产品责任"的报告中明确指出，产品缺陷是指产品投入流通时未达到人们有权期待的合理安全的标准。日本《产品责任法》第 2 条第 2 款规定：缺陷，是指考虑该产品的特性、其通常遇见的使用形态、产品的交付时间、交付该产品时其他与该产品有关的事项，该产品欠缺通常应有的安全性。从比较法上可以看出，很多国家规定，产品缺陷，就是产品不具有人们期待的安全性，存在不合理的危险。而我国确定的产品缺陷标准，在形式上看有两个，即产品存在不合理危险或者产品不符合国家标准、行业标准。

我国 2017 年《标准化法》第 10 条第 1 款规定："对保障人身健康和生命财产安全、国家安全、生态环境安全以及满足经济社会管理基本需要的技术要求，应当制定强制性国家标准。"第 11 条第 1 款规定："对满足基础通用、与强制性国家标准配套、对各有关行业起引领作用等需要的技术要求，可以制定推荐性国家标准。"第 12 条第 1 款规定："对没有推荐性国家标准、需要在全国某个行业范围内统一的技术要求，可以制定行业标准。"第 21 条规定："推荐性国家标准、行业标准、地方标准、团体标准、企业标准的技术要求不得低于强制性国家标准的相关技术要求。　　国家鼓励社会团体、企业制定高于推荐性标准相关技术要求的团体标准、企业标准。"当产品有上述保障人体健康和人身、财产安全的国家标准、行业标准时，若产品质量不符合该标准，则产品存在缺陷。若产品质量符合保障人体健康和人身、财产安全的国家标准、行业标准，但是有危及人身、财产安全的不合理危险的，仍然应当判断为产品存在缺陷。当产品没有保障人体健康和人身、财产安全的国家标准、行业标准时，以产品是否存在危及他人人身、财产安全的危险为判断产品有无缺陷的标准。

对"产品缺陷"范围界定的大小决定产品责任范围的大小，对其标准掌握是否严格的程度决定产品责任的严格程度。产品缺陷含义及种类的制度设计变化，反映出产品责任制度发展演进。从这一制度演进过程来看，"产品缺陷"的含义时有变化，而从整体上看，"产品缺陷"种类有所增加，对于各种缺陷的界定逐步清晰。各国产品责任理论往往将产品责任表述为严格责任（无过错责任），而在具体制度层面和司法实践中对"产品缺陷"含义的界定又表明从某种程度看产品责任实际上往往是过错责任，甚至有些类型的缺陷产品致人损害的侵权只能是过错责任。美国《侵权法重述：产品责任》（第3版）将产品缺陷分为产品制造缺陷、产品设计缺陷、产品警示说明不充分，其实产品设计缺陷和产品警示缺陷的存在就表明缺陷产品提供者是有过错的，虽然这些种类的产品责任形式依然被说成是"严格责任"。产品设计缺陷是一种被普遍承认的产品缺陷，对于产品制造缺陷和产品警示缺陷的称谓有很多，但是在实质含义上差异不大。在我国，产品缺陷除了制造缺陷，法律也规定了设计缺陷、警示缺陷（指示缺陷）。在司法实践中，法院也是要审理判断产品有无设计、指示缺陷。[①]另外，理论上有学者认为，《侵权责任法》第46条规定了产品缺陷的"跟踪观察缺陷"。[②]其实也可以认为该第46条所规定的是生产者、销售者承担缺陷产品责任的一种具体方式，该条规定"产品投入流通后发现存在缺陷"情形下生产者、销售者的义务和责任，前提条件是此前在事实上有缺陷，"警示、召回等补救措施"是责任方式。笔者认为，"跟踪观察缺陷"加入"产品缺陷"在理论上和立法上都是可行的，不过跟踪观察的对象应当是已经投入流通的产品而不论是否已经发现缺陷，德国学者的表述是对已经投入流通产品的监测、警告、召回、改进义务。[③]

第一，制造缺陷。

制造缺陷，是产品的零部件、原材料有缺陷或者产品在加工、制作方面有问题并最终导致产品存在缺陷。认定产品具有制造缺陷的标准，是产品因制造上的原因存在危及他人人身、财产安全的危险性或者不符合保障人体健康的国家标准或者行业标准。须注意，应当以产品的使用在符合产品用途的前提下判断产品是否有制造缺陷。没有合理使用产品或者超过保质期使用的，都是不能认

---

① 参见高圣平、管洪彦编著《侵权责任法典型判例研究》，中国法制出版社2010年版，第402~407页。
② 参见杨立新《侵权责任法》，法律出版社2010年版，第307~308页。
③ 参见[德]埃尔温·多伊奇、[德]汉斯-于尔根·阿伦斯《德国侵权法——侵权行为、损害赔偿及痛苦抚慰金》（第5版），叶名怡，温大军译，刘志阳校，中国人民大学出版社2016年版，133~134页。

定产品存在制造缺陷的。

第二，设计缺陷。

设计缺陷，是指产品结构、配方等设计上的原因使产品存在不合理危险或者不符合保障人体健康的国家标准、行业标准。同样的，考察产品设计缺陷也要结合产品的用途。如果将产品用于设计用途以外的场合，那么就不能认为产品有设计缺陷。

第三，警示缺陷。

警示缺陷，是指对产品所具有的危险没有提出警告或者对产品的性能、使用方法等没有作出指示说明，使产品存在危及他人人身、财产安全的不合理危险或者违反了保障人体健康和人身、财产安全的国家标准、行业标准。我国有很多法律条文明确规定了生产者、销售者的警示义务。如 2018 年《产品质量法》第 27 条规定："产品或者其包装上的标识必须真实，并符合下列要求：（一）有产品质量检验合格证明；……（五）使用不当，容易造成产品本身损坏或者可能危及人身、财产安全的产品，应当有警示标志或者中文警示说明。　　裸装的食品和其他根据产品的特点难以附加标识的裸装产品，可以不附加产品标识。"第 28 条规定："易碎、易燃、易爆、有毒、有腐蚀性、有放射性等危险物品以及储运中不能倒置和其他有特殊要求的产品，其包装质量必须符合相应要求，依照国家有关规定作出警示标志或者中文警示说明，标明储运注意事项。"生产者、销售者没有按照法律要求作出适当警示与说明从而造成他人人身、财产损害的，可能就要认定产品存在缺陷。当然，产品缺陷的认定，还需要结合产品的用途进行分析，若使用人不是按照产品的用途使用的，即使受到损害，也不能直接认定产品有缺陷。

第四，跟踪观察缺陷。

《侵权责任法》第 46 条规定："产品投入流通后发现存在缺陷的，生产者、销售者应当及时采取警示、召回等补救措施。未及时采取补救措施或者补救措施不力造成损害的，应当承担侵权责任。"按照狭义解释，这一条本身没有规定"跟踪观察缺陷"；但是经扩大解释，可以认为我国法律规定了"跟踪观察义务"、"跟踪观察缺陷"以及相应的产品责任。

各国一般规定"将产品投入流通时的科学技术水平尚不能发现缺陷的存在"作为免责事由，这种免责事由在一定程度上激励产品研发，有利于推动科技的进步。但是为了更好地维护消费者的合法权益，法律需要提示规定生产者、销售者对于售后产品的跟踪观察义务。生产者、销售者在发现缺陷后，应当及时采取警示、召回等补救措施，否则应当承担侵权责任。警示就是对产品的有关危险或者产品的正确使用方法予以具体说明和特别提醒，我国《产品质量法》《消费者权益保护法》都有关于警示义务的规定。召回，是指采取退货、修理、更换等补救措施。召回的目的是减少缺陷产品致人损害的可能性。召回有厂商主动召回和行政机关责令召回，后一种情形下召回义务是行政法上义务（公法义务）。我国很多法律都有关于缺陷产品召回的规定，如 2018 年《食品安全法》第 63 条规定："国家建立食品召回制度。食品生产者发现其生产的食品不符合食品安全标准或者有证据证明可能危害人体健康的，应当立即停止生产，召回已经上市销售的食品，通知相关生产经营者和消费者，并记录召回和通知情况。　食品经营者发现其经营的食品有前款规定情形的，应当立即停止经营，通知相关生产经营者和消费者，并记录停止经营和通知情况。食品生产者认为应当召回的，应当立即召回。由于食品经营者的原因造成其经营的食品有前款规定情形的，食品经营者应当召回。　食品生产经营者应当对召回的食品采取无害化处理、销毁等措施，防止其再次流入市场。但是，对因标签、标志或者说明书不符合食品安全标准而被召回的食品，食品生产者在采取补救措施且能保证食品安全的情况下可以继续销售；销售时应当向消费者明示补救措施。　食品生产经营者应当将食品召回和处理情况向所在地县级人民政府食品安全监督管理部门报告；需要对召回的食品进行无害化处理、销毁的，应当提前报告时间、地点。食品安全监督管理部门认为必要的，可以实施现场监督。　食品生产经营者未依照本条规定召回或者停止经营的，县级以上人民政府食品安全监督管理部门可以责令其召回或者停止经营。"2019 年《药品管理法》则规定了更为严格的药品持续管理、跟踪观察、考察、召回等义务责任。

2. 产品缺陷的具体判断

（1）产品缺陷不同于产品瑕疵。首先，一般认为缺陷的外延小于瑕疵的范围。产品质量不符合合同约定的质量标准或者质量说明，就认为产品有瑕疵，但是只有这种瑕疵存在危及他人人身、财产安全的不合理危险时才认定产品存在缺陷。其次，因物的瑕疵承担的责任是违约责任，承担责任方式包括修理、更换、退货以及赔偿损失。而产品缺陷的责任，则是存在违约责任和侵权责任竞合的民事责任，若受损害人主张产品的制造者或者销售者承担侵权责任，则这种责任包括赔偿责任；若尚未造成实际损失，则被侵权人有权要求侵权人承担排除妨碍、消除危险的责任。

（2）缺陷是一种不合理的危险，合理的危险则不是缺陷的范畴。有些产品本身存在不安全性，如炸药、硫酸、工业酒精等，但是这些产品并不必然是缺陷产品。又如烟是一种危险产品，但是，"吸烟有害健康"是能够为消费者所认知的，在一定程度上能通过预防减少损害发生，所以烟也不必然是缺陷产品。从比较法上看，不能满足人们期待的安全性的产品，就是缺陷产品。

（3）产品的不合理的危险，是指产品在合理使用过程中存在危及他人人身安全、财产安全的危险，因此判断使用人是否合理使用了产品尤为重要。消费者因为自身知识的局限性，可能不知道产品的合理使用方法，因此法律对生产者、销售者也规定了一些义务。如 2013 年《消费者权益保护法》第 18 条第 1 款规定，经营者应当保证其提供的商品或者服务符合保障人身、财产安全的要求。对可能危及人身、财产安全的商品和服务，应当向消费者作出真实的说明和明确的警示，并说明和标明正确使用商品或者接受服务的方法以及防止危害发生的方法。2019 年《药品管理法》第 49 条规定："……标签或者说明书应当注明药品的通用名称、成份、规格、上市许可持有人及其地址、生产企业及其地址、批准文号、产品批号、生产日期、有效期、适应症或者功能主治、用法、用量、禁忌、不良反应和注意事项。……　麻醉药品、精神药品、医疗用毒性药品、放射性药品、外用药品和非处方药的标签、说明书，应当印有规定的标志。"药品上市许可持有人是指取得药品注册证书的企业或者药品研制机构等。[①]此外，法律要求生产者对各种危险产品作出特别警示或者提示说明。对于任何产品而言，如果消费者按照使用说明的方法使用了产品，但是仍然造成了损害，那么就说明该产品存在缺陷。

二、产品缺陷造成他人损害

损害是所有侵权责任的构成要件，缺陷产品造成损害是指缺陷产品造成使用人或者第三人损害。这里的损害包括人身损害、财产损害以及其他损失。财产损害是否包括缺陷产品本身的损失值得研究。我国 2000 年《产品质量法》第 41 条第 1 款规定：因产品存在缺陷造成人身、缺陷产品以外的其他财产损害的，生

---

① 参见 2019 年《药品管理法》第 30 条第 1 款规定。

产者应当承担赔偿责任。第 44 条规定:"因产品存在缺陷造成受害人人身伤害的,侵害人应当赔偿医疗费、治疗期间的护理费、因误工减少的收入等费用;造成残疾的,还应当支付残疾者生活自助具费、生活补助费、残疾赔偿金以及由其扶养的人所必需的生活费等费用;造成受害人死亡的,并应当支付丧葬费、死亡赔偿金以及由死者生前扶养的人所必需的生活费等费用。 因产品存在缺陷造成受害人财产损失的,侵害人应当恢复原状或者折价赔偿。受害人因此遭受其他重大损失的,侵害人应当赔偿损失。"可以看出,我国《产品质量法》规定的损害有人身损害、财产损害和其他重大损失。大多数国家产品责任中的财产损害不包括缺陷产品的损失。我国 2000 年《产品质量法》第 41 条第 1 款的规定不包括缺陷产品本身的损失,2009 年《侵权责任法》没有明确规定对于缺陷产品本身损害的赔偿责任。但是 2018 年《产品质量法》对于第 41 条第 1 款和第 44 条等没有修改。所以,应当认为根据《产品质量法》的规定,产品责任中的财产损害不包括缺陷产品的损失。

三、因果关系

产品责任中的因果关系,是产品存在缺陷与损害事实之间有引起和被引起的关系,产品存在缺陷是受损害人受损害的原因,受损害人受损害是产品存在缺陷造成的结果。关于因果关系的理论观点很多,但是在实践中已经采用相当因果关系说[①]。要证明产品缺陷与损害结果之间的因果关系往往并不容易,有些因果关系是现在的科技水平难以证明的;产品缺陷与损害结果不一定是一因一果的关系,可能是一因多果、多因一果或者多因多果的关系。然而,法律并没有明确规定因果关系举证责任倒置,所以侵权构成的因果关系仍需原告予以证明。但是,受损害人证明因缺陷产品遭受损害往往非常困难,因此,在司法实践中,在因果关系证明的最后阶段就采用"推定"的办法。只要原告或者受损害人证明了产品存在缺陷,即使不能确切证明缺陷与损害结果之间存在因果关系,只要证明这种缺陷通常可以造成这种损害,就推定或者认定因果关系成立。当然,在最后阶段采用"推定"办法的时候,生产者、销售者可以通过证明因果关

---

① 参见江苏省徐州市中级人民法院(2014)徐民终字第 3061 号民事判决书,载中国裁判文书网 http://www.court.gov.cn/zgcpwsw/jiangsu/jssxzszjrmfy/ms/201502/t20150227_6719418.htm,访问时间:2015 年 7 月 3 日。

系不存在或者证明存在法定的免责情形，来主张自己不承担责任或者免除自己责任。

四、举证责任

在司法实践中，就产品缺陷的举证责任，往往根据《产品质量法》及 2001 年《最高人民法院关于民事诉讼证据的若干规定》，认为生产者举证证明产品不存在缺陷的，方可免责。这种裁判思路由来已久，例如，1996 年 9 月，林某某乘坐本单位的某辆日产吉普车从莆田市前往福州市。途中，该车前挡风玻璃突然爆破，林某某因爆震伤经医院抢救无效而死亡。二审法院经审理认为，《产品质量法》第 29 条规定："因产品存在缺陷造成人身、缺陷产品以外的其他财产损害的，生产者应当承担赔偿责任。""生产者能够证明有下列情形之一的，不承担赔偿责任……"[1]二审法院认为："实践证明，通常情况下，产品缺陷在产品生产过程中就已经存在。而在产品生产过程中，生产者一直处于主动、积极的地位，只有他们才能及时认识到产品存在的缺陷并能设法避免。大多数消费者由于缺乏专业知识和对整个生产过程的了解，不可能及时发现产品的缺陷并以自己的行为防止其造成的危险。……前挡风玻璃突然爆破是否属于该产品的缺陷，是本案双方当事人诉争的焦点。根据产品质量法第二十九条的立法原意，对这一问题的举证责任，应当由生产者承担。生产者如不能证明前挡风玻璃没有缺陷，而是受某一其他特定原因的作用发生爆破，就要承担产品责任。"二审法院判决：撤销一审民事判决，被上诉人某汽车公司赔偿上诉人各项费用共计 496901.9 元。[2]

在司法实践中，也有法院的观点认为，在原告初步证明其损害、产品存在缺陷以及产品缺陷与损害之间有因果关系以后，应当由产品生产者就免责事由承担举证责任，不能证明免责事由的承担侵权责任。[3]也有学者建议引入举证责任缓和规则，认为法官可以允许消费者采取一些灵活的证明方法，比如实验室检

---

[1] 2018 年《产品质量法》第 41 条规定："因产品存在缺陷造成人身、缺陷产品以外的其他财产（以下简称他人财产）损害的，生产者应当承担赔偿责任。""生产者能够证明有下列情形之一的，不承担赔偿责任：（一）未将产品投入流通的；（二）产品投入流通时，引起损害的缺陷尚不存在的；（三）将产品投入流通时的科学技术水平尚不能发现缺陷的存在的。"

[2] 参见《陈梅金、林德鑫诉日本三菱汽车工业株式会社损害赔偿纠纷案》，《最高人民法院公报》2001 年第 2 期。

[3] 参见北京市第三中级人民法院（2017）京 03 民终 11836 号民事判决书。另见国家法官学院案例开发研究中心编《中国法院 2019 年度案例·侵权赔偿纠纷》，中国法制出版社 2019 年版，第 43~47 页。

验、检测、数理统计以及间接反证等方法，当受害人证明到一定程度，法官可以根据案件的具体情况进行事实推定，认定产品具有缺陷，该推定可以由生产者、销售者通过反证予以推翻；认为当确认产品存在缺陷，且消费者能够初步证明其损害与缺陷产品之间存在关联性，法官即可推定该因果关系存在，而生产者、销售者举证推翻此种推定，方能免责。①

笔者认为，根据 2001 年《最高人民法院关于民事诉讼证据的若干规定》第 4 条第 1 款第 6 项的规定，在缺陷产品致人损害的侵权纠纷案件中，"由产品的生产者就法律规定的免责事由承担举证责任"，作为这种案件被告的产品生产者本来在法理上只是可以通过证明免责事由而主张不承担责任，但是在有诉讼规则明确其"就法律规定的免责事由承担举证责任"的情况下，就应当承担举证不能的败诉后果。换言之，可以解释为，产品的生产者不能证明"法律规定的免责事由"的，就应当承担缺陷产品致人损害的责任。当然，"法律规定的免责事由"有进一步解释的弹性空间，有待进一步明确。2013 年《最高人民法院关于审理食品药品纠纷案件适用法律若干问题的规定》第 5 条第 2 款规定："消费者举证证明因食用食品或者使用药品受到损害，初步证明损害与食用食品或者使用药品存在因果关系，并请求食品、药品的生产者、销售者承担侵权责任的，人民法院应予支持，但食品、药品的生产者、销售者能证明损害不是因产品不符合质量标准造成的除外。"第 6 条规定："食品的生产者与销售者应当对于食品符合质量标准承担举证责任。认定食品是否合格，应当以国家标准为依据……"该《规定》规定食品的生产者与销售者应当对食品符合质量标准承担举证责任，而就因果关系认定采用缓和的举证责任倒置。

---

① 参见宁韬《产品缺陷举证责任的承担》，《人民法院报》2016 年 12 月 21 日第 007 版。

第三节　产品责任的承担

一、责任主体

欧洲国家的产品责任法律制度，对缺陷产品致人损害采取严格责任，其责任规制的立足点在于产品存在设计缺陷、制造缺陷和警示缺陷，这些缺陷均与产品生产者直接相关，故责任主体被定位于产品生产者、准生产者和拟制的生产者。美国侵权法重述基于缺陷产品须投入流通才可能致人损害，而将规制的立足点转向流通领域的销售者。[1]

（一）生产者的判断

我国《侵权责任法》第 41 条规定了生产者的严格责任："因产品存在缺陷造成他人损害的，生产者应当承担侵权责任。"《产品质量法》第 41 条第 1 款也规定了生产者的责任："因产品存在缺陷造成人身、缺陷产品以外的其他财产（以下简称他人财产）损害的，生产者应当承担赔偿责任。"在《民法通则》中，第 122 条规定的是产品制造者的责任："因产品质量不合格造成他人财产、人身损害的，产品制造者、销售者应当依法承担民事责任。运输者、仓储者对此负有责任的，产品制造者、销售者有权要求赔偿损失。"但是，这些法律都没有对"生产者"的概念作出明确的说明。原则上，产品的生产者包括产品的设计者、制造者、生产商。此外，还有一些比较特殊的情况。

第一，当产品的缺陷是该产品的一个组成部分造成而该部分是其他人生产时，如何确定产品的责任主体呢？对此，我国法律没有明确规定。从充分保护被侵权人的角度出发，应当认为该产品的最终生产者和用于制造最终产品的中间产品或者部件的提供者都应当作为生产者，就最终产品的质量负责。也就是说，

---

[1]　参见陈现杰《产品责任诉讼中责任主体与责任形态》，《人民司法（应用）》2016 年第 13 期。

产品应当包括零部件和原材料[1]，但原材料和零部件的缺陷是因最终产品的设计造成的或者是因最终产品生产者的指示造成的，原材料和零部件的生产者可以免责，此时消费者可以从最终产品的生产者处获得赔偿。这也是很多国家的立法和实践。[2]

第二，将自己的姓名、名称、商标或者可识别的其他标识体现在产品上的，为产品的制造者或者生产者。《最高人民法院关于产品侵权案件的受害人能否以产品的商标所有人为被告提起民事诉讼的批复》（法释〔2002〕22 号）规定，任何将自己的姓名、名称、商标或者可资识别的其他标识体现在产品上，表示其为产品制造者的企业或个人，均属于《中华人民共和国民法通则》第一百二十二条的"产品制造者"和《中华人民共和国产品质量法》规定的"生产者"。日本《产品责任法》第 2 条第 3 款也有相同规定的内容。

（二）销售者的认定

产品销售者是指将产品投入流通领域的生产者以外的经销商。销售者包括产品的零售商、批发商、以融资租赁方式销售产品的人、提供产品作为奖品的人等。

在我国，产品的进口商属于销售者，就进口的缺陷产品致人损害承担无过错责任，无须绕弯路视产品进口商为生产者而令其承担无过错责任。为了保护被侵权人，避免其因管辖权障碍无法对外国产品生产者起诉而获得救济，当产品是由国外进口时，产品的进口商应当对产品质量负责。这与德国、日本等国产品责任法将产品进口商视为生产者而令其承担产品责任的表现形式不同，而实际效果却都是产品进口商承担产品责任。

销售者不能指明缺陷产品的生产者也不能指明缺陷产品的供货者的，应当承担侵权责任。《侵权责任法》和《产品质量法》都有这样的规定。这就要求销售者要谨慎选择货源，选择可靠的生产者和供货商。我国《产品质量法》和《食品安全法》等法律都对销售者的进货作出了原则性规定，以保障产品质量和食品安全，保护产品使用者和消费者。例如《产品质量法》第 33 条规定："销售者应当建立并执行进货检查验收制度，验明产品合格证明和其他标识。"又如《食品安全法》第 53 条规定，食品经营者采购食品，应当查验供货者的许可证和食

---

①② 参见周友军《民法典编纂中产品责任制度的完善》，《法学评论》2018 年第 2 期。

品出厂检验合格证或者其他合格证明，食品经营企业应当建立食品进货查验记录制度。再如 2019 年《药品管理法》第 12 条规定国家建立健全药品追溯制度。第 55 条规定："药品上市许可持有人、药品生产企业、药品经营企业和医疗机构应当从药品上市许可持有人或者具有药品生产、经营资格的企业购进药品；但是，购进未实施审批管理的中药材除外。"第 56 条规定："药品经营企业购进药品，应当建立并执行进货检查验收制度，验明药品合格证明和其他标识；不符合规定要求的，不得购进和销售。"第 57 条规定："药品经营企业购销药品，应当有真实、完整的购销记录……"第 70 条规定："医疗机构购进药品，应当建立并执行进货检查验收制度，验明药品合格证明和其他标识；不符合规定要求的，不得购进和使用。"

二、生产者与销售者之间的不真正连带责任

根据《侵权责任法》第 43 条的规定，被侵权人既可以向产品的生产者请求赔偿，也可以向产品的销售者请求赔偿。产品缺陷由生产者造成的，销售者赔偿后，有权向生产者追偿。因销售者的过错使产品存在缺陷的，生产者赔偿后，有权向销售者追偿。但是，生产者和销售者之间，若要确定追偿权，还要确定终局责任人。生产者和销售者之间是不真正连带责任关系，理论上认为只能选择任一主体提起诉讼，而不能共同诉讼。而在审判实践中，法院倾向于认可被侵权人有权将生产者、销售者作为共同被告提起诉讼，并根据缺陷产品致人损害的事实判决两者承担连带责任；同时，也可以根据被侵权人的请求，只列生产者或销售者为被告，并判决其承担全部赔偿责任。[1] 2018 年《食品安全法》第 148 条第 1 款规定："消费者因不符合食品安全标准的食品受到损害的，可以向经营者要求赔偿损失，也可以向生产者要求赔偿损失。接到消费者赔偿要求的生产经营者，应当实行首负责任制，先行赔付，不得推诿；属于生产者责任的，经营者赔偿后有权向生产者追偿；属于经营者责任的，生产者赔偿后有权向经营者追偿。"这也规定了生产者、经营者的不真正连带责任。2019 年《药品管理法》第 144 条第 2 款规定："因药品质量问题受到损害的，受害人可以向药品上市许可持有人、药品生产企业请求赔偿损失，也可以向药品经营企业、医疗机构请求赔

① 参见陈现杰《产品责任诉讼中责任主体与责任形态》，《人民司法（应用）》2016 年第 13 期。

偿损失。接到受害人赔偿请求的，应当实行首负责任制，先行赔付；先行赔付后，可以依法追偿。"《药品管理法》也规定了药品质量缺陷致人损害的有关责任人的不真正连带责任和首负责任制。

三、生产者、销售者以外主体对于产品责任的承担

产品生产者、销售者就产品缺陷致人损害承担无过错侵权责任，这是缺陷产品侵权责任制度的核心。此外，还有一些民事主体依法也要承担侵权责任。例如，2018年《食品安全法》第130条第1款规定：违反本法规定，集中交易市场的开办者、柜台出租者、展销会的举办者允许未依法取得许可的食品经营者进入市场销售食品，或者未履行检查、报告等义务，使消费者的合法权益受到损害的，应当与食品经营者承担连带责任。在此，集中交易市场的开办者、柜台出租者、展销会举办者承担的是过错责任。

又如，2018年《食品安全法》第131条规定：违反本法规定，网络食品交易第三方平台提供者未对入网食品经营者进行实名登记、审查许可证，或者未履行报告、停止提供网络交易平台服务等义务，使消费者的合法权益受到损害的，应当与食品经营者承担连带责任。消费者通过网络食品交易第三方平台购买食品，其合法权益受到损害的，可以向入网食品经营者或者食品生产者要求赔偿。网络食品交易第三方平台提供者不能提供入网食品经营者的真实名称、地址和有效联系方式的，由网络食品交易第三方平台提供者赔偿。网络食品交易第三方平台提供者赔偿后，有权向入网食品经营者或者食品生产者追偿。值得注意的是，《食品安全法》规定了网络平台的审查、报告、监督、履行承诺的义务，违者承担责任，这种责任属于过错责任。网络交易平台提供者不能提供食品的生产者或者销售者的真实名称、地址与有效联系方式的，意味着网络交易平台提供者的经营管理存在疏漏，对于消费者不能追究生产者、销售者的民事责任存在过错，因此，网络交易平台提供者承担的依然是过错责任，但是这种过错行为不是消费者遭受损害的直接原因，因此，网络平台赔偿后有权"向入网食品经营者或者食品生产者追偿"。

此外，2013年《最高人民法院关于审理食品药品纠纷案件适用法律若干问题的规定》第12条规定了食品、药品检验机构就虚假、不实检验报告承担的过

错责任。对此，2018年《食品安全法》第138条第3款规定："食品检验机构出具虚假检验报告，使消费者的合法权益受到损害的，应当与食品生产经营者承担连带责任。"2019年《药品管理法》第138条第2句规定："药品检验机构出具的检验结果不实，造成损失的，应当承担相应的赔偿责任。"相比之下，《食品安全法》和《药品管理法》相关条款则规定了严格责任。

还有一点，2013年《最高人民法院关于审理食品药品纠纷案件适用法律若干问题的规定》第13条规定了食品认证机构出具虚假认证、不实认证而造成消费者损害的过错责任。对此，2018年《食品安全法》第139条第2款则规定："认证机构出具虚假认证结论，使消费者的合法权益受到损害的，应当与食品生产经营者承担连带责任。"应该说，《食品安全法》规定了食品认证机构出具虚假结论致消费者损害的严格责任。

然而，运输者、仓储者即使对于产品存在缺陷有过错，也并不直接对受损害人承担侵权责任，而只是承担终局的赔偿责任。对此，《侵权责任法》第44条的规定是：因运输者、仓储者等第三人的过错使产品存在缺陷，造成他人损害的，产品的生产者、销售者赔偿后，有权向第三人追偿。从该条的规定中可以看出，产品的运输者、仓储者并不直接对被侵权人承担赔偿责任，因运输者、仓储者等第三人的过错使产品存在缺陷，造成他人损害的，仍然由生产者或者销售者先向被侵权人承担侵权责任；生产者或者销售者赔偿后，有权向运输者、仓储者等第三人进行追偿。

四、不承担责任的事由（生产者的抗辩事由）

《产品质量法》第41条第2款规定："生产者能够证明有下列情形之一的，不承担赔偿责任：（一）未将产品投入流通的；（二）产品投入流通时，引起损害的缺陷尚不存在的；（三）将产品投入流通时的科学技术水平尚不能发现缺陷的存在的。"

（一）未将产品投入流通

未将产品投入流通，是指产品没有进入流通领域或者产品进入流通领域不是出于生产者的意愿。出售、出租、抵押、质押等，都是投入流通。产品的生产者生产了缺陷产品，但是没有将产品投入流通的，生产者不承担侵权责任。

（二）产品投入流通时引起损害的缺陷尚不存在

产品投入流通时，产品没有缺陷的，生产者不承担侵权赔偿责任。

但《产品质量法》第41条第2款第2项情形下规定的生产者"不承担赔偿责任"并不是免除生产者直接责任，而是免除生产者终局责任。产品投入流通后，可能因为运输者、销售者的原因使产品产生缺陷，依据《侵权责任法》的相关规定，受损害人仍可以向生产者请求赔偿，生产者赔偿后再对销售者或者运输者、仓储者追偿。

所以，这里所谓的产品投入流通时"引起损害的缺陷尚不存在的"情形下生产者不承担赔偿责任应当作狭义解释，对于运输者、仓储者、销售者的原因使产品产生缺陷的，被侵权人仍然有权要求生产者承担赔偿责任，但生产者不承担终局责任。

当然，受损害人自己的原因使产品存在缺陷的，生产者不承担赔偿责任。生产者的这种抗辩，属于特殊的受损害人"与有过失"抗辩。

（三）产品投入流通时科技水平尚不能发现缺陷

如果生产者要为产品投入流通时科技水平无法发现的缺陷承担赔偿责任，那么，就不能激励生产者研发新产品，不利于科学技术的发展进步。

（四）受损害人"与有过失"抗辩

除上述的生产者不承担责任的事由以外，产品缺陷和受损害人或者受损害人应对之负责的人的过错共同导致损害发生的，减轻或者免除生产者的责任。例如，受损害人不正当使用缺陷产品也是损害发生原因时，应当根据原因力大小和过错大小以判断是免除还是减轻生产者责任。其理由是因果关系和受损害人或受损害人应对之负责的人的过错；而其法律依据是《侵权责任法》第26条以及第27条的规定。

（五）遵循强制性法律规范抗辩

有学者认为未来法律应当规定，因遵循强制性法律规范而导致产品存在"缺陷"的，生产者不承担责任。欧盟国家基本上都规定了这一免责事由。其存在的合理性在于，如果存在强制性法律规范，只要生产者从事生产，就必须依照具有约束力的法定标准进行，其他生产方式被绝对禁止。[1]

上述除第二种以外的其他各种免责事由也适用于销售者，其理由是：根据《产品质量法》规定，销售者承担产品责任后有权依法向生产者追偿，如果生产者可依上述免责事由规定免责，而销售者不能依上述免责事由而免责，那么销售者就无法追偿。如果是这样，那么销售者承担更严格的责任，这显然与逻辑和法理相悖。如上所述，可能因为销售者的原因使产品产生缺陷，所以上述第二种免责事由不适用于销售者。

五、责任方式

（一）赔偿损失

因产品缺陷造成他人损害的，受损害人可以向产品的生产者要求赔偿，也可以向产品的销售者要求赔偿。赔偿损失是最普遍的侵权责任承担方式。缺陷产品造成他人人身伤亡的，侵权人应当赔偿医疗费、误工费、护理费等；造成残疾的，还要支付残疾赔偿金、残疾生活辅助具费；造成死亡的，要支付丧葬费、死亡赔偿金等费用。缺陷产品造成他人财产损失的，应当赔偿损失。

（二）排除妨碍、消除危险

依据《侵权责任法》第45条的规定，因产品缺陷危及他人人身、财产安全的，被侵权人有权请求生产者、销售者承担排除妨碍、消除危险等侵权责任。该条提供了预防性保护措施，适用于损害尚未实际发生时，能够有效预防损害，为民事主体提供了更加全面的法律保护。预防性保护措施越来越受到各国侵权法理论和司法实践的重视。

（三）召回、改进

根据《侵权责任法》第46条第1句规定："产品投入流通后发现存在缺陷的，生产者、销售者应当及时采取警示、召回等补救措施。"警示、召回、改进

---

[1] 参见周友军《民法典编纂中产品责任制度的完善》，《法学评论》2018年第2期。

等属于补救措施，就是承担缺陷产品责任的一种方式。鉴于产品投入流通后可能有多个流通环节，有可能尚未出售给最终消费者或使用者，有必要规定"停止销售"这种补救措施，建议将上述第 46 条第 1 句修改为："……生产者、销售者应当及时采取停止销售、警示、召回等补救措施。"至于召回过程中产生的费用负担问题，为了更好地保护被侵权人的权益，民法典侵权责任编草案三审稿借鉴了消费者权益保护法的相关规定，在第 981 条中增加 1 款规定："依照前款规定采取召回措施的，生产者、销售者应当负担被侵权人因此支出的必要费用。"

（四）惩罚性赔偿

《侵权责任法》第 47 条规定："明知产品存在缺陷仍然生产、销售，造成他人死亡或者健康严重损害的，被侵权人有权请求相应的惩罚性赔偿。"惩罚性赔偿主要在于对侵权人进行惩罚和威慑，而不是对被侵权人进行补偿，因此其具体的赔偿数额不是依被侵权人的损失而定，而是要结合侵权人主观上的可非难程度、获利数额等因素加以综合确定。适用惩罚性赔偿的条件有：（1）生产者、销售者明知产品存在缺陷仍然生产、销售，主观状态上必须是明知；（2）损害结果上必须是造成他人死亡或者健康严重受损。

除了《侵权责任法》，我国还有其他法律也规定了惩罚性赔偿。如 2013 年《消费者权益保护法》第 55 条规定："经营者提供商品或者服务有欺诈行为的，应当按照消费者的要求增加赔偿其受到的损失，增加赔偿的金额为消费者购买商品的价款或者接受服务的费用的三倍；增加赔偿的金额不足五百元的，为五百元。法律另有规定的，依照其规定。　　经营者明知商品或者服务存在缺陷，仍然向消费者提供，造成消费者或者其他受害人死亡或者健康严重损害的，受害人有权要求经营者依照本法第四十九条、第五十一条等法律规定赔偿损失，并有权要求所受损失二倍以下的惩罚性赔偿。"第 49 条规定的是经营者提供商品或者服务造成消费者或者其他受害人人身伤害、残疾或者死亡的赔偿标准；第 51 条规定的是经营者侵害消费者或者其他受害人人身权益造成严重精神损害的"精神损害赔偿"。2018 年《食品安全法》第 148 条第 2 款第 1 句规定："生产不符合食品安全标准的食品或者经营明知是不符合食品安全标准的食品，消费者除要求赔偿损失外，还可以向生产者或者经营者要求支付价款十倍或者损失三倍的赔偿金；增加赔偿的金额不足一千元的，为一千元。"2019 年《药品管理法》第 144 条第 3 款也规定:"生产假药、劣药或者明知是假药、劣药仍然销售、使用的,受害人或者其近亲属除请求赔偿损失外,还可以请求支付价款十倍或者损失三倍的赔偿金;增加赔偿的金额不足一千元的,为一千元。"

第六章
机动车交通事故责任

第一节　机动车交通事故责任的归责原则

根据 2011 年《道路交通安全法》第 119 条的规定，"交通事故"，是指车辆在道路上因过错或者意外造成的人身伤亡或者财产损失的事件。因此，机动车交通事故就是机动车在道路上造成他人人身伤亡、财产损失的事件。机动车交通事故责任，就是机动车保有人因机动车交通事故承担的侵权责任。

机动车交通事故责任发生在道路交通领域。机动车交通事故发生在道路上，是在道路交通活动中发生的机动车之间、机动车与非机动车或者机动车与行人之间的人身伤亡或者财产损害事故。不发生在道路上的事故不属于机动车交通事故。所谓"道路"，是指公路、城市道路和在单位管辖范围而允许社会机动车通行的地方，包括广场、公共停车场等用于公众通行的场所。

机动车交通事故责任中至少有一方责任主体为机动车一方当事人。机动车交通事故责任是发生在机动车各方当事人之间或者机动车一方当事人与非机动车一方当事人、行人之间的事故责任，非机动车各方当事人之间、非机动车一方当事人与行人之间的事故责任不适用机动车交通事故责任规定。

《道路交通安全法》是调整机动车交通事故责任的专门法律，该法对机动车交通事故责任的归责原则、构成要件、免责事由等都作了专门规定。正因为这样，所以《侵权责任法》第 48 条规定："机动车发生交通事故造成损害的，依照道路交通安全法的有关规定承担赔偿责任。"除了专门法之外，《侵权责任法》对机动车交通事故责任也作出了一些具体规定。《侵权责任法》设专章（第六章）"机动车交通事故责任"对机动车交通事故责任的一些具体问题、特殊问题作出了规定。因此，在适用法律时，既要适用专门法《道路交通安全法》的规定，也要适用《侵权责任法》的规定。

另外，机动车交通事故责任，既包括人身损害赔偿责任，也包括财产损害赔偿责任。但是，其中人身损害赔偿问题更为复杂。

值得一提的是，在《侵权责任法》中，机动车交通事故责任主体是机动车一方当事人，通常情况下被侵权人是对方车辆（包括机动车、非机动车）当事人或者行人。至于本车车上当事人受到损害的，按照侵权法一般侵权责任规则或者合同法或者其他法律予以处理。例如，《合同法》第302条规定："承运人应当对运输过程中旅客的伤亡承担损害赔偿责任……前款规定适用于按照规定免票、持优待票或者经承运人许可搭乘的无票旅客。"其中"经承运人许可搭乘的无票旅客"即属于无偿客运合同的乘客或者暂时无票而有待付款补票的搭乘人。《合同法》规定的客运合同的承运人是从事公共运输的承运人，车辆是营运机动车，一般情况下，客运合同是有偿合同，旅客不交付票款的，承运人依法可以拒绝运输，但是也不排除特殊情况下个别乘客与承运人之间的无偿客运合同。如果是"好意同乘"，或者说当事人双方或一方没有缔结客运合同意思表示，那么此时因无合同存在，根本无法适用《合同法》。就是说，"好意同乘"不适用"合同法"。理论上认为"好意同乘"属于情谊行为，而情谊行为只是说其当事人没有订立合同的法效意思，但是绝不意味着情谊行为不受法律管辖。即使是情谊行为，如果符合侵权法上一般侵权构成要件，就构成一般侵权，有关行为人应当承担侵权责任。当然，毕竟无偿搭乘人自愿无偿搭乘，应知机动车运输有一定风险，同时考虑到公序良俗原则，令无偿搭乘人所乘坐机动车一方承担全部侵权责任有失公平，因此赞同民法典侵权责任编规定："非营运机动车发生交通事故造成无偿搭乘人损害，属于该机动车一方责任的，应当减轻或者免除其赔偿责任，但是机动车使用人有故意或者重大过失的除外。"[①]

此外，在《侵权责任法》上，机动车交通事故责任主体是机动车一方当事人，机动车一方人身或机动车损害的赔偿责任不属于机动车交通事故责任。例如，经M市政府批准，M市体委在M市举办自行车赛。M市体委考虑比赛时间不长，为不影响市民正常生活秩序，决定不将比赛路段所经过的公路封闭，也未设置警示标志。上午9时，运动员从M市政府门前出发，当行至约2000米处尚未拉开距离时，遇原告陈某驾驶一辆高尔夫轿车迎面驶来。陈某见对面一群自行车驶来，遂将车停住。此时，运动员被告兰某因车速快，周围运动员密集，无法避开停住的轿车，连车带人冲撞上了原告的轿车，将轿车的前右转向灯撞

[①] 参见2018年9月民法典各分编（草案）第992条。另可参见2019年1月《民法典侵权责任编（草案）》（二次审议稿）第992条。

碎后，人的身体冲向车顶，头盔将车风挡玻璃撞碎，身体将前机器盖压塌，兰某本人受到轻伤。M 市法院认为，被告兰某是参赛运动员，又在指定路段参赛，没有过错，不承担责任。被告 M 市体委是本次比赛的组织者，未采取安全措施，应负侵权责任。M 市法院判决原告陈某修车损失费四千多元由被告 M 市体委赔偿。双方均未上诉。该案中的事故是否属于"交通事故"，不无疑问，但是可以明确的是，该案涉及的侵权责任是一般侵权责任，应当适用过错责任原则，不属于《侵权责任法》第六章所规定的"机动车交通事故责任"，因为第六章没有规定非机动车一方当事人或者行人对机动车一方当事人的侵权责任。

另外，值得一提的是，超速驾驶机动车撞路边合法建筑物的，即使适用过错责任原则，也构成侵权责任。这种驾驶行为无疑具有高度危险性，理应适用无过错责任原则，但是目前并无法律的明确规定。

还有一点，行人违章碰撞摩托车致使其驾驶员摔死的，构成交通肇事罪。这里是否构成交通事故不无疑问，然而，可以肯定的是，这里的行人显然是不构成《侵权责任法》第六章所规定的"机动车交通事故责任"的。

一、道路交通事故赔偿责任及归责原则的制度演进

道路交通事故赔偿制度经过了一个发展过程，大体上可以分为三个阶段：

第一个阶段，是按照过错责任原则来处理的。受损害人只有证明机动车一方当事人有过错才能获得相应的赔偿，否则机动车一方当事人不承担责任。

第二个阶段，是按照无过错责任或者过错推定责任来处理的。学理上认为采用无过错责任或者过错推定责任的主要理由有：其一，导致交通事故发生的原因是多方面的，不只是驾驶员的过错，交通设施状况、天气状况、车辆的性能等都能引起交通事故的发生。其二，发生交通事故，非机动车、行人一方处于相对弱势的地位，容易受到侵害，机动车在行驶中对非机动车、行人一方具有危险性，加重机动车一方的责任能更有效避免事故的发生。其三，在道路交通中，机动车一方享受了机动车带来的较多利益，作为受益者，也要承担更多的风险。

第三个阶段，是在无过错责任或者过错推定责任制度的基础上，同时建立第三者责任强制保险和商业性质的自愿保险等制度，来解决道路交通事故赔偿的问题。虽然无过错责任原则或者过错推定责任原则比过错责任原则更能保护好

受损害人的利益，但是仍然存在一些问题。一是耗时长，受损害人要从加害人处获得赔偿往往要经历很长时间，受损害人得不到及时的救济。二是机动车交通事故通常后果严重，责任重大，而机动车一方可能没有能力赔偿。为了解决这一难题，多数国家开始建立第三者责任强制保险制度，在机动车事故发生后，原则上无论机动车一方有无过错，受损害人都能在第三者责任强制保险的范围内从保险公司获得赔偿。机动车一方当事人通常还同时办理自愿的商业保险，来进一步分散和化解风险，增强赔偿能力。此外，我国还规定了道路交通事故社会救助基金制度。

二、机动车交通事故责任归责原则的制度设计

（一）机动车之间发生交通事故时适用过错责任原则

根据《道路交通安全法》第76条第1款第1项规定，机动车之间发生交通事故造成人身伤亡、财产损失的，由保险公司在机动车第三者责任强制保险责任限额范围内予以赔偿；不足的部分，由有过错的一方承担赔偿责任；双方都有过错的，按照各自过错的比例分担责任。即机动车之间发生交通事故，第三者责任强制保险责任限额范围外的部分依"过错责任原则"分析判断赔偿责任。有过错的有责任，无过错就没有赔偿责任。采用"过错责任原则"的原因是机动车之间各方当事人没有强弱之分，不存在采用"无过错责任原则"保护所谓"弱势"的受损害人的客观基础。

（二）机动车对非机动车、行人的交通事故处理

根据《道路交通安全法》第76条第1款第2项规定，机动车与非机动车驾驶人、行人之间发生交通事故，造成人身伤亡、财产损失的，由保险公司在机动车第三者责任强制保险责任限额范围内予以赔偿。不足的部分，按照下列规定承担赔偿责任：非机动车驾驶人、行人没有过错的，由机动车一方承担赔偿责任；有证据证明非机动车驾驶人、行人有过错的，根据过错程度适当减轻机动车一方的赔偿责任；机动车一方没有过错的，承担不超过百分之十的赔偿责任。从该项规定可以看出，即使机动车一方没有任何过错，也要承担不超过百分之十

的责任，并且侵权人只有在法定的免责事由条件下才能免责。所以，对于机动车一方当事人就机动车与非机动车驾驶人、行人之间的交通事故责任，适用无过错责任原则。也就是说，机动车一方当事人就机动车与非机动车驾驶人、行人之间的交通事故，承担无过错责任。

第二节　机动车交通事故责任的构成要件

一、机动车之间交通事故责任的构成要件

（一）机动车一方在道路上实施了肇事行为

机动车在道路上是界定"交通"概念的核心要素，也是构成交通事故责任的状态条件。就是说，界定机动车与道路的范围，决定着是否适用机动车交通事故责任的法律规定。若是非机动车之间发生的或者非机动车与行人间发生的交通事故，则不适用机动车交通事故责任的有关法律规定，而适用一般过错侵权责任规则；与此同时，若不是发生在道路上的侵权事故，也不发生"机动车交通事故责任"，而应当按照一般侵权责任处理。

1. 机动车

根据《道路交通安全法》第 119 条第 3 项的规定，"机动车"，是指以动力装置驱动或者牵引，上道路行驶的供人员乘用或者用于运送物品以及进行工程专项作业的轮式车辆。轮式车辆是以车轮作为运行形式的车辆。也有学者认为，"机动车"不应限于轮式车辆。①动力装置驱动是指以机械、电力等动力驱动车辆，不同于人力和畜力驱动，以人力或者畜力驱动的车是非机动车。第 119 条第 4 项则规定，"非机动车"，是指以人力或者畜力驱动，上道路行驶的交通工具，以及虽有动力装置驱动但设计最高时速、空车质量、外形尺寸符合有关国家标

---

① 参见李昊《对民法典侵权责任编的审视与建言》，《法治研究》2018 年第 5 期。

准的残疾人机动轮椅车、电动自行车等交通工具。轨道通行的机动车虽然属于机动车，但是不适用机动车交通事故责任法，而适用《侵权责任法》规定的高速轨道运输工具侵权的有关规定。

2. 道路

根据《道路交通安全法》第119条第1项的规定，"道路"，是指公路、城市道路和在单位管辖范围内但允许社会机动车通行的地方，包括广场、公共停车场等用于公众通行的场所。公路是指城市间、城乡间、乡间供汽车行驶的具备一定技术标准的道路。城市道路是指城市中供车辆、行人通行的具备一定技术条件和设施的道路。单位管辖范围内的道路若不对外开放，则不是道路；单位管辖范围内的道路准许社会机动车通行的才是道路，才适用《道路交通安全法》关于机动车侵权事故责任的规定。

2012年《最高人民法院关于审理道路交通事故损害赔偿案件适用法律若干问题的解释》第28条规定：机动车在道路以外的地方通行时引发的损害赔偿案件，可以参照适用本解释的规定。在实践中，机动车在道路以外的地方通行时引发的损害赔偿，按照道路交通事故损害赔偿案件处理。就是说，也是应当先由交通事故车辆的保险人在机动车交通事故责任强制保险限额内予以赔偿。超过责任限额的部分，按照各自的过错比例分担责任。同时投保机动车交强险和第三者责任保险的机动车发生交通事故造成损害，当事人同时起诉侵权人和保险公司的，应先由承保交强险的保险公司在责任限额范围内予以赔偿，不足部分由承保第三者责任险的保险公司根据保险合同予以赔偿。仍有不足的，依照《道路交通安全法》和《侵权责任法》的相关规定由侵权人予以赔偿。[1]有学者则建议取消"在道路上"要求，并根据损害是否为机动车固有危险所导致来判断。[2]

3. 机动车运行中当事人实施了违法行为

只有车辆在运行中发生交通损害事故，才产生机动车交通事故侵权责任。机动车没有运动但是仍然处于交通中并且机动车产生的危险状态仍然存在的，也视为机动车处于运行中。

机动车交通事故侵权责任的构成，以机动车一方或者双方的违法行为（即违反道路交通安全法规的违法行为）为要件。《道路交通安全法》以及其他相关法律、法规规定了机动车驾驶人要遵守的规则，这些规则都是为了保护交通安全。

---

[1] 参见张海霞《机动车在道路以外发生事故的责任承担》，《江苏经济报》2019年6月19日第B03版。

[2] 李昊：《对民法典侵权责任编的审视与建言》，《法治研究》2018年第5期。

机动车驾驶人不遵守这些规则就构成交通违法行为。机动车驾驶人执行单位工作任务造成交通事故的，其所在单位承担侵权责任（用人者责任）。

（二）造成了损害

损害包括人身损害和财产损害。人身损害是交通事故导致的受损害人生命权、身体权、健康权等人身方面的损害。财产损害是受损害人因交通事故而遭受的财产方面的损害。

机动车造成的损害既包括本车上人员的损害，也包括其他机动车上人员的损害。

（三）肇事行为与损害之间有因果关系

损害须是机动车的运行所致，即机动车一方或者双方肇事与损害结果的发生有因果关系。若没有肇事行为，就不会有损害的发生，则判断为肇事行为就是损害发生的原因。例如，原告方先生骑着电瓶车靠右行驶，途中一路段右侧为一堵石墙，突然一辆货车从方先生的左侧超车，把方先生夹在了车和石墙中间。由于缝隙过窄，等车过后，方先生由于受惊吓失去控制，连人带车翻倒在地受伤。一审法院认为，机动车在超越非机动车和行人时，要礼让非机动车和行人，在确保安全的情况下才能超车和超越，被告在超车时违反了这种文明驾驶的规定。同时，从事故现场、证人证言综合分析，即便是两车未刚擦碰撞，但是被告在超越原告骑的电瓶车过程中距离过近，机动车行驶中所产生的气浪、声音、振动等，客观上给原告造成了危险，均可成为产生事故的原因。一审法院判决：被告保险公司在机动车交通事故责任强制保险范围内，赔偿原告方先生9.7万元；被告邱先生赔偿原告3000元。被告保险公司上诉，二审法院判决"驳回上诉，维持原判"。[①]本案中被告违章超车是损害发生的原因，应当承担侵权责任。

如果损害的发生不是因为机动车的运行而是因为其他原因（如车上物件掉落或车本身自燃）致他人人身或者财产损害，就不是机动车交通事故侵权责任，而为物件责任或者缺陷产品责任。

---

① 参见蔡嵌瑶、裘立华《未"相撞"却担责 浙江衢州法院根据"气浪、声音、振动"判决一交通事故》，载 http://www.chinacourt.org/article/detail/2015/01/id/1528557.shtml，访问时间：2019 年 6 月 12 日。

（四）行为人具有过错

机动车之间的交通事故责任采用过错责任原则，加害人对损害的发生有过错时才承担侵权责任，双方都无过错的，都不承担责任。对过错的认定采用客观标准，即分析判断行为人（驾驶人）是否违反了道路交通安全法律、行政法规、规章。在我国的司法实践中，法院主要是通过公安机关道路交通管理部门的《交通事故责任认定书》来作为判断行为人（驾驶人）有无过错的依据。在机动车交通事故责任案件中，机动车驾驶人的过错，认定为该机动车一方当事人过错。

二、机动车对行人、非机动车的侵权责任构成

机动车一方对非机动车驾驶人、行人侵权的构成要件包括：一是机动车处于运行中；二是非机动车驾驶人、行人一方遭受了人身或者财产损害；三是机动车的运行与损害发生之间有因果关系，机动车处于运行中是损害发生的直接原因。机动车一方致非机动车驾驶人、行人侵权损害的责任构成要件与机动车之间的事故责任构成要件不同之处是不考虑机动车一方的过错，也就是说，机动车致非机动车驾驶人、行人损害的侵权责任不以机动车一方过错为要件。《道路交通安全法》第76条规定，非机动车驾驶人、行人没有过错的，由机动车一方承担赔偿责任；有证据证明非机动车驾驶人、行人有过错的，根据过错程度适当减轻机动车一方的赔偿责任；机动车一方没有过错的，承担不超过百分之十的赔偿责任。从该条规定中可以看出，机动车一方侵权责任的构成与该方当事人有无过错没有关系。机动车驾驶行为是一种危险（或曰高度危险）"作业"，在机动车一方对非机动车驾驶人、行人侵权责任纠纷案件中，"无过错责任原则"是各国普遍采用的归责原则。

第三节　责任承担

2012年《最高人民法院关于审理道路交通事故损害赔偿案件适用法律若干

问题的解释》第 16 条明确规定："同时投保机动车第三者责任强制保险（以下简称'交强险'）和第三者责任商业保险（以下简称'商业三者险'）的机动车发生交通事故造成损害，当事人同时起诉侵权人和保险公司的，人民法院应当按照下列规则确定赔偿责任：（一）先由承保交强险的保险公司在责任限额范围内予以赔偿；（二）不足部分，由承保商业三者险的保险公司根据保险合同予以赔偿；（三）仍有不足的，依照道路交通安全法和侵权责任法的相关规定由侵权人予以赔偿。　被侵权人或者其近亲属请求承保交强险的保险公司优先赔偿精神损害的，人民法院应予支持。"该司法解释比较成熟，建议民法典侵权责任编予以吸收。

2012 年《最高人民法院关于审理道路交通事故损害赔偿案件适用法律若干问题的解释》第 13 条明确规定："多辆机动车发生交通事故造成第三人损害，当事人请求多个侵权人承担赔偿责任的，人民法院应当区分不同情况，依照侵权责任法第十条、第十一条或者第十二条的规定，确定侵权人承担连带责任或者按份责任。"第 21 条明确规定："多辆机动车发生交通事故造成第三人损害，损失超出各机动车交强险责任限额之和的，由各保险公司在各自责任限额范围内承担赔偿责任；损失未超出各机动车交强险责任限额之和，当事人请求由各保险公司按照其责任限额与责任限额之和的比例承担赔偿责任的，人民法院应予支持。　依法分别投保交强险的牵引车和挂车连接使用时发生交通事故造成第三人损害，当事人请求由各保险公司在各自的责任限额范围内平均赔偿的，人民法院应予支持。　多辆机动车发生交通事故造成第三人损害，其中部分机动车未投保交强险，当事人请求先由已承保交强险的保险公司在责任限额范围内予以赔偿的，人民法院应予支持。保险公司就超出其应承担的部分向未投保交强险的投保义务人或者侵权人行使追偿权的，人民法院应予支持。"

机动车之间的交通事故责任采用过错责任原则，并且根据当事人双方的原因力大小和过错大小判断各自责任。机动车与非机动车驾驶人、行人之间发生交通事故的，机动车一方责任适用无过错责任原则，当有证据证明非机动车驾驶人、行人一方有过错的，根据过错程度适当减轻机动车一方的赔偿责任。当机动车一方无过错时，承担不超过百分之十的责任。

法定的免责事由规定在《道路交通安全法》第 76 条第 2 款，交通事故的损失是由非机动车驾驶人、行人故意碰撞机动车造成的，机动车一方不承担赔偿责任。非机动车、行人故意碰撞机动车主要指被侵权人自杀、自残或者"碰瓷"。被告应当就被侵权人故意碰撞机动车承担举证责任。如果被侵权人故意违反交通法规，但是并没有故意碰撞机动车造成交通事故，那么机动车一方不能免责，只能将被侵权人的行为作为减轻责任的事由。

2012年《最高人民法院关于审理道路交通事故损害赔偿案件适用法律若干问题的解释》第9条第2款规定："依法不得进入高速公路的车辆、行人，进入高速公路发生交通事故造成自身损害，当事人请求高速公路管理者承担赔偿责任的，适用侵权责任法第76条的规定。"《侵权责任法》第九章"高度危险责任"第七十六条规定："未经许可进入高度危险活动区域或者高度危险物存放区域受到损害，管理人已经采取安全措施并尽到警示义务的，可以减轻或者不承担责任。"

第四节　特殊情形下的责任主体的认定

机动车责任主体是对交通事故承担赔偿责任的主体。在一般情况下，机动车的所有人就是责任主体。依据《道路交通安全法》第8条规定，国家对机动车实行登记制度。机动车经公安机关交通管理部门登记后，方可上道路行驶。尚未登记的机动车，需要临时上道路行驶的，应当取得临时通行牌证。在实践中，往往可以通过机动车的登记来判断机动车所有人。但是上述第8条规定是行政管理规定，而非物权变动的具体规范。在实践中，机动车登记也并非在任何情况下都是认定所有权人的法律标准，例如2012年《最高人民法院关于审理买卖合同纠纷案件适用法律问题的解释》第10条第4项规定，出卖人就同一船舶、航空器、机动车等特殊动产订立多重买卖合同，在买卖合同均有效的情况下，买受人均要求实际履行合同的，应当按照下面的规则办理：出卖人将标的物交付给买受人之一，又为其他买受人办理所有权转移登记，已受领交付的买受人请求将标的物所有权登记在自己名下的，人民法院应予支持。当机动车所有人和使用人并不是同一人的情况下，如何确定交通事故侵权责任主体呢？《道路交通安全法》第76条规定了机动车交通事故责任，但是对责任主体的规定并不明确，只是使用了"机动车一方"的表述，在使用人与所有人分离的情况下，如何界定机动车一方往往比较困难。

须指出，机动车所有权是物权归属范畴，机动车一方责任人是侵权法上的范畴，侵权责任承担人判定规则与物权变动规则没有严格逻辑意义上的一一对应关系。当然，毕竟所有权人享有物之利益，物权关系因此是分析认定责任主体的因素之一。

目前，关于机动车交通事故侵权责任主体的认定，有学者认为，机动车交通事故责任的主体原则上为机动车的保有人，即对机动车的运行处于支配地位并享有因该机动车运行而产生的利益的民事主体，包括自然人、法人和非法人组织。①我国法学界和实务界大都认为应当从运行支配与运行利益归属两方面进行分析判断。所谓运行支配就是对发生事故的机动车的运行有事实上的支配和控制力；所谓运行利益就是从机动车的运行中获得利益。我国最高人民法院的司法解释也体现了以运行支配和运行利益作为认定机动车交通事故侵权责任主体的立场，这相当于其他国家民法学上机动车保有人承担侵权责任的立场（我国学界实际上也认同机动车保有人承担责任说）。

一、挂靠与套牌问题

2012 年《最高人民法院关于审理道路交通事故损害赔偿案件适用法律若干问题的解释》第 3 条明确规定："以挂靠形式从事道路运输经营活动的机动车发生交通事故造成损害，属于该机动车一方责任，当事人请求由挂靠人和被挂靠人承担连带责任的，人民法院应予支持。"例如，个体司机陈某于 2013 年 12 月 28 日驾驶的货车与原告某控股有限公司的轿车相刮碰。某县公安局交通警察大队《道路交通事故认定书》认定陈某承担此次道路交通事故的全部责任。经法院审理查明，陈某所驾货车的所有人是陈某自己，其挂靠在被告桂林某运输有限责任公司名下营运，并在被告某保险公司投保了机动车交通事故责任强制保险（财产损失赔偿限额为 2000 元）和第三者责任保险（每次事故责任限额为 200000 元）。法院于 2014 年 9 月 29 日作出如下判决：（1）被告某保险公司赔偿原告某控股有限公司 202000 元；（2）被告陈某赔偿原告某控股有限公司

---

① 参见程啸《民法典侵权责任编中机动车交通事故责任的完善》，《法学杂志》2019 年第 1 期。

1050500 元；（3）被告桂林某运输有限责任公司承担连带赔偿责任。①当事人有挂靠关系的，可以解释为分工合作或者被挂靠人对挂靠人有帮助行为，至于连带责任，有政策考量的因素。

2012 年《最高人民法院关于审理道路交通事故损害赔偿案件适用法律若干问题的解释》第 5 条明确规定："套牌机动车发生交通事故造成损害，属于该机动车一方责任，当事人请求由套牌机动车的所有人或者管理人承担赔偿责任的，人民法院应予支持；被套牌机动车所有人或者管理人同意套牌的，应当与套牌机动车的所有人或者管理人承担连带责任。"在最高人民法院发布的指导案例19 号"赵某某等诉烟台市某区汽车运输公司、卫某某等机动车交通事故责任纠纷案"中，一审法院和二审法院裁判也都认为，机动车所有人或者管理人将机动车号牌出借他人套牌使用，或者明知他人套牌使用其机动车号牌不予制止，套牌机动车发生交通事故造成他人损害的，机动车所有人或者管理人应当与套牌机动车所有人或者管理人承担连带责任。被套牌机动车所有人或者管理人同意套牌的，表明被套牌一方对于套牌的当事人一方有帮助，至于连带责任，有公共政策考量的因素。

二、租赁、借用机动车情形下的责任承担

机动车出租人将机动车出租给承租人②，发生了交通事故的，究竟是应当由机动车所有人与使用人共同承担责任，还是由使用人单独承担责任呢？对此，有三种不同的观点：第一种观点是，因为是为了出租方和承租方的共同利益而从事经营活动，按照运行利益理论，由出租人和承租人承担连带责任；第二种观点是，机动车出租后，承租人是机动车的运行支配者和运行利益的享有者，应当由承租人承担责任；第三种观点是，出租人是机动车的保有者，应当由出租人承担侵权责任，承租人则承担过错责任（无过错就不承担责任）。

另外，借用机动车一般发生在亲友、熟人之间，借用人在驾驶机动车时发生交通事故的，是应当由借用人承担侵权责任，还是应当由借用人与所有人一起

---

① 参见欧阳东、余明顺《个体司机驾车撞上劳斯莱斯被判赔百余万》，载 http://www.chinacourt.org/article/detail/2014/09/id/1454547.shtml，访问时间：2019 年 6 月 12 日。
② 这里的机动车出租，仅指"光车出租"，即出租公司仅仅出租机动车，而不附带驾驶人。"出租"机动车，并将驾驶人连带"出租"的，名为"出租"，实为"运输"，应当由机动车所有人一方就机动车侵权承担赔偿责任。

承担责任呢?

《侵权责任法》第 49 条对租赁和借用的问题作出了规定:"因租赁、借用等情形机动车所有人与使用人不是同一人时,发生交通事故后属于该机动车一方责任的,由保险公司在机动车强制保险责任限额范围内予以赔偿。不足部分,由机动车使用人承担赔偿责任;机动车所有人对损害的发生有过错的,承担相应的赔偿责任。"即租赁、借用情况下,发生交通事故侵权的,先由保险公司在机动车强制保险责任限额内予以赔偿,不足部分,由使用人即承租人、借用人承担赔偿责任。机动车所有人有过错的,承担相应的赔偿责任。至于使用人有过错的具体情形,2012 年《最高人民法院关于审理道路交通事故损害赔偿案件适用法律若干问题的解释》第 1 条有明确规定:"机动车发生交通事故造成损害,机动车所有人或者管理人有下列情形之一,人民法院应当认定其对损害的发生有过错,并适用侵权责任法第四十九条的规定确定其相应的赔偿责任:(一)知道或者应当知道机动车存在缺陷,且该缺陷是交通事故发生原因之一的;(二)知道或者应当知道驾驶人无驾驶资格或者未取得相应驾驶资格的;(三)知道或者应当知道驾驶人因饮酒、服用国家管制的精神药品或者麻醉药品,或者患有妨碍安全驾驶机动车的疾病等依法不能驾驶机动车的;(四)其它应当认定机动车所有人或者管理人有过错的。"法律作此规定的理由是:在认定机动车交通事故责任主体的时候,虽然机动车运行控制和运行利益都要考虑,但是在出租、出借等场合,对于机动车的运行控制更为重要。出租人、出借人在将机动车出租、借用给他人时,就丧失对机动车是否会给他人带来损害的直接控制力。承租人、借用人作为机动车的使用人,既有运行支配力,也享有机动车运行带来的利益,因此应当成为责任主体。当然,出租之际出租人因收取租金享受租金利益,出租人对于出租与否本身也有选择权、决定权,要出租人承担侵权责任也是有一定理由的,这其中有立法技术考量,规定出租人承担过错责任相对来说比较可行。

虽然法律将租赁、借用两种情形规定在一个条文中,但是租赁和借用在实际上是有区别的。机动车租赁是有偿的,而机动车借用是无偿的。出租人获得了租金,获得了物质利益,而出借人一般没有获得物质利益。两种情况下各方当事人注意义务标准应该有所不同。而且出租人可以通过定价机制等转移风险,而出借人往往没有相应的风险转移机制。出租人往往是专业的经营者,其专业知识和危险防范能力也往往高于出借人。因此,出租人应当承担起比出借人更大的责任,而且在判断出租人的过错时应该持更为宽松的标准,即应当在更多场合及情形下判断出租人为有"过错"。

2012 年《最高人民法院关于审理道路交通事故损害赔偿案件适用法律若干问题的解释》第 2 条明确规定："未经允许驾驶他人机动车发生交通事故造成损害，当事人依照侵权责任法第四十九条的规定请求由机动车驾驶人承担赔偿责任的，人民法院应予支持。机动车所有人或者管理人有过错的，承担相应的赔偿责任，但具有侵权责任法第五十二条规定情形的除外。"这是对租赁、借用以外且非盗窃、抢劫或者抢夺机动车情形下机动车使用人责任承担的规定，建议民法典予以吸收，并设立单独一条加以规定。这是对机动车所有人或者管理人亲属、朋友、同事等未经允许驾驶机动车发生交通事故的侵权责任规定。

三、转让机动车所有权未办理所有权转移登记的

依据《道路交通安全法》，机动车实行登记制度。在实践中，存在机动车已通过买卖、赠与、继承、以物抵债等方式转让但是还没有办理所有权转移登记的情形，甚至还有连环转让但都没有办理转移登记的情形，也有机动车所有人与他人恶意串通、借虚假买卖机动车而逃避交通事故责任，使得机动车管理机关登记的所有人与机动车实际使用人不一致。发生交通事故时，谁承担侵权责任呢？

对于这个问题，《最高人民法院关于连环购车未办理过户手续原车主是否对机动车发生交通事故致人损害承担责任的复函》中明确指出："连环购车未办理过户手续，因车辆已交付，原车主既不能支配该车的营运，也不能从该车的营运中获得利益，故原车主不应对机动车发生交通事故致人损害承担责任。但是连环购车未办理过户手续的行为，违反有关行政管理法规的，应受其规定的调整。"该复函的立场是由受让人承担责任。之后，《侵权责任法》第 50 条规定："当事人之间已经以买卖等方式转让并交付机动车但未办理所有权转移登记，发生交通事故后属于该机动车一方责任的，由保险公司在机动车强制保险责任限额范围内予以赔偿。不足部分，由受让人承担赔偿责任。"这一规定再次明确了由机动车受让人承担责任。

笔者认为该规定的合理之处在于：首先，根据《物权法》和有关司法解释的规定，在当事人转让并已交付机动车但是没有办理转移登记的情况下，机动车

所有权已经转移，原车主已经不是机动车所有权人了。其次，《物权法》中的权属登记是物权归属的证据，也是为了保护交易中善意第三人，但并不是为了确认交通事故的责任人。再次，按照运行支配和运行利益的判断标准，机动车转让并交付后，原车主就不再控制机动车运行的风险，也不再从机动车运行中获益，机动车的运行支配力和运行利益已归于受让人，由原车主承担责任是不公平的，赔偿义务人应当是对机动车有实质支配力并享受运行利益的受让人。

此外，2012年《最高人民法院关于审理道路交通事故损害赔偿案件适用法律若干问题的解释》第4条明确规定："被多次转让但未办理转移登记的机动车发生交通事故造成损害，属于该机动车一方责任，当事人请求由最后一次转让并交付的受让人承担赔偿责任的，人民法院应予支持。"

四、附所有权保留的分期付款买卖机动车的

附所有权保留的分期付款买卖机动车，是指买受人将应付总价款按照一定期限分批向出卖人支付，出卖人将机动车交付给买受人占有、使用，在价款的一部或者全部清偿前，由出卖人享有机动车的所有权。若买受人违约，出卖方可要求买受人返还机动车。只有双方约定的条件成就后，才由买受人享有所有权。由于在买受人没有完全履行义务前，机动车的所有权属于出卖方，在公安机关交通管理部门登记的所有人也是出卖方，那么在受让人驾驶机动车并发生交通事故后，由谁承担责任呢？

《最高人民法院关于购买人使用分期付款购买的车辆从事运输因交通事故造成他人财产损失保留车辆所有权的出卖方不应承担民事责任的批复》（法释〔2000〕38号）明确规定："采用分期付款购车，出卖方在购买方付清全部车款前保留车辆所有权的，购买方以自己名义与他人订立货物运输合同并使用该车运输时，因交通事故造成他人财产损失的，出卖方不承担民事责任。"该规定与《侵权责任法》第50条有异曲同工之妙，也与判断交通事故责任人的法理相符。在所有权保留的分期付款买卖中，虽然出卖人仍享有所有权，但是机动车的运行支配和运行利益已经归属于买受人。所以，机动车发生交通事故时，由买受人承担责任比较合理。

五、转让拼装或者已达报废标准的机动车的

这方面的法律规定非常严厉。

拼装机动车和报废机动车有安全隐患，是马路杀手，不能上路行驶。我国2011年《道路交通安全法》第14条规定实行机动车强制报废制度，应当报废的机动车必须及时办理注销登记，并规定达到报废标准的机动车不得上道路行驶，报废的大型客、货车及其他营运车辆应当在公安机关交通管理部门的监督下解体。第100条第1款规定："驾驶拼装的机动车或者已达到报废标准的机动车上道路行驶的，公安机关交通管理部门应当予以收缴，强制报废。"第100条还规定对驾驶前款所列机动车上道路行驶的驾驶人，处以罚款，吊销机动车驾驶证，并规定出售已达到报废标准的机动车的，没收违法所得，处销售金额等额的罚款。国务院2019年《报废机动车回收管理办法》第15条规定："禁止任何单位或者个人利用报废机动车'五大总成'和其他零部件拼装机动车，禁止拼装的机动车交易。""除机动车所有人将报废机动车依法交售给报废机动车回收企业外，禁止报废机动车整车交易。"

转让拼装或者已达到报废标准的机动车属于严重的违法行为，驾驶拼装车或者已达到报废标准的机动车更具有极大的危险性。对此，《侵权责任法》第51条规定："以买卖等方式转让拼装或者已达到报废标准的机动车，发生交通事故造成损害的，由转让人和受让人承担连带责任。"法律规定由转让人和受让人承担连带责任，是为了更好地保护人民群众的生命财产安全，预防并制止转让拼装或者已达到报废标准的机动车的行为。此外，2012年《最高人民法院关于审理道路交通事故损害赔偿案件适用法律若干问题的解释》第6条明确规定："拼装车、已达到报废标准的机动车或者依法禁止行驶的其他机动车被多次转让，并发生交通事故造成损害，当事人请求由所有的转让人和受让人承担连带责任的，人民法院应予支持。"

六、盗窃、抢劫或者抢夺机动车的责任承担

机动车被盗窃、抢劫或者抢夺也会导致机动车所有人与实际占有人、使用人

不一致。机动车被盗窃、抢劫或者抢夺后，发生交通事故的，由谁承担赔偿责任呢？最高人民法院在《关于被盗机动车辆肇事后由谁承担损害赔偿责任问题的批复》中规定："使用盗窃的机动车辆肇事，造成被害人物质损失的，肇事人应当依法承担损害赔偿责任，被盗机动车辆的所有人不承担损害赔偿责任。"《侵权责任法》第52条也规定："盗窃、抢劫或者抢夺的机动车发生交通事故造成损害的，由盗窃人、抢劫人或者抢夺人承担赔偿责任。保险公司在机动车强制保险责任限额范围内垫付抢救费用的，有权向交通事故责任人追偿。"法律如此规定也是考虑到机动车被盗窃、抢劫、抢夺以后，机动车所有人丧失了对机动车的运行控制和运行利益。有学者认为还需要考虑机动车所有人是否尽到保管义务，如果机动车所有人没有尽到保管义务，如忘记关车门、没有拔钥匙等，机动车所有人就应当承担过错范围内的赔偿责任。笔者认为，首先，应当由盗窃人、抢劫人或者抢夺人承担赔偿责任；其次，如果盗窃人、抢劫人或者抢夺人与机动车使用人并非同一人，发生交通事故后属于该机动车一方责任的，应当由盗窃人、抢劫人或者抢夺人与机动车使用人承担连带责任。[①]

七、网约车交通事故侵权责任认定

有学者认为，网约车致害责任特殊之处无非是经营平台的介入使单纯所有者被"所有者+经营平台"所替代，相应的责任也需要在所有者、经营平台、使用者之间合理分担，可依托现有法律制度采取扩张解释的方式解决法律适用问题，无须新增立法。[②]也有学者认为，若网约车平台可认定为机动车保有人，则网约车平台属于责任主体；若网约车平台不是机动车保有人，而是仅提供媒介服务，应对网约车保有人承担监督职责，若有过错，应当与机动车保有人承担连带责任。[③]笔者赞同分析考虑在不同的经营模式中网约车平台与司机的关系。有学者指出，在顺风车模式中，网约车平台起中介作用，因此，不能将网约车平台作为顺风车司机的用人单位，令网约车平台承担用人者责任，而应根据网约车平台有无过错以及过错程度确定其是否需要承担以及承担何种侵权责任；至于专车、快车，虽然机动车所有人是司机，且网约车平台往往通过劳务派遣或集约

① 参见2019年1月《民法典侵权责任编（草案）》（二次审议稿）第990条第1款。
② 张平华：《民法典侵权责任编应处理好的三对关系》，《财经法学》2018年第6期。
③ 参见李昊《对民法典侵权责任编的审视与建言》，《法治研究》2018年第5期。

租赁的外包经营模式来避免自己与专车司机间产生劳务关系，但是基于运行支配和运行利益说，仍然可以认为网约车平台处于机动车保有人地位，而司机无非是驾驶人而已，故受害人可以要求网约车平台承担责任，而网约车平台承担责任后可以向有过错的驾驶人追偿或者要求与其存在相应法律关系的实际经营企业承担责任。[①]当然，笔者认为，在上述的专车、快车模式中，也可以在法律上规定：发生机动车交通事故的，受害人可以要求网约车平台和机动车所有人（也是驾驶人）承担连带责任。2018 年 3 月 15 日全国人大常委会法制工作委员会《民法典侵权责任编（征求意见稿）》第 47 条规定：网络预约机动车发生交通事故造成损害，属于机动车一方责任，依照下列方式承担赔偿责任：（一）网络预约平台提供机动车及驾驶人的，由网络预约平台承担赔偿责任；（二）网络预约平台仅提供机动车的，依照前条规定承担赔偿责任；（三）网络预约平台仅提供媒介服务的，由机动车使用人承担赔偿责任；网络预约平台对损害的发生有过错的，承担补充责任。该征求意见稿第 47 条以机动车保有所内含的运行控制和运行利益两大要素为归责依据，同时考虑了用人者责任因素，是合理可行的，建议收入民法典侵权责任编。

八、关于自动驾驶汽车交通事故侵权问题的探讨

人工智能技术运用于汽车制造、交通运输必将提升交通效率、加强交通安全；技术成熟的自动驾驶汽车必将提高汽车性能、减少交通事故，当然也会引发一些法律问题，并推动法律制度演变发展。就自动驾驶汽车交通事故侵权责任，有论者主张由自动驾驶汽车自负责任，为其设立责任基金并实行强制保险制度。[②]有观点认为，就机动车事故应该统一规定为所有人或者保有人的无过错责任。这样可以解决智能汽车和智能汽车、非智能汽车、非机动车、行人之间的交通事故的责任分配，不会在智能汽车的主体缺失和过错认定等方面产生问题，也可以解决之前机动车交通事故责任的诸多问题。[③]也有学者认为，随着技术的发展、商业模式的变化以及法律制度的完善，可以考虑在时机成熟时，将自动驾驶领域的产品责任和机动车保有人责任合并升级为辅之以保险的制造商的无过

---

① 参见程啸《民法典侵权责任编中机动车交通事故责任的完善》，《法学杂志》2019 年第 1 期。
② 参见冯珏《自动驾驶汽车致损的民事侵权责任》，《中国法学》2018 年第 6 期。
③ 参见殷秋实《智能汽车的侵权法问题与应对》，《法律科学（西北政法大学学报）》2018 年第 5 期。

错责任，而不再考虑产品缺陷的认定问题，以为生产更安全的自动驾驶系统提供持续的激励，并充分救济事故的受害人。[1]还有学者认为，对自动驾驶机动车交通事故责任的界定，不过是"交通事故责任+产品责任"，对现有的《道路交通安全法》《侵权责任法》规定的交通事故责任和产品责任规则，适当加以变通，就可以适用于自动驾驶机动车交通事故责任；认为当自动驾驶机动车因存在缺陷发生交通事故造成损害，应当由生产者、设计者、销售者承担不真正连带责任，若是黑客攻击自动驾驶机动车的自动驾驶系统而发生交通事故致人损害，则应当适用产品责任的第三人责任规则；认为在自动驾驶机动车交通事故责任中，应当由自动驾驶机动车的生产者承担保险责任。[2]目前我国法律规定机动车之间的交通事故适用过错责任原则，机动车一方对非机动车驾驶人、行人侵权责任适用无过错责任原则；而且，只要属于机动车一方责任的，就一体适用机动车运行控制和利益享有者（即所有人或使用人）承担责任的规则，还有交通事故责任强制保险、自愿的商业保险和交通事故社会救助基金加以保障。机动车保险在各国都是运作最成功的保险，我国也是这样。在承担机动车交通事故责任的场合，我国所规定的机动车所有人或使用人，与其他国家所说的机动车保有人含义完全一致。虽然目前驾驶员往往就是小汽车的所有人，但是，发生交通事故时，驾驶员个人身份只在处理机动车一方内部责任方面有法律意义，对于处理机动车一方对外责任方面并无决定性作用。因此，现行有关规则与未来自动驾驶机动车交通事故处理规则是兼容的。

第五节　交通事故责任强制保险与社会救助基金

一、机动车交通事故责任强制保险

机动车交通事故责任强制保险，也称机动车第三者责任强制保险，是指由保

---

[1]　参见冯珏《自动驾驶汽车致损的民事侵权责任》，《中国法学》2018 年第 6 期。
[2]　参见杨立新《自动驾驶机动车交通事故责任的规则设计》，《福建师范大学学报（ 哲学社会科学版）》2019 年第 3 期。

险公司对保险机动车发生道路交通事故造成本车人员、被保险人以外的受害人的人身伤亡、财产损失，在责任限额内予以赔偿的强制性责任保险。机动车交通事故责任强制保险，是解决道路交通事故赔偿问题的重要措施，能使受损害人得到及时的救济，分散机动车驾驶人的风险，在减少社会纠纷矛盾和促进社会稳定方面也具有重大意义。

《道路交通安全法》第 17 条规定，国家实行机动车第三者责任强制保险制度。根据《机动车交通事故责任强制保险条例》第 2 条的规定，在中华人民共和国境内道路上行驶的机动车的所有人或者管理人，应当依照《中华人民共和国道路交通安全法》的规定投保机动车交通事故责任强制保险。从以上规定中就可以看出，机动车交通事故责任强制保险具有强制性。根据现行有关法律、行政法规和民事活动实践，这种保险不仅体现在合同订立上的强制性，还表现为合同条款、最低投保金额、保险费率等的法定性、强制性。从《道路交通安全法》第 76 条的规定可以看出，机动车交通事故责任强制保险赋予了被侵权人直接请求权，就是说，发生交通事故以后，保险公司在责任限额内有义务直接对受损害人给付赔偿金，被侵权人可以直接请求保险公司支付保险金，保险公司针对投保人的抗辩权不能对受损害人行使。

二、机动车交通事故责任强制保险的范围

（一）赔偿范围

依《道路交通安全法》第 76 条第 1 款的规定，机动车第三者责任强制保险的赔偿范围包括人身伤亡赔偿和财产损害赔偿。

（二）"受害人"范围

根据《机动车交通事故责任强制保险条例》（以下简称《交强险案例》）的有关规定，机动车交通事故责任强制保险，是指由保险公司对被保险机动车发生道路交通事故造成本车人员、被保险人以外的受害人的人身伤亡、财产损失，在责任限额内予以赔偿的强制性责任保险。投保人，是指与保险公司订立机动车交通事故责任强制保险合同，并按照合同负有支付保险费义务的机动车的所

有人、管理人。被保险人，是指投保人及其允许的合法驾驶人。将被保险人排除在交强险"受害人"范围外，主要是为了维护伦理秩序和防范道德风险。"本车人员"，是指交通事故发生时置身于机动车上的除驾驶人以外的人员。有学者认为，"车上人员"与"第三者"仅是临时、相对的身份定义，可能因条件变化而变化。判断究竟属于第三者还是车上人员，应以保险事故发生时的特定时间、空间条件为依据。①将本车人员排除在交强险"受害人"范围外，是制度设计问题，另外也有承运人责任险解决本车人员赔偿问题的考虑。

（三）免责问题

道路交通事故的损失是由受害人故意造成的，保险公司不予赔偿（《交强险条例》第 21 条第 2 款）。

有下列情形之一，发生道路交通事故的，造成受害人的财产损失，保险公司不承担赔偿责任：（一）驾驶人未取得驾驶资格或者醉酒的；（二）被保险机动车被盗抢期间肇事的；（三）被保险人故意制造道路交通事故的（《交强险条例》第 22 条第 2 款）。下面有典型案例：

2007 年 12 月 6 日 1 时 40 分许，被告邓某酒后驾驶 A 轿车与张某某相撞，撞击后车辆又与人体产生碾压，导致张某某当场死亡，造成交通事故。涉案交通事故责任认定书认定邓某无证驾驶车辆，承担全部责任，张某某不负事故责任。被告简某所有的 A 轿车投保了机动车交通事故责任强制保险，投保人与被保险人均为简某，车主为简某。邓某系东营某汽配中心的业主，门头标牌为某某电喷车专业维修。简某所有的 A 轿车停放在该维修店修车期间，邓某未经简某同意，擅自开车发生交通事故。原告裴某、刘某、张某等系死者张某某的亲属。②

一审判决某保险公司支付裴某、刘某、张某等人死者张某某的死亡赔偿金等50000 元。检察机关提出了抗诉。二审法院判决维持原判。一审二审两级法院都认为，《交强险条例》第 22 条第 2 款规定，存在无证驾驶、醉酒等四种情形之一，对受害人的财产损失，保险公司不承担赔偿责任，但并未明文规定保险公司的人身伤亡赔偿除外责任，因此，即使存在无证驾驶、醉酒等四种情形之一，发生道路交通事故的，保险公司仍然应当按照《交强险条例》第 21 条的规定，对

---

① 参见吴捷《如何界定交通事故发生时的"本车人员"》，《道路交通管理》2014 年第 7 期。
② 参见中国应用法学研究所编《侵权责任法疑难问题案例解读》，法律出版社 2011 年版，第 193 页。

人身伤亡承担赔偿责任。[1]

有学者认为，我国应当修改《交强险条例》第 22 条，并建议规定：在驾驶人未取得驾驶资格或者醉酒、被保险机动车被盗抢期间肇事或者被保险人故意制造道路交通事故等情形下，受害人就其财产损失、死亡伤残赔偿金与医疗费，先向保险公司行使保险给付请求权的，保险公司不得拒赔；保险公司赔付后，有权向被保险人或者侵权责任人追偿。[2]

三、道路交通事故社会救助基金

道路交通事故社会救助基金，是指依法筹集用于垫付机动车道路交通事故中受害人人身伤亡的丧葬费用、部分或者全部抢救费用的社会专项基金。《道路交通安全法》第 17 条规定国家"设立道路交通事故社会救助基金"。2012 年《机动车交通事故责任强制保险条例》第 24 条规定：国家设立道路交通事故社会救助基金。"有下列情形之一时，道路交通事故中受害人人身伤亡的丧葬费用、部分或者全部抢救费用，由救助基金先行垫付，救助基金管理机构有权向道路交通事故责任人追偿：（一）抢救费用超过机动车交通事故责任强制保险责任限额的；（二）肇事机动车未参加机动车交通事故责任强制保险的；（三）机动车肇事后逃逸的。"第 25 条规定：救助基金的来源包括：（一）按照机动车交通事故责任强制保险的保险费的一定比例提取的资金；（二）对未按照规定投保机动车交通事故责任强制保险的机动车的所有人、管理人的罚款；（三）救助基金管理机构依法向道路交通事故责任人追偿的资金；（四）救助基金孳息；（五）其他资金。

《侵权责任法》第 53 条也有关于道路交通事故社会救助基金的规定："机动车驾驶人发生交通事故后逃逸，该机动车参加强制保险的，由保险公司在机动车强制保险责任限额范围内予以赔偿；机动车不明或者该机动车未参加强制保险，需要支付被侵权人人身伤亡的抢救、丧葬等费用的，由道路交通事故社会救助基金垫付。道路交通事故社会救助基金垫付后，其管理机构有权向交通事故责任人追偿。"机动车驾驶人发生交通事故后逃逸的，该机动车参加了强制保险

---

[1] 参见山东省东营市中级人民法院（2008）东民再终字第 29 号民事判决书。
[2] 参见李青武《论我国道路交通事故社会救助基金制度之重构——以补偿制度为重点》，《法商研究》2018 年第 1 期。

的，由保险公司在机动车强制保险责任范围内予以赔偿。如果机动车没有参加强制保险或者机动车不明，那么，受害人就不能得到强制保险的赔偿或者不能及时得到强制保险的赔偿，为了充分保护受害人的利益，法律规定由道路交通事故社会救助基金先行垫付。道路交通事故社会救助基金垫付与强制保险赔偿不同，根据《侵权责任法》第53条和《机动车交通事故责任强制保险条例》第24条的规定，道路交通事故社会救助基金垫付的只是被侵权人人身伤亡的抢救、丧葬等费用，以挽救被侵权人的生命或者在被侵权人死亡时使其得到安息。除此之外的任何损失不由道路交通事故社会救助基金给付。社会救助基金给付后，其管理机构有权向交通事故责任人进行追偿。

一些学者指出，道路交通事故社会救助基金在扶危济困、促进社会和谐等方面发挥了积极的作用，但与此同时，在实际运作过程中，也暴露出制度程序烦琐、资金大量冗余、追偿难、管理机构法律地位不明确等问题。[1]有学者建议对救助基金的功能加以区分，认为救助基金基础功能补偿受害人的条件是：（1）侵权责任人对"受害人"承担侵权责任；（2）强制责任保险缺失。认为肇事机动车仅投保"商业第三者责任险"的情形下，救助基金是否对受害人承担补偿责任，取决于法定交强险保险金额与"商业第三者责任险"保险金额间的关系：当后者小于前者时，救助基金在两者差额内承担补偿责任；当后者大于或等于前者时，救助基金不承担补偿责任。认为对交通事故造成的特困家庭补助、超过强制责任保险限额的抢救费、单车事故受伤肇事司机的抢救费救助，应纳入救助基金附加功能的保障范围，由财政承担。[2]

---

① 参见李树甬、刘传忠《完善道路交通事故社会救助基金管理的建议》，《道路交通管理》2018年第12期。另见肖博文《应让交通事故社会救助金能真正发挥作用》，《中国审计报》2019年6月3日第002版。
② 李青武：《论我国道路交通事故社会救助基金制度之重构——以补偿制度为重点》，《法商研究》2018年第1期。

第七章
医疗损害责任

第一节　医患关系评述

一、医疗合同的特殊性

各国对于医患关系的法律定位，对于我国完善相关制度有借鉴或者参考作用。

（一）医疗合同关系

在英国，医生基本上都是由国民健康服务中心（National Health Service）雇佣的，据说合同法"在大夫与患者的绝大部分合同中不起作用"。[1]而在法国，医疗损害责任的定性，经历了侵权责任说、合同责任说、法定责任说等过程；其中，医疗合同责任说支配法国学说和判例达近 70 年，而对医疗合同理论的质疑在于医疗法律关系的伦理性、法律关系标的的特殊性、医生义务的非约定性、合同关系包容力的有限性等；随着 2002 年患者权利与健康体系质量法颁布实施，法国的医疗合同责任理论终于要逐步退出历史舞台。[2]欧洲其他国家（包括德国）的医疗事故责任主要被规定在侵权法中，主要原因是合同法不补偿非财产损失[3]；对于医患关系性质的认识，在美国、日本、德国等国，都存在合同关系说。[4]德国在通过患者权利法以后，在修订的德国民法典中增加了医疗合同的规

---

[1]　［德］克雷斯蒂安·冯·巴尔：《欧洲比较侵权行为法》（上卷），张新宝译，法律出版社 2004 年第 2 版，第 543 页。

[2]　参见叶名怡《医疗合同责任理论的衰落——以法国法的演变为分析对象》，《甘肃政法学院学报》2012 年第 6 期。

[3]　［德］克雷斯蒂安·冯·巴尔：《欧洲比较侵权行为法》（下卷），焦美华译，张新宝审校，法律出版社 2004 年第 2 版，第 358 页。

[4]　参见赖红梅《医疗损害法律问题研究》，法律出版社 2014 年版，第 9~10 页。

定，荷兰民法典在第 7 编"有名契约"第 7 章"服务契约"第 5 节规定了医疗契约。①在英美法系，虽然在理论上专家责任案件中会发生侵权与违约竞合，但是有时立法或者习惯确定纠纷的案型。②而日本通说采契约关系与侵权法的患者"请求权"竞合说。③在葡萄牙，医疗执业者的责任是违约责任还是侵权责任，受害人得选择对自己最有利的主张。④在瑞士，医疗事故导致病人损害的，病人既可以依据医疗合同，也可以根据侵权责任法，请求损害赔偿。⑤

在我国，有学者认为，除少数情形如安装义肢等不涉及身体入侵的情形外，原则上典型的医疗损害责任应界定为侵权责任。⑥还有学者认为，医患法律关系应该是侵权责任关系。⑦有学者认为，医务人员接受患者委托，对患者进行诊疗，形成医疗合同关系；当医务人员为事实上的医疗行为时，形成无因管理关系；医务人员因过错致患者人身受损害的，构成侵权行为。⑧在我国司法实践中，有法官认为除了医患双方事先以合同形式就医疗内容进行明确约定外，一般不应按合同纠纷处理，也有法官认为医患关系是一种非典型性的合同关系，还有法官认为医疗纠纷案件是违约责任和侵权责任的竞合。⑨最高人民法院将涉及医疗纠纷的民事案件的案由分为"医疗服务合同纠纷"和"医疗事故损害赔偿纠纷"两类。2017 年《最高人民法院关于审理医疗损害责任纠纷案件适用法律若干问题的解释》第 1 条第 3 款规定："当事人提起的医疗服务合同纠纷案件，不适用本解释。"该第 3 款实际上从另一角度确认了"医疗服务合同纠纷案件"的存在。毋庸置疑，在我国，医疗服务合同（医疗合同）是客观存在的。

比较特别的是，在医疗合同关系中，医疗机构的义务来自医疗合同和法律、法规、伦理等方面，而不局限于当事人合同约定。正因为如此，有论者认为医疗合同有法定性特点。

医疗机构的主给付义务（即最基本的义务）是提供诊疗服务。医疗机构的从

---

① 参见刘炫麟《公民健康权利与义务立法研究——兼评〈基本医疗卫生与健康促进法（草案）〉第 2 章》，《法学杂志》2018 年第 5 期。
② 参见王少禹《侵权与合同竞合问题之展开——以英美法为视角》，北京大学出版社 2010 年版，第 177~185 页。
③ ［日］能见善久：《论专家的民事责任——其理论架构的建议》，梁慧星译，载梁慧星主编《民商法论丛》（第 5 卷），法律出版社 1996 年版，第 506 页。
④ ［德］克雷斯蒂安·冯·巴尔：《欧洲比较侵权行为法》（上卷），张新宝译，法律出版社 2004 年第 2 版，第 564 页。
⑤ 参见［瑞士］海因茨·雷伊《瑞士侵权责任法》，贺栩栩译，中国政法大学出版社 2015 年版，第 14 页。
⑥ 叶名怡：《医疗合同责任理论的衰落——以法国法的演变为分析对象》，《甘肃政法学院学报》2012 年第 6 期。
⑦ 赖红梅：《医疗损害法律问题研究》，法律出版社 2014 年版，第 10~16 页。
⑧ 于敏、李昊等：《中国民法典侵权行为编规则》，社会科学文献出版社 2012 年版，第 284 页。
⑨ 付子堂等：《医疗纠纷案件审理之实证分析》，人民法院出版社 2006 年版，第 303~305 页。

给付义务则包括：详细告知说明就诊方有关服务的具体情况，提供相关材料以及有关医疗费用的发票或者收据。医疗机构对患者的检查结果、病情诊断结果、治疗方案的告知说明义务等，均在于辅助诊疗利益的实现，所以都属于从给付义务而非附随义务。此外，就诊方停止接受医疗机构的直接治疗而转为疗养阶段的，虽然医疗机构的诊疗义务作为合同的主给付义务终止，但是医疗机构仍负有疗养指导说明的义务。医疗机构应当对服药时间、饮食情况等注意事项及复查时间、复查项目等复查事项，以及一些特殊疾病的疗养的特殊注意事项进行说明，使患者能掌握自我保护知识，巩固治疗效果，避免不必要的损害。这种说明义务旨在巩固疗效，所以也属于从给付义务。

当然，并非所有医疗合同都存在由直接治疗而转为疗养阶段的约定。

医疗合同中，医方的附随义务包括保护义务、告知说明义务、保密义务。（1）保护义务（照顾义务），是指契约当事人一方，于契约履行过程中负有的照顾契约相对人人身、财产等权益的义务。其中包括：第一，必要时采取措施保护患者生命健康安全。例如，医院有义务将患有传染病的病人进行隔离治疗。第二，遗体保护义务。医院的诊疗义务随患者的死亡而终止，但是根据诚实信用和善良风俗原则，医院和其他任何当事人都不得买卖遗体、器官，未经患者家属同意不得捐赠遗体、器官，也不得擅自对遗体进行解剖或者实验。（2）作为医方所负有的附随义务的告知说明义务与上述作为从给付义务的告知说明义务有所不同，作为附随义务的告知说明义务其目的主要在于改变患者在诊疗过程中所处的弱势地位。这里附随义务的告知仅限于保护患者的合法权益及辅助给付义务的履行，具体包括：医疗机构是否具备合法资质、医疗工作者的基本情况、各个专业科室的分布情况、医疗机构的设备技术、医疗技术水平等。告知说明还包括仪器及药物的副作用及其危险性、术前风险通知、转诊告知等。（3）医疗机构的附随义务包括保密义务。除法定传染病须向国家有关部门通报之外，病人在接受治疗期间的病情及治疗情况、病人心理抑或生理上存在的异常状态以及其他个人信息资料等属于"个人隐私"范畴，医院应当保密。医院过失或故意暴露患者个人隐私的，应当承担相应的责任。此时构成违约与侵权竞合。[①]

有学者认为，与其说当事人是与专业人士通过讨价还价方式订立合同，倒不

---

① 我国《侵权责任法》第 62 条规定："医疗机构及其医务人员应当对患者的隐私保密。泄露患者隐私或者未经患者同意公开其病历资料，造成患者损害的，应当承担侵权责任。"

如说是基于对专家的信赖而将其重大利益乃至生命安全托付给专业人士。[①]虽然患者有法律上的订立医疗合同的自由，但是患者就自身身体和专业方面来看，是弱势地位的一方当事人。因此，医患关系属于一种信赖关系，医方受到患者一方两种意义上的信赖。其一，应当认为医方有对其专门领域的工作具备最低基准的能力的保证；其二，信赖医方关于其裁量的判断，在治疗有几个选择方案的情况下，患者一方只能信赖医方作为专家的判断，任由医务人员选择治疗方案。[②]因第一点，医疗机构必须尽到与其专业技术相一致的高度注意义务，以高度谨慎、勤勉的态度为病人诊治，遵循有关法律、法规、行业和医院管理规章制度、各种操作规程以及医务工作者的职业道德要求等进行诊疗护理。因第二点，医方负有与患者一方的信赖相一致的为患者利益而为的忠实义务，即在整个合同履行过程中，医方应当维护患者一方合法权益，选择最合理的医疗方案。[③]我国《合同法》第6条规定："当事人行使权利、履行义务应当遵循诚实信用原则。"医疗服务机构的高度注意义务和忠实义务就是诚实信用原则在医疗合同关系中的具体表现。

须指出，在医疗合同领域，高度注意义务和忠实义务为医疗机构各种给付义务和附随义务确立了判断的标杆，而非医疗机构给付义务和附随义务之外的义务。

（二）医疗违约责任与损害侵权责任的竞合

医患任何一方不履行合同义务，都构成违约，都要承担违约责任。例如就诊方拒付医疗费，应承担付费责任。从现实情况来看，更多的是医疗机构不履行或不完全履行合同义务而导致医疗纠纷的发生。

医疗合同成立时，双方当事人一般并不对合同内容进行具体而详细的约定，一般是根据习惯法理、法律、法规乃至规章、规范认定双方权利义务，因此合同的默示条款被广泛采用。当遇到医疗纠纷时，究竟是否有违约、是否应承担违约责任，需要在个案中具体分析，因而这不是一个简单的问题。我国《合同法》规定的违约责任，包括支付报酬、继续履行、支付违约金、赔偿损失等，但是支付违约金在医疗服务合同中极少采用。

---

① 参见张新宝《中国侵权行为法》，中国社会科学出版社1995年版，第254页。
②③ 参见[日]能见善久《论专家的民事责任——其理论架构的建议》，梁慧星译，载梁慧星主编《民商法论丛》第5卷，法律出版社1996年版，第505~507页。

更为重要的是，医疗纠纷案件中违约责任与侵权责任发生竞合。根据我国《合同法》第 122 条的规定，医疗纠纷的当事人可以选择追究对方违约责任或者侵权责任。[1]就医疗损害赔偿责任而言，无论是违反契约义务（也无论是附随义务或给付义务）的违约责任，还是违反对患者生命、健康、身体完整等为侵权法所保护的法益的注意义务的侵权责任，都是以医生对其职业注意义务的违反作为医疗过失判断的基本依据。[2]医疗合同包括医疗美容服务合同。如果在医疗美容服务履行过程中没有造成医疗美容接受者固有利益的损害，那么应当适用《合同法》的相关规定，而不能适用《侵权责任法》。如果在医疗美容服务履行过程中造成医疗美容接受者固有利益的损害，那么当事人可以选择适用《合同法》提起违约之诉，亦可选择适用《侵权责任法》提起侵权之诉。[3]

当发生民事责任竞合时，当事人选择按侵权责任处理纠纷的，也不能将合同关系与侵权责任完全对立起来。医疗纠纷处理中，鉴于医疗关系的特殊性，更不能将违约责任和侵权责任加以对立。

医疗损害侵权责任，是指医疗机构及其医务人员在诊疗活动中过错侵犯患者的权益造成患者损害，医疗机构应当承担的侵权赔偿责任。

还有一点，《侵权责任法》第 63 条以及民法典侵权责任编"征求意见稿"第 67 条虽然规定了医疗机构负有不得实施不必要的检查的义务，但是并未规定法律后果。此种义务是医疗机构根据医疗合同所负的合同义务，患者一般无法通过侵权责任的途径提起诉讼。如果要将其规定在侵权责任编，就应当对其法律后果作明确规定。[4]

二、医患关系的伦理性

患者将生命健康托付给医者，医德和医疗技术都非常重要。《执业医师法》第 3 条规定："医师应当具备良好的职业道德和医疗执业水平，发扬人道主义精神，履行防病治病、救死扶伤、保护人民健康的神圣职责。　　全社会应当尊重医师。医师依法履行职责，受法律保护。"《医疗机构管理条例》第 29 条规定：

---

[1] 我国《合同法》第 122 条规定："因当事人一方的违约行为，侵害对方人身、财产权益的，受损害方有权选择依照本法要求其承担违约责任或者依照其他法律要求其承担侵权责任。"

[2] 参见熊进光《侵权行为法上的安全注意义务研究》，法律出版社 2007 年版，第 363~383 页。

[3] 参见刘炫麟《论医疗美容纠纷的法律适用》，《法律适用（司法案例）》2018 年第 6 期。

[4] 参见李昊《对民法典侵权责任编的审视与建言》，《法治研究》2018 年第 5 期。

医疗机构应当加强对医务人员的医德教育。医疗行为的效果固然有赖于医疗服务水平，其实也有赖于医患双方的和谐和患者的积极配合。医患关系和谐促进医患双赢互利，医患关系紧张容易造成双输。所以医疗侵权责任严宽适度应当是制度完善的出发点。2009 年《侵权责任法》在医疗侵权归责原则制度设计上就考虑了医患双方的特殊关系，兼顾了医患双方各自的利益，有利于维护医疗秩序。

医患关系和谐，对于医疗服务关系非常重要。而医疗伦理得到遵守，医患关系才能和谐。医患关系以患者对医疗机构及其工作人员的信赖为特色，如果医患双方相互挑剔、互相指责或者互不信任，那么医疗服务就无法有效进行。因此，要在和谐中追求双方的尊严和平等地位，而不能强硬地强调法律文本，否则就只有双输而没有赢者。

在医疗合同关系中，患者处于弱势地位。医疗侵权纠纷中，患者作为受害人也是弱势群体。但是实践中冲击医疗秩序和医疗伦理关系的"医闹"也频频上演。医疗机构作为救死扶伤的场所，一方面承担着救治患者的民事义务，另一方面也承担着发展医学事业以进一步造福人类的重要使命。诊疗活动是一种具有探索性、复杂性、有时不确定性的活动，如果规定医疗机构过重的法律责任，出于自我保护的考虑，医护人员及医疗机构就更有可能采取过度检查、过度医疗或者过于保守的防御性医疗措施，这就不利于患者康复和医学事业的发展。所以要维护医患和谐，建立和维护恰当的医患伦理关系，保障医疗秩序，维护双方的平等地位，兼顾双方的合理利益诉求。

三、医疗侵权的特殊性与医疗侵权纠纷的解决

医疗损害责任，是一种特殊的侵权责任，其特殊性在于：第一，医疗机构就其医务人员致人损害承担侵权责任；第二，医疗损害责任被认为是"专家责任"，法律规定医务人员需尽比普通人更高的注意义务，"高度注意义务"成为医者一方医疗水平和诊疗义务水平的标准，医务人员应当在从事医疗活动时达到当时当地的医疗水平，否则，医疗机构就要承担相应的法律责任；第三，就侵权赔偿采用过错责任原则，但是于法律有特别规定（《侵权责任法》第58条规定）的三种情形下采用过错推定的办法；第四，医疗损害责任往往存在侵权责任

与违约责任的竞合。

在很长一段时间内，我国法院对于医疗机构及其医务人员的诊疗活动造成患者损害的纠纷解决，适用国务院颁布的行政法规，先是采用 1987 年《医疗事故处理办法》，后来是运用 2002 年《医疗事故处理条例》。而这两个行政法规都只解决医疗事故纠纷。为解决医疗事故以外的医疗损害纠纷，2003 年《最高人民法院关于参照〈医疗事故处理条例〉审理医疗纠纷民事案件的通知》规定：《医疗事故处理条例》施行后发生的医疗事故引起的医疗赔偿纠纷，起诉到法院的，参照条例的有关规定办理；因医疗事故以外的原因引起的其他医疗赔偿纠纷，适用民法通则的规定。"条例实施后，人民法院审理因医疗事故引起的医疗赔偿纠纷民事案件，在确定医疗事故赔偿责任时，参照条例第四十九条、第五十条、第五十一条和第五十二条的规定办理。"自此，在司法实践中，医疗损害责任形成医疗事故与医疗过错并存的二元结构，经鉴定构成医疗事故的，适用《医疗事故处理条例》给予赔偿；不构成医疗事故，但是存在医疗过错的，适用《民法通则》以及 2003 年《最高人民法院关于审理人身损害赔偿案件适用法律若干问题的解释》给予赔偿。这种二元结构也直接导致医疗损害责任鉴定的双轨制以及医疗损害赔偿标准的双轨制，在实践中甚至出现了不构成医疗事故的医疗过错赔偿责任的数额反而高于构成医疗事故的赔偿责任数额的不合理情形。《侵权责任法》第七章专门统一规定了"医疗损害责任"，不再区分是否构成医疗事故。[1]长期以来，就医疗损害责任纠纷解决，形成了不同利益诉求及表达渠道，在此方面终须以保障健康、遵从医学和医患和谐为依归。

在司法实践中，一般要求经法定程序鉴定作为认定案件事实的依据。如上所述，我国就医疗损害纠纷有两种鉴定。"医疗事故技术鉴定"是由医学会组织有关临床医学专家或者协同法医学专家组成的专家组实施的医学鉴定，其主要依据是 2002 年国务院《医疗事故处理条例》的相关规定。"医疗过错司法鉴定"是法院依据职权或者应当事人申请，委托司法鉴定机构为医疗损害责任诉讼案件的公正裁判提供科学依据的鉴定活动。[2]在司法实践中，法院委托司法鉴定机构对医疗机构在诊疗过程中是否存在过错、过错行为与患者损害之间因果关系、各方当事人过错责任大小、免责因素等进行鉴定。[3]而"医疗损害鉴定"的提法

---

① 参见程啸《中国侵权法四十年》，《法学评论》2019 年第 2 期。
② 参见陈邦达《医疗损害鉴定不信任问题研究——以上海市"一元化"模式为例》，《交大法学》2019 年第 2 期。
③ 参见国家法官学院案例开发研究中心编《中国法院 2014 年度案例·侵权赔偿纠纷》，中国法制出版社 2014 年版，第 166~169 页。

始于 2010 年《最高人民法院关于适用〈中华人民共和国侵权责任法〉若干问题的通知》的规定。《通知》第 3 条规定："人民法院适用侵权责任法审理民事纠纷案件，根据当事人的申请或者依职权决定进行医疗损害鉴定的，按照《全国人民代表大会常务委员会关于司法鉴定管理问题的决定》、《人民法院对外委托司法鉴定管理规定》及国家有关部门的规定组织鉴定。"其中，"医疗损害鉴定"包括以往的医疗过错司法鉴定和医学会医疗事故技术鉴定。

通过对我国相关司法实践数据的统计与对比，可以发现医疗损害责任案件呈现原告胜诉率和医疗机构承担部分责任比率"双高"的局面。[①] 2017 年《最高人民法院关于审理医疗损害责任纠纷案件适用法律若干问题的解释》第 11 条规定："委托鉴定书，应当有明确的鉴定事项和鉴定要求。鉴定人应当按照委托鉴定的事项和要求进行鉴定。 下列专门性问题可以作为申请医疗损害鉴定的事项：（一）实施诊疗行为有无过错；（二）诊疗行为与损害后果之间是否存在因果关系以及原因力大小；（三）医疗机构是否尽到了说明义务、取得患者或者患者近亲属书面同意的义务；（四）医疗产品是否有缺陷、该缺陷与损害后果之间是否存在因果关系以及原因力的大小；（五）患者损伤残疾程度；（六）患者的护理期、休息期、营养期；（七）其他专门性问题。 鉴定要求包括鉴定人的资质、鉴定人的组成、鉴定程序、鉴定意见、鉴定期限等。"该《解释》进一步明确了鉴定事项和鉴定要求。但是，医疗损害鉴定"二元化"问题迄今仍然没有解决，当前我国多数地区依然同时存在由医学会组织的医疗损害鉴定与由在司法行政部门登记的司法鉴定机构实施的医疗过错鉴定。虽然上述两种鉴定模式从程序到鉴定人的选择以及鉴定依据和理论方法均存在相当的差异，但是其鉴定内容与鉴定意见的实质是基本一致的。[②]目前，全国部分省市（如北京）采取"二元化"的鉴定体制，而上海则呈现"一元化"的模式，即由医学会主导的医疗事故技术鉴定独揽医疗损害鉴定。有学者指出，上海确立统一的医疗损害鉴定模式的初衷是为避免"二元化"带来的冲突，但是，医学会垄断医疗损害鉴定的局面造成患方对医疗损害鉴定的不信任。从某种意义上说，"二元化"至少可以避免"一言堂"的弊端，可以满足当事人对不同鉴定机构选择的需求，可以为患者增加一道权利救济途径。[③]面对医学会和司法鉴定机构两类鉴定机构难以合

---

① 参见满洪杰《医疗损害责任因果关系虚无陷阱及其化解——兼评法释［2017］20 号第 12 条》，《法学》2018 年第 7 期。
② 参见夏文涛、檀思蕾、夏晴《当前医疗损害鉴定意见书常见问题剖析》，《中国司法鉴定》2018 年第 4 期。
③ 陈邦达：《医疗损害鉴定不信任问题研究——以上海市"一元化"模式为例》，《交大法学》2019 年第 2 期。

并的现实，2018 年《医疗纠纷预防和处理条例》另辟蹊径解决问题，从医疗损害鉴定的管理机构、管理机制入手，构建了协调、统一的行政管理模式，规定医疗损害鉴定的管理办法由国务院卫生、司法行政部门共同制定（第 34 条），规定医疗损害鉴定专家库由设区的市级以上人民政府卫生、司法行政部门共同设立（第 35 条），统一规定了鉴定事项和鉴定意见应当包括的具体内容（第 36 条）。①有学者建议，整合医学会鉴定专家与司法鉴定机构鉴定，实现中立性鉴定，将专家辅助人制度改造为患者与鉴定人沟通的桥梁，并完善重新鉴定和鉴定人出庭制度。②还有学者认为，应当建立鉴定人实名制，加强异议意见保留制度。③

我国坚持卫生健康事业的公益性，目前正在深化医药卫生体制改革，建立医疗质量安全管理体系，改善医疗服务，提高医疗服务质量，采取各种措施预防、减少医疗纠纷④，将医疗纠纷预防和处理工作纳入社会治安综合治理体系⑤，建立完善医疗风险分担机制，鼓励医疗机构参加医疗责任保险，鼓励患者参加医疗意外保险。⑥

对于医疗机构及医务人员是否有过错的认定，极易引起争议，有学者认为应当将医疗损害的补偿或者救助当成重要的社会问题，主张对医疗机构以及医务人员课以限额的危险责任和强制医疗责任保险义务，认为如此可以和谐医患关系并化解医疗机构以及医务人员的医疗责任的风险；其保险费将转嫁于医疗费用，而课以危险责任具有限制责任范围的效力，所以，对医疗机构以及医务人员课以危险责任，不会对其不利。同时还认为，当发生医疗损害事故时，由于保险人的介入，医疗事故真相鉴定较易客观地进行。⑦

四、医疗侵权赔偿责任的归责原则

我国对医疗侵权赔偿的归责责任，目前是采用"过错责任原则"。2001 年《最高人民法院关于民事诉讼证据的若干规定》第 4 条第 1 款第 8 项规定："因

---

① 参见刘鑫、张宝珠主编《医疗纠纷预防和处理条例理解与适用》，中国法制出版社 2018 年版，第 44~45、582~583 页。

② 陈邦达：《医疗损害鉴定不信任问题研究——以上海市"一元化"模式为例》，《交大法学》2019 年第 2 期。

③ 参见季若望《"鉴定双轨制"下的法官自由裁量权之界限》，《云南社会科学》2018 年第 3 期。

④ 参见 2018 年《医疗纠纷预防和处理条例》第 3 条。

⑤ 参见 2018 年《医疗纠纷预防和处理条例》第 5 条。

⑥ 参见 2018 年《医疗纠纷预防和处理条例》第 7 条。

⑦ 参见黄茂荣《论危险责任及其立法》，《北方法学》2019 年第 3 期。

医疗行为引起的侵权诉讼，由医疗机构就医疗行为与损害结果之间不存在因果关系及不存在医疗过错承担举证责任。"适用该条的结果是采用"过错推定"。一律采用"过错推定"，医疗机构及医务人员就倾向于采取"保守医疗"或"过度医疗"，不利于医疗的合理探索和医术水平的提高，最终不利于医患和谐，不利于患者及整个社会。因此，《侵权责任法》没有再一般性地规定"过错推定"，只规定在第58条所列几种特定情形下采用"过错推定"的方法。不过，应当看到，第58条涵盖的范围还是十分广阔的。

诊疗活动是具有探索性、经验性的专业活动，同时又具有一定程度的不确定性，部分疾病是今天的医疗技术难以治愈的。并且，每个人的体质不一样，同样的疾病发生在不同患者身上，其治疗效果往往也不一样。可以说，采用过错责任原则，能够体现医疗公平，能够实现医疗法治的正义要求，是实现医患关系和谐和医患伦理关系融洽的法律措施。过错责任原则，使得医疗机构的责任严宽适中。医疗机构提供的是服务，这种服务具有不精确性，并且有社会福利性质，不宜承担严格责任。[①]

《侵权责任法》第54条规定中的"过错"是否应当作限缩解释，即是否应当将诊疗过错限定为"过失"呢？似乎可以认为，医务人员在诊疗中以故意心态造成损害后果的，构成故意杀人或者故意伤害罪，此种情况下行为人的活动不属于医疗活动。似乎还可以认为，医务人员在有过失的情况下，只是进行诊疗活动时违反了注意义务，其诊疗行为才在医疗机构的职责范围内（其诊疗行为才属于医疗机构工作任务），由医疗机构作为侵权人承担责任才合适。但是，故意还是过失有时候难以区分，而且判断为"故意"而责令医务人员个人承担责任，因其财产往往不足以赔偿而对受害人不利，也不公平。

《侵权责任法》第59条规定：因药品、消毒药剂、医疗器械的缺陷，或者输入不合格的血液造成患者损害的，患者可以向生产者或者血液提供机构请求赔偿，也可以向医疗机构请求赔偿。患者向医疗机构请求赔偿的，医疗机构赔偿后，有权向负有责任的生产者或者血液提供机构追偿。在医疗产品责任纠纷案件中，医疗机构往往成为赔偿责任主体，医疗产品缺陷难以准确认定，医疗产品鉴定相对困难，为此，医疗机构应建立完善的医疗产品购进、储存、使用制度，国家应增加鉴定机构数量，降低鉴定的启动条件。[②]理论界和司法界都普遍认

---

① 参见徐爱国《名案中的法律智慧》，北京大学出版社2005年版，第368~370页。
② 参见刘静、马辉《医疗产品侵权案件实证研究》，《中国卫生法制》2019年第3期。

为,《侵权责任法》第 59 条适用无过错责任原则,将医疗机构视为产品的销售者,要求其承担不真正连带责任。[①]

2017 年《最高人民法院关于审理医疗损害责任纠纷案件适用法律若干问题的解释》(以下简称《解释》)第 21 条就《侵权责任法》第 59 条规定作出了进一步明确的规定,依据该第 21 条,因医疗产品的缺陷或者输入不合格血液受到损害,患者有权请求医疗机构承担赔偿责任,也有权要求缺陷医疗产品的生产者、销售者或者血液提供机构承担赔偿责任。依据该第 21 条,医疗机构与缺陷医疗产品的生产者、销售者或者血液提供机构承担不真正连带责任。根据《侵权责任法》第 59 条和《解释》第 21 条规定,医疗机构在上述情形下向患者承担严格责任(适用无过错责任原则);至于各责任主体相互追偿情形,医疗机构有过错的,其他主体才能追偿,即在各主体之间内部关系中医疗机构承担过错责任(有过错才承担终局责任)。《解释》第 22 条规定了缺陷医疗产品与医疗机构的过错诊疗行为共同造成患者同一损害情形的连带责任(真正的连带责任),该条"医疗机构与医疗产品的生产者或者销售者承担连带责任"的规定,从另一角度进一步证明了《侵权责任法》第 59 条和《解释》第 21 条规定的不真正连带责任。《解释》第 23 条医疗产品的生产者、销售者"赔偿损失及二倍以下惩罚性赔偿"责任的规定,表明药品、消毒药剂、医疗器械等有缺陷的医疗产品侵权责任,虽然比较特殊,但是仍然属于缺陷产品侵权范畴。

第二节　医疗损害构成要件

医疗损害赔偿责任的构成要件包括:患者遭受损害;医疗机构及其医务人员实施了违法诊疗行为;损害与医疗机构及其医务人员的违法行为之间有因果关系;医疗机构及其医务人员有过错。2017 年《最高人民法院关于审理医疗损害责任纠纷案件适用法律若干问题的解释》第 4 条规定:"患者依据侵权责任法第

[①] 参见江河《论医疗机构产品严格责任之缓和——兼评〈侵权责任法〉第 59 条》,《法律适用》2014 年第 7 期。另见最高人民法院侵权责任法研究小组编著《〈中华人民共和国侵权责任法〉条文理解与适用》,人民法院出版社 2016 年第 2 版,第 416~420 页。

五十四条规定主张医疗机构承担赔偿责任的，应当提交到该医疗机构就诊、受到损害的证据。 患者无法提交医疗机构及其医务人员有过错、诊疗行为与损害之间具有因果关系的证据，依法提出医疗损害鉴定申请的，人民法院应予准许。 医疗机构主张不承担责任的，应当就侵权责任法第六十条第一款规定情形等抗辩事由承担举证证明责任。"《解释》第 10 条第 2 款规定："在委托鉴定前，人民法院应当组织当事人对鉴定材料进行质证。"《解释》第 13 条规定："鉴定意见应当经当事人质证。 当事人申请鉴定人出庭作证，经人民法院审查同意，或者人民法院认为鉴定人有必要出庭的，应当通知鉴定人出庭作证。双方当事人同意鉴定人通过书面说明、视听传输技术或者视听资料等方式作证的，可以准许。 鉴定人因健康原因、自然灾害等不可抗力或者其他正当理由不能按期出庭的，可以延期开庭；经人民法院许可，也可以通过书面说明、视听传输技术或者视听资料等方式作证。 无前款规定理由，鉴定人拒绝出庭作证，当事人对鉴定意见又不认可的，对该鉴定意见不予采信。"

对于医疗损害后果的鉴定，既要把握损害后果的"唯一性"，也要把握损害后果的"终局性"。医疗损害鉴定中对"因果关系"的证明可能是最为困难的，在往往为多因一果的医疗损害责任纠纷案例中，需要遵循的判断原则通常是"高度盖然性"。[①]对医疗机构及其医务人员的过错，应当依据法律、行政法规、规章以及其他有关诊疗规范进行认定，可以综合考虑患者病情的紧急程度、患者个体差异、当地的医疗水平、医疗机构与医务人员资质等因素。[②]

一、患者遭受损害

这里的损害，就是医疗机构及其医务人员违反诊疗规范规定，侵害患者生命权、健康权、身体权等人身权益，造成患者生命健康损害、财产损害以及精神损害。具体表现为：一是被侵权人的生命、身体、健康受到的损害；二是被侵权人生命、身体、健康受到伤害后带来的财产利益损失，包括为治疗损害所实际支付的费用开支和人身损害而导致的收入减少；三是被侵权人人身受到伤害导致的被侵权人或者其近亲属的精神损害。

---

① 参见夏文涛、檀思蕾、夏晴《当前医疗损害鉴定意见书常见问题剖析》，《中国司法鉴定》2018 年第 4 期。
② 参见 2017 年《最高人民法院关于审理医疗损害责任纠纷案件适用法律若干问题的解释》第 16 条。

　　作为医疗侵权赔偿责任构成要件的损害事实，不仅应当包括对患者身体权、健康权、生命权的损害，也包括对其自主决定权、知情同意权的损害（即对患者在医疗活动中知道自己的病情、医疗机构的医疗处置方案并自主决定取舍的权利的损害），还包括纯粹精神损害，例如将普通病情误诊为癌症或者将一般皮肤病误诊为性病等给患者及其家属造成的精神痛苦和精神伤害。根据目前有关规定，只要患者合法权益在诊疗过程中遭到侵害且有受损害的事实，即构成医疗损害要件。不以构成"医疗事故"作为认定医疗损害责任的前提。

　　但是须指出，这里的"损害"，不包括实施正常医疗行为无法避免的患者机体损伤或者功能障碍。

二、医疗机构在诊疗活动中实施了违法行为

　　医疗损害侵权以诊疗侵害行为为要件。

　　医疗机构及其医务人员是实施诊疗活动的主体。任何单位或个人，未取得医疗机构执业许可证的，不得开展诊疗活动。医疗机构是指依照《医疗机构管理条例》及其实施细则的规定，经登记取得医疗机构执业许可证而从事诊疗活动的机构。

　　医疗机构包括：综合医院、中医医院、中西医结合医院、民族医医院、专科医院、康复医院；妇幼保健院；中心卫生院、乡（镇）卫生院、街道卫生院；疗养院；综合门诊部、专科门诊部、中医门诊部、中西医结合门诊部、民族医门诊部；诊所、中医诊所、民族医诊所、卫生所、医务室、卫生保健所、卫生站；村卫生室（所）；急救中心、急救站；临床检验中心；专科疾病防治院、专科疾病防治所、专科疾病防治站；护理院、护理站；其他诊疗机构。[①]医疗机构不得使用非卫生技术人员从事医疗卫生技术工作。关于何谓诊疗活动，《侵权责任法》没有作出明确规定。根据《医疗机构管理条例实施细则》第 88 条的规定，诊疗活动，是指通过各种检查，使用药物、器械及手术等方法，对疾病作出判断和消除疾病、缓解病情、减轻痛苦、改善功能、延长生命、帮助患者恢复健康的活动。

　　医疗机构及其医务人员的违法行为，就是指违反了法律、行政法规、规章以

---

① 参见《医疗机构管理条例实施细则》第 3 条。

及其他有关诊疗规范的规定的行为。其具体表现形式主要包括：错误诊断（误诊是常见的一种医疗损害行为）；错误治疗，如错误手术、错误处方；护理不当。

不属于诊疗行为的，即使造成损害，也不构成"医疗损害责任"。一般认为，非法行医致人损害的、医生故意伤害患者且与医疗机构工作任务无关的、医院管理疏漏导致抱错婴儿的、医院建筑物或者其他设施造成患者损害的，这些情形下的侵权不属于诊疗行为造成损害的"医疗损害侵权"。

诊疗行为非法，才构成医疗损害责任。这里的行为违法性，是指未尽到与当时的医疗水平相应的诊疗义务，或者违反告知说明义务，或者采取特殊诊疗措施未征得患者同意，或者违反保密义务等。在对诊疗行为违法性进行具体判断时，应当分析考虑当时当地的医疗常规、医疗水平、医疗设施、工作条件等各种客观因素。[①]

三、违法的诊疗行为与损害的发生有因果关系

因果关系是一种引起与被引起的关系，医疗损害侵权的构成须损害由诊疗活动造成，即诊疗活动是损害发生的原因。如果损害的发生并非诊疗活动造成，那么医疗机构就不承担责任。通常判断因果关系的标准是：若无医疗机构及其医务人员的行为，损害就不会发生，则判断医疗机构及其医务人员的行为就是损害发生的原因；若无医疗机构及其医务人员的行为，损害仍然会发生，则医疗机构及其医务人员的行为就不是损害发生的原因。当然，这不是唯一绝对的判断标准。

2001年《最高人民法院关于民事诉讼证据的若干规定》第4条第1款第8项规定："因医疗行为引起的侵权诉讼，由医疗机构就医疗行为与损害结果之间不存在因果关系及不存在医疗过错承担举证责任。"该第4条规定了因果关系推定。[②]但是《侵权责任法》没有再规定因果关系推定规则，所以，《侵权责任法》实施以后，在医疗侵权纠纷案件中原告要证明因果关系。在大多数案件中，因果关系比较容易证明，但是在医疗侵权纠纷案件中，因果关系的证明往往是不容易的，需要经过专门的医疗方面的鉴定。医疗鉴定的广泛运用，部分改变了举证

---

① 参见黄茂荣《论危险责任及其立法》，《北方法学》2019年第3期。
② 瑞士也有医疗责任的因果关系推定的司法实践，不过瑞士的理论界仍有很多质疑和批评的声音。参见[瑞士]海因茨·雷伊《瑞士侵权责任法》，贺栩栩译，中国政法大学出版社2015年版，第180页。

责任制度的实际运行效果。

民法典侵权责任编或司法解释应当明确规定生存机会丧失的侵权纠纷问题。生存机会丧失的赔偿，应当只适用于医疗机构及其医务人员过失导致患者病情恶化并最终导致损害的情形；生存机会是一项具有独立价值的民事权益，应当受到侵权责任法的保护；在因果关系的判断上，生存机会丧失不适用"全有—全无"的因果关系判断方法，而应当适用比例因果关系。[1]值得关注的是，在美国侵权法中，机会丧失理论（Loss of Chance）通常在医疗领域的侵权案件中被探讨和适用，但是其他领域，例如律师或法律顾问的专家民事责任、毒物侵权诉讼、药物损害和道路交通事故等，适用机会丧失理论的判例也增多了。[2]法国法也承认"机会丧失损害"的赔偿[3]，但是瑞士法不承认原告以"机会丧失损害"作为独立的请求权基础而主张损害赔偿。[4]

四、医疗机构有过错

医疗机构违反其法定义务或约定义务，其行为就有"违法性"，其主观就存在"过错"。

我国《侵权责任法》对医疗损害责任归责原则采取过错责任原则，因此，医疗损害责任以医疗机构及其医务人员的过错为要件。《侵权责任法》第54条明确规定："患者在诊疗活动中受到损害，医疗机构及其医务人员有过错的，由医疗机构承担赔偿责任。"有学者认为，除缺陷医疗产品引发的责任外，医疗损害责任仍然是建立在医疗机构过错基础上的，其中最主要的类型体现为医疗技术责任和对患者知情权的侵害。至于除此之外的其他情形，完全可以将过错责任的一般条款作为请求权基础，无须单独设立医疗责任的一般条款。故其建议删除第54条规定。[5]这里的过错主要是指过失，但是在极端情况下也包括故意，例如某医生为其前女友做阑尾切割术，因有前嫌，在实施阑尾切割手术的同时，将患者的子宫切除，该医生构成故意伤害罪，医疗机构仍需承担侵权的民事责任。[6]

---

① 参见李昊《对民法典侵权责任编的审视与建言》，《法治研究》2018年第5期。
② 参见季若望《侵权法上生存机会丧失的损害赔偿论——以美国法为借鉴》，《华东政法大学学报》2018年第3期。
③ 参见李显冬、王稳《机会损失赔偿理论的反思与突破》，《河南社会科学》2019年第3期。
④ 参见[瑞士]海因茨·雷伊《瑞士侵权责任法》，贺栩栩译，中国政法大学出版社2015年版，第49页。
⑤ 李昊：《对民法典侵权责任编的审视与建言》，《法治研究》2018年第5期。
⑥ 参见最高人民法院侵权责任法研究小组编著《〈中华人民共和国侵权责任法〉条文理解与适用》，人民法院出版社2016年第2版，第389~390页。

一般认为，在判断医疗机构及其医务人员的过错时，不以没有治愈为判断标准，而要看医疗机构及其医务人员是否尽到与当时医疗水平相当的诊疗义务。就是说，判断医疗机构及其医务人员是否有过错，主要看其是否违反了法律规定的义务。这种义务的来源，主要是法律规定，但是又不能将其与医疗合同的约定对立起来。医疗合同有强制缔约性、内容法定性、权利义务伦理性以及义务的手段性等特点，在医疗合同中认定违约就是在认定侵权责任中的过错。[①]

因医护人员是"专家"，故提供医疗服务的标准是履行诊疗义务时尽到"高度注意义务"和"忠实义务"。这里"高度注意义务"是与普通人相比有"高度"，而进行诊疗（即履行诊疗义务）时的注意标准是同一领域中一位合格的医务人员在同样的情况下应有的技能、谨慎和注意。即所谓"高度注意义务"是有一定话语环境的。医患关系，主要是医疗服务合同关系，但不限于医疗服务合同关系，也有无因管理或者强制医疗的特殊法律关系。

就医疗过错的判断，一般不能不考虑医疗合同的因素，而医疗合同无论在其成立、权利义务内容还是违约责任等方面，都有其特殊性。医患之间的民事权利义务，有很多是法律、行政法规、行政规章直接规定的，还有习惯和伦理的因素。

《侵权责任法》实施以前，医疗机构过错的判断，一度由司法解释规定为一律实行过错推定规则。[②]《侵权责任法》规定一般情况下就被告过错由原告承担举证责任，原告需要证明医疗机构及其工作人员有过错，但是也规定了几种情形下的过错推定。《侵权责任法》第58条规定："患者有损害，因下列情形之一的，推定医疗机构有过错：（一）违反法律、行政法规、规章以及其他有关诊疗规范的规定；（二）隐匿或者拒绝提供与纠纷有关的病历资料；（三）伪造、篡改或者销毁病历资料。"只有在这三种情况下，才适用过错推定规则，医疗机构的过错由过错推定的方法予以确定。值得注意的是，有学者指出，《侵权责任法》第58条没有规定，医疗机构如果证明自己没有过错的不承担责任，所以说它不是一个严格意义上的过错推定条款。[③]认为《侵权责任法》第58条规定的这三种情形，都足以认定医疗机构具有过错，只要存在这些情形，就不能再对这一过错认定进行推翻。[④]司法实践中也有专家认为《侵权责任法》第58条规定的过错推

---

① 参见王成《医疗损害赔偿的规范途径》，《政治与法律》2018年第5期。
② 参见2001年《最高人民法院关于民事诉讼证据的若干规定》第4条第1款第8项。
③ 张新宝：《侵权责任一般条款的理解与适用》，《法律适用》2012年第10期。
④ 张新宝：《侵权责任编起草的主要问题探讨》，《中国法律评论》2019年第1期。

定实质上是一种不可反驳的推定，是一种法律拟制，是一种直接认定，只要原告能够证明存在该条规定的三种情形之一，就认定医疗机构存在过错，而医疗机构则不能提出相反证据予以推翻。①笔者认为，这些观点确实有道理，不过在立法上还是应当考虑医患双方关系的特殊性、权衡双方利益关系、促进医患关系和谐而为规定。

上述三种情形合起来所涵盖的范围非常大，其中第一种情形涵盖的范围就很大。医疗活动是一种专业性非常强的服务活动，医疗机构违反了法律、行政法规、规章或者其他有关诊疗规范规定的，就推定其有过错。违法、违规、违章或违反其他有关诊疗规范，这有多大范围，值得研究。病历资料，是指医务人员在医疗活动过程中形成的文字、符号、图表、影像、切片等资料的总和，包括门（急）诊病历和住院病历中的住院志、体温单、医嘱单、化验单（检验报告）、医学影像检查资料、特殊检查（治疗）同意书、手术同意书、手术及麻醉记录、病理报告、护理记录以及国务院卫生主管部门规定的其他病历资料。《医疗机构管理条例实施细则》第 53 条规定："医疗机构的门诊病历的保存期不得少于十五年；住院病历的保存期不得少于三十年。"医疗机构隐匿、拒绝提供、伪造、篡改病历资料的，推定其有过错。《侵权责任法》第 58 条过错推定的规定，使得第 54 条的实际作用有所降低。

（一）与当时诊疗水平相应的诊疗义务

《侵权责任法》第 57 条规定："医务人员在诊疗活动中未尽到与当时的医疗水平相应的诊疗义务，造成患者损害的，医疗机构应当承担赔偿责任。"该条强调了"当时"，即医务人员要尽到的"诊疗义务"以诊疗当时的医疗水平为背景条件，不能以后来发展的医疗水平来判断医务人员是否有"过错"。此外，根据汉语语境，也应解释为当地的医疗水平。

我国很多法律、法规、规章规定了诊疗义务，判断医务人员是否尽到了当时水平的医疗义务就看其医疗行为是否符合法律、法规、规章等的规定。如果违反了诊疗规定，则医疗机构就没有尽到与当时的医疗水平相应的诊疗义务，医疗机构就有"过错"。须指出，医疗机构及其医务人员的诊疗义务并非与合法合规完全等同，在有些情况下，即使医务人员的医疗行为符合法律规定，但是医疗机

---

① 参见国家法官学院案例开发研究中心编《中国法院 2019 年度案例·侵权赔偿纠纷》，中国法制出版社 2019 年版，第62~65 页。

构仍有可能判断为有"过错"。法律、法规和规章也不可能把医疗机构及其医疗人员的诊疗义务进行"一网打尽"式的规定，所以还应以医疗人员是否尽到"合理诊疗义务"为标准，即以同一领域中一位合格的医务人员在同样的情况下应有的技能、谨慎和注意为标准去履行诊疗义务，如果行为人的能力达到了这一标准，就判断为没有"过错"，否则就判断为有"过错"。日本法律界也认为，应该以"临床一般医师的惯例行为"作为医师应尽注意义务的判断标准，根据是否符合诊疗当时的"医疗水平"来认定"临床一般医师的惯例行为"，而所谓"医疗水平"是指安全性和有效性已经得到认可并且已经成为诊疗当时的临床实践目标的诊疗行为。①

（二）告知说明以及取得同意的义务

医疗机构依法承担告知说明以及取得患者或者其近亲属、监护人同意的义务。

《侵权责任法》第 55 条规定："医务人员在诊疗活动中应当向患者说明病情和医疗措施。需要实施手术、特殊检查、特殊治疗的，医务人员应当及时向患者说明医疗风险、替代医疗方案等情况，并取得其书面同意；不宜向患者说明的，应当向患者的近亲属说明，并取得其书面同意。　医务人员未尽到前款义务，造成患者损害的，医疗机构应当承担赔偿责任。"该条是关于医务人员告知说明以及取得同意的义务的规定。《执业医师法》第 26 条、《医疗机构管理条例》第 33 条等，也有关于医疗机构说明、取得同意义务的规定。《执业医师法》第 26 条规定："医师应当如实向患者或者其家属介绍病情，但应注意避免对患者产生不利后果。　医师进行实验性临床医疗，应当经医院批准并征得患者本人或者其家属同意。"《医疗机构管理条例》第 33 条规定："医疗机构施行手术、特殊检查或者特殊治疗时，必须征得患者同意，并应当取得其家属或者关系人同意并签字；无法取得患者意见时，应当取得家属或者关系人同意并签字；无法取得患者意见又无家属或者关系人在场，或者遇到其他特殊情况时，经治医师应当提出医疗处置方案，在取得医疗机构负责人或者被授权负责人员的批准后实施。"根据《医疗机构管理条例》的规定，已经征得患者同意的，"并应当取得其家属或者关系人同意并签字"，这种"双同意"的制度，在实践中遇到"家属

---

① 参见夏芸《医疗事故赔偿法——来自日本法的启示》，法律出版社 2007 年版，第 117 页。

或者关系人"坚持不同意时就会导致耽误治疗，甚至发生不幸事件的后果。《医疗机构管理条例》于1994年由国务院通过，虽然经过2016年个别条文修改以后至今在整体上仍然是有效的法律文件，但是《条例》在法律效力位阶上低于《侵权责任法》，其中这种"双同意"的制度在《侵权责任法》实施以后就已经因与《侵权责任法》第55条第1款规定的"不宜向患者说明的"才应当征得患者近亲属同意的规则相冲突，而不再具有法律效力。

医疗机构的告知说明并取得同意的义务，是指医方为了取得患者对诊疗行为的同意，有义务向患者告知说明病情和需要采取的医疗措施。此种告知说明并取得同意的义务的适用对象一般是可能对患者带来严重损伤后果的医疗行为，而在一般医疗过程中惯常实施的医疗行为是不需要特别取得患者同意的。根据《侵权责任法》的规定，需要患者或者其近亲属者书面同意的医疗行为，是实施手术、特殊检查、特殊治疗。根据《医疗机构管理条例实施细则》第88条的解释，特殊检查、特殊治疗，是指具有下列情形之一的诊断、治疗活动：（一）有一定危险性，可能产生不良后果的检查和治疗；（二）由于患者体质特殊或者病情危笃，可能对患者产生不良后果和危险的检查和治疗；（三）临床试验性检查和治疗；（四）收费可能对患者造成较大经济负担的检查和治疗。

值得注意的是，医疗机构取得同意之际，患者应当具有同意的能力，患者没有同意能力的，通常由其近亲属或者监护人代为同意。不宜向患者说明的情况，是指如果向患者说明情况，就会给患者带来心理负担或者导致患者不配合治疗以及不利于患者的康复。需要说明的是，医务人员尽到《侵权责任法》第55条第1款规定的义务，但是在后续治疗中没有尽到"合理诊疗义务"造成患者损害的，仍然要承担侵权责任。

《侵权责任法》第56条就说明义务的例外进行了规定："因抢救生命垂危的患者等紧急情况，不能取得患者或者其近亲属意见的，经医疗机构负责人或者授权的负责人批准，可以立即实施相应的医疗措施。"该条中的"不能"是客观不能，即患者没有同意能力，不能表达意志，又不能联系到患者近亲属，不包括患者或者其近亲属明确拒绝采取医疗措施的情况。司法解释规定："因抢救生命垂危的患者等紧急情况且不能取得患者意见时，下列情形可以认定为侵权责任法第五十六条规定的不能取得患者近亲属意见：（一）近亲属不明的；（二）不能及时联系到近亲属的；（三）近亲属拒绝发表意见的；（四）近亲属达不成一致意见的；（五）法律、法规规定的其他情形。　前款情形，医务人员经医疗机构负责人或者授权的负责人批准立即实施相应医疗措施，患者因此请求医疗机构承担赔偿责任的，不予支持；医疗机构及其医务人员怠于实施相应医疗措施造成损害，患者请求医疗机构承担赔偿责任的，应予支持。"①该司法解释一方面解决了紧急情况下经批准立即实施相应医疗措施与患者知情同意权之间的矛盾，另一方面又落实和保障了医疗机构的紧急救治义务。

第三节　医疗损害责任主体及其免责事由

一、医疗损害责任主体

《侵权责任法》第 54 条中使用"医疗机构及其医务人员有过错的"表述，而不是使用"医疗机构有过错的"或者"医务人员有过错的"表述，是否说明该条同时规定医疗机构自己责任和替代责任？还是说明不区分自己责任和替代责任？2019 年 1 月《民法典侵权责任编（草案）》（二次审议稿）第 993 条中则表述为"医疗机构或者其医务人员有过错的"，是否意味着不同于《侵权责任法》第 54 条的制度设计？笔者认为，这些问题值得研究，不过这些都是学术上的问题，就法律规范本身而言，《侵权责任法》第 54 条是规定医疗机构的医疗损害责任。

是否存在这样的情形，即医疗机构法定代表人执行职务造成他人损害而应当适用《民法总则》第 62 条第 1 款规定，又要适用《侵权责任法》第 54 条规定呢？可以认为医疗机构法定代表人执行职务是指执行其代表医疗机构的职务，如签字、签章、代表医疗机构进行决策或者为意思表示等，适用《民法总则》第 62 条第 1 款规定（同时也隐含在《侵权责任法》第 6 条、第 7 条中）；医院院长给病人实施手术、检查、治疗的，其即以"医务人员"身份执行"工作任务"，应当适用《侵权责任法》第 54 条规定。

---

① 2017 年《最高人民法院关于审理医疗损害责任纠纷案件适用法律若干问题的解释》第 18 条。

在医疗损害侵权纠纷中，虽然具体实施侵权的是医务人员，但是法律规定的承担责任的主体是医疗机构。在劳动人事关系方面，医疗机构作为用人单位，医疗机构对医务人员具有支配力，医务人员从属于医疗机构。所以由医疗机构承担无过错的"替代责任"，医疗机构不得以无选任医务人员之过错和对医务人员已尽监督管理职责而主张免责。当然也可以解释为，医务人员的过错就是医疗机构的过错，医疗机构就其本身过错承担过错责任（"自己的过错责任"）。也就是说，认为用人者责任是替代责任的同时，是不能排除用人者责任兼有自己责任性质的。而且，值得一提的是，《侵权责任法》第54条包含了其第34条的法理。

二、免责事由

除《侵权责任法》第三章规定的免责或者部分免责事由外[1]，比较重要的是《侵权责任法》第60条第1款规定的医疗机构不承担责任的几种情形："患者有损害，因下列情形之一的，医疗机构不承担赔偿责任：（一）患者或者其近亲属不配合医疗机构进行符合诊疗规范的诊疗；（二）医务人员在抢救生命垂危的患者等紧急情况下已经尽到合理诊疗义务；（三）限于当时的医疗水平难以诊疗。

前款第一项情形中，医疗机构及其医务人员也有过错的，应当承担相应的赔偿责任。"司法解释也有免责的特别规定。

（一）患者或者其近亲属不配合医疗机构的诊疗

需要注意的是，解释第60条第1款，还需要结合第2款一并进行，患者或者近亲属不配合医疗机构进行符合诊疗规范的诊疗，并且医务人员没有过错的，医疗机构才能免责。确定患者是否不配合医疗机构进行诊疗的前提，是医务人员向患者履行了告知说明义务。只有医务人员履行了告知说明义务并且在诊疗活动中没有违反规定的行为（没有过错）时，患者或者其近亲属不配合治疗的，医疗机构才可以免责。患者或者近亲属不配合治疗，医疗机构也存在过错的，医疗机构仍然要承担过错侵权责任，但是可以根据原因力大小以及医患双

---

[1] 《侵权责任法》第26、27、28、29条规定，可以根据具体案情适用于医疗侵权纠纷，但是第30条规定的正当防卫和第31条规定的紧急避险无法适用于医疗侵权案件。

方过错大小等因素，适当减轻医疗机构的侵权责任。

（二）医务人员在紧急情况下已经尽到合理诊疗义务

根据法律、法规和医疗伦理规范，对患者进行紧急治疗是医疗机构及其医务人员的职责。例如，我国 1998 通过、2009 年修订的《执业医师法》第 24 条规定："对急危患者，医师应当采取紧急措施进行诊治；不得拒绝急救处置。"1994 年发布、2016 年修订的《医疗机构管理条例》第 31 条规定："医疗机构对危重病人应当立即抢救。对限于设备或者技术条件不能诊治的病人，应当及时转诊。"紧急情况，是指患者因突然的外伤受害、异物侵入体内或者疾病突然发作，身体处于危险状态或者异常痛苦的状态，在临床上表现为急性外伤、脑挫伤、意识消失、大出血、心绞痛、急性中毒、呼吸困难、各种原因所致的休克等。紧急情况表现为时间上的紧急性和事项上的紧急性，一方面，在客观上给医务人员的诊疗时间非常短，医务人员在技术上往往不可能作出十分全面的决策部署；另一方面，患者的生命正受到伤病的威胁，这种威胁是实际存在和正在发生的，而不是医务人员主观臆想的。

根据有关规定，医务人员在抢救生命垂危的患者等紧急情况下，尽到"合理诊疗"义务的可以免除责任。在判断"合理诊疗"义务时，要考虑这种紧急情况，客观上使得医务人员无法作出准确的检查、诊断，难以要求医生具有与通常情形一样的判断能力和预见能力。也就是说，在这种紧急情况下对医务人员进行治疗活动的注意义务要求要低于通常情形下医务人员进行诊疗时的注意义务要求。当然，即使在这种紧急情况下医务人员也要尽到"合理诊疗义务"，只不过判断这种"合理诊疗"义务时要考虑紧急情况。医务人员尽到"合理诊疗义务"的证明责任在医疗机构一方，医疗机构如果不能证明已经尽到"合理诊疗"义务的，就不能免责。

（三）紧急情况下批准立即实施相应医疗措施的

如前文所述，《侵权责任法》第 55 条规定医务人员在诊疗活动中有向患者告知说明义务，患者或其近亲属有知情同意权；第 56 条就告知说明义务的例外进行了规定，有司法解释进一步明确规定了"不能取得患者近亲属意见"的各种情形，司法解释还进一步规定：在这些情形下，医务人员经医疗机构负责人或者授权的负责人批准立即实施相应医疗措施，患者因此请求医疗机构承担赔偿责任的，法院不予支持。这是医务人员在抢救生命垂危的患者等紧急情况下经批准立即实施相应医疗措施时医疗机构免责的特殊规定。

（四）限于当时的医疗水平难以诊疗

医疗活动具有复杂性、探索性、不确定性，医疗水平也是不断提高而非固定不变的，有许多疾病是现今最先进的医疗科技也无法治愈的，然而在将来是有可能治愈的。医疗机构若尽到与当时医疗水平相当的合理诊疗义务，则应当依法免责。须指出，医疗服务关系不是承揽合同关系，也不是买卖合同关系，医疗机构及其医务人员对患者进行诊疗，并不负有保证患者治愈的义务，事实上也是无法保证治愈每一个患者的，所以不能以患者是否治愈为标准来判断医疗机构及其医务人员的过错问题。从法律实施的效果方面来看，如果法律对医疗机构规定过重的责任，就可能导致医务人员在诊疗活动中倾向于采取保守治疗或者过度检查以及过度医疗的对策，最终反而不利于医学的发展，当然也不利于患者和整个社会。医疗活动的特殊性，要求保持和谐的相互信赖的医患关系。

第八章
损害生态环境责任

　　水是生命之源，土地是财富之母，人与自然和谐共生至关重要。人们对于生态环境保护重要性和保护方法的认识不断深入、不断提高。无论污染排放还是过度向大自然索取，都是对生态环境的侵害、破坏。环境保护和生态环境治理修复的法治化是生态文明建设的应有之义。保护生态环境的法律包括刑法、行政法、社会保障法、民法等。以民法观之，生态环境利益，包括公共利益、国家利益、民事主体个人利益，以侵权责任法保护民事主体个人环境权益如损害赔偿的实践早已有之，而以侵权责任法多层次、立体式全面保护生态环境利益则是民法的制度创新和最新发展。

　　囿于各种客观条件和一些主观认识，以往理论上讨论的"环境污染"或"污染环境"，2009年《侵权责任法》中设专章规定了"环境污染责任"。随着人们对于生态环境保护重要性和保护方法认识的提高，环境保护和有关侵权责任法理论有重大创新和发展，有关司法和有关立法也正在积极推进。所谓"损害生态环境责任"，也就是"环境损害责任"，包括以往所谓的污染环境责任和破坏生态环境的责任。而目前关于损害生态环境责任的立法重点和难点，是公众参与、公益诉讼、责任方式以及生态环境损害赔偿等。

　　《侵权责任法》所规定的环境污染责任，是违反法律规定义务的当事人造成环境污染损害而依法应当承担的特殊侵权责任。目前，环境污染责任包括大气污染责任、水污染责任、噪声污染责任、放射性污染责任、土壤污染责任、电子废物污染责任和固体废物污染责任等。[①]一般认为，破坏生态环境包括污染环境（涉及大气、水、固体废弃物、土壤等各种类型的环境污染）、毁林开荒、过度放牧、非法捕猎、非法采矿、不适当大量抽取地下水、造成水土流失、造成生物多样性减少等。

　　虽然以前有论者认为污染环境包括破坏生态，也有论者认为2009年《侵权责任法》中"污染环境"是狭义的，但是，目前的理论主张和立法趋势是由法律统一规定"损害生态环境责任"并为公共的环境利益、国家利益和具体当事人的合法权益提供全方位、多层次的保护。环境和环境利益的重要性和特殊性，以及

---

① 参见最高人民法院《民事案件案由规定》。

环境污染、生态破坏的多样性和复杂性，决定了生态环境全方位保护的必要性和明确规定损害生态环境责任的重要性。

学术上对于污染环境和破坏生态行为的界定不尽相同，而对于这两种侵害行为的民事责任的认识也有一定差异，而在立法方面，2014 年修订的《环境保护法》第 64 条规定："因污染环境和破坏生态造成损害的，应当依照《中华人民共和国侵权责任法》的有关规定承担侵权责任。"这一条文从法律这一层级明确规定了破坏生态的侵权责任，但是其对破坏生态侵权责任的具体制度没有进行详细规定，而是以引致条款的形式规定破坏生态的当事人依照《侵权责任法》的有关规定承担侵权责任。然而，2009 年《侵权责任法》中缺乏对于破坏生态侵权的具体规定。对此，有学者认为，应该理解为依照《侵权责任法》中关于环境侵权的特殊规定承担侵权责任。若破坏生态侵权责任适用过错责任原则，则《环境保护法》第 64 条根本没有规定的必要，因为即使没有该条的规定，破坏生态造成损害的，也应该依据《侵权责任法》第 6 条第 1 款规定的过错责任原则承担侵权责任，而非不承担任何侵权责任。而且，破坏生态侵权与污染环境侵权的共性要求其适用无过错责任原则。[①]

生态环境的多维、复合、系统化的自然属性，反映到民事侵权责任领域的表现之一就是责任重合与责任竞合。责任重合如刑事责任、行政责任和民事责任并存，而责任竞合就是生态环境责任与其他民事侵权责任的竞合。环境污染责任与高度危险作业责任发生竞合的情况下，对民事侵害行为的定性以及对免责事由与因果关系证明等方面的处理，应当根据当事人的选择而定。例如，危险物质溢出污染环境介质而造成人身和财产损害的，被侵害人在一定范围内有权选择适用的法律。在这种情形下，既符合高度危险责任构成要件，亦符合环境污染责任构成要件，属于应当适用的法律条文构成竞合，法院应当根据当事人选择哪一法律条文而主张其自己权利，进而适用相应的法律并解决纠纷。[②]

---

① 张新宝、汪榆淼：《污染环境与破坏生态侵权责任的再法典化思考》，《比较法研究》2016 年第 5 期。
② 参见王利明、周友军、高圣平《中国侵权责任法教程》，人民法院出版社 2010 年版，第 667 页。

第一节　损害生态环境责任构成要件和归责原则

一、关于违法性要件

就行为违法性是否为环境污染责任构成要件，我国法律制度和有关学术观点经历了一个变化过程，但是目前仍然有反思审视的必要。1986 年《民法通则》第 124 条规定："违反国家保护环境防止污染的规定，污染环境造成他人损害的，应当依法承担民事责任。"据此，污染环境侵权责任以违反国家保护环境防止污染的规定为前提条件，行为违法性作为污染环境侵权构成要件有法律上的依据。

而 1989 年《环境保护法》第 41 条第 1 款规定："造成环境污染危害的，有责任排除危害，并对直接受到损害的单位或者个人赔偿损失。"该条并未将"违反国家保护环境防止污染的规定"作为承担侵权责任的要件。同时，《侵权责任法》第 65 条规定："因污染环境造成损害的，污染者应当承担侵权责任。"该条规定环境污染侵权责任适用无过错责任原则，即无论污染者有无过错，只要其行为与损害后果间存在因果关系，都应当承担侵权责任，也容易解释为不以"行为违法性"作为污染环境责任构成要件。2014 年《环境保护法》第 64 条则规定："因污染环境和破坏生态造成损害的，应当依照《中华人民共和国侵权责任法》的有关规定承担侵权责任。"2017 年《海洋环境保护法》第 89 条规定："造成海洋环境污染损害的责任者，应当排除危害，并赔偿损失；完全由于第三者的故意或者过失，造成海洋环境污染损害的，由第三者排除危害，并承担赔偿责任。　对破坏海洋生态、海洋水产资源、海洋保护区，给国家造成重大损失的，由依照本法规定行使海洋环境监督管理权的部门代表国家对责任者提出损害赔偿要求。"2017 年《水污染防治法》第 96 条规定："因水污染受到损害的当事人，有权要求排污方排除危害和赔偿损失。　由于不可抗力造成水污染损害的，排污方不承担赔偿责任；法律另有规定的除外。　水污染损害是由受害人故意造成的，排污方不承担赔偿责任。水污染损害是由受害人重大过失造成的，可以减轻排污方的赔偿责任。　水污染损害是由第三人造成的，排污方承担赔偿责任后，有权向第三人追偿。"2018 年《大气污染防治法》第 125 条规定："排放大气污染物造成损害的，应当依法承担侵权责任。"2003 年《放射性污染防治法》第 59 条规定："因放射性污染造成他人损害的，应当依法承担民事责任。"因此，有论者认为，环境侵权责任的构成要件有其特殊性，主观上的过错和行为的违法性不再是环境污染侵权责任的构成要件。[1]有学者认为，根据《环境保护法》，即使是合法排污，只要造成损害，也要承担责任，因此环境损害责任不以过错为要件，也不以行为具有不法性为承担责任的要件。[2]很多学者都认为环境污染侵权不以污染是否具有违法性为前提，亦不以污染者过错为要件；认为只要污染造成损害，且污染行为和损害事实之间有因果关系，污染者就应当承担侵权责任。

但是，也有观点认为，污染行为本身就包含了行为的违法性，或者说，污染造成损害就是违法。[3]污染环境的行为，可能直接违反国家保护生态的法律、法规，也可能使他人受到法律保护的生命健康权或财产权受到侵害，因此，从这个意义上讲，污染行为本身即包含了行为的违法性，或者说，污染造成损害就是违法。[4]在以往法律粗略不精细的条件下，不以行为违法性作为环境侵权责任构成要件对于保护受到污染损害的具体当事人非常重要，而如今法律制度日益体系化、细密化，有关环境保护的法律、行政法规、地方性法规、部门规章以及司法解释形成了环境保护法律体系，这一法律体系还在日益完善，在此背景下是否仍须将违法性排除在侵权责任构成要件外，不无疑问。至于排污是否达标不影响污染行为违法性的认定，也与违法性是否为侵权构成要件无必然联系。

二、无过错责任原则

1991 年原国家环境保护局就原湖北省环保局鄂环管字（1991）第 69 号请示

---

[1]　参见杨立新主编《法院审理侵权案件观点集成》，中国法制出版社 2016 年版，第 238 页。
[2]　张新宝：《侵权责任一般条款的理解与适用》，《法律适用》2012 年第 10 期。
[3]　参见杨立新主编《法院审理侵权案件观点集成》，中国法制出版社 2016 年版，第 243 页。
[4]　参见最高人民法院侵权责任法研究小组编著《〈中华人民共和国侵权责任法〉条文理解与适用》，人民法院出版社 2016 年第 2 版，第 458 页。

而作出的关于确定环境污染损害赔偿责任问题的复函指出："现有法律法规并未将有无过错以及污染物的排放是否超过标准，作为确定排污单位是否承担赔偿责任的条件。至于国家或者地方规定的污染物排放标准，只是环保部门决定排污单位是否需要缴纳超标排污费和进行环境管理的依据，而不是确定排污单位是否承担赔偿责任的界限。"但是这个复函并没有就污染侵权是否以行为违法性作为构成要件作出判断。2011 年原环境保护部发布的《关于未纳入污染物排放标准的污染物排放控制与监管问题的通知》进一步明确规定："无论排污行为是否达到国家或地方规定的排放标准，无论排放的污染物在国家或地方排放标准中是否规定了排放控制要求，排污者都应对其排污造成的环境污染承担相应的责任。"《通知》进一步明确并且强化了污染环境的责任，但是《通知》实际上仍然没有明确说明环境污染侵权责任是否以行为违法性作为构成要件。

除噪声污染责任外，排污行为人没有超出法律、法规规定的排污标准和行政主管机关批准的排污标准，但是排污造成他人损失的，污染者仍然应当承担环境侵权责任。而对于超标排污或者达标排污的认识认定，仍然是一个值得继续探讨的问题。

如上已述，目前学术界一般认为，环境污染侵权不以污染者过错为要件。不过，也有学者主张改变环境侵权案件统一实行无过错责任的规则，认为应当按照危险说来界定无过错责任的适用范围，认为在污染者不能认识或者无法控制其行为后果的情形下才适用无过错责任。而对于污染者对污染过程和结果有更高控制力的侵权案件，应当回归过错责任原则，根据当事人注意义务的履行与否和履行情况来确定污染者的责任大小。[1] 有学者基于对《侵权责任法》生效 7 年间 4328 份裁判文书的分析，认为在环境侵权司法实践中，无过错责任原则并未得到统一适用。[2]

值得注意的是，污染行为足以发生环境污染损害危险的，受危及的当事人可以依据《侵权责任法》的规定请求污染侵权人承担停止侵害、排除妨碍、消除危险等责任。虽然《侵权责任法》第 65 条以"造成损害"为环境污染侵权责任的要件，没有将环境污染的现实威胁纳入其中，但是在发生环境污染危险时，受危及的当事人可以依据《侵权责任法》第 21 条的规定请求救济，即请求侵权人承

---

① 刘长兴：《环境侵权规则设计之偏差及矫正——基于环境侵权鉴定的分析》，《法商研究》2018 年第 3 期。
② 张宝：《环境侵权责任构成的适用争议及其消解——基于 4328 份裁判文书的实证分析》，《湘潭大学学报（哲学社会科学版）》2018 年第 2 期。

担停止侵害、排除妨碍、消除危险等责任。[①]只要有人格权（如生命权、身体权、健康权）、物权等绝对权、支配权存在，权利人在其权利遭受侵害、权利行使遭到妨碍或者有权利遭损失危险时，就可以根据其人格权、物权请求侵权人（加害人）停止侵害、排除妨碍、消除危险，人格权法、物权法即可成为权利人主张停止侵害、排除妨碍、消除危险的依据，同时又不必证明权利人自己已经遭受实际损失，不必证明加害人有过错。《侵权责任法》第21条的规定是法律从另外一个角度对于绝对权请求权的进一步确认。

第二节　举证责任及举证责任倒置

一、法律规定及其适用

《侵权责任法》第66条规定：因污染环境发生纠纷，污染者应当就法律规定的不承担责任或者减轻责任的情形及其行为与损害之间不存在因果关系承担举证责任。

关于污染者不承担责任或者减轻责任的情形，应当适用《环境保护法》《海洋环境保护法》《水污染防治法》《大气污染防治法》等环境保护单行法具体规定以及《侵权责任法》的有关规定。

须指出，根据《侵权责任法》第66条的规定，污染者不承担责任或者减轻责任的情形，专指"法律规定的不承担责任或者减轻责任的"情形，一般不包括行政法规、部门规章等的规定。这也是法治原则所要求的。目前，我国有关生态环境侵权纠纷的减责、免责的具体或特别事由，分别规定在《环境保护法》《海洋环境保护法》《水污染防治法》《大气污染防治法》等法律中。根据我国立法法的原则、目前环境保护立法体系现状和有关司法的规则，《侵权责任法》与各环

---

① 参见最高人民法院侵权责任法研究小组编著《〈中华人民共和国侵权责任法〉条文理解与适用》，人民法院出版社2016年第2版，第459页。另见王利明、周友军、高圣平《中国侵权责任法教程》，人民法院出版社2010年版，第665~667页。

保单行法之间，以及《环境保护法》与《水污染防治法》《海洋环境保护法》等环保特别法之间，均属于一般法与特别法的关系，在法律适用上应当遵循特别法优于一般法的原则。《侵权责任法》第三章"不承担责任和减轻责任的情形"的规定与第八章"环境污染责任"的规定，属于《侵权责任法》内部的一般规定与特别规定的关系，在法律适用上应当遵循特别规定优于一般规定的原则。①

二、环境侵权举证责任倒置规则的司法实践

因有《侵权责任法》第 66 条的规定，在环境污染侵权的司法实践中，举证责任倒置广泛适用，法院拥有适度的自由裁量权。例如在吴某、张某某诉江苏某高速公路有限公司环境污染责任纠纷案中，法院认为，噪声污染影响居民的身心健康为公众所普遍认可，受害人对损害事实应承担较低程度的举证责任，受害人无法提供确切的证据证明损害事实时，法官根据噪声污染的时间、强度等因素推定损害成立的，高速公路的经营管理者应承担相应的赔偿责任。②

目前，在环境污染侵权纠纷案件中，依法实行因果关系举证责任倒置的规则，应由污染者对其行为与损害之间不存在因果关系负举证责任，由污染者向法院提供充分证据以证明因果关系不存在。污染者举证证明下列情形之一的，人民法院应当认定其污染行为与损害之间不存在因果关系：（1）排放的污染物没有造成该损害可能的；（2）排放的可造成该损害的污染物未到达该损害发生地的；（3）该损害于排放污染物之前已发生的；（4）其他可以认定污染行为与损害之间不存在因果关系的情形。③如果其举证的结果不足以使法官形成是否存在因果关系的心证，那么，法官则应当适用举证责任规则判决污染者败诉。④当然，环境受到污染的被侵害人还是应当向法院证明其所受损害，并就因果关系提出初步证明，而非可以不提出任何证据。司法解释的规定是环境受到污染的被侵害人应当提供证明污染者排放了污染物、被侵害人的损害以及"污染者排

---

① 参见最高人民法院侵权责任法研究小组编著《〈中华人民共和国侵权责任法〉条文理解与适用》，人民法院出版社 2016 年第 2 版，第 462~465 页。

② 江苏省江阴市人民法院（2014）澄环民初字第 0001 号民事判决书、江苏省无锡市中级人民法院（2015）锡环民终字第 1 号民事判决书。参见浦峥、曹海英、廖宏娟《噪声污染损害事实的认定及赔偿标准》，《人民司法（案例）》2016 年第 8 期。

③ 参见 2015 年《最高人民法院关于审理环境侵权责任纠纷案件适用法律若干问题的解释》第 6 条。

④ 参见最高人民法院侵权责任法研究小组编著《〈中华人民共和国侵权责任法〉条文理解与适用》，人民法院出版社 2016 年第 2 版，第 466~467 页。

放的污染物或者其次生污染物与损害之间具有关联性"的证据材料。

　　为处理好污染环境、破坏生态、造成损害的侵权纠纷，司法鉴定十分重要。司法鉴定的广泛运用，进一步减轻了被侵权人的证明责任。根据司法解释规定，当事人申请通知一至两名具有专门知识的人出庭，就鉴定意见或者污染物认定、损害结果、因果关系等专业问题提出意见的，人民法院可以准许。当事人未申请，人民法院认为有必要的，可以进行释明。具有专门知识的人在法庭上提出的意见，经当事人质证，可以作为认定案件事实的根据。[①]负有环境保护监督管理职责的部门或者其委托的机构出具的环境污染事件调查报告、检验报告、检测报告、评估报告或者监测数据等，经当事人质证，可以作为认定案件事实的根据。[②]有关司法解释仍有待司法实践的进一步检验，理论上虽然也有一些细节方面的不同观点，但是这些规定应当是办案的重要依据。虽然司法鉴定的采用，会改变有关举证责任规则的实际运用，但是这种改变或缓和只要有助于查明事实，就应当为法律接受，当然有关鉴定规则和相关制度完善也应当继续进行。

　　虽然有《侵权责任法》第 66 条的规定，但是在污染侵权的司法实践中，对于举证责任倒置的适用，也有持谨慎态度的案例，或有不同见解。例如，就历经三年的泰州市环保联合会与 J、C 等公司环境污染侵权纠纷案[③]，有学者认为，该案中所适用的因果关系推定规则并非《侵权责任法》第 66 条规定的举证责任倒置。认为在因果关系推定规则下，原告举证的程度只需达到一定的盖然性即可，而被告需要提供较高程度的证明来进行反证，避免了完全由被告承担所有的证明责任，更能实现原、被告双方在诉讼中的平衡。[④]

　　由于大气的流动性，大气污染责任纠纷案件在举证方面更为复杂。在此类案件中，有关勘验笔录、有关机构检测报告、气象资料等起到很大作用。例如，1995 年曲某某承包一处集体土地种植樱桃，2001 年山东 F 实业公司迁至曲某某樱桃园毗邻处从事铝产品生产加工，2009 年 4 月曲某某提起诉讼。曲某某提交了公证处勘验笔录、农产品质量检测中心出具的樱桃叶片氟含量检测报告等证据。后经双方共同选定和取样，一审法院委托山东省农业科学院中心实验室予以检测，检测报告表明：距离 F 实业公司厂区越近，樱桃叶片氟化物含量越高。

---

① 参见 2015 年《最高人民法院关于审理环境侵权责任纠纷案件适用法律若干问题的解释》第 9 条。
② 参见 2015 年《最高人民法院关于审理环境侵权责任纠纷案件适用法律若干问题的解释》第 10 条。
③ 2016 年 1 月 31 日，最高人民法院（2015）民申字第 1366 号民事裁定书驳回泰兴 J 公司的再审申请，泰州市环保联合会与 J、C 等公司环境污染侵权纠纷案结案。
④ 参见吕忠梅《环境司法理性不能止于"天价"赔偿：泰州环境公益诉讼案评析》，《中国法学》2016 年第 3 期。

F 实业公司提供樱桃树叶氟含量检测报告、厂区大气氟化物含量检测报告、牟平区气象局出具的 2008 年 2 月至 2009 年 5 月的气候情况等证据，拟证明其不存在排污行为，曲某某樱桃园受到损害系气候原因所致。一审法院判令 F 实业公司停止排放氟化物，赔偿曲某某损失 204 万余元。曲某某、F 实业公司均不服提起上诉。山东省高级人民法院二审判令 F 实业公司赔偿曲某某 224 万余元。F 实业公司不服，向最高人民法院申请再审。最高人民法院审查认为，曲某某已完成举证证明责任。F 实业公司提交的樱桃树叶氟化物含量检测报告中距离厂区越近浓度越低的结论有悖常识；厂区大气氟化物含量检测报告系 2010 年 5 月 7 日作出，与本案待证事实不具有关联性；天气原因亦不能否定排污行为和损害之间的因果关系。考虑到确实存在天气恶劣等影响樱桃生产的原因，二审法院酌情判令 F 实业公司对曲某某的损失承担 70% 的赔偿责任，认定事实和适用法律均无不当。①本案中，原告也提出了相应证据，而且公证处勘验笔录、有关机构检测报告、气象局出具的证据均起了作用。

在粉尘污染责任纠纷案中，固定证据对于被侵权人也非常重要。由于污染侵权纠纷案件中被侵权人的弱势地位以及其对于污染侵权事实证明的困难，法院可以根据具体情况依职权调查取证。例如，海南 H 实业公司未经依法批准，自 2010 年起租赁集体土地建设灰沙环保砖厂，所建厂房位于李某某羊圈及屋舍西面隔壁，李某某起诉。海口市琼山区人民法院受理案件后，指导李某某委托法律援助律师，并免去其需预交的案件受理费用。承办法官及时赴现场查勘、拍摄固定 H 实业公司污染行为的有关证据，向环境保护、国土主管部门调取 H 实业公司未办理环境影响评价、违法占地及排污等证据。一审法院在明确案件基本事实的基础上，促成李某某、H 实业公司自愿达成调解协议，由 H 实业公司一次性赔偿李某某损失 53000 元，并于签收调解书时当场支付赔偿款。一审法院向环保主管部门发出司法建议，以监督 H 实业公司限期整改，消除污染，防止后续环境损害行为的发生。②本案通过调解结案，法院依职权进行了调查，收集了有关证据，法院在查明事实基础上促成双方达成调解协议，还向环保部门发出司法建议，以监督当事人限期整改，消除污染，防止后续环境损害发生。

---

①② 参见最高人民法院网 http://www.court.gov.cn/zixun-xiangqing-16396.html，访问时间：2019 年 6 月 2 日。

三、理论研讨

有学者认为，受害人在因果关系上无须承担任何举证义务的观点，是对我国《侵权责任法》第 66 条的一种形式解释。认为该意见忽视利益衡平，在司法实践中往往被弱化、规避乃至否认；认为参酌比较法，宜采取一种实质解释观……受害人除证明排污事实和损害事实外，尚需证明传播事实、暴露事实以及科学层面的致害可能性，才能推定因果关系成立，由加害人反证因果关系不存在，反证标准需达到"排除合理怀疑"的程度。[①]

但是，也有学者认为，因果关系推定与因果关系举证责任倒置二者的差异其实并没有字面上看上去那样大。因为法律推定可以分为实体法推定和程序法推定，而实体法推定即可引起举证责任倒置的效果。[②]值得一提的是，就环境污染损害侵权的因果关系判断问题，德国也采用法定的因果关系推定的解决方案。[③]

笔者认为，《侵权责任法》第 66 条规定对污染者确实很严格，规定"污染者应当就法律规定的不承担责任或者减轻责任的情形"承担举证责任意味着污染者不能沉默坐等原告证明侵权构成，污染者不能证明"法律规定的不承担责任或者减轻责任的情形"的，就应当承担败诉后果，对此可以进一步解释为污染者败诉就应当承担侵权责任。但是，法律规定污染者应当就"其行为与损害之间不存在因果关系承担举证责任"，其法律效果是，如果污染者不能证明不存在因果关系，就认定存在因果关系，实际上与因果关系推定（推定存在因果关系而污染者可以通过举证予以推翻）没有差异。而且，就第 66 条而言，并非原告一方可以不提出任何证据，实际上，原告应当提出初步证明，否则无论是举证责任倒置还是推定规则都无法启动。

---

① 张宝：《环境侵权诉讼中受害人举证义务研究——对〈侵权责任法〉第 66 条的解释》，《政治与法律》2015 年第 2 期。
② 张新宝、汪榆淼：《污染环境与破坏生态侵权责任的再法典化思考》，《比较法研究》2016 年第 5 期。
③ 参见[瑞士]海因茨·雷伊《瑞士侵权责任法》，贺栩栩译，中国政法大学出版社 2015 年版，第 180 页。

第三节　噪声污染责任的特殊性

一、法律规定

2018年《环境噪声污染防治法》第2条规定："本法所称环境噪声，是指在工业生产、建筑施工、交通运输和社会生活中所产生的干扰周围生活环境的声音。　本法所称环境噪声污染，是指所产生的环境噪声超过国家规定的环境噪声排放标准，并干扰他人正常生活、工作和学习的现象。"可见，环境噪声污染，须是环境噪声超过了国家规定的环境噪声排放标准。因此，就污染侵权责任构成要件的判断，如果以是否达标排放作为合法及行为违法的标准[①]，那么，可以认为噪声污染损害责任以行为违法性为构成要件。这在污染环境侵权责任案件中是比较特殊的。

二、典型案例

在环境噪声侵权纠纷解决的司法实践中，法院会审查环境噪声是否超过了国家规定的噪声排放标准。例如，在袁某某诉广州嘉富房地产发展有限公司噪声污染责任纠纷案中，袁某某购买了广州嘉富公司开发的商品房。广州市越秀区人民法院一审认为，袁某某购买的房屋经监测噪声值超过国家规定标准，构成了噪声污染。J公司提供的证据不足以证明其对涉案房屋超标噪声不承担责任或者存在减轻责任的情形。一审法院判令J公司60日内对案涉电梯采取相应的隔声降噪措施，使袁某某居住的房屋的噪声达到《民用建筑隔声设计规范》（GB50118-2010）规定的噪声最高限值以下；逾期未达标准，按每日100元对袁某某进行补偿；支付袁某某精神抚慰金1万元。广州市中级人民法院二审维持了

---

① 须指出，是否将超过排污标准排污判断为行为违法，尚有不同见解，有待进一步研究讨论。

一审判决。[①]

又如，沈某某系机械工业第一设计研究院退休工程师，住该院宿舍。为增加院内暖气管道输送压力，设计研究院在沈某某住宅东墙外侧安装了增压泵。2014年，沈某某认为增压泵影响其休息，向法院提起诉讼。后双方达成和解，沈某某撤回起诉，设计研究院将增压泵移至沈某某住宅东墙外热交换站的东侧。2015年，沈某某又以增压泵影响其睡眠、住宅需要零噪声为由，再次诉至法院。蚌埠市禹会区人民法院一审认为，经监测，增压泵作为被测主要声源，在正常连续工作时，沈某某居住卧室室内噪声所有指标均未超过规定的限值。一审法院判决驳回沈某某诉讼请求。蚌埠市中级人民法院二审维持了一审判决。[②]

三、立法技术的可选择性

司法实践表明，关于违法性是否作为侵权要件及相关问题的立法，具有立法技术上的可选择性。例如在黄某某诉江苏省H县开发区经济技术开发总公司、Y分公司噪声污染损害赔偿纠纷案中，法院以噪声排放超过相应的国家标准或地方标准作为噪声排放违法性判断的标准，法院认为，变压器产生的低频噪声尚未有相应的国家标准和地方标准，涉案低频噪声排放不具违法性，但是不能据此否认其具有危害性。开发总公司、Y分公司作为房产开发商，是该小区公共服务设施的建设者，应承担住宅建筑的隔声、防噪义务，其不合理设置变压器致小区公共设施长期发出低频噪声，故应承担相应责任。[③]对于这个案例，法院一方面认为噪声污染侵权不以违法性为构成要件，另一方面又认为开发商有防噪义务却不合理设置变压器致小区公共设施长期发出低频噪声，这又在实际上适用了过错责任原则。而过错责任很难排除其中的实质意义的"行为违法性"要件。这个案件表明，是否以行为违法性作为责任构成要件，噪声污染与其他各种环境侵权案件有相同的问题要解决。换言之，法院在此案不存在"环境噪声超过国家规定的环境噪声排放标准"情形下仍然根据实际情况认定侵权责任，表明立法技术的可选择性。也就是说，是否以违法性为侵权构成要件，立法者可以选择不同的方案。目前法律是规定环境噪声污染以"环境噪声超过国家规定的环境

---

① ② 参见最高人民法院网 http://www.court.gov.cn/zixun-xiangqing-16396.html，访问时间：2019年6月2日。
③ 江苏省海安县人民法院（2013）安民初字第0072号民事判决书、江苏省南通市中级人民法院（2014）通中环民终字第0003号民事判决书。参见谷昔伟、章智敏《噪声污染损害赔偿责任不以违法性为要件》，《人民司法》2015年第2期。

噪声排放标准"并干扰他人正常生活、工作和学习为标准,这是立法选择。

第四节　多数人损害生态环境的责任

一、有意思联络的共同侵权责任

一般认为,两个以上污染者存在意思联络共同实施环境污染行为的,即各污染者对于污染环境结果有共同认识的,构成狭义的共同侵权,应当适用《侵权责任法》第 8 条规定,各污染者应当承担连带责任。所谓"意思联络""共同认识"之类表述,都是学术用语,是对《侵权责任法》以及有关司法解释"共同实施"的学理阐述,有赖于学术界进一步切磋推敲。

二、无意思联络的多数人侵权责任

《侵权责任法》通过以后,一些学者认为,两个以上没有意思联络的污染者造成损害的责任为按份责任,都只适用第 67 条,不适用第 11 条、第 12 条。[①]但是,最高人民法院司法解释最终还是认为《侵权责任法》第 11 条和第 12 条可以根据具体案情依法予以适用。

具体而言,两个以上污染者没有意思联络,客观上造成不可分割的同一损害结果的,符合《侵权责任法》第 11 条规定的并存因果关系规定的,适用第 11 条规定,各污染者承担连带责任。值得一提的是,《侵权责任法》第八章"环境污染责任"没有就第 11 条予以具体化。

两个以上污染者没有意思联络或者共同认识,而在客观上污染环境造成不可分割的同一损害结果的,每个污染者污染行为均不足以造成全部损害的,应

---

① 参见张新宝《侵权责任法》(第四版),中国人民大学出版社 2016 年版,第 277 页。另见王利明、周友军、高圣平《中国侵权责任法教程》,人民法院出版社 2010 年版,第 659~660 页。

当根据各污染行为的原因力大小确定各污染者所应承担的责任比例。在这种情形下，应当认为适用《侵权责任法》第 12 条和第 67 条规定，各污染者承担按份责任。

　　根据《侵权责任法》第 67 条的规定，两个以上污染者污染环境，应当根据各污染者所排放污染物的种类、排放量等因素，即各污染（侵权）行为的原因力（各行为人参与致害程度的大小），来确定各污染者的责任比例，参与致害程度大的多分担损害赔偿责任，参与致害程度小的则少分担损害赔偿责任。①按照无过错责任原则的规定，对于单个污染者排污，无论排污是否达标，只要造成污染损害，就应当承担赔偿损失、排除妨碍等责任。两个以上污染者排污均达标，共同排污后，污染程度加重，造成污染损害，无疑要按照污染物种类、排放量等因素确定责任比例。在两个以上污染者排污造成损害时，有的污染者达标，有的污染者未达标，特别是如果污染者均达标排放就不会造成污染损害时，各污染者的责任是根据各排污行为的原因力即"污染参与度"确定的，故排污达标的，只要加重了污染程度，在污染损害中发挥了作用，原则上就应当承担与其作用比例相当的责任，但是，在确定各污染者的责任比例时，应当适当减轻达标者的责任。②根据 2015 年《最高人民法院关于审理环境侵权责任纠纷案件适用法律若干问题的解释》第 4 条的规定，两个以上污染者污染环境，对污染者承担责任的大小，人民法院应当根据污染物的种类、排放量、危害性以及有无排污许可证、是否超过污染物排放标准、是否超过重点污染物排放总量控制指标等因素确定。这些都是《侵权责任法》第 12 条的具体化，在性质上没有超出或者违背第12 条的规定。

　　2015 年《最高人民法院关于审理环境侵权责任纠纷案件适用法律若干问题的解释》第 3 条规定："两个以上污染者分别实施污染行为造成同一损害，每一个污染者的污染行为都足以造成全部损害，被侵权人根据侵权责任法第十一条规定请求污染者承担连带责任的，人民法院应予支持。　　两个以上污染者分别实施污染行为造成同一损害，每一个污染者的污染行为都不足以造成全部损害，被侵权人根据侵权责任法第十二条规定请求污染者承担责任的，人民法院应予支持。　　两个以上污染者分别实施污染行为造成同一损害，部分污染者

---

① 参见最高人民法院侵权责任法研究小组编著《〈中华人民共和国侵权责任法〉条文理解与适用》，人民法院出版社 2016 年第 2 版，第 468~470 页。

② 参见最高人民法院侵权责任法研究小组编著《〈中华人民共和国侵权责任法〉条文理解与适用》，人民法院出版社 2016 年第 2 版，第 470 页。

的污染行为足以造成全部损害，部分污染者的污染行为只造成部分损害，被侵权人根据侵权责任法第十一条规定请求足以造成全部损害的污染者与其他污染者就共同造成的损害部分承担连带责任，并对全部损害承担责任的，人民法院应予支持。"这一司法解释，对于在环境侵权责任领域正确适用《侵权责任法》第 11 条和第 12 条规定的分别侵权行为规则，规定了正确的方法；更重要的是，揭示了在这两个法律条文之间隐藏的特殊的分别侵权行为形态，并进行了正确的解释。①笔者认为，该司法解释第 3 条澄清了法律上关于并存因果关系、叠加因果关系、并存因果关系和叠加因果关系相结合的一些认识。以往有论者认为侵权法第 11 条在环境侵权领域不适用，认为在环境侵权领域只适用侵权法第 12 条，并认为侵权法第 67 条是第 12 条的具体化，上述司法解释第 3 条则正确地解释了侵权法第 11 条和第 12 条在环境侵权案件中的运用方法，故澄清了一些认识。笔者认为，这一司法解释第 3 条第 3 款无疑具有开创性，而且其原理具有普适性，因此，建议将这一款进一步提升抽象为与因果关系有关的一个法律规则而予以明确规定："二人以上分别实施侵权行为造成同一损害，部分行为人的行为足以造成全部损害，部分行为人的行为只造成部分损害的，足以造成全部损害的行为人与其他行为人就共同造成的损害部分承担连带责任，并对全部损害承担责任。"

三、进一步澄清

如果损害结果是可以分割的，而且各污染者对于污染损害后果并无共同认识（即无意思联络），那么，各个污染行为可能与其所造成的各自损害结果之间构成单独的侵权，各污染者各自承担侵权责任。

如果污染损害是由污染者与第三人（并非污染源的控制与排放者）的共同行为造成的，那么，可以由受害人选择依据无过错责任原则单独起诉污染者，或者依据共同侵权的一般规定起诉要求污染者和第三人承担连带责任。②

---

① 参见杨立新《环境侵权司法解释对分别侵权行为规则的创造性发挥——〈最高人民法院关于审理环境侵权责任纠纷案件适用法律若干问题的解释〉第 3 条解读》，《法律适用》2015 年第 10 期。
② 参见最高人民法院侵权责任法研究小组编著《〈中华人民共和国侵权责任法〉条文理解与适用》，人民法院出版社 2016 年第 2 版，第 470 页。

第五节 第三人过错损害生态环境的责任认定

一、法律适用条件界定

比较法上有将第三人过错作为环境侵权案件中被告免责事由的立法（荷兰民法典、加拿大环境保护法）[1]，对此，我国《侵权责任法》有不同规定。在这方面，应该有多种因素，包括公共政策及立法技术因素。

第三人过错作为一般侵权中被告的免责事由，是指第三人的行为是损害发生的唯一原因。因环境污染侵权的特殊性，第三人过错一般情况下不能作为污染者的免责事由。《侵权责任法》第68条规定："因第三人的过错污染环境造成损害的，被侵权人可以向污染者请求赔偿，也可以向第三人请求赔偿。污染者赔偿后，有权向第三人追偿。"这里的"第三人"是指污染者与被侵权人以外的第三人，非环境污染者（控制、排放污染源的人），而是环境"破坏者"。"因第三人的过错污染环境造成损害"不包含第三人与污染者共同过错造成的污染，就是说，"因第三人的过错污染环境造成损害"情形是指第三人的过错与污染者之间没有任何意思联络的情形。[2]

需要注意的是，《海洋环境保护法》第89条第1款规定："造成海洋环境污染损害的责任者，应当排除危害，并赔偿损失；完全由于第三者的故意或者过失，造成海洋环境污染损害的，由第三者排除危害，并承担赔偿责任。"属于《海洋环境保护法》第89条第1款规定的完全由于第三者故意或者过失造成海洋环境污染损害的情形的，不适用《侵权责任法》第68条，只能适用《海洋环境保护法》第89条第1款规定。不过，不能认为《侵权责任法》第68条和《海洋环境保护法》第89条第1款规定有矛盾冲突，笔者认为这两条各自适用范围

---

① 参见王利明、周友军、高圣平《中国侵权责任法教程》，人民法院出版社2010年版，第663页。

② 参见最高人民法院侵权责任法研究小组编著《〈中华人民共和国侵权责任法〉条文理解与适用》，人民法院出版社2016年第2版，第472页。

不同，并无冲突。《海洋环境保护法》第 89 条规定"完全由于第三者的故意或者过失……"意在规定第三人行为是损害发生的唯一原因（或全部原因）这一条件，而《侵权责任法》第 68 条并没有开列"完全由于"这样的条件，就是说，《侵权责任法》第 68 条并没有完全否定污染者行为与污染损害结果之间的因果关系。

二、具体规则分析说明

根据《侵权责任法》第 68 条的规定，因第三人的过错污染环境造成损害的，因污染者与第三人没有共同过错，故应由污染者与第三人对被侵权人分别单独承担责任，而不是承担连带责任。被侵权人同时起诉污染者和第三人的，人民法院可以认定由污染者和第三人均对被侵权人承担消除危险、赔偿损失等给付义务，该给付义务因其中一人履行而对污染者和第三人均归于消灭，但是污染者对第三人有追偿权。[1]有关司法解释规定："被侵权人根据侵权责任法第六十八条规定分别或者同时起诉污染者、第三人的，人民法院应予受理。   被侵权人请求第三人承担赔偿责任的，人民法院应当根据第三人的过错程度确定其相应赔偿责任。污染者以第三人的过错污染环境造成损害为由主张不承担责任或者减轻责任的，人民法院不予支持。"[2]

虽然根据《侵权责任法》第 65 条、第 66 条的规定，对污染者实行无过错责任，污染者应当就法律规定的不承担责任或者减轻责任的情形及其行为与损害之间不存在因果关系承担举证责任，即实行举证责任倒置原则，但是，《侵权责任法》第 68 条对第三人的环境污染责任实行过错责任原则，因此，被侵权人起诉第三人的，应当根据"谁主张、谁举证"的一般举证规则，必须举证侵权行为的构成要件，第三人对此不承担举证责任。[3]

需注意，《侵权责任法》第 68 条规定不适用于共同危险行为的情形。例如，物质或者能量的所有人、保管人等对有毒有害化学品或者物质保管不善，因而被第三人获取但又丢弃、抛洒造成环境污染的，应当由所有人、保管人（污染

---

[1]　参见最高人民法院侵权责任法研究小组编著《〈中华人民共和国侵权责任法〉条文理解与适用》，人民法院出版社 2016 年第 2 版，第 472~473 页。

[2]　2015 年《最高人民法院关于审理环境侵权责任纠纷案件适用法律若干问题的解释》第 5 条。

[3]　参见最高人民法院侵权责任法研究小组编著《〈中华人民共和国侵权责任法〉条文理解与适用》，人民法院出版社 2016 年第 2 版，第 472。

者）与第三人共同对受害人承担共同危险行为的责任。也就是说，污染造成他人损害且不知何人为具体加害人或者第三人时，应当按照《侵权责任法》第10条关于共同危险行为责任的规定，由有关行为人对受害人承担连带责任。[1]

三、特殊案例

这里有"因第三人过错污染环境造成损害"的案例。2012年2月20日，荆门M物流公司所有的油罐运输车，在重庆S高速公司管理的成渝环线高速公路发生意外事故，所载变压器油泄漏。S高速公司及时处理交通事故，撒沙处理油污路段。……泄漏的变压器油顺着高速公路边坡流入高速公路下方雨水沟，经涵洞流入周某承包的鱼塘，鱼塘水面有大面积油层漂浮。……经鉴定，周某损失鱼类经济价值为35万余元。……重庆市渝北区人民法院一审认为，S高速公司作为事故路段的管理者，应当及时启动应急预案并采取有效措施，控制污染源，防止损害的扩大。S高速公司在事故发生后仅应急处理路面交通情况，并未对该路段周围油污进行清理，致使油污流入周某承包的鱼塘造成进一步损害，应根据其过错程度承担次要的赔偿责任。遂判令M物流公司承担70%的赔偿责任，S高速公司承担30%的赔偿责任。重庆市第一中级人民法院二审维持了一审判决。[2]

第六节　对生态环境本身的损害及生态修复、赔偿

目前理论研究和侵权责任法立法的难点是如何认识环境损害的种类和分类，以及与此有关的侵权构成和侵权救济方式（承担侵权责任的方式）。较早的时候，就有一些学者认为，环境损害的事实包括国家、集体、法人、自然人的财

---

[1] 参见最高人民法院侵权责任法研究小组编著《〈中华人民共和国侵权责任法〉条文理解与适用》，人民法院出版社2016年第2版，第473页。

[2] 参见最高人民法院网 http://www.court.gov.cn/zixun-xiangqing-16396.html，访问时间：2019年6月2日。

产损害和人身损害。[①]我国立法机关的有关报告也明确指出：破坏生态环境一般会对生态环境本身造成损害，也会造成对民事主体的人身、财产损害。这两类损害的法律后果在责任构成要件、请求权主体、赔偿范围等方面有所不同，中央有关文件对此作了区分。[②]在民法典侵权责任编编纂过程中，就损害生态环境责任的环境本身损害救济的立法是非常突出的重点和难点。

2015年《最高人民法院关于审理环境侵权责任纠纷案件适用法律若干问题的解释》第14条规定："被侵权人请求恢复原状的，人民法院可以依法裁判污染者承担环境修复责任，并同时确定被告不履行环境修复义务时应当承担的环境修复费用。　污染者在生效裁判确定的期限内未履行环境修复义务的，人民法院可以委托其他人进行环境修复，所需费用由污染者承担。"而有学者认为，就生态环境损害救济来说，应当以修复为主。与侵权损害论的恢复原状不同，生态环境损害的修复是专业性的系统工程，既要应对单个环境要素的物理、化学、生物特性的不利改变，更要注重恢复被破坏的整个生态环境的稳定、平衡状态。[③]有学者认为，生态环境损害不同于民法上的"具体损害"，生态环境损害赔偿责任是一种危险或风险防御责任，既不同于传统民法上的损害赔偿，也不同于恢复原状，应在法律上创制专门环境侵害责任。直接修复或者替代修复生态环境损害的费用，既不是传统民法上的损害赔偿，也不是民法上的恢复原状，而是一种独立的环境侵害责任承担方式。[④]

一、典型案例

破坏生态或者对生态本身的损害，与对被侵害人的人身、财产权益损害不同，其请求权主体、赔偿范围等都有所不同。对于破坏生态的责任追究和损害救济的司法实践已经广泛展开，有关实践为进一步立法和制度完善积累了经验并提供了依据。例如，2008年7月29日，谢某某等四人未经审批，擅自扩大采矿范围，从山顶往下剥山皮、将采矿产生的弃石往山下倾倒、在矿山塘口下方兴建工棚，严重毁坏了28.33亩林地植被。2015年1月1日，北京市朝阳区自然之

---

① 参见王利明主编《中华人民共和国侵权责任法释义》，中国法制出版社2010年版，第310~311页。

② 参见2018年12月23日《全国人民代表大会宪法和法律委员会关于〈民法典侵权责任编（草案）〉修改情况的汇报》。

③ 窦海阳：《环境损害事件的应对：侵权损害论的局限与环境损害论的建构》，《法制与社会发展》2019年第2期。

④ 吕忠梅：《"生态环境损害赔偿"的法律辨析》，《法学论坛》2017年第3期。

友环境研究所、福建省绿家园环境友好中心提起诉讼。一审法院判令谢某某等四人在判决生效之日起五个月内恢复被破坏的 28.33 亩林地功能，在该林地上补种林木并抚育管护三年，如不能在指定期限内恢复林地植被，则共同赔偿生态环境修复费用 110 万余元；共同赔偿生态环境服务功能损失 127 万元，用于原地或异地生态修复；共同支付原告支出的评估费、律师费、为诉讼支出的其他合理费用 16.5 万余元。二审法院维持了一审判决。本案系新环境保护法实施后全国首例环境民事公益诉讼。①2014 年修订的《环境保护法》第 58 条第 1 款规定："对污染环境、破坏生态，损害社会公共利益的行为，符合下列条件的社会组织可以向人民法院提起诉讼：（一）依法在设区的市级以上人民政府民政部门登记；（二）专门从事环境保护公益活动连续五年以上且无违法记录。"这就明确了公众参与的程度和公益诉讼的实体法依据。

在江苏省人民政府诉安徽 H 化工科技有限公司生态环境损害赔偿案中，江苏省泰州市中级人民法院认为，H 公司对其生产经营中产生的危险废物负有法定防治责任，其营销部负责人杨某违法处置危险废物的行为系职务行为，应由 H 公司对此造成的损害承担赔偿责任。一审法院判决 H 公司赔偿环境修复费用 3637.90 万元、生态环境服务功能损失 1818.95 万元、评估鉴定费 26 万元，上述费用合计 5482.85 万元，支付至泰州市环境公益诉讼资金账户。二审法院在维持一审判决的基础上，判决 H 公司可在提供有效担保后分期履行赔偿款支付义务。②这里由人民政府起诉生态环境损害者承担环境修复、赔偿责任，是特殊的公益诉讼，属于环境保护法和侵权责任法的范畴，但是目前不属于行政法或者行政执法的范畴。政府诉请生态环境损害者赔偿，也不同于行政罚款。

人民检察院进行民事公益诉讼是充分发挥法律监督职能作用、维护社会公平正义、维护国家利益和社会公共利益的特殊形式。在铜仁市人民检察院诉贵州玉屏 X 化工有限公司、广东韶关 W 贸易有限公司土壤污染责任民事公益诉讼案中，贵州玉屏 X 化工有限公司（以下简称 X 公司）、广东韶关 W 贸易有限公司（以下简称 W 公司）均未取得危险废物经营许可证。贵州省遵义市中级人民法院认为，X 公司、W 公司均不具备危废处理资质。两公司生产过程中实施了污染行为，案涉污染土壤中重金属与 X 公司生产原料、废渣及排放废水中所含重金属成分相同，具有同源性，且污染土壤区域的重金属含量均远高于对照检

---

① 参见最高人民法院网 http://www.court.gov.cn/zixun-xiangqing-16396.html，访问时间：2019 年 6 月 2 日。

② 参见最高人民法院网 http://www.court.gov.cn/zixun-xiangqing-144992.html，访问时间：2019 年 6 月 2 日。

测点，足以认定两公司排污行为与案涉土壤及地上农作物中度污染之间的因果关系。两公司先为合作，后为承包，主观上具有共同故意，客观上共同实施了污染行为，应承担连带责任。[1]人民检察院在履行职责中发现破坏生态环境和资源保护等损害社会公共利益的行为，拟提起公益诉讼的，应当依法公告，公告期间为三十日。公告期满，法律规定的机关和有关组织不提起诉讼的，人民检察院可以向人民法院提起诉讼。

人民检察院支持环境公益诉讼也是充分发挥法律监督职能作用、维护社会公平正义、维护国家利益和社会公共利益的具体形式。在江苏省泰州市人民检察院支持泰州市环保联合会起诉江苏 C 农化有限公司等企业环境污染公益诉讼案中[2]，泰州市人民检察院认为，C 公司等六被告以支付补贴的形式将危险废物提供给无处理资质的主体排放至如泰运河、古马干河，造成水体严重污染，损害社会公共利益，其行为明显违反法律规定，应当承担水污染损害赔偿责任。江苏省人民检察院派员出席二审法院庭审并发表意见认为，C 公司等六家公司的非法处置行为与本案环境污染损害后果之间具有因果关系，且主观上存在过错，应当依法承担赔偿责任。[3]江苏省高级人民法院经审理认为，生产者在明知其废物极有可能被非法倾倒，却对此持放任态度，仍将其生产的废物大批量卖给他人，并给予对方以补贴的，不仅为非法倾倒者提供了污染源，且客观上成为非法倾倒行为得以实施的必要条件，应当认定生产者行为与环境污染损害之间存在法律上和事实上的因果关系，生产者依法应当承担环境损害的侵权责任。[4]

近几年来，各地法院审理了一批环境污染侵权责任的民事公益诉讼案件，为进一步完善关于损害生态环境责任的立法积累了有益经验。例如，储某某经常州市 B 物资再生利用有限公司同意，使用该公司场地及设备，从事"含油滤渣"的处置经营活动。无锡 J 化工有限公司明知储某某不具备处置危险废物的资质，允许其使用危险废物经营许可证并以该公司名义从无锡 X 石油制品有限公司、常州 J 石化有限公司等处违规购置油泥、滤渣，提炼废润滑油进行销售牟利，造成 B 公司场地及周边地区土壤受到严重污染。2014 年 7 月 18 日，常州市环境公益协会起诉，请求判令五被告共同承担土壤污染损失的赔偿责任。江苏

---

① 参见最高人民法院网 http://www.court.gov.cn/zixun-xiangqing-144992.html，访问时间：2019 年 6 月 2 日。
② 参见《中华人民共和国最高人民检察院公报》2015 年第 4 期。
③ 参见《检察机关支持泰州市环保联合会起诉江苏常隆农化有限公司等环境污染侵权赔偿纠纷案》，载江苏检察网 http://www.js.jcy.gov.cn/jcyj/alfx/201612/t3214614.shtml，访问时间：2019 年 7 月 17 日。
④ 参见江苏省高级人民法院（2014）苏环公民终字第 00001 号民事判决书。

省常州市中级人民法院组成由环境保护专家担任人民陪审员的合议庭审理本案，依照法定程序就环境污染损害情况委托鉴定，最终参考公众意见、结合案情确定了生态环境修复方案。法院认为，五被告之行为相互结合导致损害结果的发生，构成共同侵权，应当共同承担侵权责任。遂判令五被告向江苏省常州市生态环境法律保护公益金专用账户支付环境修复赔偿金283万余元。当事人均未上诉。判决生效后，一审法院组织检察机关、环境保护行政部门、鉴定机构以及案件当事人共同商定第三方托管方案，由第三方具体实施污染造成的生态环境治理和修复。①

二、环境民事公益诉讼的程序规则

环境、生态侵权诉讼与环境民事公益诉讼都涉及污染环境、破坏生态的行为。但是，二者针对的事由不同。前者针对的是具体的人身、财产权益损害。后者则要求污染环境或破坏生态的行为已经损害社会公共利益或者具有损害社会公共利益的重大风险。这也是个人被排除出环境民事公益诉讼起诉主体范围的根本原因。而且，二者须分别审理。②根据《最高人民法院关于审理环境民事公益诉讼案件适用法律若干问题的解释》第10条第3款的规定，公民、法人和其他组织不能以人身、财产受到损害为由申请参加环境民事公益诉讼，只能另行起诉。由此可见，因同一污染、破坏行为提起的环境、生态侵权诉讼与环境民事公益诉讼不能合并审理。根据《最高人民法院关于审理环境民事公益诉讼案件适用法律若干问题的解释》第29条的规定，法律规定的机关和社会组织提起环境民事公益诉讼的，不影响因同一污染环境、破坏生态行为受到人身、财产损害的公民、法人和其他组织依法另行起诉。

有学者主张对环境公益损害责任适用过错推定的归责原则，且因果关系证明责任不倒置、违法性要件不排除。③有学者认为，举证责任倒置不应继续适用于环境民事公益诉讼和生态环境损害赔偿诉讼，原告应当对被告违反国家法律

---

① 参见最高人民法院网 http://www.court.gov.cn/zixun-xiangqing-16396.html，访问时间：2019年6月2日。
② 张新宝、汪榆淼：《污染环境与破坏生态侵权责任的再法典化思考》，《比较法研究》2016年第5期。
③ 赵悦、刘尉：《〈民法典·侵权责任编（草案）〉"一审稿"生态环境公益损害民事救济途径辨析》，《南京工业大学学报（社会科学版）》2019年第3期。

法规并造成生态环境损害以及生态环境损害事实进行举证。①有学者认为人民检察院提起的公益诉讼案件不宜适用传统的环境污染案件中的举证责任倒置原则，认为人民检察院收集、固定证据并非难事，污染责任人已经就其污染行为受到行政或者刑事处罚的，检察院依职权完全可以径直调取相关的现场记录、处罚意见、鉴定报告、司法文书等证据材料，若再要求被告就不存在因果关系进行举证，则既造成诉讼程序烦琐，又无实益。②也有学者认为在公益诉讼中就损害生态环境责任的因果关系，可以实行"裁量的举证责任倒置"，也就是主张由法院根据公平原则和诚实信用原则，综合当事人举证能力等因素确定举证责任的承担。③

2018 年《最高人民法院　最高人民检察院关于检察公益诉讼案件适用法律若干问题的解释》第 4 条规定："人民检察院以公益诉讼起诉人身份提起公益诉讼，依照民事诉讼法、行政诉讼法享有相应的诉讼权利，履行相应的诉讼义务，但法律、司法解释另有规定的除外。"第 6 条规定："人民检察院办理公益诉讼案件，可以向有关行政机关以及其他组织、公民调查收集证据材料；……"第 14 条规定："人民检察院提起民事公益诉讼应当提交下列材料：……（二）被告的行为已经损害社会公共利益的初步证明材料；（三）检察机关已经履行公告程序的证明材料。"

笔者认为，根据上述两高《解释》的有关规定，即使人民检察院以公益诉讼起诉人身份提起公益诉讼，也仍然在已有诉讼法律制度内进行环境民事公益诉讼。两高《解释》的有关规定没有突破环境侵权责任案件中的举证责任倒置规则。值得关注的是，检察机关提起公益诉讼有前置程序，进行检察公益诉讼是实施法律监督。但是，作为公益诉讼起诉人的检察院，其举证能力大大强于其他公益诉讼起诉人；而且，在公益诉讼中，根据 2014 年《最高人民法院关于审理环境民事公益诉讼案件适用法律若干问题的解释》的有关规定，法院调查取证的职责加强；因此，在公益诉讼（包括但不限于检察院起诉的公益诉讼）中，侵权人的举证责任有所缓和。

笔者认为，随着法律的具体制度以及行政法规的体系化、细密化，各种侵权

---

① 参见王秀卫《论生态环境损害侵权责任的立法进路——〈民法典侵权责任编（草案）〉（二次审议稿）第七章存在的问题及解决》，《中国海商法研究》2019 年第 2 期。
② 参见国家法官学院案例开发研究中心编《中国法院 2019 年度案例·侵权赔偿纠纷》，中国法制出版社 2019 年版，第 197~198 页。
③ 参见张新宝、汪榆淼《污染环境与破坏生态侵权责任的再法典化思考》，《比较法研究》2016 年第 5 期。

责任都不必排除行为违法性要件，而就各种损害生态环境的赔偿责任应当维持无过错责任原则（虽然实践中侵权人往往有过错），而在公益诉讼中就损害生态环境责任的因果关系实行"裁量的举证责任倒置"的方法比较合适。

三、海洋生态环境损害赔偿责任

根据 2017 年《最高人民法院关于审理海洋自然资源与生态环境损害赔偿纠纷案件若干问题的规定》第 6 条的规定，依法行使海洋环境监督管理权的机关，有权请求造成海洋自然资源与生态环境损害的责任者承担停止侵害、排除妨碍、消除危险、恢复原状、赔礼道歉、赔偿损失等民事责任。而这一司法解释第 7 条则规定，海洋自然资源与生态环境损失赔偿范围包括：预防措施费用，即为减轻或者防止海洋环境污染、生态恶化、自然资源减少所采取合理应急处置措施而发生的费用；恢复费用，即采取或者将要采取措施恢复或者部分恢复受损害海洋自然资源与生态环境功能所需费用；恢复期间损失，即受损害的海洋自然资源与生态环境功能部分或者完全恢复前的海洋自然资源损失、生态环境服务功能损失；调查评估费用，即调查、勘查、监测污染区域和评估污染等损害风险与实际损害所发生的费用。海洋环境监督管理机关起诉请求海洋环境侵权人承担侵权责任的诉讼是特殊的公益诉讼。

四、生态环境损害赔偿责任制度的建立

由于 2014 年修正的《环境保护法》增加了破坏生态侵权责任这一类型，全国人大常委会法工委 2018 年 3 月 15 日侵权责任编"征求意见稿"也增加了规定生态破坏责任为无过错责任的一种，并列明可由法律规定的机关或组织请求侵权人承担修复义务或支付修复费用。值得借鉴的是欧盟指令（第 6 条第 2 款 C 项、第 3 款和第 8 条）和《欧洲示范民法典草案》（第 6-2：209 条）的立法例，增设拟制条款，将政府或有关主管机关因生态损害而负担的不利益视为侵权责任法中的损害。[①]

生态环境损害赔偿制度是生态文明制度体系的重要组成部分。截至 2019 年

[①]　李昊：《对民法典侵权责任编的审视与建言》，《法治研究》2018 年第 5 期。

5 月，各级人民法院共受理省级、市地级人民政府提起的生态环境损害赔偿案件 30 件，其中受理生态环境损害赔偿诉讼案件 14 件，审结 9 件；受理生态环境损害赔偿协议司法确认案件 16 件，审结 16 件，为生态环境损害赔偿制度的全面试行提供了有力司法保障和实践支持。①2019 年 6 月 5 日《最高人民法院关于审理生态环境损害赔偿案件的若干规定（试行）》第 1 条规定："具有下列情形之一，省级、市地级人民政府及其指定的相关部门、机构，或者受国务院委托行使全民所有自然资源资产所有权的部门，因与造成生态环境损害的自然人、法人或者其他组织经磋商未达成一致或者无法进行磋商的，可以作为原告提起生态环境损害赔偿诉讼：（一）发生较大、重大、特别重大突发环境事件的；（二）在国家和省级主体功能区规划中划定的重点生态功能区、禁止开发区发生环境污染、生态破坏事件的；（三）发生其他严重影响生态环境后果的。"第 11 条规定："被告违反法律法规污染环境、破坏生态的，人民法院应当根据原告的诉讼请求以及具体案情，合理判决被告承担修复生态环境、赔偿损失、停止侵害、排除妨碍、消除危险、赔礼道歉等民事责任。"第 12 条第 1 款规定："受损生态环境能够修复的，人民法院应当依法判决被告承担修复责任，并同时确定被告不履行修复义务时应承担的生态环境修复费用。"第 13 条规定："受损生态环境无法修复或者无法完全修复，原告请求被告赔偿生态环境功能永久性损害造成的损失的，人民法院根据具体案情予以判决。"为促进受损生态环境的及时有效修复，《若干规定》第 17 条明确，人民法院受理因同一损害生态环境行为提起的生态环境损害赔偿诉讼案件和民事公益诉讼案件，应先中止民事公益诉讼案件的审理，待生态环境损害赔偿诉讼案件审理完毕后，就民事公益诉讼案件未被涵盖的诉讼请求依法作出裁判。为避免相关民事主体因同一损害生态环境行为被重复追责，妥善协调发展经济与保护生态环境的关系，《若干规定》第 18 条明确，生态环境损害赔偿诉讼案件的裁判生效后，有权提起民事公益诉讼的机关或者社会组织就同一损害生态环境行为有证据证明存在前案审理时未发现的损害，并提起民事公益诉讼的，人民法院应予受理。②

而 2019 年 1 月《民法典侵权责任编（草案）》（二次审议稿）第 1010 条规定："违反国家规定造成生态环境损害，能够修复的，法律规定的机关或者组织有权请求侵权人在合理期限内承担修复责任。侵权人在期限内未修复的，法律

①② 江必新：《依法开展生态环境损害赔偿审判工作 以最严密法治保护生态环境》，《人民法院报》2019 年 6 月 27 日第 005 版。

规定的机关或者组织可以自行或者委托他人进行修复，所需费用由侵权人承担。无法修复或者无修复必要的，侵权人应当依法赔偿损失。"第 1011 条规定："违反国家规定造成生态环境损害的，法律规定的机关或者组织有权请求侵权人赔偿下列损失和费用：（一）生态环境修复期间服务功能丧失导致的损失；（二）生态环境功能永久性损害造成的损失；（三）生态环境损害调查、鉴定评估等费用；（四）清除污染、修复生态环境费用；（五）防止损害的发生和扩大所支出的合理费用。"有学者强调，"以恢复责任为核心"[1]。有学者认为，应确立以修复为核心的理念，慎用替代性修复，避免单纯的金钱赔偿。应树立行政处理优先的思想……形成政府主导、司法补充、行政处理优先、公益诉讼兜底的多层次立体式格局。[2]笔者认为，有了上述两个条文，生态环境损害的修复责任和与此相关的赔偿责任就有了民法依据。

目前，生态环境损害赔偿的诉讼是特殊的公益诉讼。

---

[1]　张梓太、李晨光：《生态环境损害赔偿中的恢复责任分析——从技术到法律》，《南京大学学报（哲学·人文科学·社会科学）》2018 年第 4 期。
[2]　巩固：《环境民事公益诉讼性质定位省思》，《法学研究》2019 年第 3 期。

第九章
高度危险责任

第一节　高度危险责任的由来

一、高度危险责任适用无过错责任原则的制度根源

侵权责任的归责原则，是与科技、经济、社会发展阶段有关的。

19 世纪之前，人类社会以农业为主，环境污染损害、产品损害、机动车交通事故损害等不突出或几乎没有，各种危险或高度危险损害也不突出或几乎没有，有关当事人稍加注意就可避免损害发生，受害人对加害人过错的证明也不存在困难，所以 19 世纪前的侵权归责原则主要就是过错责任原则。但是，18 世纪开始了以蒸汽机为代表的第一次工业革命并开创了蒸汽时代，19 世纪下半叶到 20 世纪初以电力大规模应用为显著标志的第二次工业革命开创了电力时代，在第二次世界大战以后以计算机技术和互联网技术为代表的第三次工业革命极大地改变了生产经营活动和生活方式，21 世纪以来以人工智能为代表的新科技和产业革命已经到来。每次科学技术和产业革命都给人们带来了巨大的生活便利，却也带来了一些前所未有的危险和工业事故。这些危险事故的发生多数是技术本身缺陷造成的，受害人对行为人的过错往往难以证明。如果坚守过错责任原则，那么受害人就无法得到赔偿。为了填补受害人损失和预防损害发生，许多国家越来越多地规定过错推定原则。过错推定原则仍然属于过错责任原则，因为过错推定原则仍然以过错为要件，即损害发生后推定加害人有过错，加害人只有在证明自己没有过错的情况下，才可以免除责任。

随着科学技术进一步的发展，前所未有的危险事故损害又出现了。对于这些具体的危险事故损害，行为人（或者生产经营者）难以控制，即使尽到谨慎注意

义务甚至高度注意义务，也仍然无法避免。在这种情形下，若法律规定受损害人证明行为人（或者生产经营者）有过错才由行为人（或者生产经营者）才承担责任，或者在行为人（或者生产经营者）能够证明自己没有过错时可以免除责任，则受损害人的合法权益将得不到保障。因此，各国法律特别规定了无过错责任原则。即各国在法律特别规定的一些特殊侵权行为纠纷中，不要求受损害人证明行为人（或者生产经营者）具有过错，行为人（或者生产经营者）也不能以通过证明自己没有过错而免责，只要损害发生，且损害与行为人（或者生产经营者）行为存在因果关系，行为人（或者生产经营者）就应当依法承担侵权责任。

二、高度危险责任制度范围划定依据

随着科技和产业革命不断推进，各种损害事故层出不穷、不断增多。过错责任原则保障行为自由，有利于竞争，激励促进了科技、经济、社会的迅猛发展。但是，这种归责原则的贯彻对于秩序、权利保护和社会稳定是有一定消极影响的，过错责任原则在很多情况下无法对受害人提供救济。各种高度危险作业普遍展开以及高度危险性物品大量出现，使整个社会面临过去预想不到的各种频繁发生的灾难。从事高度危险作业的当事人，即使尽了最大的注意义务，不构成过错，也不能排除事故造成他人损害的各种可能。倘若还是根据过错责任原则去处理这些新型事故，往往会因不能确定行为人的过错而只能任由受害者自己承担损害结果，这就会导致严重的社会问题。所以各国法律针对涉及现代科技产业产生的危险活动事故，在侵权责任领域规定无过错责任原则解决损害赔偿纠纷。[①]在未来，高度危险活动或物品必然会随着科技和产业的发展而延伸到更多的领域。与此同时，传统的侵权行为所适用的过错责任原则也就会相应地缩减其领域。有论者认为各种危险责任一体适用无过错责任原则，应当将"高度危险责任"修改为"危险责任"。笔者认为，虽然各种危险责任都适用无过错责任原则，但是高度危险的作业或物品、场所与一般危险活动、物品还是有区别的，尤其是相配套的减轻责任、免责事由（抗辩事由）在法律上是有差异的。因此，

[①] 在瑞士，由特别法规定的危险责任均遵循责任推定（Haftungspräsumtion）的归责规则：若由责任构成要件规定的经营风险实现，而成为事实上的损害，则仅需满足因果关系要件，危险责任即告成立（例如行驶机动车或者火车造成他人损害的责任）。举证证明相关法律规定中的免责事由的，则可以推翻责任的推定。参见[瑞士]海因茨·雷伊《瑞士侵权责任法》，贺栩栩译，中国政法大学出版社2015年版，第24页。

高度危险责任应当设立专章予以规定（维持目前立法模式）。

有论者认为，具有易燃、易爆、剧毒等性状的物品大多具有高度危险性，但并非总是如此，在很多情况下有例外。对于高度危险的判断需要根据多种因素综合确定，物品具有上述性状仅仅是可能成为高度危险的一项因素，并非在任何情况下都能完全符合高度危险的各项指标。[①]判断高度危险的关键在于合理地确定应予考量的各种因素，这样在司法实践中也有助于法官准确行使自由裁量权，使法律抽象规定的适用范围保持在合理范围内。[②]

判断高度危险性（异常危险性）时需要考虑的因素有很多，其中两个最重要的因素是发生损害的盖然性和可能发生损害的程度。只有在分析判断和综合考虑高度危险性的基础上，方可判断是否成立异常危险责任（高度危险责任）。

若存在致害的高度可能性，即使发生的损害后果可能并不严重，也仍然可以成立危险责任，如机动车交通事故责任情形；虽然发生损害的盖然性并不高，但是一旦发生，其损害后果就极其严重，则亦可成立危险责任，典型例子是核设施。[③]一个普遍接受的观点是，是否对某一种行为规定高度危险责任（异常危险责任），取决于它所造成的预期贬损的量值——损害概率和损害量值的一个函数。但是也有学者提出了"损害的严重性论点"，认为规定异常危险责任的基础是，被告必须造成一种严重损害的非零概率，具体而言，（1）被告必须造成一种一些手段会脱离其控制的非零风险（P_1），(2)若丧失控制则损失发生的条件概率 P_2 必须到达中度或偏高，并且（3）损失 L 的量值必须巨大。这种"损害的严重性论点"认为损失的量值是表明行为具有异常危险性的主要因素。[④]

高度危险作业、高度危险物、高度危险区域致人损害，对于责任承担者的规定，法律应当考虑的因素包括三个方面。其一，高度危险的开启者。若无高度危险的开启，损害无由发生。这里考虑了因果关系。其二，高度危险作业、物的利益者。根据公平原则或者权利义务相一致的原则，应当由从危险活动中获得利益的民事主体承担责任。其三，对于高度危险作业、物的社会需求以及损害赔偿的风险分散和成本转移方法。在社会发展进程中，一些高度危险作业、物为社会物质生产活动所需要，高度危险活动、危险物的实质受益者是整个社会或其成

---

①② 窦海阳：《〈侵权责任法〉中"高度危险"的判断》，《法学家》2015 年第 2 期。

③ 参见[奥地利]海尔姆特·库齐奥《侵权责任法的基本问题（第一卷）：德语国家的视角》，朱岩译，北京大学出版社 2017 年版，第 238 页。

④ [美]戴维·G.欧文等：《侵权法的哲学基础》，张金海、谢九华、刘金瑞、张铁薇译，北京大学出版社 2016 年版，第 282～302 页。

员。所以，高度危险活动、物的经营企业就其承担的保险费、赔偿责任通过计入商品服务成本、提高商品服务价格等转移给消费者，由享受经济社会进步的社会成员分担了损失。另一方面，由获利较多的企业承担严格责任或更多责任，有利于为受害人提供必要或充分的救济，填补其遭受的损害。同时通过抗辩事由的合理配置，平衡各方利益，并激励各方当事人预防损害。

三、我国法律对高度危险责任的具体规定

我国法律对高度危险责任进行了明确的具体规定，包括《民法通则》第123条和《侵权责任法》第九章。虽然在形式上没有明确提及与"高度危险"责任相对应的一般危险责任，但是在法律体系上还是将高度危险责任与其他的一般危险责任区分开来。《侵权责任法》将高度危险责任单独规定在第9章中，而将一些学者所描述的属于一般危险责任范畴的产品责任、机动车交通事故责任、饲养动物损害责任、物件损害责任等规定在第九章以外。

在我国，关于高度危险责任，1986年《民法通则》第123条规定："从事高空、高压、易燃、易爆、剧毒、放射性、高速运输工具等对周围环境有高度危险的作业造成他人损害的，应当承担民事责任；如果能够证明损害是由受害人故意造成的，不承担民事责任。"2009年《侵权责任法》对高度危险责任规定的条文多，细化了各种责任形态，具体列举了各种情形下的抗辩是由。《侵权责任法》将高度危险责任分为两类：高度危险活动责任和高度危险物责任。高度危险活动责任具体包括民用核设施损害责任、民用航空器损害责任以及高空、高压、地下挖掘、高速轨道运输工具损害责任。高度危险物责任包括占有或使用易燃、易爆、剧毒、放射性等高度危险物损害责任；遗失、抛弃高度危险物损害责任；非法占有高度危险物损害责任。至于《侵权责任》法第76条所规定的高度危险区域场所侵权责任，确有其特别之处，甚至第76条可以单独适用以解决其所涵盖的案件，所以这种侵权责任当然可以解释为单独的一类侵权责任。但是，这种侵权责任归根结底还是高度危险作业或者高度危险物致人损害的结果，因此也可以分别归为高度危险作业或高度危险物的侵权责任。

第二节　我国法律上高度危险责任的解释及适用

一、有过错并不意味着不构成高度危险责任

　　这里有《侵权责任法》实施以前适用《民法通则》第 123 条的案例。在阮某诉 X 铁路有限责任公司、洪某人身损害赔偿一案中，陈某在洪某承包鱼塘钓鱼，鱼竿触及 10kV 高压电线，造成自身死亡，该鱼塘系兴建新长铁路时取土形成。法院根据各当事人的行为与损害结果之间的原因力，判决高压线路的架设者和产权人 X 铁路有限责任公司承担无过错责任，鱼塘经营人洪某承担过错责任，判决认为陈某有重大过错，减轻被告责任。①《侵权责任法》实施以后，此类侵权案件应当适用《侵权责任法》的有关规定。

　　有论者认为，在"危险事业"背景下，高度危险责任的基础在于物品或者活动本身所固有的高度危险性，即根据目前的科技水平，即使人们尽最大的注意，既无法完全消除危险的存在，也不能在任何情况下避免其转化为实际损害。认为如果损害后果是因过错导致的，而非因物品或活动固有的高度危险，那么就应当适用过错责任。②其实，无过错责任意味着侵权责任不以过错为要件，而非意味着有过错就不构成高度危险责任。

二、一般性规定与其他具体条款的法律适用关系

　　《侵权责任法》第 69 条对高度危险作业责任作了一般性规定，它不是适用于所有的危险责任，必须在无其他特别规定的前提下才能被适用。《侵权责任

---

① 参见江苏省南通市中级人民法院（2006）通中民一终字第 0952 号民事判决书。另见杨立新主编《法院审理侵权案件观点集成》，中国法制出版社 2016 年版，第 253~258 页。

② 窦海阳：《〈侵权责任法〉中"高度危险"的判断》，《法学家》2015 年第 2 期。

法》第 70、71 条已经特别规定了民用核设施、民用航空器致人损害的责任，是对第 69 条所规定的从事高度危险作业致人损害的特别规定。在民用核设施、民用航空器致人损害的情形下，应当适用第 70、71 条，而不能再适用高度危险责任的一般条款。第 69 条规定不适用于高度危险物致损情形。[①]

《侵权责任法》第 73 条规定了从事高空、高压、地下挖掘活动或者使用高速轨道运输工具的侵权责任，这些侵权是最典型的高度危险作业侵权，但是这一条是封闭式列举的规定。对于这些特别规定的高度危险作业，应当根据法律及习惯予以解释。例如一般认为所谓高压包括压力容器的高压和高压电力的高压。值得注意的是，有专家认为，触电司法解释第 1 条关于高压电电压等级的规定，不仅是审判实践经验总结，而且具有法律、法规和理论上的依据，司法实践不能因为触电司法解释被废止而一并废止这一标准，应当继续坚持 1000V 为高压电，低于 1000V 的电压为非高压电的标准，统一对触电损害赔偿责任案件的法律适用尺度，避免出现同案不同判的后果。[②]值得一提的是，电力法上也规定了一些无过错责任，却不限于高压电致人损害的责任，当然其中也规定了相匹配的免责或减轻责任事由。2018 年《电力法》第 59 条规定："电力企业或者用户违反供用电合同，给对方造成损失的，应当依法承担赔偿责任。　电力企业违反本法第二十八条、第二十九条第一款的规定，未保证供电质量或者未事先通知用户中断供电，给用户造成损失的，应当依法承担赔偿责任。"[③]第 60 条规定："因电力运行事故给用户或者第三人造成损害的，电力企业应当依法承担赔偿责任。　电力运行事故由下列原因之一造成的，电力企业不承担赔偿责任：（一）不可抗力；（二）用户自身的过错。　因用户或者第三人的过错给电力企业或者其他用户造成损害的，该用户或者第三人应当依法承担赔偿责任。"根据《电力法》规定，电力企业就电力质量问题、中断供电、电力运行事故造成用户或第三人损害的，依法承担无过错责任。因用户或者第三人的过错给电力企业或者其他用户造成损害的，该用户或者第三人应当依法承担赔偿责任，这是过错责任。当然，电力企业与用户之间存在供用电合同，也就存在侵权责任与违约

---

① 参见王利明《论高度危险责任一般条款的适用》，《中国法学》2010 年第 6 期。

② 参见杨立新《触电司法解释废止后的若干法律适用对策》，《人民司法》2015 年第 1 期。

③ 《电力法》第 28 条规定："供电企业应当保证供给用户的供电质量符合国家标准。对公用供电设施引起的供电质量问题，应当及时处理。　用户对供电质量有特殊要求的，供电企业应当根据其必要性和电网的可能，提供相应的电力。"第 29 条规定："供电企业在发电、供电系统正常的情况下，应当连续向用户供电，不得中断。因供电设施检修、依法限电或者用户违法用电等原因，需要中断供电时，供电企业应当按照国家有关规定事先通知用户。　用户对供电企业中断供电有异议的，可以向电力管理部门投诉；受理投诉的电力管理部门应当依法处理。"

责任竞合问题。2015 年《铁路法》第 58 条规定："因铁路行车事故及其他铁路运营事故造成人身伤亡的，铁路运输企业应当承担赔偿责任；如果人身伤亡是因不可抗力或者由于受害人自身的原因造成的，铁路运输企业不承担赔偿责任。   违章通过平交道口或者人行过道，或者在铁路线路上行走、坐卧造成的人身伤亡，属于受害人自身的原因造成的人身伤亡。"显而易见，依文义解释，这里规定的也是适用无过错责任原则。

从《侵权责任法》第 72 条的规定来看，其使用了"等高度危险物"的表述，"等"字的采纳表明该规定是一个兜底性的规定，所有高度危险物致害都适用该条规定。第 72 条已足以实现开放性的要求，而无须再借助第 69 条实现开放性功能。[①]但是就该第 69 条规定是否涵盖高度危险物损害责任尚有不同见解。第 72 条表述的是"……使用易燃、易爆……高度危险物"，这应该也是高度危险作业，至少可以认为第 72 条没有排除高度危险作业情形。占有高度危险物从某种意义上说也是高度危险作业。《侵权责任法》第 72 条规定："占有或者使用易燃、易爆、剧毒、放射性等高度危险物造成他人损害的，占有人或者使用人应当承担侵权责任……"在实践中，只要是案件中涉及条文所列举的易燃、易爆、剧毒等物品，就适用高度危险责任。

三、高度危险物的识别判断

实践中第 72 条不仅适用于具有专业人员和设备的工厂、企业在生产、运输易燃、易爆、剧毒等高度危险物过程中致人损害的案件，也适用于日常生活中涉及易燃、易爆等物品致人损害的情形。比如在节日或婚丧嫁娶等日子里，大家燃放烟花爆竹以纪念或娱乐，某人在燃放过程中致人损害，这在多地法院的判决中被视为高度危险责任，适用第 72 条的规定。有论者认为，司法适用中的这种倾向是以法条对物品性状的描述作为判断高度危险的唯一标准，忽视了结合其他因素进行综合判断，具有很大的片面性。这种片面判断也违背了基本的常识，因为一项物品，即使是易燃、易爆、剧毒的，如果可以为社会上任何人不需任何资质地轻而易举占有并使用，那么将其认定为高度危险也是不合常理的。[②]其

---

① 参见王利明《论高度危险责任一般条款的适用》，《中国法学》2010 年第 6 期。
② 窦海阳：《〈侵权责任法〉中"高度危险"的判断》，《法学家》2015 年第 2 期。

实，如果不以对物品性状的描述作为判断高度危险的唯一标准，而是同时结合其他因素进行综合判断，那么不仅缩小了高度危险责任适用范围，也会带来适用标准混乱的问题。

第三节　高度危险责任制度完善

一、高度危险物的判断及表述

高度危险物（甚至高度危险作业）应当放在科技进步和社会发展变化的条件下予以考虑，随着科技能力和经济实力的增强，对于危险物及高度危险物以及高度危险作业的认识和掌控能力也不断增强，因此有专家就建议将《侵权责任法》第72条修改为："占有或者使用易燃、易爆、剧毒、高放射性、强腐蚀性等高度危险物造成他人损害的，占有人或者使用人应当承担侵权责任，但是能够证明损害是因受害人故意或者不可抗力造成的，不承担责任。被侵权人对损害的发生有重大过失的，可以减轻占有人或者使用人的责任。"[1]其中将现有条文所列"放射性"修改为"高放射性"，增加列举"强腐蚀性"。

三、抽象列举立法模式的经济分析与利益衡量

在立法技术方面，《侵权责任法》不是对物品或活动具体名目进行明确列举，而是对物品或活动的性状、方式等抽象事项进行列举性说明，这实际上是一种抽象列举的立法技术，为未来适用于可能产生的符合特征的物品和活动预留了法律上的空间。《侵权责任法》在规定高度危险责任方面之所以采取这种开放式弹性立法技术，一是因为法律不可能将所有的高度危险事项穷尽列举，二是因为可以为司法实践解决尚无明确法律规定的高度危险侵权纠纷提供指引（以

---

① 参见2019年1月《民法典侵权责任编（草案）》（二次审议稿）第1015条。

免挂一漏万）。

从经济分析角度看，一项活动或者物品带来的收益超过其固有危险，那么，该活动或物品的危险水平就处于可接受的范围内，就应当是可以被允许的。在国家安全、公共秩序、伦理习惯都允许的条件下，社会整体各方利益能够保持大致平衡，新技术带来的活动或物品在法律上就应当可以被允许。

高度危险责任，是随着科技进步、生产发展和社会发展变化而在法律上确立的。科技发展带来新产业新产品新能源，也带来不确定的高度危险性，社会成员在享受全新体验和便捷便利的同时也面临高度危险的可能损害。由于危险物或行为的难以克服和难以避免的特性，在危险物所有人、占有人或者危险作业行为人没有过错的情况下，也经常发生损害他人事实。为了更好地救济和保护受害人，《侵权责任法》规定高度危险责任以无过错责任原则为归责原则。《侵权责任法》的补偿损害功能规定以及风险分配学说，为高度危险责任适用无过错责任原则提供法理支撑。

三、利益衡量与抗辩事由的纠偏作用

在制度设计方面，为了不过度限制现代科技的发展运用以及经济社会的发展进步，应当通过一定的规则来合理平衡各种偏向以避免各种过度性。抗辩事由（免责条件）的设置是一种方法，比如《侵权责任法》第 70 条规定"因战争等情况或者受害人故意"免责抗辩，第 71 条规定"受害人故意"免责抗辩，第 72 条和第 73 条规定了"受害人故意或者不可抗力"免责抗辩。就减轻责任事由，第 72 条规定："被侵权人对损害的发生有重大过失的，可以减轻占有人或者使用人的责任。"第 73 条规定："被侵权人对损害的发生有过失的，可以减轻经营者的责任。"第 73 条规定"受害人故意"是经营者不承担责任的事由，而"被侵权人对损害的发生有过失"是经营者减轻责任的事由，这实际上完整地规定了"与有过失"的两种情形。"与有过失"主要是责任构成抗辩中的因果关系抗辩。[1]值得关注的是，有专家建议将经营者减轻责任的事由"被侵权人对损害的发生有过失"修改为"被侵权人对损害的发生有重大过失"。[2]本书予以赞

---

① 参见尹志强《论与有过失的属性及适用范围》，《政法论坛》2015 年第 5 期。
② 参见 2019 年 1 月《民法典侵权责任编（草案）》（二次审议稿）第 1016 条。

同，因为适用无过错责任原则的，配置侵权人于"被侵权人对损害的发生有重大过失"时的减轻责任事由，才相互匹配。虽然受损害人"与有过失"主要是因果关系方面的抗辩，但是也不能排除主观方面、"过错"程度的因素作用。

此外，《侵权责任法》第 76 条还规定："未经许可进入高度危险活动区域或者高度危险物存放区域受到损害，管理人已经采取安全措施并尽到警示义务的，可以减轻或者不承担责任。"2012 年《最高人民法院关于审理道路交通事故损害赔偿案件适用法律若干问题的解释》第 9 条第 2 款规定："依法不得进入高速公路的车辆、行人，进入高速公路发生交通事故造成自身损害，当事人请求高速公路管理者承担赔偿责任的，适用侵权责任法第七十六条的规定。"值得一提的是，虽然安全保障义务具有作为认定过错的规范基础的功能，但是不能认为只要存在安全保障义务的规定，就可以认定为过错责任。更为重要的是，侵权法上的安全保障义务在认定过错以及因果关系的判断中都具有特定的法律意义。《侵权责任法》第 76 条规定的仍然是无过错责任，而且该条规定也属于过失相抵制度。[①]

四、赔偿限额及其制度完善

至于《侵权责任法》第 77 条关于赔偿限额的规定，也有值得予以完善的地方。《侵权责任法》第 69 条规定，"从事高度危险作业造成他人损害的，应当承担侵权责任"。根据文义解释和学术界及司法界共识，该条规定"从事高度危险作业"时承担的是无过错责任。《侵权责任法》规定，作为高度危险责任的抗辩事由仅包括受害人故意、重大过失和不可抗力。《侵权责任法》对高度危险责任规定了无过错归责原则和严格的免责事由（一一列举），以此严格侵权人的责任，更好地维护受害人权益；但是，为了实现公平正义的价值目标，法律需要尽可能平衡各方当事人之间的利益关系。故《侵权责任法》明确了责任限额。对于危险责任最高赔偿限额的合理性或必要性，尚有不同见解。在比较法方面，德国法和奥地利法通常在危险责任中设定最高限额，瑞士法则原则上针对危险责任不设定最高赔偿限额。在奥地利森林法、山法、产品责任法上，无过错的危险责

[①]　参见王利明主编《中华人民共和国侵权责任法释义》，中国法制出版社 2010 年版，第 383～385 页。另见王道发《论管理人在高度危险责任中的安全保障义务——以〈侵权责任法〉第 76 条为中心》，《现代法学》2019 年第 2 期。

任没有最高限额；甚至火车与机动车责任法针对不动产所造成的损害赔偿责任也没有设定最高限额。①

虽然对于《侵权责任法》的功能包括哪些有不同认识，但是侵权法有补偿（即填补损害）功能是学界共识。而且根据《侵权责任法》的立法宗旨，大家一致认为补偿（填补损害）是《侵权责任法》的基本功能。可以认为，在高度危险侵权纠纷案件中，现代侵权责任法着眼于对受害人的救济，而对加害人的动机或目的考虑较少。但是绝非不考虑加害人过错，受害人有证据证明加害人有过错的，可以追究加害人的过错侵权责任，此时加害人责任没有赔偿限额，这是理论上的共识，一些法律也有具体规定。例如 2018 年《民用航空法》第 132 条规定："经证明，航空运输中的损失是由于承运人或者其受雇人、代理人的故意或者明知可能造成损失而轻率地作为或者不作为造成的，承运人无权援用本法第一百二十八条、第一百二十九条有关赔偿责任限制的规定；证明承运人的受雇人、代理人有此种作为或者不作为的，还应当证明该受雇人、代理人是在受雇、代理范围内行事。"为进一步明确这个法理并为了统一法律适用，建议《侵权责任法》第 77 条增加一款，作为第 2 款规定："受损害人有证据证明加害人对损害发生有过错，并要求加害人承担过错责任的，不受前款赔偿限额限制。"也可以将《侵权责任法》第 77 条修订为："承担高度危险责任，法律规定赔偿限额的，依照其规定，但是行为人有故意或者重大过失的除外。"②如此一来就增加了高度危险作业人、高度危险物的管理人采取更加有效的措施来防止损害发生和消除安全隐患的激励，有利于预防损害发生，更好地实现侵权责任法的立法目的和功能。

---

① 参见［奥地利］海尔姆特·库齐奥《侵权责任法的基本问题（第一卷）：德语国家的视角》，朱岩译，北京大学出版社 2017 年版，第 297~299 页。
② 参见 2019 年 1 月《民法典侵权责任编（草案）》（二次审议稿）第 1020 条。

第十章
饲养动物侵权责任

饲养动物为家畜、家禽、宠物或者驯养的野兽、爬行类动物。在司法实践中，致人损害引发纠纷的动物也以牲畜、家养宠物居多。虽然细菌、病毒等微生物致人损害案件时有发生，常见的如艾滋病病毒的感染、输血过程中一些血液病毒的感染等，但是，细菌、病毒等只能寄生于其他生物体内，而依各国法律传统，饲养动物侵权责任适用于动物基于有自身意识的动作致人损害的侵权纠纷。在比较侵权法上，蜜蜂是最小的具有危险性的动物。①

侵权法上饲养动物应具备两个条件：一是为特定的人所饲养或管理；二是饲养或管理者对动物具有适当程度的控制力。饲养动物是相较于"野生动物"而言的。野生动物致人损害不适用饲养动物损害责任的规定。野生动物致人损害案件，适用其他法律的规定。例如，我国 2018 年《野生动物保护法》第 18 条规定："有关地方人民政府应当采取措施，预防、控制野生动物可能造成的危害，保障人畜安全和农业、林业生产。"野生动物致人损害，应当审查判断有关当事人有无过错，有过错的当事人应当承担侵权责任。例如，任甲、任乙两兄弟听说马蜂泡酒能够治疗风湿，他们亲戚邹某告知一棵青冈树上有马蜂窝。2017 年 10 月 1 日，三人同去摘取马蜂窝，任甲拿着酒瓶子爬上树用尼龙口袋摘取马蜂窝放入瓶中，任乙在树下用杀虫剂喷杀掉落的马蜂，在稍做处理后，三人离开青冈林。2017 年 10 月 4 日，柳某从外地回家路过青冈林被马蜂蜇伤。经医院诊断为毒蜂蜇伤、急性中毒性肝炎、急性中毒性心肌炎、急性肾功能不全，最终不治死亡。柳某的父母诉至法院。一审法院认为任甲等摘取马蜂窝的行为与柳某被蜇伤具有因果关系。柳某在经过事发路段时应观察通行，但其未尽充分注意义务，应减轻三被告的赔偿责任。结合三被告的过错程度及马蜂自身的危险性，酌定三被告承担 70% 的赔偿责任。三被告不服，上诉至重庆三中法院。二审法院经审理认为，马蜂在蜂巢被破坏取走后通常会发生攻击附近人、畜等的情况。任甲等人摘取马蜂窝泡酒，采取了一定的防范措施，说明任甲等人认识摘除马蜂窝时的危险性，其杀灭掉落马蜂的行为也说明其已经认识到摘除马蜂窝后所可能产生的风险。任甲等人虽然采取了一定措施，但其未彻底根除危险，仍然属于对

① 参见[德]克雷斯蒂安·冯·巴尔《欧洲比较侵权行为法》（上卷），张新宝译，法律出版社 2004 年第 2 版，第 272~274 页。

可能发生损害结果的放任。没有证据证明附近有其他马蜂窝，故任甲等摘除马蜂窝的行为与柳某被蜇伤存在因果关系。结合任甲等的过错程度和柳某对危险的处置等，一审判决任甲等承担 70% 的责任，并无不当。二审法院遂判决维持原判。马蜂致人损害不属于饲养动物侵权，这里适用过错责任原则。

此外，《野生动物保护法》第 19 条规定："因保护本法规定保护的野生动物，造成人员伤亡、农作物或者其他财产损失的，由当地人民政府给予补偿。具体办法由省、自治区、直辖市人民政府制定。有关地方人民政府可以推动保险机构开展野生动物致害赔偿保险业务。　有关地方人民政府采取预防、控制国家重点保护野生动物造成危害的措施以及实行补偿所需经费，由中央财政按照国家有关规定予以补助。"

第一节　我国有关法律的发展演变

一、法制史上的过错责任原则

1982 年《最高人民法院关于李桂英诉孙桂清鸡啄眼赔偿一案的函复》认为，作为母亲的李桂英对其 3 岁的孩子监护不周，自顾聊天，使鸡啄伤孩子右眼，这是因母亲的过失所致，与养鸡者无直接关系，因而不予赔偿，该解释广受批评。1984 年《最高人民法院关于贯彻执行民事政策法律若干问题的意见》第 74 条规定："动物因饲养人或管理人管理不善，而致他人人身或财物损害的，应由饲养人或管理人承担赔偿责任。"这条解释规定动物损害责任的责任主体是饲养人或者管理人，适用过错责任原则。

二、无过错责任原则的采用

1986 年《民法通则》在第 127 条规定了饲养动物损害责任的规则："饲养的

动物造成他人损害的，动物饲养人或者管理人应当承担民事责任；由于受害人的过错造成损害的，动物饲养人或者管理人不承担民事责任；由于第三人的过错造成损害的，第三人应当承担民事责任。"这条规定分为三个部分。第一部分是饲养动物损害责任的一般性规定，即实行统一的无过错责任原则。第二部分规定因受害人过错造成损害的，免除动物饲养人或者管理人的责任。这一部分规定过于绝对化，应该分两种情况：第一种情况是受害人过错是其损害发生的唯一原因的，动物饲养人或管理人免责；第二种情形是受害人过错只是其损害发生的部分原因，减轻饲养人或管理人责任。由于在考虑因果关系的同时也考虑当事人主观心理状态，所以应当是 2009 年《侵权责任法》第 78 条的有关内容比较科学（能够证明损害是因被侵权人故意或者重大过失造成的，可以不承担或者减轻责任）。《民法通则》第 127 条第三部分"由于第三人的过错造成损害的，第三人应当承担民事责任"的规定应当如何解释？有论者认为，第三部分是规定因第三人过错造成损害的情形下免除动物饲养人或者管理人的责任。其实，这只是一种解释而已，该第三部分还可以解释为：第三人过错是其损害发生的唯一原因的，动物饲养人或管理人免责，第三人过错只是其损害发生的部分原因的情形下，减轻饲养人或管理人责任。该第 127 条第三部分本身没有问题，只是需要合理解释。《侵权责任法》第 83 条则对《民法通则》第 127 条第三部分进行了演绎，该第 83 条的实质内容可以看作是对《民法通则》第 127 条第三部分的第三种解释。

三、《侵权责任法》的有关规定

《侵权责任法》在《民法通则》的立法和实践基础上，认真总结经验教训，在第十章全面建立了我国的饲养动物损害责任制度。其中第 78 条是一般条款，第 79 条至第 83 条是对特殊情形作出的特别规定。一般认为，在我国《侵权责任法》第十章"饲养动物损害责任"，除第 81 条规定过错推定规则以外，其他各条均采用无过错责任原则。

第二节　饲养动物致害责任主体

一、饲养动物饲养人、管理人的具体界定

比较法上，德国民法典第 833 条、第 834 条规定动物饲养人、看管人承担动物致人损害的责任[①]，瑞士债法典第 56 条规定动物管理人承担动物致人损害的过错推定责任[②]，日本民法典第 718 条规定动物占有人、管理人承担动物致人损害的过错推定责任[③]。这些国家都不是简单规定动物"所有权人"承担责任。

在我国当前的司法实践中，各地法院对《侵权责任法》第 78 条、第 79 条、第 80 条、第 81 条等规定的责任主体概念"饲养人或者管理人"之内涵外延的理解和把握，并不统一，有"所有人一元统一论""所有人与管理人二元并存论""所有人与占有人二元并存论""保有人论"等，有学者主张用"管理人"取代"饲养人或者管理人"，作为动物侵权责任主体在制定法上的概念。[④]依文义解释，饲养似应理解为相对固定的喂养、提供食物、保障其生存，与"所有"不同。根据民法原理，所有权是对所有物全面的抽象支配，包括占有、使用、收益、处分等，显而易见，"饲养"尚未达到"所有"的标准，但接近于"所有"。当然，侵权法上对于侵权责任的判定也不必以判定所有权或物权为前提条件，实际上，在很多场合物权关系充其量只影响侵权判断，而不能决定侵权判断。须

---

① 饲养人承担无过错责任，但是饲养人对于维持其职业、营业、生计的家畜致人损害承担过错推定的责任，看管人承担过错推定的责任；而当动物危险没有发挥时，按照《德国民法典》第 823 条及其后的过错责任处理动物致人损害的侵权案件。参见陈卫佐译注《德国民法典》，法律出版社 2010 年第 3 版，第 306~307 页。另见［德］埃尔温·多伊奇、［德］汉斯-于尔根·阿伦斯《德国侵权法——侵权行为、损害赔偿及痛苦抚慰金》（第 5 版），叶名怡、温大军译，刘志阳校，中国人民大学出版社 2016 年版，177~180 页。

② 参见［瑞士］海因茨·雷伊《瑞士侵权责任法》，贺栩栩译，中国政法大学出版社 2015 年版，第 14 页。另见吴兆祥、石佳友、孙淑妍译《瑞士债法典》，法律出版社 2002 年版，第 13 页。

③ 参见王融擎编译《日本民法：条文与判例》，中国法制出版社 2018 年版，第 646 页。

④ 参见朱晓峰《动物侵权责任主体概念论》，《法学评论》2018 年第 5 期。

指出，法律规定动物饲养人承担侵权责任，与长久以来的立法传统和司法习惯是密切相关的。

《侵权责任法》第78条、第79条、第80条、第81条等规定的责任承担者还包括动物"管理人"，这本身也说明管理人是不同于动物"饲养人"的。从文义解释和司法实践角度来看，动物管理人是指实际控制和管束动物的人。"管理"接近于"占有""实际控制"。

动物园是动物的饲养人和管理人，而饲养员、驯兽员既不是饲养人，也不是管理人，动物园的动物造成损害应当由动物园承担侵权赔偿责任，而不能只根据字面意思要求饲养员或者驯兽员承担侵权责任。

须指出，动物饲养人、管理人，其承担动物致人损害的责任，不以合法饲养、合法管理为前提条件。

二、多数责任人的不真正连带责任

我国目前《侵权责任法》第78条、第79条、第80条、第81条等，规定饲养动物致人损害的责任主体为动物饲养人或者管理人。饲养的动物造成他人损害，只有饲养人的，当然是由动物饲养人承担赔偿责任。

而饲养的动物造成他人损害，既有动物饲养人又有管理人的，动物饲养人和管理人应当承担不真正连带责任。在这种情况下，被侵权人可以选择起诉饲养人，也可以选择起诉管理人承担中间责任；承担责任的人不是最终责任人的，可以行使追偿权。[①]

---

① 杨立新：《饲养动物损害责任一般条款的理解与适用》，《法学》2013年第7期。

第三节　饲养动物侵权不同情况的
立法对策及法律适用

一、饲养动物侵权一般条款

《侵权责任法》第 78 条规定，饲养的动物造成他人损害的，动物饲养人或者管理人应当承担责任，但是能够证明损害是因被侵权人故意或者重大过失造成的，可以不承担或者减轻责任。

我国学术界对于《侵权责任法》第 78 条基本性质的认识基本上一致，认为该条是规定一般情况下的饲养动物损害责任是无过错责任，同时也强调了该第 78 条的性质属于一般性条款。

目前，依照《侵权责任法》第十章"饲养动物损害责任"全部条文内容，适用第 78 条规定的饲养动物损害责任一般条款应当具备下列条件。第一，动物为饲养的动物，而不是野生动物，也不是动物园饲养的动物（动物园动物侵权有第 81 条特别规定）。第二，造成他人损害的事实，被侵权人是动物饲养人或者管理人以外的他人，损害事实主要是人身损害，但也不排除财产损害。第三，他人损害的事实是饲养动物所致，饲养动物造成他人损害，因果关系依据动物本身危险性、特殊性结合具体案情加以认定。例如，狗追赶人，人受到惊吓，即使动物没有接触人，也有可能根据具体案件情况认定狗致人损害。[1]但是动物所致损害并非饲养人或者管理人的意志所支配，排除人为因素，如果行为人以动物为工具，致使动物致人损害，则行为人的行为所造成的损害不属于饲养动物损害责任。饲养动物损害责任不以饲养人、管理人管束不当或过错为要件，但致害原因往往是饲养人或者管理人管束不当或有过错。

---

[1]　参见北京市丰台区人民法院（2014）丰民初字第 18445 号民事判决书，载国家法官学院案例开发研究中心编《中国法院 2016 年度案例·侵权赔偿纠纷》，中国法制出版社 2016 年版，第 148~151 页。

二、饲养动物侵权的特殊情形

我国 1986 年《民法通则》对于动物致害责任只规定了无过错责任原则。《侵权责任法》则采取了简单问题复杂化的立法，区分不同的情形而就饲养动物损害规定了不同的归责原则。首先，该法第 78 条原则上对于饲养动物致害规定无过错责任原则。规定只有证明损害是因被侵害人故意或重大过失所致时，饲养人或者管理人才能免责或者减轻责任。其次，理论上一般认为在《侵权责任法》第 79 条与第 80 条特别规定了更为严格的无过错责任。一是违反规定，未对动物采取安全措施造成他人损害的；二是禁止饲养的烈性犬等危险动物造成他人损害的。有学者认为，《侵权责任法》第 79 条和第 80 条的规定都是所谓的绝对责任条款。这些绝对责任条款有两大特点：一是不适用《侵权责任法》第 78 条规定的一般性的无过错责任原则，而适用更为严格的无过错责任原则；二是不适用该第 78 条规定的免责或者减轻责任事由。很多学者认为在第 79、80 条情形下即使被侵权人对损害的发生有故意或者重大过失，也不得免除或者减轻侵权责任。不过，也有专家认为第 79 条情形下并非没有抗辩事由，并建议在侵权责任法修订入典时将第 79 条修改为："违反管理规定，未对动物采取安全措施造成他人损害的，动物饲养人或者管理人应当承担侵权责任，但是能够证明损害是因被侵权人故意造成的，可以减轻责任。"[①]最后，引发极大争议的是，《侵权责任法》第 81 条对于动物园动物致害适用过错推定规则。

与第 79 条和第 80 条相反，《侵权责任法》第 81 条不是加重责任，不适用该第 78 条规定的无过错责任，而是规定了过错推定责任，而且即使动物园有过错，受害人也有过错的，也不适用该第 78 条但书规定，而是适用《侵权责任法》第 26 条进行过失相抵。[②]

《侵权责任法》第 82 条规定："遗弃、逃逸的动物在遗弃、逃逸期间造成他人损害的，由原动物饲养人或者管理人承担侵权责任。"遗弃动物与遗弃期间动物致人损害有因果关系，遗弃本身就表明遗弃行为人有过错，这种行为本身就足以使过错责任得以构成。就逃逸的动物在逃逸期间致人损害，原饲养人、管理

---

① 参见 2019 年 1 月《民法典侵权责任编（草案）》（二次审议稿）第 1022 条。
② 参见杨立新《饲养动物损害责任一般条款的理解与适用》，《法学》2013 年第 7 期。

人倒是有可能并无过错。但是第78、82条两条规定的都是无过错责任。有学者指出，动物的遗弃或者逃逸，都会对社会公众产生危险；动物的遗弃或者逃逸并不意味着动物饲养的终结，而是典型的动物危险。[①]当然，当具备法律规定的免责或减轻责任条件时，动物的饲养人或管理人可不承担责任或者减轻责任。

（一）违反管理规定的饲养动物损害责任

《侵权责任法》第79条规定："违反管理规定，未对动物采取安全措施造成他人损害的，动物饲养人或者管理人应当承担侵权责任。"有立法资料表明，立法者之所以在第78条一般条款确立的归责原则外另设置第79条，是要规定更为严格的责任。然而，从文本表述来看，"违反管理规定，未对动物采取安全措施"情况下的饲养人或者管理人有重大过失，这种责任也可以说就是过错责任。从逻辑上说，既然第78条规定了无过错责任，饲养人、管理人没有过错的也要承担责任，有过错的更应当承担责任。因此，从文义解释来看，第79条规定没有必要设置。为使第79条获得存在的合理性，有学者认为，第79条应当是再抗辩规范，而非独立的动物侵权类型规定。也就是说，第78条与第79条一起，共同构成了相对完整的对一般动物侵权的规整：第78条前半段"饲养的动物造成他人损害的，动物饲养人或者管理人应当承担侵权责任"为请求原因规范；第78条但书"但能够证明损害是因被侵权人故意或者重大过失造成的，可以不承担或者减轻责任"为权利妨碍规范（也即抗辩规范），根据该规范，受害人的故意或者重大过失是对抗损害赔偿请求权的抗辩事由；而第79条的加害人过错是对抗第78条受害人重大过失抗辩的再抗辩事由。[②]笔者认为，未来修法时，应当删除第79条，至于抗辩事由问题，它与侵权责任构成密切相关，完全可以通过对损害、因果关系等的具体判断而获得解决。而且，饲养人、管理人违反管理规定、未对动物采取安全措施的，还应当受到行政处罚。

（二）禁止饲养的危险动物损害责任

《侵权责任法》第80条规定："禁止饲养的烈性犬等危险动物造成他人损害的，动物饲养人或者管理人应当承担侵权责任。"根据有关立法资料和理论上的通说，这一条所规定的禁止饲养的危险动物致害责任是更为严格的无过错责

---

① 参见王利明主编《中华人民共和国侵权责任法释义》，中国法制出版社2010年版，第416~417页。
② 袁中华：《规范说之本质缺陷及其克服——以侵权责任法第79条为线索》，《法学研究》2014年第6期。

任。禁止饲养的危险动物由于其自身凶猛习性，更有可能造成损害结果发生，而且一旦发生损害，后果更严重，因此法律要求饲养人或者管理人承担更重的责任，只有这样才能在最大程度上避免损害的发生而实现侵权法预防损害的立法目的。第 80 条虽然只列举了烈性犬，但是它是不完全列举，举轻以明重，更危险的动物更应在禁止饲养之列。禁止饲养的危险动物，是指规范性法律文件所明文禁止饲养的动物，例如烈性犬、大型犬、老虎等。基于约定或者社区公告等禁止饲养的，则应适用第 78 条或者第 79 条。

《侵权责任法》的立法初衷无疑应获肯定。但是从第 80 条条文字表达来看，它只像一个宣示性规定。有学者一方面认为"本条实行的是最为严格的无过错责任"，另一方面却也认为饲养人或者管理人违反禁止性规定饲养烈性犬等危险动物是对管理规定的严重违反，"在过错上等于故意"。[1]也有学者认为，关于"饲养动物损害责任"中第 80 条和第 81 条规定，失之琐碎。[2]笔者认为，未来修法时，应当删除第 80 条。

（三）动物园的动物损害责任

《侵权责任法》第 81 条规定："动物园的动物造成他人损害的，动物园应当承担侵权责任，但能够证明尽到管理职责的，不承担责任。"我国在制定《侵权责任法》的过程中，对于动物园的动物致害责任的归责原则，有争论：第一种认为动物园的动物损害责任应当适用过错推定责任规则，第二种则认为应当适用无过错责任原则。持第二种观点的主要理由是：动物园饲养的动物对于游览者的人身和财产存在着无法控制的危险性，动物园应该尽更大的注意义务，所以法律应当规定动物园对其饲养、管理的动物造成的人身和财产损害承担无过错责任。有学者就指出，一般的饲养动物多数或者绝大多数不具有特别的危险性，《侵权责任法》尚且将其规定为无过错责任，甚至家庭饲养的狗如果没有采取拴绳等管理规定的安全措施，都要承担无过错责任。而动物园饲养的动物显然不仅是家畜、家禽，其中必定包括凶猛的野兽、猛禽，其危险性远远高于家庭饲养的家畜、家禽，甚至比禁止饲养的烈性犬等危险动物还要凶猛得多，危险性显然更加严重，反而规定承担过错推定责任，其中并没有什么道理。[3]

---

[1] 参见最高人民法院侵权责任法研究小组编著《〈中华人民共和国侵权责任法〉条文理解与适用》，人民法院出版社 2016 年第 2 版，第 539 页。

[2] 龙卫球：《〈侵权责任法〉的基础构建与主要发展》，《中国社会科学》2012 年第 12 期。

[3] 杨立新：《修订侵权责任编应对动物园动物损害责任归责原则进行调整》，《河南财经政法大学学报》2018 年第 2 期。

就动物致害的责任，瑞士债法典第 56 条规定动物饲养人（管理人）承担过错推定的责任。[①]根据奥地利民法典第 1320 条的规定，动物饲养人（动物保有人）的责任是客观过失的责任（过错推定的责任）。[②]就动物致害责任，根据各自法律，比利时法院一直使用"推定的过错"术语，法国法院使用"推定的责任"术语，意大利法院则将意大利民法典第 2052 条规定的责任表述为"不可反证的推定的过错"责任。[③]就饲养动物统一规定致人损害的过错推定责任倒是可行，问题是我国《侵权责任法》第 81 条规定采用过错推定规则，使得饲养动物侵权责任的统一的无过错责任原则受到破坏，给法院适用法律带来困扰，例如有的法院一方面认为动物园根据侵权法承担无过错责任，另一方面在具体案件中根据动物园过错情况判决动物园承担过错责任。[④]第 81 条规定也使得实践中有的案件久拖不决、有的案件得不到公平处理。其实，对于动物园的利益的保护和维护，可以通过提高门票售价、社会捐助、财政补贴、强制保险、商业保险等予以进行。

（四）遗弃、逃逸的动物损害责任

《侵权责任法》第 82 条规定了遗弃、逃逸动物损害责任。饲养动物在遗弃、逃逸后，持续处于流浪状态，对他人人身或者财产造成损害的，应当由原饲养人或者管理人承担侵权责任。遗弃动物，是动物的所有权人放弃所有权，由于遗弃动物本身的危险性，不仅损害动物福利，而且严重威胁公众安全，因而确定原饲养人或者原管理人仍对损害承担侵权责任。而逃逸动物的所有权关系没有变化，更关键的是逃逸可能性本身就是饲养动物的一种危险（风险），这种危险（风险）应当由饲养人或者管理人承担，所以饲养动物在逃逸后对他人造成损害的，应当由原饲养人或者管理人承担责任。在侵权责任归责原则方面，遗弃、逃逸的动物属于第 78 条、第 79 条、第 80 条规定的动物时，适用无过错责任原则，无论饲养人或者管理人是否有过错，都应当承担责任；若属于第 81 条规定的动物园的动物，则应当适用过错推定。如果遗弃、逃逸的动物属于第 78 条规

---

① 参见[瑞士]海因茨·雷伊《瑞士侵权责任法》，贺栩栩译，中国政法大学出版社 2015 年版，第 14 页。另见吴兆祥、石佳友、孙淑妍译《瑞士债法典》，法律出版社 2002 年版，第 13 页。

② 参见[奥地利]海尔姆特·库齐奥《侵权责任法的基本问题（第一卷）：德语国家的视角》，朱岩译，北京大学出版社 2017 年版，第 210 页。另见周友军、杨垠红译，周友军校《奥地利普通民法典》，清华大学出版社 2013 年版，第 218 页。

③ 参见[德]克雷斯蒂安·冯·巴尔《欧洲比较侵权行为法》（上卷），张新宝译，法律出版社 2004 年第 2 版，第 274 页注释[1233]。

④ 参见《谢叶阳诉上海动物园饲养动物致人损害纠纷案》，《最高人民法院公报》2013 年第 8 期。

定的动物的，侵权责任适用无过错责任原则；被侵权人具有故意或者重大过失的，应当适用第 78 条有关减轻责任或者免责的但书规定。被遗弃、逃逸的动物回归原始状态的，例如动物园逃逸狮子回归森林，就属于野生动物了，应当按照野生动物致人损害的规则加以处理，不再适用《侵权责任法》所规定的动物损害责任。

（五）第三人过错造成的动物致人损害的责任

《侵权责任法》第 83 条规定："因第三人的过错致使动物造成他人损害的，被侵权人可以向动物饲养人或者管理人请求赔偿，也可以向第三人请求赔偿。动物饲养人或者管理人赔偿后，有权向第三人追偿。"

第三人挑逗或者破坏安全设施、警示标志等，从而导致动物对受害人的人身和财产造成损害，本来应当由第三人承担责任而饲养人或管理人不负侵权责任，但是为了强化被侵权人权益保护，法律规定，"被侵权人可以向动物饲养人或者管理人请求赔偿，也可以向第三人请求赔偿"。须指出，这里第三人只承担过错责任。动物的饲养人或管管理人在履行赔偿责任后，可以向第三人追偿，有过错的当事人承担终局责任，就是说，这里有过错的当事人、动物的饲养人或管管理人承担的是不真正连带责任。

盗窃、抢劫、抢夺的饲养动物致人损害的，盗窃人、抢劫人或抢夺人即作为饲养人或管理人承担侵权责任，侵权法上对于动物的饲养或管理不以合法所有或占有为前提。就是说，盗窃、抢劫、抢夺饲养动物，其后饲养动物致人损害的，不能简单解释为"因第三人的过错致使动物造成他人损害的"而适用侵权法第 83 条规定。

有时候饲养动物只是被介入其他事故的一个因素，不属于第三人过错造成动物致人损害的情形，不构成饲养动物侵权，饲养人不承担责任。例如村民魏某某驾驶陈某某所有的小型客车，沿邓襄路自北向南行至该市构林镇魏集街十字路口处，撞到横穿道路的一条狗，狗随即窜至路东边，与刘某某驾驶的三轮摩托车（由南向北行驶）前轮相撞，致使三轮车翻倒，刘某某及乘坐人崔某某受伤。小型客车投保了机动车强制险，事故发生在保险期间内。刘某某和崔某某将保险公司及魏某某、陈某某诉至法院。邓州市人民法院认为双方之间纠纷属于机动车交通事故责任纠纷，判决保险公司支付刘某某、崔某某保险赔偿金 25197.7元，支付陈某某垫付的医疗费 5820 元。保险公司对一审判决不服，向河南省南阳市中级人民法院提起上诉。南阳中院经审理后认为,本案中魏某某驾驶车辆与狗相撞,所撞的狗在惊吓之中,慌不择路又撞上刘某某驾驶的三轮摩托车,并造成刘某某驾驶的三轮摩托车翻倒,致刘某某、崔某某受伤,所以刘某某、崔某某的受伤与肇事车辆存在因果关系。2013 年南阳中院终审判决维持原判。[①]

---

① 参见邓州市人民法院(2012)邓法民初字第 2105 号民事判决书、南阳市中级人民法院(2013)南民三终字第 00265 号民事判决书,载《人民法院报》2013 年 6 月 20 日。

第十一章
建筑物、其他设施、物件损害的责任

第一节　法律发展演进

一、相关概念

建筑物是建造、固定于土地上而用于居住、教育、科研、生产或者存放物品的设施，如住宅、办公楼、教学楼、科研楼、实验室、车间、仓库等。构筑物或者其他设施是指人工建造的、固定在土地上的建筑物以外的某些设施，例如城墙、道路、隧道、桥梁、堤坝等，甚至护路树也被当作"其他设施"。建筑物、构筑物或者其他设施上的搁置物、悬挂物是指搁置、悬挂在建筑物、构筑物或者其他设施上的，非建筑物、构筑物或者其他设施本身组成部分的物品。例如，搁置在阳台上的盆景或花盆、悬挂在建筑物大厅天花板上的吊灯或吊扇等。

关于搁置物、悬挂物可否为自然力形成，多有争议。有学者认为自然力可以形成搁置物、悬挂物，也有很多学者认为搁置物、悬挂物只能是人工形成的，不能是自然力形成的。它们可以通过安全保障义务或一般的过错责任处理，而不适用物件致人损害责任。[①]

二、比较法考察

各国法律规定不尽相同。例如，根据德国民法典第 836 条、第 837 条及第 838 条规定，建筑物的典型危险通过倒塌或者脱落实现时，建筑物占有人、建筑物维护义务人应当承担责任。这种对于建筑物建造有瑕疵或者维护不足致人损害的责任在德国属于过错推定的侵权责任。[②]奥地利民法典第 1319 条将瑕疵建

---

① 参见张新宝、吴婷芳《物件致人损害责任的再法典化思考》，《现代法学》2017 年第 2 期。
② 参见[德]埃尔温·多伊奇、[德]汉斯－于尔根·阿伦斯《德国侵权法——侵权行为、损害赔偿及痛苦抚慰金》（第 5 版），叶名怡、温大军译，刘志阳校，中国人民大学出版社 2016 年版，158~159 页。另见陈卫佐译注《德国民法典》，法律出版社 2010 年第 3 版，第 307~308 页。

筑物保有人责任规定为客观过失的责任（过错推定的责任）。[1]根据瑞士债法典第 58 条的规定，建筑物及其他工作物的所有人对因建筑物、其他工作物的设计缺陷、结构缺陷或者维护不足所造成的损害承担赔偿责任，这种责任是无过错责任。[2]

三、我国法律的发展

我国 1986 年《民法通则》第 126 条规定："建筑物或者其他设施以及建筑物上的搁置物、悬挂物发生倒塌、脱落、坠落造成他人损害的，它的所有人或者管理人应当承担民事责任，但能够证明自己没有过错的除外。"1999《合同法》第 282 条规定："因承包人的原因致使建设工程在合理使用期限内造成人身和财产损害的，承包人应当承担损害赔偿责任。"这一条借鉴了法国法并有所创新。依此条规定，因承包人的原因致使建设工程在合理使用期限内造成人身和财产损害的，承包人应当承担损害赔偿责任。《合同法》第 282 条的规定，使得因建筑物质量问题而受到损害的受害人可以直接找设计者、施工者等承包人承担赔偿责任，不仅保护买受人，还保护广大人民群众的生命财产的安全。[3]这一条对于豆腐渣工程施工者、设计者构成极大威慑。可以说，在特殊的历史背景下，为解决建设工程建筑质量问题，这个第 282 条是一个违约责任的规范，也可以当作一个侵权法规范适用于建设工程质量缺陷致人损害的侵权纠纷案件。[4]《最高人民法院关于审理人身损害赔偿案件适用法律若干问题的解释》第 16 条规定："下列情形，适用民法通则第一百二十六条的规定，由所有人或者管理人承担赔偿责任，但能够证明自己没有过错的除外：（一）道路、桥梁、隧道等人工建造的构筑物因维护、管理瑕疵致人损害的；（二）堆放物品滚落、滑落或者堆放物倒塌致人损害的；（三）树木倾倒、折断或者果实坠落致人损害的。　　　前款第（一）项情形，因设计、施工缺陷造成损害的，由所有人、管理人与设计、施工者承担连带责任。"2001 年《最高人民法院关于民事诉讼证据的若干规定》第 4

---

[1] 参见[奥地利]海尔姆特·库齐奥《侵权责任法的基本问题（第一卷）：德语国家的视角》，朱岩译，北京大学出版社 2017 年版，第 210 页。另见周友军、杨垠红译，周友军校《奥地利普通民法典》，清华大学出版社 2013 年版，第 217 页。
[2] 参见[瑞士]海因茨·雷伊《瑞士侵权责任法》，贺栩栩译，中国政法大学出版社 2015 年版，第 276~279 页。另见吴兆祥、石佳友、孙淑妍译《瑞士债法典》，法律出版社 2002 年版，第 13~14 页。
[3] 参见梁慧星《合同法的成功与不足（上）》，《中外法学》1999 年第 6 期。
[4] 参见熊进光《侵权行为法上的安全注意义务研究》，法律出版社 2007 年版，第 116 页注释①。

条第 1 款第 4 项规定："建筑物或者其他设施以及建筑物上的搁置物、悬挂物发生倒塌、脱落、坠落致人损害的侵权诉讼，由所有人或者管理人对其无过错承担举证责任。"我国《侵权责任法》第十一章"物件损害责任"第 85 条至第 91 条共 7 个条文就各相关问题进行了规定。

第二节　建筑物、其他设施、物件脱落、坠落致人损害责任

一、法律规定

我国《侵权责任法》第 85 条规定："建筑物、构筑物或者其他设施及其搁置物、悬挂物发生脱落、坠落造成他人损害，所有人、管理人或者使用人不能证明自己没有过错的，应当承担侵权责任。所有人、管理人或者使用人赔偿后，有其他责任人的，有权向其他责任人追偿。"作为权利人并且有能力控制风险和减少损害，建筑物、构筑物或者其他设施的所有人、管理人或者使用人应当对建筑物、构筑物或者其他设施及其搁置物、悬挂物进行合理有效的管理、维修和维护。这些民事主体应当根据具体情况对建筑物、构筑物、其他设施、物件进行必要的检查，当发现可能造成他人损害的情况时，应当及时采取相应的安全保护措施。

二、责任人分析

所有人作为利益享受者且有权管理、处分建筑物及其他设施，也有能力预防和减少损害发生，因此在法理上和法律上有义务采取措施避免造成他人损害。建筑物、构筑物或者其他设施多为不动产。在一般情况下，不动产的所有人是不动产登记机构依法登记确定的人。根据物权法的规定，不动产物权的设立、变

更、转让和消灭，经依法登记，发生效力；未经登记，不发生效力，但法律另有规定的除外。不动产登记簿是物权归属和内容的根据。有时候，虽然没有办理登记，但是也可以依法确定不动产所有权人。例如我国《物权法》第30条规定："因合法建造、拆除房屋等事实行为设立或者消灭物权的，自事实行为成就时发生效力。"因此，在一些农村，农民在其宅基地上自建的房屋即使没有登记，也可以依法确定房屋所有人；在城镇，一些依法新建的房屋，即使没有来得及登记，也仍然可以依法确定所有权人。

《侵权责任法》第85条规定的管理人是指对建筑物、构筑物等设施及其搁置物、悬挂物享有管理权并负有管理和维护义务的人。《民法通则》通过之际，"管理人"主要是指国有财产管理人。而《民法通则》通过之后，在长期的司法实践中，司法机关曾经将国有财产管理人、物业管理公司、承租人、承揽人等各种主体认定为物件损害责任的"管理人"。[①]但是2009《侵权责任法》第85条在"所有人""管理人"以外增加"使用人"作为责任主体之后，就应当对"管理人"采取狭义解释方法进行解释。我国《物权法》第53条规定："国家机关对其直接支配的不动产和动产，享有占有、使用以及依照法律和国务院的有关规定处分的权利。"第54条规定："国家举办的事业单位对其直接支配的不动产和动产，享有占有、使用以及依照法律和国务院的有关规定收益、处分的权利。"据此，国家机关、国家举办的事业单位对其直接支配的建筑物、构筑物等有管理权，也可以说，国家机关、国家举办的事业单位是其直接支配的建筑物、构筑物等的管理人。

《侵权责任法》第85条规定的使用人是指因租赁、借用或者其他情形使用建筑物、构筑物等设施的人。在实践中，建筑物、构筑物等设施的所有权人将其出租或者出借，使用人的不当使用也可能是导致建筑物、构筑物等设施及其搁置物、悬挂物发生脱落、坠落的原因，使用人在其是否正当使用方面拥有优势的举证地位，因此，《侵权责任法》规定建筑物、构筑物等设施及其搁置物、悬挂物脱落、坠落致人损害，而使用人不能证明自己没有过错的，也应当承担责任。使用人承担侵权责任有两种情形。一是使用人依法对其使用的建筑物、构筑物或者其他设施负有管理、维修、维护的义务时，因其管理、维修、维护不当造成他人的人身财产损害。例如，《合同法》第220条规定："出租人应当履行租赁物的

---

① 参见韩强《物件保有人责任研究 以〈侵权责任法〉第85条为解释对象》，《中外法学》2013年第2期。

维修义务，但当事人另有约定的除外。"当根据租赁合同约定房屋承租人对房屋有维修义务时，房屋及其搁置物、悬挂物脱落、坠落造成他人损害，而承租人不能证明自己没有过错的，就要承担责任。在法律上违约责任和侵权责任有区别，合同关系和侵权责任关系不同，但是这并不意味合同关系对于侵权责任判定不起作用，也不意味着有合同关系存在就不能适用《侵权责任法》。二是使用人对建筑物、构筑物或者其他设施的使用不当，或者增添搁置物、悬挂物却未尽管理、保持、维护义务，因此发生脱落、坠落造成他人的人身财产损害。此种情形下，使用人承担责任。例如，建筑物承租人或借用人在建筑物的阳台上放置的花盆、盆景或者晾晒的物品坠落造成他人的人身财产损害，承租人或借用人不能证明自己没有过错的，就要承担责任。

三、多数人责任的分析认定

目前在法律文本中，建筑物或者其他设施的搁置物、悬挂物的所有人、管理人、使用人等多种责任主体在物件损害责任中并存，在司法实践中有法院判决所有人、使用人承担连带责任。[1]有学者认为，多种责任主体在物件损害责任中并存，且这些主体承担责任有不同的归责根据或者事由，因此，这些多数责任主体在具体案件中可能构成不真正连带责任。[2]在实践中，还要调查分析是建筑物、其他设施脱落致人损害还是搁置物、悬挂物坠落致人损害。例如，手机店门前的电子屏玻璃幕墙脱落致人损害，就是悬挂物脱落而不是手机店门面这种建筑物发生脱落致人损害，应当由电子屏悬挂物所有人和使用人（即手机店门面承租人）承担侵权责任，而不是由手机店门面建筑物所有人承担责任。[3]

四、过错推定的合理性分析

《侵权责任法》第 85 条采用过错责任原则，而且采用过错推定的方法（规

---

① 参见河南省信阳市商城县人民法院（2013）商民初字第 57 号民事判决书，载国家法官学院案例开发研究中心编《中国法院 2015 年度案例·侵权赔偿纠纷》，中国法制出版社 2015 年版，第 152~155 页。
② 参见韩强《物件保有人责任研究 以〈侵权责任法〉第 85 条为解释对象》，《中外法学》2013 年第 2 期。
③ 参见湖北省宜昌市夷陵区人民法院（2014）鄂夷陵民初字第 00403 号民事判决书，载国家法官学院案例开发研究中心编《中国法院 2016 年度案例·侵权赔偿纠纷》，中国法制出版社 2016 年版，第 174~177 页。

则）。损害发生以后，被侵权人证明自己的人身财产损害是因建筑物、构筑物等设施或者其搁置物、悬挂物脱落、坠落造成的，所有人、管理人或者使用人对自己没有过错承担举证责任，其不能证明自己没有过错的，就应当承担责任。这里"没有过错"指的是所有人、管理人或者使用人已尽必要的管理、注意、维修、维护、保障义务，损害与其行为无关。

所有人、管理人或者使用人支配控制着建筑物、构筑物等设施及其搁置物、悬挂物，在一般情况下，这些设施或者物体的脱落、坠落与所有人、管理人或者使用人在管理、维修、维护时存在过错有关系。另外，通常情况下被侵权人并不了解建筑物、构筑物等设施及其搁置物、悬挂物的管理、维修、维护情况，是很难获得足够证据的。因此，法律让被侵害人举证证明所有人、管理人或者使用人的过错，既不切合实际，也对被侵害人不公平。采用过错推定的方法，既符合经济、社会、生活的实际情况，也有利于充分保护被侵权人的合法权益。司法实践也表明，就建筑物、构筑物等设施及其搁置物、悬挂物脱落、坠落致人损害侵权责任采用过错推定规则，是可行的、科学的、合理的。

五、向其他责任人的追偿

《侵权责任法》第 85 条最后一句规定，所有人、管理人或者使用人赔偿后，有其他责任人的，有权向其他责任人追偿。"其他责任人"这个表述比较抽象，是指所有人、管理人或者使用人之外的对损害发生负有责任的人。建筑物、构筑物或者其他设施及其搁置物、悬挂物脱落、坠落造成他人损害，所有人、管理人或者使用人不能证明自己没有过错的，就应当对被侵权人承担侵权责任。这里因过错推定规则的运用，承担了侵权责任的所有人、管理人或者使用人之外，可能另有其人应当承担终局责任。例如，房屋所有人与承揽人签订承揽合同，由承揽人为房屋安装防盗网。由于承揽人的过错，防盗网没有安装牢固，后来坠落将他人砸伤。房屋所有人不能证明自己没有过错的，应当对被侵权人承担侵权责任。另外，由于防盗网的坠落与承揽人的过错有关，根据合同法的规定，承揽人应当向房屋所有人承担责任。因此，房屋所有人对被侵权人赔偿后，有权向承揽人追偿。[①]

---

① 参见王胜明主编《〈中华人民共和国侵权责任法〉条文解释与立法背景》，人民法院出版社 2010 年版，第 323 页。

第三节　建筑物、其他设施倒塌造成他人损害的责任

一、建设单位和施工单位的无过错责任

《侵权责任法》第 86 条规定："建筑物、构筑物或者其他设施倒塌造成他人损害的，由建设单位与施工单位承担连带责任。建设单位、施工单位赔偿后，有其他责任人的，有权向其他责任人追偿。　　因其他责任人的原因，建筑物、构筑物或者其他设施倒塌造成他人损害的，由其他责任人承担侵权责任。"

一些学者认为，第 86 条采用过错推定规则。[①]有学者指出，从全国人大常委会法工委的解释来看，只有在建设单位、施工单位违反建筑技术与经验规范的情况下，才承担责任，实际上承担的是交往安全义务。与第 85 条比较，在注意程度上是一致的，认为在倒塌情况下，仍应按照一般的建筑物致损责任处理，认为《侵权责任法》第 85 条明确将倒塌情况排除在规范之外，如此就形成了法律漏洞，此时只能类推适用《侵权责任法》第 85 条的规定，或者根据《民法通则》第 126 条来处理。[②]在司法实践中，有专家认为第 86 条规定了建设单位、施工单位的严格责任和不真正连带责任。[③]也有一些学者认为，根据立法精神，第 86 条规定了建筑物倒塌责任的无过错责任原则。[④]笔者认为，根据文义解释、目的解释、体系解释以及立法背景，第 86 条第 1 款规定了建筑物、其他设施倒塌造成他人损害的无过错责任。当然，这一条还是有值得研究和加以完善的地方。

---

① 参见王利明、周友军、高圣平《中国侵权责任法教程》，人民法院出版社 2010 年版，第 751 页。另见杨立新《侵权责任法》，法律出版社 2010 年版，第 574 页。

② 王洪亮：《交往安全义务基础上的物件致损责任——〈侵权责任法〉第 11 章 "物件损害责任" 的理解与适用》，《政治与法律》2010 年第 5 期。

③ 参见国家法官学院案例开发研究中心编《中国法院 2014 年度案例·侵权赔偿纠纷》，中国法制出版社 2014 年版，第 132 页。

④ 参见刘保玉、周玉辉《建筑物倒塌：划清 "界线" 好定责》，《建筑》2010 年第 6 期；尹飞《明确侵权责任控制法律风险》，《建筑》2010 年第 6 期。另见最高人民法院侵权责任法研究小组编著《〈中华人民共和国侵权责任法〉条文理解与适用》，人民法院出版社 2016 年第 2 版，第 576 页。

第一，为保障建设工程质量，我国法律有非常严格的具体制度。2019 年《建筑法》第 13 条规定："从事建筑活动的建筑施工企业、勘察单位、设计单位和工程监理单位，按照其拥有的注册资本、专业技术人员、技术装备和已完成的建筑工程业绩等资质条件，划分为不同的资质等级，经资质审查合格，取得相应等级的资质证书后，方可在其资质等级许可的范围内从事建筑活动。"第 80 规定："在建筑物的合理使用寿命内，因建筑工程质量不合格受到损害的，有权向责任者要求赔偿。"

第二，从法律文本来看，2009 年《侵权责任法》第 86 条第 1 款第 1 句规定了建设单位与施工单位承担连带责任。我国此前的有关司法解释已经对相关问题作了较为明确、更为严格的规定。2003 年《最高人民法院关于审理人身损害赔偿案件适用法律若干问题的解释》第 16 条第 2 款规定：道路、桥梁、隧道等人工建造的构筑物因设计、施工缺陷造成损害的，由所有人、管理人与设计、施工者承担连带责任。

第三，根据有关立法背景资料，我国《侵权责任法》立法过程中，对于建筑物、构筑物或者其他设施倒塌致人损害的侵权责任承担，有观点认为，为了更好地保护被侵权人，应当规定由建设单位、设计单位、施工单位、监理单位等承担连带责任。有论者指出，在实践中，被侵权人一般都不去要求设计、施工单位等承担责任，有时甚至根本不知道设计、施工单位是谁，因此，通常是要求建设单位承担赔偿责任，所以，法律没有必要将侵权责任主体的范围扩大至设计单位、施工单位等，建议规定由建设单位承担侵权责任，建设单位赔偿后，可以向有过错的勘察单位、设计单位、施工单位和监理单位等追偿。①最终《侵权责任法》第 86 条是规定"由建设单位与施工单位承担连带责任"。建设单位、施工单位赔偿后，有其他责任人的，有权向其他责任人追偿。

第四，根据法律和实践，建设单位和施工单位依法对建设工程质量负责。在实践中，房地产开发企业、机关、学校、医院、其他事业单位、公司、工厂等，是比较常见的建设单位。建设单位是建设工程合同的发包人，通过选择、确定勘察单位、设计单位、施工单位、监理单位等，参与工程建设的各个环节，对建设工程的质量有影响力。因此，很多相关的法律、行政法规都对建设单位的法律义务进行了规定。根据有关法律、行政法规的规定，建设单位对建设工程发包的，

---

① 参见王胜明主编《〈中华人民共和国侵权责任法〉条文解释与立法背景》，人民法院出版社 2010 年版，第 325 页。

应当发包给具有相应资质等级的单位，建设单位可以与总承包人订立建设工程合同，也可以分别与勘察人、设计人、施工人订立勘察、设计、施工承包合同。但是，不得将应当由一个承包人完成的建设工程肢解成若干部分发包给几个承包人。

施工单位与建设单位或者其他发包人签订建设工程合同，对建设工程进行施工。建筑公司是比较常见的施工单位。施工单位负责建设工程的施工，对建设工程质量有直接影响，无疑应当对建设工程质量负责。施工单位既包括总承包施工单位，也包括分包施工单位。2019 年《建筑法》第 66 条规定："建筑施工企业转让、出借资质证书或者以其他方式允许他人以本企业的名义承揽工程的，责令改正……对因该项承揽工程不符合规定的质量标准造成的损失，建筑施工企业与使用本企业名义的单位或者个人承担连带赔偿责任。"第 67 条规定："承包单位将承包的工程转包的，或者违反本法规定进行分包的，责令改正，没收违法所得，并处罚款，可以责令停业整顿，降低资质等级；情节严重的，吊销资质证书。承包单位有前款规定的违法行为的，对因转包工程或者违法分包的工程不符合规定的质量标准造成的损失，与接受转包或者分包的单位承担连带赔偿责任。"第 74 条规定：建筑施工企业在施工中偷工减料的，使用不合格的建筑材料、建筑构配件和设备的，或者有其他不按照工程设计图纸或者施工技术标准施工的行为，造成建筑工程质量不符合规定的质量标准的，负责返工、修理，并赔偿因此造成的损失。第 75 条规定：建筑施工企业对在保修期内因屋顶、墙面渗漏、开裂等质量缺陷造成的损失，承担赔偿责任。

二、建筑物、其他设施质量缺陷致人损害责任

根据《侵权责任法》第 86 条第 1 款的规定，建筑物、构筑物或者其他设施倒塌造成他人损害的，由建设单位与施工单位承担连带责任。建筑物倒塌造成他人损害的，被侵权人既可以要求建设单位承担侵权责任，也可以要求施工单位承担侵权责任，还可以要求二者共同承担责任。法律如此设计，是因为建设单位和施工单位最有能力对建筑物、构筑物、其他设施的建设质量进行保障、控制和监督。我国《侵权责任法》第 85 条和第 86 条是由《民法通则》第 126 条演变而来的。就是说，立法机关就建筑物、其他设施因质量缺陷致人损害和因维护不

足致人损害分别规定了不同的侵权责任，《建筑法》以及其他有关法律也专门就保障建设工程质量进行了一系列规定，立法目的就是加强建筑质量管理，避免建筑质量缺陷致人损害。从实践中"楼歪歪""楼脆脆"及一些豆腐渣工程的实际危害以及立法回应和对策来看，《侵权责任法》第 86 条第 1 款是要规定建筑物、构筑物、其他设施致人损害的严格责任，进而言之，第 86 条第 1 款就是规定有质量缺陷的建筑物、构筑物、其他设施致人损害的无过错责任。所以，本书建议将第 86 条第 1 款第 1 句修改为："建筑物、构筑物或者其他设施倒塌造成他人损害的，由建设单位与施工单位承担连带责任，但是建设单位或者施工单位能够证明不存在质量缺陷的除外。"经此修改后，第 86 条第 1 款更能明确立法目的，有利于法律适用。

三、建设单位和施工单位的追偿权

建筑物、构筑物或者其他设施倒塌的，除了建设单位、施工单位可能造成工程质量缺陷以外，还可能存在其他责任人应当对工程质量缺陷负责。例如，根据《侵权责任法》第 86 条第 1 款的规定，对被侵权人直接承担责任的主体是建设单位和施工单位，不包括设计单位；如此一来，设计单位就可能属于本条第 1 款所说的"其他责任人"；建设单位、施工单位赔偿以后，有权向设计有缺陷造成建筑物、构筑物、其他设施倒塌致人损害的设计单位追偿。

第 86 条第 1 款规定的"其他责任人"，主要包括以下范围：一是勘察有缺陷的勘察单位、设计有缺陷的设计单位等。2019 年《建筑法》第 56 条规定：建筑工程的勘察、设计单位必须对其勘察、设计的质量负责。第 73 条规定：建筑设计单位不按照建筑工程质量、安全标准进行设计，造成工程质量事故的，承担赔偿损失的责任。二是未尽职责的监理单位。2019 年《建筑法》第 35 条规定："工程监理单位不按照委托监理合同的约定履行监理义务，对应当监督检查的项目不检查或者不按照规定检查，给建设单位造成损失的，应当承担相应的赔偿责任。　工程监理单位与承包单位串通，为承包单位谋取非法利益，给建设单位造成损失的，应当与承包单位承担连带赔偿责任。"第 69 条规定：工程监理单位与建设单位或者建筑施工企业串通，弄虚作假、降低工程质量，造成损失的，承担连带赔偿责任。三是勘察、设计、监理单位以外的责任人。例如，2019

年《建筑法》第79条规定：负责颁发建筑工程施工许可证的部门及其工作人员对不符合施工条件的建筑工程颁发施工许可证的，负责工程质量监督检查或者竣工验收的部门及其工作人员对不合格的建筑工程出具质量合格文件或者按合格工程验收，造成损失的，由该部门承担相应的赔偿责任。①

须指出，第86条第1款向"其他责任人"追偿的规定，不属于抗辩事由规定，建设单位、施工单位不能以存在"其他责任人"为由不向受害人承担侵权责任。

综上所述，《侵权责任法》第86条旨在规定建设单位与施工单位就有建设质量缺陷的建筑物、构筑物、其他设施倒塌致人损害承担无过错责任。为明确这一立法宗旨，建议第86条第1款修改为："建筑物、构筑物或者其他设施倒塌造成他人损害的，由建设单位与施工单位承担连带责任，但是建设单位与施工单位能够证明不存在质量缺陷的除外。建设单位、施工单位赔偿后，有其他责任人的，有权向其他责任人追偿。"②

四、由其他责任人承担侵权责任的情形

建筑物、构筑物或者其他设施倒塌的原因很多，有的建筑物是因建设质量不合格（有缺陷）而倒塌，有的设施是由于年久失修而倒塌，有的房屋是业主擅自改变承重结构导致垮塌，在上述各种情形下不能都由建设单位、施工单位承担侵权责任。因此，侵权法第86条第2款规定，因其他责任人的原因，建筑物、构筑物或者其他设施倒塌造成他人损害的，由其他责任人承担侵权责任。建筑物等设施因质量不合格而倒塌造成他人损害的，一般适用侵权法第86条第1款的规定；建筑物等设施倒塌是因超过合理使用期限、业主擅自改变承重结构造成的，则被侵权人可以根据侵权法第86条第2款的规定，直接请求造成建筑物等设施倒塌的其他责任人承担责任。建筑物等设施已经超过合理的使用年限，所有人或者管理人不采取必要的加固、维修、保护等安全措施，导致建筑物等设施倒塌造成他人损害的，所有人或者管理人即属于侵权法第86条第2款规定的"其他责任人"，被侵权人可以依照该条规定，要求所有人或者管理人承担责

---

① 参见王胜明主编《〈中华人民共和国侵权责任法〉条文解释与立法背景》，人民法院出版社2010年版，第326~327页。
② 参见2019年1月《民法典侵权责任编（草案）》（二次审议稿）第1029条第1款。

任。有些房屋倒塌是由使用人造成的，此种情形下被侵权人有权直接要求房屋使用人承担侵权责任。根据《物权法》第 71 条的规定，业主对其建筑物专有部分行使权利不得危及建筑物的安全，不得损害其他业主的合法权益。业主或者其他房屋使用者在装修房屋的过程中，擅自拆改房屋的承重墙导致房屋倒塌造成他人损害的，该业主或者其他使用人即属于侵权法第 86 条第 2 款规定的"其他责任人"，应当承担侵权责任。①此外，2019 年《建筑法》第 70 条还规定："违反本法规定，涉及建筑主体或者承重结构变动的装修工程擅自施工的，责令改正，处以罚款；造成损失的，承担赔偿责任；构成犯罪的，依法追究刑事责任。"

值得一提的是，《侵权责任法》第 86 条第 2 款"由其他责任人承担侵权责任"的规定，构成建设单位、施工单位的抗辩事由②，甚至也是第 1 款规定的"其他责任人"的抗辩事由。

综上所述，建筑物、构筑物或者其他设施倒塌的原因包括：建筑物等设施已经超过合理的使用年限，所有人或者管理人不采取必要的加固、维修、保护等安全措施；业主或者其他房屋使用人在装修房屋的过程中，擅自拆改房屋的承重墙；其他原因。就目前《侵权责任法》第 86 条第 2 款，应当解释为"其他责任人"承担过错推定的责任。为进一步明确立法目的并为了正确实施侵权法，建议第 86 条第 2 款修改为："因所有人、管理人、使用人或者第三人的原因，建筑物、构筑物或者其他设施倒塌造成他人损害的，由所有人、管理人、使用人或者第三人承担侵权责任。"③按此方案修改，综上所述，仍然是采用过错推定规则。

第四节　搁置物、悬挂物抑或抛掷物的责任

《侵权责任法》第 87 条规定："从建筑物中抛掷物品或者从建筑物上坠落的

---

① 参见王胜明主编《〈中华人民共和国侵权责任法〉条文解释与立法背景》，人民法院出版社 2010 年版，第 327~328 页。
② 参见刘保玉、周玉辉《建筑物倒塌：划清"界线"好定责》，《建筑》2010 年第 6 期。
③ 参见 2019 年 1 月《民法典侵权责任编（草案）》（二次审议稿）第 1029 条第 2 款。

物品造成他人损害，难以确定具体侵权人的，除能够证明自己不是侵权人的外，由可能加害的建筑物使用人给予补偿。"法理上，侵权责任以因果关系为基本构成要件，行为人或原因力没有查清的案件无法以侵权责任结案；就是说，是否为"抛掷"、是否为"建筑物上坠落的物品造成损害"尚未查清的，法理上无从追究侵权责任。此种"难以确定具体侵权人的"案件，由于涉及公众安全的问题，可以考虑通过社会保险、国家救助基金制度等予以解决。当然，在保险意识强、保险制度完备的情况下，受到此种损害的当事人也可以根据事先的自愿保险得到补偿。也有学者认为，第 87 条规定的坠落物无非是第 85 条中建筑物、构筑物、其他设施的一部分或者附着其上的搁置物、悬挂物，第 87 条将坠落物进行单独规定的意义仅在于加害人不明。故将其置于第 85 条仅作为一款，结构更合理，且在一定程度上起到弱化第 87 条的作用。[①]考虑到现代社会建筑物区分所有和高楼大厦的普遍存在以及高空抛物坠物对于社会公众的危害性，民法典侵权责任编草案第三次审议稿设计了 3 款规定，以较大篇幅来解决高空抛物坠物致人损害问题。草案第 1030 条首先增加规定"禁止从建筑物中抛掷物品"；增加规定，从建筑物中抛掷物品或者从建筑物上坠落的物品造成他人损害的，由侵权人依法承担侵权责任；而且规定"经调查"难以确定具体侵权人的，才适用由可能加害的建筑物使用人给予补偿的规定；并增加规定，可能加害的建筑物使用人补偿后发现侵权人的，有权向侵权人追偿；还增加规定，建筑物管理人应当依法承担未履行安全保障义务的侵权责任。须指出，高空抛物坠物致人损害，情节严重的，构成犯罪，而不仅仅是侵权责任而已。根据具体案情，有关当事人可能涉嫌构成过失致人重伤罪、过失致人死亡罪、重大责任事故罪、以危险方法危害公共安全罪、故意伤害罪或者故意杀人罪。对此，公安机关应当依法及时调查。因此草案第 1030 条第 3 款增加规定，发生此类情形的，"有关机关应当依法及时调查，查清责任人"[②]。须注意，高空抛物坠物同时构成犯罪和侵权的，行为人既应当承担刑事责任，也应当承担民事责任，刑事责任和民事责任重合；但是故意犯罪不以实际损害结果为构成要件，故意犯罪不一定构成侵权；而高空

① 张新宝、吴婷芳：《物件致人损害责任的再法典化思考》，《现代法学》2017 年第 2 期。
② 参见 2019 年 8 月《民法典侵权责任编（草案）》（三次审议稿）第 1030 条："禁止从建筑物中抛掷物品。从建筑物中抛掷物品或者从建筑物上坠落的物品造成他人损害的，由侵权人依法承担侵权责任；经调查难以确定具体侵权人的，除能够证明自己不是侵权人的外，由可能加害的建筑物使用人给予补偿。可能加害的建筑物使用人补偿后，有权向侵权人追偿。""建筑物管理人应当采取必要的安全保障措施防止前款规定情形的发生；未采取必要的安全保障措施的，应当依法承担未履行安全保障义务的侵权责任。""发生本条第一款规定的情形的，有关机关应当依法及时调查，查清责任人。"

304　　　　　　　　　　　　　　　　　中南财经政法大学"双一流"建设文库

抛物坠物构成侵权的，未必构成犯罪。此外，高空抛物坠物还有可能涉及有关当事人的行政责任，建筑法、安全生产法、治安管理处罚法、行政处罚法等对此有具体规定，但仍需完善。

第五节　堆放物损害责任：行为抑或物的责任？

一、法律规定的责任性质分析

《侵权责任法》第 88 条规定："堆放物倒塌造成他人损害，堆放人不能证明自己没有过错的，应当承担侵权责任。"这是吸收司法实践经验的结果。2003 年《最高人民法院关于审理人身损害赔偿案件适用法律若干问题的解释》第 16 条第 1 款第 2 项规定：堆放物品滚落、滑落或者堆放物倒塌致人损害的，由所有人或者管理人承担赔偿责任，但能够证明自己没有过错的除外。这个司法解释表述的是物的责任，而《侵权责任法》第 88 条规定的，从文义解释的角度看，是行为责任。应该认为，只是观察角度不同，司法实践结果应该没有不同。堆放物是指堆放在土地上或者其他地方的物品。所谓堆放物，须非固定在其他物体上。《侵权责任法》第 88 条所说的倒塌，包括堆放物整体的倒塌和部分的脱落、坠落、滑落、滚落。堆放人是指将物体堆放在某处的人。

二、过错推定规则的运用

《侵权责任法》第 88 条采用过错推定规则。堆放人不能证明自己没有过错的，承担侵权责任。堆放物的倒塌是因不可抗力、第三人的故意造成的，堆放人不承担责任。须注意，1988 年《民法通则》司法解释第 155 条规定："因堆放物品倒塌造成他人损害的，如果当事人均无过错，应当根据公平原则酌情处理。"该第 155 条适用条件与《侵权责任法》第 88 条适用条件不同，该司法解释规定继续有效。

第六节　公共道路上妨碍通行的侵权责任

一、法律规定与概念分析

《侵权责任法》第 89 条规定："在公共道路上堆放、倾倒、遗撒妨碍通行的物品造成他人损害的，有关单位或者个人应当承担侵权责任。"

在公共道路上堆放、倾倒、遗撒妨碍通行物，会对他人的安全造成不合理的危险。2017 年《公路法》第 46 条规定：任何单位和个人不得在公路上及公路用地范围内摆摊设点、堆放物品、倾倒垃圾、设置障碍、挖沟引水、利用公路边沟排放污物或者进行其他损坏、污染公路和影响公路畅通的活动。2011 年《道路交通安全法》第 48 条规定：严禁超载，机动车载物的长、宽、高不得违反装载要求，不得遗洒、飘散载运物。

公路包括公路桥梁、公路隧道和公路渡口。[1]公路按其在公路路网中的地位分为国道、省道、县道和乡道，并按技术等级分为高速公路、一级公路、二级公路、三级公路和四级公路。[2]"公路"是指经公路主管部门验收认定的城间、城乡间、乡间能行驶汽车的公共道路。公路包括公路的路基、路面、桥梁、涵洞、隧道。根据《道路交通安全法》的规定，"道路"，是指公路、城市道路和虽在单位管辖范围但允许社会机动车通行的地方，包括广场、公共停车场等用于公众通行的场所。[3]《侵权责任法》第 89 所说的公共道路包括但不局限于《公路法》以及《道路交通安全法》中的道路。公共道路既包括通行机动车的道路，也包括人行道路。

《侵权责任法》第 89 条规定的堆放、倾倒、遗撒妨碍通行物，是指在公共道

---

[1] 参见 2017 年《公路法》第 2 条第 2 款。
[2] 参见 2017 年《公路法》第 6 条第 1 款。
[3] 参见 2011 年《道路交通安全法》第 119 条第 1 项。

路上堆放、倾倒、遗撒物品，影响他人在该公共道路上的正常通行。

在公共道路上堆放、倾倒、遗撒妨碍通行的物件，既可能是堆放、倾倒或者遗撒固体物，例如在公共道路上堆放砂石、非法设置路障、晾晒粮食、倾倒垃圾等；也可能是倾倒液体、排放气体，例如运油车将石油泄漏到公路上、非法向道路上排水、热力井向道路上散发出蒸汽。

被侵权人被堆放、倾倒、遗撒的妨碍通行物损害包括：行人在公路上被妨碍通行物碰到、绊倒、滑倒；机动车驾驶人开车撞上公路上违法堆放的砂石、砖块；机动车驾驶人被公路上非法堆放的物体遮挡视线，而驾车发生交通事故。

二、性质不同却有联系的两类责任

《侵权责任法》第 89 条规定了妨碍公路通行物的损害责任。责任主体有两类：一类是堆放、倾倒、遗撒妨碍通行物品的人，另一类是公路所有人或管理人。对于前者，有学者认为，《侵权责任法》第 89 条并未要求以过错或者被推定的过错作为责任要件，故应当理解为无过错责任，归责事由是行为人行为的危险性。[1]有学者认为，在公路物件的侵权纠纷案件中，公路管理人违反安全保障义务时对受害人承担的是一种补充责任，而非连带责任。[2]有学者认为，抛洒物、遗撒物致人损害时行为人的直接侵权责任和高速公路经营企业违反安全保障义务时的间接侵权责任竞合并形成不真正连带责任，当抛洒物、遗撒物的行为人无法确定时，受害者有权要求高速公路经营企业承担补充责任（中间责任），赔偿损失，高速公路经营企业在其承担责任后有权向抛洒物、遗撒物的行为人追偿。也有学者认为，高速公路经营企业的补充责任是按份责任。[3]

《侵权责任法》第 89 条规定的有关单位或者个人，主要是指堆放、倾倒、遗撒妨碍通行物的单位或者个人。堆放、倾倒、遗撒妨碍通行物，可能是故意将垃圾倾倒在路面上；也可能是有关单位或者个人疏于对物品的管理，导致该物品遗撒在公共道路上面而妨碍他人正常通行，例如，在运输货物的时候，当事人没有将货物束紧，货物在运输途中散落到公共道路上。另一方面，《侵权责任法》第 89 条规定的有关单位或者个人也包括对公共道路负有管理、养护义务的

---

① 韩世远：《物件损害责任的体系位置》，《法商研究》2010 年第 6 期。
② 葛长金、张询书：《侵权谁之过》，《中国公路》2012 年第 12 期。
③ 参见张贤祥、熊亮、张泽云《抛洒遗撒引事故，责任在谁？》，《中国公路》2019 年第 2 期。

单位或者个人未尽义务而应当承担相应的侵权责任的民事主体。

道路管理者没有及时清理公共道路上妨碍通行物而发生交通事故造成他人损害的，根据 2012 年《最高人民法院关于审理道路交通事故损害赔偿案件适用法律若干问题的解释》第 10 条后段的规定，应当向受害人承担损害赔偿责任。该侵权责任不是物件责任，而是行为责任。该行为责任是道路管理者违反第三人介入情形下的安全保障义务而承担的赔偿责任。《侵权责任法》将妨碍通行物致害侵权责任规定在第十一章"物件损害责任"之中，但是道路管理者的侵权责任不是物件责任，而是不作为侵权行为的赔偿责任。[①]

高速公路管理处与过往车辆一方当事人之间成立合同关系，因此在实践中可能出现高速公路管理处违约责任和侵权责任竞合。在司法实践中，有些法院按照有偿使用公路的合同关系，并根据合同法，判决高速公路管理处就高速公路上第三人失落防雨布形成障碍物致使过往车辆发生交通事故的损害承担违约责任。[②]此类案件中，能找出抛弃或失落防雨布的第三人并要求其承担侵权责任的，该第三人依法承担侵权责任；找不到抛弃或失落防雨布的第三人或第三人无力承担侵权责任的，损害人可以要求高速公路管理处承担违约或侵权责任。

三、具体制度完善建议

《最高人民法院关于审理道路交通事故损害赔偿案件适用法律若干问题的解释》第 10 条规定："因在道路上堆放、倾倒、遗撒物品等妨碍通行的行为，导致交通事故造成损害，当事人请求行为人承担赔偿责任的，人民法院应予支持。道路管理者不能证明已按照法律、法规、规章、国家标准、行业标准或者地方标准尽到清理、防护、警示等义务的，应当承担相应的赔偿责任。"第 11 条规定："未按照法律、法规、规章或者国家标准、行业标准、地方标准的强制性规定设计、施工，致使道路存在缺陷并造成交通事故，当事人请求建设单位与施工单位承担相应赔偿责任的，人民法院应予支持。"这两条不仅有很重要的实践作用，而且在法理上有更广泛的参考意义。笔者建议将该司法解释第 10 条和第 11 条规定加以修订后纳入民法典侵权责任编建筑物、其他设施、物件损害责任一

[①] 参见杨会《道路管理者损害赔偿责任性质的法理分析》，《南京社会科学》2018 年第 2 期。

[②] 参见江宁县东山镇副业公司与江苏省南京机场高速公路管理处损害赔偿纠纷上诉案，《最高人民法院公报》2000 年第 1 期。

章（不限于交通事故侵权责任案件的适用）。

具体方案是，建议将 2009 年《侵权责任法》第 89 条修改为："在道路上堆放、倾倒、遗撒妨碍通行的物品造成他人损害的，由行为人承担侵权责任。道路管理者不能证明已按照法律、法规、规章、国家标准、行业标准或者地方标准尽到清理、防护、警示等义务的，应当承担相应的责任。"[①]紧随第 89 条之后，增加一条规定："未按照法律、法规、规章或者国家标准、行业标准、地方标准的强制性规定设计、施工，致使道路存在缺陷并造成他人损害的，建设单位与施工单位应当承担相应的责任。建设单位、施工单位赔偿后，有其他责任人的，有权向其他责任人追偿。"

四、非典型案例分析

公路上障碍物形成原因很多，须根据具体案件事实而适用恰当的法律规定处理有关案件。例如，某村村民黎某无证驾驶摩托车搭载其子外出，途径 X 村村委会路段时，由于没有留意公路上设有减速带，摩托车因高速驶过减速带后发生翻车事故，造成黎某死亡、其子身受重伤。经江华瑶族自治县人民法院审理查明，X 村村委会为降低车辆通过该村路段的速度，没有征得公路主管部门的同意，擅自在该村某村民门前设置减速带，但事与愿违，反而酿成伤亡事故。根据《道路交通安全法》第 104 条规定和第 8 条、第 19 条、第 51 条的规定，江华县人民法院判决黎某负主要责任，被告 X 村村委会负次要责任，承担 10% 的赔偿。湖南省永州市中级人民法院依法维持江华县人民法院的判决。[②]本案的两审法院并未按《侵权责任法》第 89 条规定审理判决，实际上本案也不符合第 89 条适用的条件。就这一案件的解决，两级法院直接援引《道路交通安全法》规定。其实，从法理上说本案可由法院按照一般侵权责任案件予以处理，因为村委会行为违法（有过错），应当承担侵权责任，但是损害主要是因受害人无证驾驶而且未注意保护自身安全造成，受害人行为是损害发生的主要原因。

值得注意的是，也有观点认为，根据《公路安全保护条例》和《行政强制

---

① 该司法解释的第 10 条已经修订进入民法典侵权责任编草案，参见 2019 年 1 月《民法典侵权责任编（草案）》（二次审议稿）第 1032 条："在公共道路上堆放、倾倒、遗撒妨碍通行的物品造成他人损害的，由行为人承担侵权责任。公共道路管理人不能证明已经尽到清理、防护、警示等义务的，应当承担相应的责任。"

② 参见谢丁《不能总当冤大头——关于公路物件侵权案件的多方讨论》，《中国公路》2012 年第 12 期。

法》第 52 条"立即代履行"的有关规定，公路管理机构行使的是行政管理职能，因管理不作为致人损害的，应当实行国家赔偿。[①]

第七节　林木折断、倾倒或者果实坠落致人损害责任

一、法律规定

《侵权责任法》第 90 条是关于林木折断造成他人损害责任的具体规定。本条所谓林木，包括自然生长和人工种植的林木。《侵权责任法》第 90 条规定的"林木"并未限定林木生长的地域范围；林地中的林木、公共道路旁的林木以及院落周围零星生长的树木等折断造成他人损害，林木的所有人或者管理人不能证明自己没有过错的，均依据第 90 条规定承担责任。当然，根据林木生长的具体情况，不同地域范围的林木，不同种类的林木，发生林木折断造成他人损害纠纷时，认定林木所有人或者管理人的过错应当有所区别。

二、法理分析与典型案例

林木的所有人或者管理人应当对林木进行合理的维护，防止林木危害他人安全。例如，对新栽的树木应当采取固定措施，要及时修剪干枯的树枝、采伐虫蛀或者干枯的树木，及时清理树上的积雪或冰凌，及时采摘成熟的果实等。《侵权责任法》第 90 条采用过错推定规则，林木折断造成他人损害，林木的所有人或者管理人不能证明自己没有过错的，应当承担责任。所有人或者管理人要证明自己没有过错，就是要证明其对林木已经尽到管理和维护义务。有时候，从表面上看，林木的折断是自然原因或者第三人原因造成的，但是实际上与所有人或者管理人的过错有关。例如，马某下班后骑自行车回家，突遇大风把公路旁的

---

① 李贵文：《公路部门的自我救赎——从公路物件侵权案件说起》，《中国公路》2012 年第 14 期。

护路树吹断。马某躲避不及，被断树砸中头部，当即倒地昏迷，所骑自行车也被砸坏。法院查明，路旁树木因受黄斑星天牛危害，有虫株率达79％，每株树平均虫口密度达26个以上，部分树木枯死已3年之久。法院认为，公路两旁的护路树属公路设施。Q县公路管理段对这段公路及路旁护路树负有管理及保护的责任。护路树被虫害朽死已3年之久，直接威胁着公路上的车辆行人的安全。在上级批文决定采伐更新的一年多时间内，Q县公路管理段不履行自己的职责，导致危害结果发生，是有过错的。Q县人民法院依照《民法通则》第126条和第119条规定判决被告Q县公路管理段承担赔偿责任。宝鸡市中级人民法院判决维持原判。[1]

三、制度完善

《侵权责任法》第90条是司法实践的产物，该条规定源于2003年发布的有关司法解释。2003年《最高人民法院关于审理人身损害赔偿案件适用法律若干问题的解释》第16条第1款第3项规定：树木倾倒、折断或者果实坠落致人损害的，由所有人或者管理人承担赔偿责任，但能够证明自己没有过错的除外。其法理源头又是1986年《民法通则》第126条规定。法理一脉相承。值得一提的是，既然法理没有变化，树木倾倒或者果实坠落致人损害的，可以继续适用司法解释第16条第1款第3项的规定。建议民法典侵权责任编表述为：因林木折断、倾倒或者果实坠落等造成他人损害，林木的所有人或者管理人应当承担侵权责任，但能够证明尽到管理职责的，不承担责任。

---

① 参见《王烈凤诉千阳县公路管理段人身损害赔偿案》，《最高人民法院公报》1990年第2期。

第八节　地下施工或者地下设施致人损害的责任

一、归责原则与制度完善建议

《侵权责任法》第 91 条规定："在公共场所或者道路上挖坑、修缮安装地下设施等，没有设置明显标志和采取安全措施造成他人损害的，施工人应当承担侵权责任。　　窨井等地下设施造成他人损害，管理人不能证明尽到管理职责的，应当承担侵权责任。"在公共场所或者道路上施工，是指在公共场所或者道路上维修、挖坑、修缮安装地下设施等，例如维修公路、铺设管道、修缮下水道等。公共场所是不特定人聚集、通行的场所，在这些场所施工，对他人造成损害的风险很大，而且道路上有车辆通行，因此，施工人需要更加注意保护他人的人身、财产安全。《民法通则》第 125 条规定："在公共场所、道旁或者通道上挖坑、修缮安装地下设施等，没有设置明显标志和采取安全措施造成他人损害的，施工人应当承担民事责任。"该第 125 条文字略作修改，意思没有变化，就被直接吸收进入《侵权责任法》。曾经就此第 125 条有不作为侵权、适用无过错责任原则说与作为侵权、适用过错推定说之争。就《侵权责任法》第 91 条第 1 款的归责原则，仍有无过错责任原则说、过错推定说、一般的过错责任原则说。[1]为澄清或避免此类争论，更为了有效保护被侵害人利益，也为了合理设置分配证明责任，建议将第 91 条第 1 款修改为："在公共场所或者道路上挖坑、修缮安装地下设施等造成他人损害，施工人不能证明已经设置明显标志和采取安全措施的，应当承担侵权责任。"[2]

---

①　参见韩强《公共场所施工人责任研究》，《中州学刊》2013 年第 12 期。
②　参见 2019 年 1 月《民法典侵权责任编（草案）》（二次审议稿）第 1034 条第 1 款。

二、施工人的法律义务分析

《侵权责任法》第91条只规定了在特定场所从事地下施工及地下设施侵权的责任判断及处理，这是因为此类活动危险性突出而且比较特殊，需要法律特别予以规定。在公共场所或者道路上进行各种施工，都应当按照法律规定进行，相关侵权纠纷适用法律规定。在公共场所或者道路上施工，应当取得有关管理部门许可，必须设置明显的警示标志和采取有效的安全措施。2017年《公路法》第45条规定："跨越、穿越公路修建桥梁、渡槽或者架设、埋设管线等设施的，以及在公路用地范围内架设、埋设管线、电缆等设施的，应当事先经有关交通主管部门同意，影响交通安全的，还须征得有关公安机关的同意……"2011年《道路交通安全法》第32条规定："因工程建设需要占用、挖掘道路，或者跨越、穿越道路架设、增设管线设施，应当事先征得道路主管部门的同意；影响交通安全的，还应当征得公安机关交通管理部门的同意。　施工作业单位应当在经批准的路段和时间内施工作业，并在距离施工作业地点来车方向安全距离处设置明显的安全警示标志，采取防护措施；施工作业完毕，应当迅速清除道路上的障碍物，消除安全隐患……"第104条第1款规定："未经批准，擅自挖掘道路、占用道路施工或者从事其他影响道路交通安全活动的，由道路主管部门责令停止违法行为……致使通行的人员、车辆及其他财产遭受损失的，依法承担赔偿责任。"第105条规定："道路施工作业或者道路出现损毁，未及时设置警示标志、未采取防护措施，或者应当设置交通信号灯、交通标志、交通标线而没有设置或者应当及时变更交通信号灯、交通标志、交通标线而没有及时变更，致使通行的人员、车辆及其他财产遭受损失的，负有相关职责的单位应当依法承担赔偿责任。"

根据法理和法律规定，在公共场所或者道路上从事各种形态的施工，都应当设置明显标志和采取安全措施。首先，设置的警示标志必须"明显"。设置的警示标志要足以引起他人对施工现场情况的注意，从而使他人有机会采取相应的安全应对措施，如减速、绕行等。阴天或者夜间的施工，应当设置必要的照明设备。其次，施工人施工期间要保证警示标志的稳固并负责对其进行维护；在警示标志毁损或被风刮走时，应当及时修复或重新设置。再次，仅设置明显的标志尚不足以保障他人安全的，施工人还应当采取其他有效安全措施。例如在道路上挖坑，施工人还应当将施工现场用保护设施围起来。

公共场所进行各种施工致人损害的责任承担者是施工人。施工人直接指挥、控制着施工场地，因此就应当承担对施工场地的管理、维护和保护义务，应当采取措施保障他人安全。施工人是指组织施工的单位或者个人，而不是指施工单位的工作人员或者个体施工人的雇员。施工人通常是承包或者承揽工程进行施工的单位或个人，有时候也可能是为自己工程进行施工的单位或个人。

三、物的责任抑或行为责任？

从表面上看，《侵权责任法》第 91 条第 1 款规定的是行为责任，第 2 款规定的则是物的责任。窨井等地下设施造成他人损害，管理人不能证明尽到管理职责的，应当承担侵权责任。根据文义解释，第 2 款规定的是过错推定，而且理论上认为是规定一般的过错推定。与第 1 款不同，第 1 款如果被解释为过错推定，就只能被认为是特殊的或者说是具体的过错推定。窨井是指上下水道或者其他地下管线工程中，为了便于检查或者疏通而设置的井状构筑物。其他地下设施包括地窖、水井、下水道以及其他地下坑道等。城市地下设施越来越复杂，还包括输水、输油、输气、输电设施等。不同的地下设施可能由不同的单位管理，在地下设施致人损害之后，需要查明具体的管理人，由管理人依法承担侵权责任。

地下设施致人损害，表面上看是物致人损害，责任是物的侵权责任。这只是表面现象，其实还是行为的侵权责任。就是说，地下设施管理人有维护地下设施、保护他人安全的义务，但是，管理人未尽此等义务（即不作为）[1]，从而造成他人损害，因此管理人就其不作为承担侵权责任。在实践中，窨井等地下设施造成他人损害并在促使损害产生中起到了积极的作用，应由受损害人一方加以证明，而管理者则要证明其尽到了管理职责。[2]在处理窨井等地下设施致人损害赔偿纠纷的司法实践中，应当综合考量造成事故发生的各原因力的大小以及双方过错程度。就是说，应当适用过失相抵（与有过失）规则。[3]

---

[1] 作为义务及不作为责任理论及立法规则的建立，为分析判断侵权责任和解决纠纷提供了非常重要的法理和逻辑工具。

[2] 参见徐庆礼、吴晓丹《地下设施致人损害的归责原则》，《人民司法（案例）》2017 年第 20 期。

[3] 参见郑怡婧、何建《窨井致人损害的赔偿责任认定》，《人民法院报》2018 年 12 月 6 日第 007 版。

四、适用范围划定

目前《侵权责任法》第91条的规定只适用于地下施工致人损害的侵权纠纷案件。有学者认为，凡是在公共场所施工，给生活安全、交通安全等公共安全造成妨碍，且不能归入《侵权责任法》其他条文调整的，都应当纳入《侵权责任法》第91条的适用范围。[①]笔者认为在公共场所地上施工，或者跨越、穿越道路架设、增设管线设施，没有采取安全措施造成他人损害的，适用《侵权责任法》第85条规定即可。

《侵权责任法》第91条将施工人过错推定责任局限于公共场所及道路上进行地下施工致人损害。在其他场所或者区域，比如在人迹罕至的荒郊野外，施工致人损害的，施工人并非一定不承担责任，亦非一定承担责任，而是承担一般的过错责任。根据《侵权责任法》第6条第1款规定承担一般的过错责任的，无须法律特别规定。而在处理这一类案件的时候，应当具体分析案发的区域、环境、其他案件事实，分析因果关系，判断施工人所负有的职责、义务，进而判断有无过错，从而判断是否构成侵权、如何适用法律。

值得注意的是，道路管理方面存在缺陷或有过错的，不是适用《侵权责任法》第91条，而应当适用一般侵权的归责原则（侵权法第6条第1款），判定侵权责任，保护被侵权人。例如，2016年3月20日约18时22分，广州市Y巴士有限公司属下所有和管理的78路粤A×××××公交车到达天河北路公交站后，驾驶员停车并打开车门上下客，约18时22分54秒，郑某某手抱其女儿下车时右脚踏在沙井盖上站立不稳随即摔倒在地。一审法院认为双方当事人的客运合同关系依法成立，Y公司负有将乘客郑某某安全运送至约定地点的义务。双方对于郑某某下车时摔倒而受伤的事实不持异议，一审法院对此予以确认。郑某某下车时不注意观察地面情况，疏忽大意导致站立不稳而摔倒，应承担主要责任。我国《道路交通安全法实施条例》第63条第5项规定：路边停车应当紧靠道路右侧，机动车驾驶人不得离车，上下人员或者装卸物品后，立即驶离。涉案车辆没有紧靠道路右侧，也没有选择安全合理的地点停车，致使上诉人下车时脚踏沙井盖而摔倒受伤，Y公司应承担次要责任。广州市T区住建局作为涉

---

① 韩强：《公共场所施工人责任研究》，《中州学刊》2013年第12期。

案沙井盖的主管及维护单位,应建立完善的市政设施巡视检查制度,督促养护维修单位履行职责,消除安全隐患,但其提供的证据无法证实其已尽到管理职责,故 T 区住建局应承担次要责任。一审法院酌情认定郑某某自行承担 90% 的责任、二被告各负担 5% 的赔偿责任。一审法院依照《侵权责任法》第 16 条和《最高人民法院关于审理人身损害赔偿案件适用法律若干问题的解释》有关规定,判决广州市 Y 巴士有限公司和广州市 T 区住房和建设水务局各一次性赔偿 29931. 24 元给上诉人郑某某。①对于一审法院查明的案件事实,二审法院予以确认。二审法院认为广州市 Y 巴士有限公司疏于发现、规避风险,选择停车地点不当,存在过失,应当承担责任;广州市 T 区住房和建设水务局没有及时修复塌陷的井盖。上述两个行为相叠加,造成了郑某某的损害。二审法院认为,根据《侵权责任法》第 12 条规定,广州市 Y 巴士有限公司、广州市 T 区住房和建设水务局对郑某某的伤残损失应分别各自承担 50%,即分别向郑某某赔偿 191312. 37 元。②

---

① 参见广东省广州市越秀区人民法院（2017）粤 0104 民初 21752 号民事判决书。
② 参见广东省广州市中级人民法院（2018）粤 01 民终 10263 号民事判决书。

结　语

一、现有法律解释

2009 年《侵权责任法》是我国长期以来的民事权益保护司法实践经验的总结，直接延续了 1986 年《民法通则》的立法传统，尤其是兼容并包侵权赔偿责任和绝对权请求权制度，由此形成宏观方面的双层立法构造，当然，赔偿责任是核心。侵权责任与债法关系密切，但是《侵权责任法》没有囿于债法框架，而是与债法形成了领域交叉的关系。

《侵权责任法》在先前已有制度的基础上，已经展现出精细化发展态势，其庞大体系所蕴含的法律价值取向包括自由、公平正义、效率、秩序等。《侵权责任法》以过错责任原则为核心，兼采以法律特别规定为前提的无过错责任原则，这是以补偿正义为主、兼采分配正义的法律价值构造。

理论上有在一般情况下受损害人（权利人、法益享有人）自行承担损害（或风险）的观点，因此，在各国法律上受损害人以外的人承担责任须有归责依据（或事由），归责依据的正当性或为补偿正义，或为分配正义。归责依据为行为违法性（或过错）的，正当性为补偿正义；归责依据为危险性或其他特别情形需适用无过错责任原则的，正当性为分配正义。

为实现公平正义，《侵权责任法》规定了一般性条款，就共同侵权、因果关系一些特殊情形（如并存因果关系）予以明确规定，就侵权责任承担方式尤其是损害赔偿的具体规则包括赔偿项目进行了详细的规定；就不承担责任和减轻责任的情形进行了专章规定；对于网络侵权的过错及侵权判断予以明确规定；借鉴国外立法、司法及理论经验，尤其是总结我国的有关司法实践经验，就安全保障义务人过错侵权责任作出了明确规定；就医疗损害责任的过错判断进行明

317

确，就过错推定范围予以限定，对医患关系予以平衡。《侵权责任法》还大大拓展了《民法通则》已经规定下的适用无过错责任原则的产品责任、污染环境侵权责任、饲养动物损害责任等的有关法律规范，还拓展了适用过错推定的建筑物、其他设施、物件损害的责任。全部《侵权责任法》92个条文，加上其他法律有关侵权责任的规定，还有一系列司法解释，在我国形成了侵权责任法律体系。

《侵权责任法》使用总分结合的逻辑构造方法，采用一般性规定加列举的立法模式，与民商合一立法体例相匹配，面向和回应民事经济活动和司法实践的需要，正式在法律上确立了"隐私权"。例如，就网络侵权过错责任的细则进行规定以保护合法权益并平衡网络技术各方当事人利益，明确了产品责任的惩罚性赔偿条件，规定了建筑物、构筑物其他设施质量缺陷致人损害的无过错责任，以责任法之名对民事权益加以保障，关注民生，体现了人文关怀，是更高水平的权利法。

依照现行《侵权责任法》有关规定，运用文义解释、体系解释、当然解释、反面解释、限缩解释、扩张解释、目的解释、历史解释、合宪性解释等各种解释方法，一定能够解决实际发生的各种侵权纠纷案件。在侵权法领域，可以说是有法可依。

二、未来立法展望

编纂民法典是我国经济社会文化发展的需要。在编纂民法典的背景下，应当充分总结《侵权责任法》立法、司法经验，充分利用民法学侵权责任研究成果，面向未来，面向世界，编纂出优秀的民法典侵权责任编。一是充分利用已有《侵权责任法》法律文本，二是充分吸收现有司法解释的重点条文，三是适当吸收其他法律中的有关侵权法规定，还要与民法典其他部分相互配合，条文数量要适当，逻辑须严密，文字宜精妙。

虽然英美法系侵权法有同时规定停止侵害、排除妨碍、消除危险等的法律传统，欧陆一些国家学者目前也强调预防性侵权责任方式的重要性，但是，为突出重点，强化逻辑，并便于理解、解释和法律适用，笔者建议突出《侵权责任法》第6条第1款的地位和作用，将停止侵害、排除妨碍、消除危险等有关规定主要交由人格权、物权、知识产权的法律予以规定。

就一般侵权赔偿责任构成要件，关于立法上应采用"四要件说"抑或"三要件说"，鉴于法律的具体制度越来越细密，加上安全保障义务理论和规则的确立，而且法人"过错"有拟制性、客观性，笔者认为立法上以行为违法性作为侵权责任构成要件有合理性和可行性，实践中证明行为违法性也已非难事，故建议民法典侵权责任编文本采用"四要件说"表述或者采用行为违法性吸收"过错"的"三要件说"。

笔者建议民法典侵权责任编就并存因果关系和叠加因果关系的结合予以规定："二人以上分别实施侵权行为造成同一损害，部分行为人的行为足以造成全部损害，部分行为人的行为只造成部分损害的，足以造成全部损害的行为人与其他行为人就共同造成的损害部分承担连带责任，并对全部损害承担责任。"

很多国家的法律都规定，在侵权行为致使抚养人死亡而导致被扶养人丧失抚养来源的情况下，该被扶养人针对侵权人直接享有损害赔偿请求权。这本来也是我国的法律规定，《侵权责任法》第 16 条没有规定，而《侵权责任法》实施以后的司法实践仍然赋予被扶养人针对侵权人直接享有损害赔偿请求权。有鉴于此，建议《侵权责任法》第 16 条补充被扶养人针对侵权人直接享有损害赔偿请求权以后收入民法典侵权责任编。

在现代社会，保险广泛介入侵权赔偿领域，而且世界各国的机动车交通事故强制责任险和自愿商业保险都运作得比较成功，笔者赞同在民法典侵权责任编有关条文直接植入保险制度，例如吸收有关司法解释内容，在侵权责任编规定："同时投保机动车强制保险和商业保险的机动车发生交通事故造成损害，被侵权人同时请求保险人和侵权人承担赔偿责任，属于该机动车一方责任的，先由承保机动车强制保险的保险人在强制保险责任限额范围内予以赔偿；不足部分，由承保机动车商业保险的保险人根据保险合同的约定予以赔偿；仍然不足的，由侵权人赔偿。"受损害人请求保险人赔偿，无须证明侵权责任的各项要件，这对受损害人权益保护非常有利。但是保险的介入抑制了每个人在其个人领域尽注意义务以避免遭受损害的激励机制，也极有可能导致针对行为人的防止加害于他人的激励机制失灵，为此，保险设计必须合理，如通过保费设计激励当事人尽注意义务防止遭受损害和防止加害于他人，保险法也应当相应地予以完善。

为促进和保障生态文明建设，侵权责任编在给予被侵权人的人身财产损害赔偿救济的同时，规定生态修复责任和生态环境损害赔偿制度十分必要，规定侵权人故意违反国家规定损害生态环境造成严重后果的惩罚性赔偿责任也很重要。

知识产权属于民事权利，应该受到民法典侵权责任编的保护。民法典应当建立与专利法、商标法、著作权法、商业秘密等单行法之间的内在逻辑联系。知识产权侵权责任具有各种侵权责任的共性，也具有鲜明特点：知识产权客体无形性决定了知识产权损害计算的复杂性；知识产权侵权行为包括直接侵害与间接侵害行为，未经许可侵入知识产权保护范围的行为具有违法性，直接侵害或者间接侵害知识产权的行为违法性都应当以法律规定为依据；知识产权侵权构成的因果关系有直接因果关系和间接因果关系之分；无论直接侵权还是间接侵权，知识产权侵权的赔偿责任都适用过错责任原则，直接侵权的停止侵害等责任不以过错为要件，而间接侵权的停止侵害等责任方式则以过错为要件。在处理知识产权侵权纠纷过程中，公共利益原则和公共政策必须予以遵循。公共利益原则和公共政策是知识产权保护范围的边界，因此也成为被告的一种抗辩。可以说，责任判定、权利救济与纠纷解决，是对知识产权的进一步确认。

为激励创新创造，为强化知识产权的保护，民法典侵权责任编"损害赔偿"部分有必要规定，侵权人故意侵害知识产权的，根据侵权行为的情节、规模、损害结果等因素，知识产权人有权请求相应的惩罚性赔偿。这是一般性规定。另由专利法、商标法、著作权法、商业秘密法等单行法规定具体细节。

2017 年《民法总则》已经规定了正当防卫、紧急避险，所以，笔者建议删除《侵权责任法》第 30 条、第 31 条。《民法总则》已经规定，法律责任重合时承担行政责任或者刑事责任不影响承担民事责任，违法行为人的财产不足以支付的情况下其财产优先用于承担民事责任，因此，笔者建议删除《侵权责任法》第 4 条。为了法律文本行文简洁，可删除一些只有价值宣誓作用的法律条文，笔者认为可以考虑删除《侵权责任法》第 3 条、第 36 条第 1 款、第 62 条、第 64 条、第 79 条、第 80 条、第 84 条。

民法典是国家治理法治化的重要标志，民法典的实施将进一步推动国家治理规范化、现代化。侵权责任法也必将在民商法法典化背景下，随着科技、文化、经济和社会的发展而不断完善，并为民事权利提供充分、切实的保障。